Gewalt und Heldentum

Herausgegeben von
Olmo Gölz und Cornelia Brink

HELDEN – HEROISIERUNGEN – HEROISMEN

Herausgegeben von

Ulrich Bröckling, Barbara Korte, Ralf von den Hoff
im Auftrag des DFG-Sonderforschungsbereichs 948
an der Universität Freiburg

Band 16

ERGON VERLAG

Gewalt und Heldentum

Herausgegeben von
Olmo Gölz und Cornelia Brink

———————

ERGON VERLAG

Gefördert durch die Deutsche Forschungsgemeinschaft

Umschlagabbildung:
Francisco de Goya: Los Desastres de la Guerra. Blatt 31: „Fuerte cosa es!", ca. 1810–1813,
Aquatinta und Kaltnadelradierung, 155 × 206 mm, Madrid, Museo del Prado,
Katalog-Nr. G02361. Wikimedia Commons.

Bibliografische Information der Deutschen Nationalbibliothek
Die Deutsche Nationalbibliothek verzeichnet diese Publikation in der
Deutschen Nationalbibliografie; detaillierte bibliografische Daten sind
im Internet über http://dnb.d-nb.de abrufbar.

www.ergon-verlag.de

ISBN 978-3-95650-817-2 (Print)
ISBN 978-3-95650-818-9 (ePDF)
ISSN 2365-886X

Inhaltsverzeichnis

Vorwort

Der vorliegende 16. Band der Schriftenreihe „Helden – Heroisierungen – Heroismen" des DFG-Sonderforschungsbereichs 948 an der Albert-Ludwigs-Universität Freiburg vereinigt die überarbeiteten Beiträge einer Tagung zum Thema „Gewalt und Heldentum", die im November 2018 von der Verbundarbeitsgruppe „Gewalt" des SFB durchgeführt wurde. Diese Tagung hat maßgeblich dazu beigetragen, das Thema der Gewalt in unsere Diskussionen über das Heroische einzubetten und theoretische und empirische Zusammenhänge zu ermitteln. Der Herausgeber und die Herausgeberin danken allen Freiburger und externen Beitragenden sehr herzlich für ihr Engagement und ihre Mitarbeit. Die Planung der Konferenz geht auf die Initiative von Peter Eich und Birgit Studt zurück, die die Verbundarbeitsgruppe „Gewalt" im SFB gegründet und das Thema vorangetrieben haben. Für intensive inhaltliche Diskussionen und ihre Mitarbeit bei der Vorbereitung der Tagung bedanken wir uns zudem bei den wissenschaftlichen Mitarbeiter*innen in der Verbundarbeitsgruppe Sebastian Bauer, Kelly Minelli, Thomas Nitschke, Dennis Pulina und Thilo Treß. Zum Erfolg der Konferenz haben Alena Bauer und Silvio Fischer durch ihre tatkräftige Organisation erheblich beigetragen. Auch ihnen gilt unser großer Dank.

Der Ergon-Verlag, der uns unter dem Dach der Nomos-Verlagsgruppe durch Holger Schumacher unterstützt, hat unser Projekt hilfsbereit betreut und die Publikation – unter der Förderung der Deutschen Forschungsgemeinschaft (DFG) – erst möglich gemacht. Thomas Breier danken wir für den sorgfältigen Schriftsatz. In der Zentrale des SFB 948 haben Silvio Fischer, Pauline Harder und Philipp Multhaupt das Lektorat der Beiträge, die Einrichtung der Manuskripte und die Fertigstellung der Druckvorlage gewohnt zuverlässig erledigt. Sebastian Meurer, der wissenschaftliche Koordinator des SFB 948, hat dazu wie immer umsichtig beigetragen und die Arbeiten koordiniert. Auch dafür unser herzlichster Dank.

Freiburg, im September 2020

Olmo Gölz und Cornelia Brink

Das Heroische und die Gewalt

Überlegungen zur Heroisierung der Gewalttat, ihres Ertragens und ihrer Vermeidung[1]

Einleitung

Olmo Gölz und Cornelia Brink

Schnittstellen von Gewalt und Heldentum

Für die Heroen der *Ilias* wird das Geschäft mit der Gewalt zur Feuerprobe. Im Krieg werden Helden geboren, vom Zweikampf und dem ritualisierten Duell wird als idealen Formen agonaler Konfliktaustragung[2] berichtet. Kurz: Das Paradigma der Heldentat scheint – folgt man der *Ilias* und späteren Heldenerzählungen – in der Gewalttat verwirklicht zu sein. Wie die Agonalität kann auch die transgressive Leistung oder Tat als zentrales Merkmal des Heroischen gesehen werden. Welche Tat könnte sich geeigneter in dieses Muster einfügen als die Gewalttat, die das Alltägliche sprengt, anerkannte soziale Grenzen überschreitet und durch ihre Plötzlichkeit und Energie fasziniert?[3] In der Gewalttat kulminieren Mut und Entschlossenheit, Regelverachtung und Handlungsmacht, und sie erscheint als die Bewährungsprobe des Individuums: „Die Bewährung im Augenblick der Entscheidung strahlt offensichtlich einen Glanz aus, dem die anhaltende Zähigkeit einer in vielen Einzelhandlungen sich bewährenden Person oder Institution kaum etwas entgegenzusetzen hat.“[4] Ein solcher Glanz kann jedoch nicht darüber hinwegtäuschen, dass auch heroische Gewalt ambivalent bleibt: Sie mag etwa neue Ordnungen etablieren, aber stets um den Preis, Opfer zu produzieren. Dass die Gewalttat zudem nur *ein* Paradigma der Heldentat ist, wenngleich in der europäisch-westlichen Tradition vielleicht das bedeutendste, sei ausdrücklich betont. Doch stehen Retter, Sportler und auch Geistes- oder Kulturhelden nicht im Fokus unserer Überlegungen – eben weil es uns im Folgenden darum gehen soll aufzuzeigen, dass und wie die Phänomene Gewalt und Heldentum eng miteinander verschränkt sind.

---

[1] Für Nachfragen, Kommentare und ihr aufmerksames Lektorat danken wir Georg Feitscher und Sebastian Meurer herzlich.

[2] Vgl. Stefan Tilg / Ralf von den Hoff: Zweikampf, in: Compendium heroicum, 2018, DOI: 10.6094/heroicum/zweikampf.

[3] Vgl. Hans-Georg Soeffner: Gewalt als Faszinosum, in: Wilhelm Heitmeyer / Hans-Georg Soeffner (Hg.): Gewalt. Entwicklungen, Strukturen, Analyseprobleme, Frankfurt am Main 2004, S. 62–85, hier S. 73.

[4] Ebd., S. 74.

Ausgangspunkt ist unsere Beobachtung, dass die Gewalt nicht nur zahlreiche Erzählungen über Helden begleitet oder sogar motiviert, sondern dass das Heroische und die Gewalt sich darüber hinaus in einer besonderen Weise zu überschneiden scheinen. Eine Verbundenheit, die so weit geht, dass Simone Weil annehmen konnte, der eigentliche Held der *Ilias* sei die Gewalt.[5] Weil meint damit zwar den literarischen Helden[6] als Hauptfigur einer Erzählung, das dominante Thema also – doch durch die Bezugnahme auf die *Ilias* als das Heldenepos schlechthin insinuiert sie: Nicht nur sind Gewalterzählungen mit Heldengeschichten verbunden, sondern Heldenerzählungen sind per se auch Gewaltberichte.

So kann etwa die Bewährung in Krieg und Kampf Heroisierungsprozesse initiieren, der Schutz Wehrloser vor der Gewalt anderer kann in Begriffen und Narrativen des Heldentums erzählt, der Einsatz des eigenen Körpers angesichts drohender Gewalt mit dem Heldenstatus belohnt werden. Gewalthandeln ist also ein prominenter Begleiter von Heroisierungsprozessen. Warum ist das so? Die Antwort liegt, so meinen wir, in einigen theoretischen Schnittstellen von Gewalt und Heldentum begründet. Um diese Schnittstellen offenzulegen, arbeiten wir mit einem Gewaltbegriff, der sich auf die Phänomene physischer Gewalt beschränkt.[7] Dieser setzt sich von den Formen struktureller Gewalt[8] oder des sozialen Zwangs[9]

---

[5]   Simone Weil: Die Ilias oder das Poem der Gewalt, in: Krieg und Gewalt. Essays und Aufzeichnungen, Zürich 2011 [1940/41], S. 161–191, hier S. 161.

[6]   Die männliche Form wurde hier bewusst gewählt. Damit soll weder die Möglichkeit der Konstruktion von Heldinnen verleugnet noch der männliche Held als Ideal postuliert werden. Vielmehr wird dem Umstand Rechnung getragen, dass gerade im Spannungsfeld von Heldentum, Männlichkeit und Gewalt ein empirischer Zusammenhang der genannten Phänomene erkennbar wird, der Aufschließungskraft für spezifische Mechanismen der Geschlechterordnung hat und einer vertiefenden gendergerechten Problematisierung bedarf.

[7]   Teresa Koloma Beck schlägt eine Erweiterung des engen Gewaltbegriffs – dem sie selbst lange gefolgt ist – um psychische Gewalt vor. Die Einschränkung auf den Körper nimmt sie als eurozentristisch wahr und spricht stattdessen von leiblichen Verletzungs- und Schmerzerfahrungen. Leib steht hier für den belebten Körper, d. h. schließt das Bewusstsein mit ein. Im Zusammenhang mit Heldentum könnte die Schmerzerfahrung gerade für die Heroisierung jener eine Rolle spielen, die bereit sind, sich den Gefahren der Gewalt (und hier eben diesen Schmerzen und dergleichen) auszusetzen. Vgl. Teresa Koloma Beck: Gewalt als leibliche Erfahrung. Ein Gespräch mit Teresa Koloma Beck, in: Mittelweg 36.3, 2017, S. 52–73, hier S. 66.

[8]   Johan Galtung: Violence, Peace, and Peace Research, in: Journal of Peace Research 6.3, 1969, S. 167–191, hier S. 168: „Violence is present when human beings are being influenced so that their actual somatic and mental realizations are below their potential realizations."

[9]   Peter Imbusch: Der Gewaltbegriff, in Wilhelm Heitmeyer / John Hagan (Hg.): Internationales Handbuch der Gewaltforschung, Wiesbaden 2002, S. 26–57, hier S. 33: „Sozialer Zwang zielt [...] auf gesellschaftliche Kontrolle von Menschen durch andere Menschen und ist somit mit einer Form von Machtausübung identisch, nicht jedoch unbedingt mit Gewalt. Im engeren Sinne versteht man unter Zwang die Androhung physischer Eingriffe bzw. bestimmter Erzwingungsmittel, so dass dieser eher eine Vorstufe zur Gewalt darstellt, die mit der drohenden oder als belastend wahrgenommenen Einwirkung auskommt und nicht selbst zur Gewalt greifen muss, um ein bestimmtes Verhalten zu erzielen. Allerdings

ab und stellt auf den Charakter der Gewaltanwendung als unmittelbare Machtak-
tion ab, die – hier folgen wir der Definition des Gewaltbegriffs von Heinrich
Popitz – „zur absichtlichen körperlichen Verletzung anderer führt".[10]

Die in diesem Sammelband zusammengetragenen Beiträge wurden auf der Tagung „Gewalt und Heldentum" im Dezember 2018 in Freiburg vorgestellt und
diskutiert. Sie beschäftigen sich aus literatur-, geschichts-, kulturwissenschaftlichen
und soziologischen Perspektiven mit dem Beziehungsgeflecht von Heroischem
und physischer Gewaltausübung. Die Gewalt einer Handlung kann, so zeigen die
Studien, als Heldentat verschleiert werden, oder der heroische Akt der Gründung
einer neuen Gesellschaftsform von jener Gewalt begleitet werden, die Karl Marx
als „Geburtshelfer jeder alten Gesellschaft, die mit einer neuen schwanger geht"
bezeichnet.[11] Ebenso ist über Räume und Zeiten hinweg die Bereitschaft, sich der
Gewalt anderer bewusst auszusetzen, sie passiv zu ertragen oder sich ihr aktiv
entgegenzustellen, ein prominenter Anlass für Konstitutionsprozesse des Heroischen. So konstatiert etwa Christoph Mauntel in seinem Beitrag in Bezug auf das
Spätmittelalter: „Die Ausübung, oder auch das Erdulden von Gewalt war eines
der wirkmächtigsten narrativen Mittel für die Konstruktion eines Helden und
wurde entsprechend ausgiebig genutzt."[12] Mauntels Beobachtung ließe sich auf
zahlreiche weitere Kontexte übertragen. Alle hier publizierten Aufsätze stellen
sich entsprechend entweder den Fragen nach der Heroisierung der Gewalttat
selbst oder der heroischen Erzählung ihres Ertragens und auch ihrer Vermeidung.
Die empirisch ausgerichteten Studien bestätigen eine theoretische Nähe zwischen
Gewalt und Heldentum, die sich vor allem aus zwei Denkrichtungen ergibt.

Zum einen rufen sowohl Gewalt als auch das Heroische als ‚Phänomene der
Macht' (auch das Heroische ist ein solches!) nach ihren Legitimierungen. „Alle
Macht strebt nach Legitimation",[13] stellt Heinrich Popitz fest und deutet bereits
an, dass diese Legitimierungen häufig Bezug aufeinander nehmen, denn jene der
„Gewalt wird üblicherweise übersteigert, überhöht durch Glorifizierung. Als heldenhaft wird die Gewalttat des Einzelnen wie des Kollektivs gefeiert, die Verteidigung des eigenen Landes wie der Überfall auf ein fremdes, der Raub von Reich-
tümern wie die Vernichtung der Ungläubigen."[14] Das Heroische tritt so zu den
Begriffen ‚Gewalt' und ‚Legitimität' hinzu und bildet mit ihnen ein Spannungsfeld, in welchem sich Fragen nach den wechselseitigen Abhängigkeiten der Phänomene stellen. Zum anderen kann der Blick auf die an der Gewalt Beteiligten –

---

werden in einem weiteren Sinne auch Unterdrückung und Nötigung zu Formen des sozialen Zwangs, also das, was Galtung u. a. als strukturelle Gewalt bezeichnet hat."
[10] Heinrich Popitz: Phänomene der Macht, Tübingen 1992, S. 48.
[11] Karl Marx: Das Kapital. Kritik der politischen Ökonomie – Erster Band, in: Werke, Berlin
(DDR) 1962, S. 779.
[12] Christoph Mauntel: Neue Helden für sich wandelnde Zeiten. Spätmittelalterliche Perspektiven auf das Beziehungsgeflecht von Gewalt und Heldentum, in diesem Band, S. 83.
[13] Popitz: Phänomene der Macht (Anm. 10), S. 66.
[14] Ebd.

Täter, Opfer und Publikum – gerichtet und der Frage nachgegangen werden, welche Akteure aufgrund welchen Verhaltens von wem heroisiert werden bzw. überhaupt heroisiert werden können. Weil sowohl Heroisierungsprozesse als auch Gewalterfahrungen als historisch und kulturell kontingente Phänomene zu verstehen sind, lässt sich eine Vielzahl von Konstellationen von Gewalt und Heldentum denken. Für den Kontext des Heroischen ist allerdings ein Begriff von physischer Gewalt besonders instruktiv, der danach fragt, *wer was wem* antut und somit sowohl auf der Subjekt- als auch auf der Objektstelle Menschen einsetzt.[15]

Die Konzentration auf eine spezifizierbare menschliche Tat – den körperlichen Übergriff also – bringt die Gewalt nicht nur begrifflich in die Nähe der Heldentat, die für Heroisierungsprozesse regelmäßig ausschlaggebend ist, sondern weist durch ihren Charakter als „verletzende Aktionsmacht"[16] auch theoretische Ähnlichkeiten zu Heuristiken des Heroischen auf. Neben dem Beziehungsgeflecht, das beide Phänomene mit den Aspekten der Legitimierung eingehen, verdichtet sich die theoretische Nähe von Gewalt und Heldentum somit in besonderen Schnittstellen: Sowohl Gewalt als auch Heldentum werden prominent über die Begriffe ‚Autonomie' und ‚Transgressivität', ‚moralische und affektive Aufgeladenheit', ‚Agonalität' oder ‚starke Agency' verhandelt.[17] Insbesondere die Grenzüberschreitung, als welche sowohl die Gewalt- als auch die Heldentat qualifiziert werden können, wirft dabei die Frage auf, welche Symbolisierungskraft eine Gewalttat für Phänomene des Heroischen haben kann. Art und Weise, auch die jeweiligen Umstände einer Gewalttat, können Zuschreibungen des Heroischen eine besondere Gestalt geben.

Über einen engen Gewaltbegriff, der auf physische Taten verweist und die Bedeutung der Körperlichkeit als Bezugspunkt für Heroisierungen unterstreicht,[18] kann so ein Katalog von Fragen an das Zusammenspiel von Gewalt und Heldentum formuliert werden, mit dem sich unterschiedliche Schnittstellen der beiden Phänomene präziser herausarbeiten lassen. Peter Imbusch schlägt vor, zunächst die Gewalt selbst über sieben Fragen zu erschließen: Wer übt Gewalt aus? Was geschieht, wenn Gewalt ausgeübt wird? Wie wird Gewalt ausgeübt? Wem gilt die Gewalt? Warum wird Gewalt ausgeübt? Wozu wird Gewalt ausgeübt? Weshalb wird Gewalt ausgeübt?[19] Spezifisch für die Konstitutionsprozesse des Heroischen sind darüber hinaus Fragen nach den Dritten, denn erst durch einen „Bezüge schaffenden Dritten werden beide Aspekte, die Konstituierung und die Destruk-

---

[15] Gertrud Nunner-Winkler: Überlegungen zum Gewaltbegriff, in: Wilhelm Heitmeyer / Hans-Georg Soeffner (Hg.): Gewalt. Entwicklungen, Strukturen, Analyseprobleme, Frankfurt am Main 2004, S. 21–61, hier S. 21.

[16] Popitz: Phänomene der Macht (Anm. 10), S. 24.

[17] Vgl. Tobias Schlechtriemen: Der Held als Effekt, in: Berliner Debatte Initial 29.1, 2018, S. 106–119, hier S. 108–109.

[18] Georg Feitscher: Körperlichkeit, in: Compendium heroicum, 2019, DOI: 10.6094/heroicum/kd1.0.20190801.

[19] Imbusch: Der Gewaltbegriff (Anm. 9), S. 34–36.

tion eines sozialen Verhältnisses, Vergesellschaftung und Entgesellschaftung, als Einheit der Gewalttat selbst erfassbar", wie Jan Philipp Reemtsma für die Gewalttat konstatiert.[20] Über jenen Dritten, der die Gewalttat – als Heldentat oder als Untat, die der Entgegnung eines Helden bedarf – erzählt und bestätigt, wird „die sinn- oder vielleicht nur signalhafte Verbindung dieser Manifestation von Gewalt zu ihrer Umwelt"[21] gesellschaftlich relevant. Wer also sind die Dritten der Gewalt? Wie werden sie einbezogen? Wer erzählt die Gewalt? Und vor allem: Wie werden die von Imbusch gestellten Fragen durch die Dritten in Bezug zum Heroischen gesetzt? Wird unter Berücksichtigung der „Bezüge schaffenden Dritten" jede der Fragen zur Gewalt mit Blick auf die Phänomene des Heroischen gestellt, dann lassen sich – wie im Folgenden gezeigt wird – einige Themenkomplexe identifizieren, in welchen die genannten Schnittstellen von Gewalt und Heldentum angesiedelt sind.

Die Gewalttat und ihre Beteiligten

Wer übt welche Gewalt wie gegenüber wem aus? Die gebündelten ersten vier Fragen nehmen die Gewalttat selbst und die an ihr Beteiligten in den Fokus. Heroisiert werden im Zusammenhang mit Gewalttaten regelmäßig zunächst die Aktionsmächtigen, welche Gewalt ausüben. Hierbei handelt es sich es um jene Einheit von Gewalt- und Heldentat, die sich über Epochen und Kulturen hinweg insbesondere im zur Männlichkeitsprobe überhöhten Kriegerethos ausdrückt und ihre heroische Zuspitzung im Zweikampf findet. Für die „Bezüge schaffenden Dritten" – Verehrergemeinschaften und Publika in diesem Fall also – wird das Gewalthandeln zur Voraussetzung der Heroisierbarkeit. Beschränkt wird diese täterbezogene Sicht durch Grenzen der Heroisierbarkeit der Gewalttat selbst. So zeigt Cornel Zwierlein in seinem Beitrag „Der Mörder als Held?", wie der Mord an Heinrich III. von Frankreich 1589 zum Ausgangspunkt sowohl der Heroisierung als auch der Dämonisierung des Täters, des Dominikanermönchs Jacques Clément, werden konnte. Beide Möglichkeiten verwiesen nicht nur auf die jeweiligen politischen Positionierungen der historischen Akteure, sondern richteten sich letztlich an der Legitimität und somit Heroisierbarkeit des Königsmords und damit der Gewalttat selbst aus.[22] Der Fall zeigt exemplarisch: Der moralische Referenzrahmen, in wel-

---

20 Jan Philipp Reemtsma: Die Natur der Gewalt als Problem der Soziologie, in: Karl-Siegbert Rehberg (Hg.): Die Natur der Gesellschaft. Verhandlungen des 33. Kongresses der Deutschen Gesellschaft für Soziologie in Kassel 2006, Frankfurt / New York 2008, S. 42–64, hier S. 56. Dass und wie Gewalt nicht nur ein unmittelbares Ereignis, sondern aufgrund ihrer triadischen Struktur wesentlich eingebunden in kommunikativ-symbolische Vermittlungen ist, zeigt auch Gesa Lindemann: Strukturnotwendige Kritik. Theorie der modernen Gesellschaft, Bd. 1, Weilerswist 2018, S. 69–70.

21 Reemtsma: Die Natur der Gewalt (Anm. 20), S. 56.

22 Vgl. Cornel Zwierlein: Der Mörder als Held? Jacques Clément als ligistischer Staatsgründungs-Held und Märtyrer-Heroe des Papsttums, 1589, in diesem Band.

chem Gewalt verübt wird, ist kontextgebunden, d. h. veränderbar, und entsprechend sind auch die Heroisierungsoptionen nur im jeweils spezifischen Rahmen denkbar, den ‚Räumen der Gewalt‘, von denen Jörg Baberowski spricht. Baberowski konstatiert zudem:

> Zwar entscheiden Situationen und die Möglichkeiten des Raumes darüber, wie Gewalt vollzogen und erlitten wird. Aber kein Mensch begibt sich voraussetzungslos in eine Gewaltsituation. Man weiß immer schon, was zu tun ist, denn Täter und Opfer, Angreifer wie Verteidiger greifen unwillkürlich auf eingespielte Gewohnheiten zurück, die in ihrem Kosmos einen Sinn ergeben.[23]

Diese Sichtweise weist auf das Beziehungsgeflecht von Gewalt, Legitimität und Heldentum hin. Baberowski deutet an, dass es bekannte Muster gibt, die nahelegen, welche Gewaltformen heroisierbar sind, und er verweist auf ein Spezifikum des Heroischen: Durch die der heroischen Figur immer auch eigene Vorbildfunktion sind es möglicherweise die Diskurse des Heroischen in jeweils spezifischen Kontexten selbst, über welche die „eingespielten Gewohnheiten" nicht nur erkannt, sondern auch definiert werden. Das Beispiel des Helden macht bestimmte Formen der Gewaltanwendung womöglich erst denkbar oder fordert sie gar ein, denn auch „Ritter hatten Angst, litten Qualen und fürchteten sich vor dem Tod, aber sie zogen in den Kampf, weil ihr Status sie darauf festlegte, das Schwert gegen ihre Feinde zu führen".[24]

Das Interesse am ‚Wie‘ und dem damit verbundenen ‚An-Wem‘ der Gewalt lädt dazu ein, nicht ausschließlich nach dem Täter zu fragen, sondern nach dem Verhältnis von Täter und Opfer. So lässt sich auch denken, dass bestimmte Formen der Gewalt nicht, nicht mehr oder noch nicht heroisierbar sind und die entsprechenden Gewalttaten deswegen aus dem Raster des Heroischen herausfallen könnten (diese Frage ist dem Problem der Legitimität untergeordnet). Dies würde sich jedoch nur auf den ‚Täter‘ als mögliche heroische Figur beziehen und nicht auf sein Gegenüber, das Opfer von Gewalt. Dieses kann ebenfalls heroisiert werden, jedenfalls dann, wenn der Begriff des ‚Opfers‘ allgemeiner auf Menschen verweist, die sich der Gewalt ausgesetzt gesehen oder sich ihr bewusst ausgesetzt haben,[25] sei es, weil sie darauf rechnen konnten, künftig mit einem heroischen Opferstatus versehen zu werden – wie dies beim Märtyrer der Fall sein kann –, sei es, weil der Einsatz des eigenen Lebens und der körperlichen Unversehrtheit im Angesicht der Gewalt der Anderen heroisiert wird. Entscheidend ist mithin nicht, ob jemand explizit als Opfer bezeichnet wird oder ob lediglich auf die Gewalterfahrung verwiesen wird.

---

[23] Jörg Baberowski: Räume der Gewalt, Frankfurt am Main 2015, S. 42.
[24] Ebd., S. 66.
[25] Für eine kritische Auseinandersetzung über die vermeintliche Unmöglichkeit der Heroisierbarkeit des Opfers vgl. Svenja Goltermann: Opfer. Die Wahrnehmung von Krieg und Gewalt in der Moderne, Frankfurt am Main 2017.

Entscheidend für die Heroisierung ist vielmehr der Einsatz des eigenen Körpers als höchstes Gut. Damit löst sich die Frage nach dem Antagonisten vom personifizierten Gegner und wird auf die abstrakte Ebene der Gewalt selbst – hier eben als Gefahr für Leib und Leben ihres Gegenübers – gehoben. Wenn etwa Journalisten heroisiert werden, weil sie ihre körperliche Unversehrtheit „für die Wahrheit" aufs Spiel setzen, dann geschieht dies losgelöst von der Identifizierbarkeit eines möglichen Täters. Sie betreten bewusst einen ‚gewaltoffenen Raum' (Baberowski), und die Heroisierung erfolgt über den Verweis auf die dadurch implizierte Bedrohung selbst. Die Gewalt*erfahrung* rückt in diesen und in anderen Fällen, etwa im Bereich der Fronterfahrungen, in den Mittelpunkt der Heroisierungsprozesse und überlagert die Gewalt*tat*. „Der Sohn wird vom Vater zum Helden geprügelt", schreiben Joachim Grage und Kimon Mouzakis in ihrem Beitrag über den schwedischen Jugendroman *Ondskan* (1981), ein Buch über Gewalt gegen Kinder und Jugendliche sowie unter Jugendlichen, und sie zeigen, dass und wie der Sohn, dessen Gewalterfahrung ihn zunächst zum Helden werden lässt, am Ende doch scheitert, „weil es ihm nicht gelingt, aus dem Kreislauf der Gewalt auszubrechen".[26]

Legitimität, Gewalt und Heldentum

Das Spannungsfeld, das sich aus den Begriffen ‚Legitimität', ‚Gewalt' und ‚Heldentum' ergibt, ist durch die Fragen geprägt, weshalb und warum Gewalt ausgeübt wird. ‚Weshalb' fragt „nach den Rechtfertigungsmustern und Legitimationsstrategien von Gewalt".[27] Der Blick richtet sich in diesem Fall auf Art und Typ der Gewalttat selbst, ihre Bewertung erfolgt in Abhängigkeit zu den Werte- und Normvorstellungen der entsprechenden Gesellschaft. Jan Philipp Reemtsma schlägt in seiner Phänomenologie körperlicher Gewalt vor, zwischen ‚lozierender', ‚raptiver' und ‚autotelischer' Gewalt zu differenzieren.[28] Er verweist darauf, dass unterschiedliche Gewaltformen in unterschiedlichen Kulturen unterschiedlicher Legitimationen bedürfen.[29] Es ist also von übergeordneten Normvorstellungen abgeleitet, „ob eine Gewaltausübung als legal oder illegal angesehen wird, ob sie als legitim oder illegitim erscheint".[30] Die Frage nach der Legitimität von physi-

---

[26] Joachim Grage / Sotirios Mouzakis: Die Schule des Prügelns. Gewalt und Heldentum in Jan Guillous Jugendroman *Ondskan*, in diesem Band, S. 148.

[27] Imbusch: Der Gewaltbegriff (Anm. 9), S. 36.

[28] Jan Philipp Reemtsma: Vertrauen und Gewalt. Versuch über eine besondere Konstellation der Moderne, Hamburg 2013, S. 106. Siehe auch ebd., S. 110: „Lozierende Gewalt bedeutet ein brachiales *Desinteresse* am Körper des Anderen, raptive und autotelische Gewalt zeigen ein brachiales *Interesse* am Körper des Anderen, wobei raptive Gewalt nicht auf Verletzung oder Zerstörung zielt (wenn sie auch damit verbunden sein kann) und autotelische Gewalt auf die Zerstörung des Körpers."

[29] Ebd.

[30] Imbusch: Der Gewaltbegriff (Anm. 9), S. 36.

scher Gewalt wird auch deswegen immer zu stellen sein, weil diese als Machtakti-on wesensmäßig nach ihrer Rechtfertigung strebt. Heldenerzählungen leisten einen maßgeblichen Anteil, wenn es darum geht, zu bestimmen, welche Gewalt als ehrenhaft, gerecht oder gar erforderlich und welche Gewalt regelmäßig als jene des Täters, aber nicht eines Helden erscheint. Das Heroische kann der Überhö-hung spezifischer Taten dienen, wie dies etwa im Falle der Nothilfe zu beobach-ten ist, die als Zivilcourage gefeiert wird (und deren Ausbleiben zur Feigheit herab-gesetzt wird).

Das Spannungsfeld aus ‚Legitimität', ‚Gewalt' und ‚Heldentum' erschließt sich jedoch nicht allein im Verweis auf die Rechtfertigungen spezifischer Gewaltfor-men als Heldentaten – Heldentum im Zusammenhang mit der Frage nach dem ‚Weshalb' der Gewalt also –, die Perspektive ist auch umzukehren: Durch den transgressiven Charakter der Gewalt stellt sich die Frage, wie der Gewaltakteur selbst durch die Tat im sozialen Raum positioniert wird. Reemtsma stellt fest, dass dort, wo Gewalt geboten ist, der Gewalttäter auf die „Dividende der Pflichterfül-lung", Ruhm und Tapferkeit also, hoffen darf, dort aber, wo Gewalt nicht erlaubt ist, „zum Gesetzgeber in eigener Sache" wird und die Kultur herausfordert, in der er lebt.[31] Fragen von Heroisierung und Dämonisierung schließen sich hier unmit-telbar an. Gewalt hat immer auch eine legitimierende oder delegitimierende Wir-kung auf denjenigen, der sie ausübt. In Bezug auf die Akteure wird daher immer auch die Frage gestellt: Warum wird die Gewalt verübt?

Die Legitimierung *durch* Gewalt steht also im reziproken Verhältnis zur Legiti-mierung *von* Gewalt; die Fragen nach dem ‚Weshalb' und dem ‚Warum' greifen ineinander über. Im Ergebnis mag jedenfalls die Verehrung eines Gewaltakteurs als Held aufgrund seines Gewalthandelns stehen, ebenso, wie die Gewalttat durch sein Vorbild erst legitimiert werden kann. Und auch Deheroisierungsprozesse können entlang der Diskurse über das Gewalthandeln des entsprechenden Ak-teurs geführt werden, sei es, weil die Gewalttaten zu einem späteren Zeitpunkt eine Neubewertung erfahren, sei es, weil das Gewalthandeln selbst durch den „Bezüge schaffenden Dritten" als illegitim verstanden wird. Friederike Pannewick schildert in ihrem Beitrag, wie die Heroisierung von Selbstopfer und Gewalt in der arabischen Kunst seit den 1990er Jahren delegitimiert wird. Künstler stellen hier jene politischen Diskurse in Frage, „die seit Mitte des 20. Jahrhunderts die öffentlichen Debatten, aber auch viele Kunstwerke und Medienproduktionen in

---

[31] Reemtsma: Vertrauen und Gewalt (Anm. 28), S. 132: „Jede Gewalttat ist auch eine soziale Positionierung. In den Zonen erlaubter Gewalt gibt es Gewinner und Verlierer, und meist wird der Gewinn prämiert, sei es materiell, sei es durch Ansehensgewinne. Wo Gewalt ge-boten ist, gewinnt der Gewalttäter die Dividende der Pflichterfüllung und oft, da derlei meist mit eigenem Risiko verbunden ist, den Ruf und Ruhm der Tapferkeit. Wer Gewalt ausübt, wo sie nicht erlaubt ist, ist Gesetzgeber in eigener Sache. Er bringt nicht nur den Menschen vor ihm zum Schreien, sondern fordert die Kultur, in der er lebt, heraus."

der arabischen Welt dominieren"[32] und den heldenhaften Märtyrer zum Thema haben.

Maskulinität und Heldentum

Das Beziehungsgeflecht von Gewalt und Heldentum im Zusammenspiel mit ihren jeweiligen Legitimierungsformen hat einen signifikanten Effekt auf die Geschlechterordnungen von Gesellschaften. Über Epochen und Räume hinweg ist ein unmittelbarer Zusammenhang dieser Phänomene mit historisch und kulturell variierenden Maskulinitätskonfigurationen feststellbar. In einem überwiegenden Teil der Gesellschaften (wenn nicht sogar in allen) ist zu beobachten, dass und wie die Fähigkeit zur Gewaltanwendung und Vorstellungen von idealer Männlichkeit einander reziprok bestätigen. Vor diesem Hintergrund kann Pannewick aufzeigen, wie in der jüngeren irakischen Literatur die Heroisierung des Märtyrers infrage gestellt wird, nachdem während der Jahre des irakisch-iranischen Krieges von 1980 bis 1988 die „dezidiert[e] Betonung des übergeordneten sozialen Prestiges von Soldaten und deren männlich konnotierte[m] Heldentu[m]" leitend war.[33] Sven Reichardt formuliert hinsichtlich der Affinität von Maskulinität und Heldentum für den Fall der Gewaltgemeinschaft der SA, gerade in der faschistischen Männlichkeitsrhetorik zeige sich, wie dominant die Gewalt bereits in der frühen Phase der NS-Bewegung in eine faschistische Identität als Mann eingewoben war: „Die faschistischen Kampfbündler konstruierten Männlichkeit [...] ausschließlich in der Konstruktion des kompromisslosen Schlägers, der, treu zusammenstehend mit seinen Kameraden, für die ‚Rettung der Nation' kämpfte."[34] Wie dieses Männlichkeitsideal wenige Jahre später nahezu ungebrochen in die Heroismen des Krieges überführt werden konnte, veranschaulicht der Beitrag von Vera Marstaller, die zeigt, dass letztlich jeder Soldat nicht nur Verehrung als Beschützer des deutschen Volkes erfuhr, sondern die Zeichen seiner Verletzung geradezu erotisch aufgeladen werden konnten. Der in den von Marstaller untersuchten illustrierten Zeitschriften hergestellte Konnex zwischen erotisierter Männlichkeit und der Heroisierung des maskulinisierten Akteurs in den Räumen der Gewalt bestätigt die Binarisierung der Geschlechterordnung, die den Mann als sich aktiv opfernden Gewaltakteur vorstellt, wohingegen Frauen als passives, zu schützendes ‚Gut' vorgeführt werden.[35] Diese auf Heldentum verweisende Zusammenführung

---

[32] Friederike Pannewick: Gewalt ohne Heldentum. Zur Poetik und Politik des entheroisierten Todes in der arabischen Erzählliteratur des 21. Jahrhunderts, in diesem Band, S. 216.

[33] Ebd.

[34] Sven Reichardt: Gewaltgemeinschaft und Heldentum in der SA. Beobachtungen zu ihren Zusammenhängen aus praxeologischer Perspektive, in diesem Band, S. 98.

[35] Vgl. Vera Marstaller: Zur Erotik des Kriegsversehrten. Nationalsozialistische Maskulinitätsdiskurse im Kontext extremer Gewalterfahrungen, in diesem Band.

von Maskulinität und Gewalt wird auch von Olmo Gölz in seinem Beitrag über den Heroismus der Revolutionsgarden im revolutionären Iran diskutiert.[36]

Über den jeweiligen Einzelfall hinaus verweisen diese Studien auf Befunde der Geschlechterforschung, die den Zusammenhang von Gewalt und Maskulinität überwiegend bestätigen.[37] Demnach wird die männliche Gewalt aufgrund ihres Ausmaßes und der Ubiquität einerseits als Problem wahrgenommen und etwa festgestellt, dass die überwiegende Zahl der Gewaltverbrechen weltweit von Männern verübt wird und so insbesondere „die individuellen wie gesellschaftlichen Folgen der Gewalt gegen Frauen politisch sichtbar" gemacht werden.[38] Andererseits wird jedoch Gewalt in ganz unterschiedlichen historischen und kulturellen Kontexten als eine Option zur Lösung vor allem hierarchischer Konflikte – sei es im Verhältnis zu Frauen, anderen Männern oder konkurrierenden Gemeinschaften – als männliches Vorrecht konstruiert; ein Akteur, der sich auf seine Männlichkeit beruft, gibt nicht nur vor, sein Gewalthandeln auf diese Weise legitimieren zu dürfen, sondern setzt sich selbst in Relation zu anderen. In diesem Sinne fragt Michael Meuser mit Bezug auf Trutz von Trothas Feststellung, Gewalt sei eine „Jedermanns-Ressource":[39]

> Ist sie auch eine ‚Jedefrau-Ressource'? Angesichts der skizzierten Unterschiede des Stellenwertes weiblicher und männlicher Gewalt in der Geschlechterordnung muß relativierend – *und mit Bezug auf diese Ordnung* – ergänzt werden, daß Gewalt eine ‚*legitime*' ‚Jedermanns-Ressource', aber eine ‚*illegitime*' ‚Jedefrau-Ressource' ist. Die Geschlechtslogik von Gewalt hat zur Folge, daß das Potential der Gewalt vorwiegend von Männern realisiert wird. [...] Die Geschlechterordnung macht sich in den Gewaltverhältnissen geltend. Männer und Frauen verfügen in unterschiedlichem Maße über die (Macht-)Ressource Gewalt.[40]

Die soziale Konstituierung von Maskulinität im relationalen Gefüge der Geschlechterordnung ist eng verbunden mit Gewaltpraxen, ihrer Regulierung und

---

[36] Vgl. Olmo Gölz: Der Heroismus der Revolutionsgarden im Iran-Irak-Krieg. Von der Gewaltgemeinschaft zur Avantgarde des Martyriums, in: diesem Band.

[37] Der Befund ist in der Geschlechterforschung allerdings nicht unumstritten. Sylka Scholz kritisiert ihn als Engführung und zeigt an einem Beispiel, wie der Zusammenhang von Gewalt und Männlichkeit zu differenzieren ist, wenn man Männer als Täter und Opfer von Gewalt in den Blick nimmt und danach fragt, welche Rolle Emotionen im Kontext von Männlichkeit und Gewalt spielen. Sylka Scholz: Gewaltgefühle. Überlegungen zum Zusammenhang von Männlichkeit, Gewalt und Emotionen, in: Feministische Studien 1, 2008, S. 106–121.

[38] Regina-Maria Dackweiler / Reinhild Schäfer: Gewalt, Macht, Geschlecht. Eine Einführung, in: dies. (Hg.): Gewalt-Verhältnisse. Feministische Perspektiven auf Geschlecht und Gewalt. Frankfurt am Main 2002, S. 9–26, hier S. 9.

[39] Trutz von Trotha: Zur Soziologie der Gewalt, in: Trutz von Trotha (Hg.): Soziologie der Gewalt, Opladen 1997, S. 9–56, hier S. 18.

[40] Michael Meuser: ‚Doing Masculinity'. Zur Geschlechtslogik männlichen Gewalthandelns, in: Regina-Maria Dackweiler / Reinhild Schäfer (Hg.): Gewalt-Verhältnisse. Feministische Perspektiven auf Geschlecht und Gewalt, Frankfurt am Main 2002, S. 53–79, hier S. 73 (Kursivierung im Original).

Bewertung.[41] Durch den Verweis auf die Männlichkeit des Akteurs wird Gewalt nicht nur legitimiert, sondern zugleich die Männlichkeit des Akteurs im Verhältnis zu seinen Opfern sowie zu den ‚Bezüge schaffenden Dritten' demonstriert und bestätigt. Im Spannungsfeld von Legitimität, Gewalt und Heldentum, in dem Heldentum durch Gewaltformen einerseits legitimiert wird und andererseits über als legitim wahrgenommene Gewaltformen Heroisierungen stattfinden, wird das Gewalthandeln regelmäßig männlich konnotiert. Über die Zusammenführung der Gewalt als Handlungsoption mit hegemonialen Formen von Männlichkeit, die diese Option affirmieren, öffnet sich somit explizit ein Bezug zum Heroischen.

Am Ende bleibt indes die kritische Frage, ob über das Zusammendenken von Gewalt und Heldentum – und die in dieser Zusammenführung mitgedachte Fokussierung auf Männer – ein vermeintlich natürlicher Zusammenhang von Heldentum und *Männlichkeit* konstruiert wird. Frauen würde so über den Ausschluss als legitim verstandener Gewaltoptionen von vornherein der Zugriff auf eine zentrale Ressource für Heroisierungsprozesse verwehrt oder zumindest erschwert – nicht weil sie nicht gewaltsam handeln könnten, sondern weil sie es nach dieser Logik nicht dürfen bzw. es von ihnen nicht erwartet wird. Danach bliebe Frauen zwar die Rolle des Opfers oder der ‚Bezüge schaffenden Dritten', nicht jedoch jene des Helden – zumindest nicht über den Weg des Gewalthandelns. Das Beziehungsgeflecht aus Legitimität, Gewalt und Heldentum zeigt über diesen Weg seine hierarchisierenden Effekte auf die Geschlechterordnung von Gesellschaften. Zugespitzt formuliert: Wenn vornehmlich Männern zugestanden wird, gewaltsam handeln zu dürfen, zugleich Gewalt entscheidend durch die Überhöhungen des Heroischen Legitimierung erfahren kann, kann es kaum Frauen geben, deren Gewalthandeln ungebrochen als legitim erscheint. Nicht ausgeschlossen sind Frauen indes, wenn es um das Ertragen von Gewalt geht. Aber auch dies hat einen Effekt für die Geschlechterordnung, da das passive Erleiden regelmäßig weiblich konnotiert wird, wohingegen die heroische Agency zunächst Männern vorbehalten bleibt.

In ihrer organisierten Form findet die Gewalt im Krieg ihren Ort, in jenen historischen Momenten also, die bis heute nicht nur als männliche Angelegenheiten erscheinen und größtenteils auch praktiziert werden, sondern auch signifikant zur Herausbildung spezifischer Maskulinitäten beigetragen haben.[42] Leo Braudy kon-

---

41 Ann-Dorte Christensen / Palle Rasmussen: War, Violence and Masculinities. Introduction and Perspectives, in: NORMA. International Journal for Masculinity Studies 10.3/4, 2015, S. 189–202, hier S. 189: „The social constitution and historical development of masculinity are closely linked to violent practices in human relations and to the ‚civilising' regulation of such practices. Warfare constitutes an important arena for organised violence and as a type of practice almost exclusively undertaken by men it has contributed significantly to the shaping of masculinities embodied with the soldier as the main representation. This means that warfare and military institutions have been important in the making of masculinities and in many contexts militarised masculinity has been a crucial element in hegemonic forms of masculinity."

42 Ebd.

statiert: „Both war and masculinity are ideas shaped by a long interwoven history."[43] Hier, in der organisierten politischen Gewalt, bieten sich für das Individuum ebenso wie für das Kollektiv die Chancen, über Transgression, agonalen
Erfolg, Zurschaustellung starker Agency – die bereits identifizierten theoretischen
Schnittstellen von Gewalt und Heldentum also –, sowie durch die Überwindung
innerer Widerstände, die Begegnung mit der Gefahr und die Möglichkeit, sich ihr
zu stellen, auf Diskurse des Heroischen zuzugreifen. Aus der Perspektive der
kriegführenden Gesellschaften haben im (von Männern geführten) Krieg die Heroismen ihren Ort, auf dem Schlachtfeld werden Helden geboren. Der Zusammenhang zwischen heroischen Idealvorstellungen und militarisierten Maskulinitäten scheint dabei über alle Gesellschaften und Zeiten hinweg auffindbar, so dass
etwa Ritter und Glaubenskrieger, Revolutionär und Freiheitskämpfer, Elitekämp-
fer oder treuer Soldat – Akteure der Gewalt also – in ihrem historischen Kontext
nicht nur hegemoniale Maskulinitäten prägten, sondern ihre Beispiele im selben
Maße die Heroismen ihrer Zeit definierten.[44] Aus dem Zusammendenken von
Gewalt und Heldentum folgt somit, auch Maskulinität und Heldentum zusammenzudenken. Oder um es mit Jan Philipp Reemtsma zu formulieren: „Heldengeschichten sind Jungsgeschichten."[45]

Ordnungszerstörung und -begründung

Offen ist noch Imbuschs Frage nach dem ‚Wozu' der Gewalt. Sie richtet den
Blick auf die intendierten oder nicht intendierten Folgen der Gewalt. Über Gewalt als Element des „hierarchisch und personalistisch geprägten Bewegungsfaschismus" und damit als entscheidender Bezugsrahmen im Prozess der inneren
Kohäsionsbildung von Gewaltgemeinschaften schreibt Sven Reichardt in Bezug
auf die SA.[46] Dieser Aspekt scheint für Gewaltgemeinschaften wie die SA oder
auch die iranischen Revolutionsgarden[47] in ihrer Frühphase evident und typisch
zu sein.[48] Konzeptionell rückt der Gewaltbegriff jedoch auch dann in die Nähe
der Phänomene des Heroischen, wenn ordnungsbegründende Prozesse der Gemeinschaftsbildung außerhalb solcher spezifischen Phänomene betrachtet werden. Reemtsma berichtet in seinem Beitrag „Dietrichs mißlungene Brautwerbung"

---

[43] Leo Braudy: From Chivalry to Terrorism. War and the Changing Nature of Masculinity,
      New York 2005, S. xvii.
[44] Vgl. ebd., S. xx: „The fortunes of Western epic heroism are […] particularly tied to war,
      sometimes in a grand defeat and sometimes in victory, but always triumphs that are inevit-
      ably connected to the way war destroys men but makes their memories last."
[45] Jan Philipp Reemtsma: Dietrichs mißlungene Brautwerbung. Über Heldengeschichten, in
      diesem Band, S. 46.
[46] Reichardt: Gewaltgemeinschaft und Heldentum in der SA, in diesem Band, S. 89.
[47] Vgl. Gölz: Der Heroismus der Revolutionsgarden, in diesem Band.
[48] Vgl. Winfried Speitkamp (Hg.): Gewaltgemeinschaften in der Geschichte. Entstehung,
      Kohäsionskraft und Zerfall, Göttingen 2017.

von den Zivilisationshelden, die den Weg für das Zusammenleben in jenen Gemeinschaften bereiten, die dann eigentlich keine Helden mehr brauchen. „Wilde Tiere, Monstren, Wegelagerer, Raubritter und kriegerische Horden von irgendwoher – das muss besiegt, das muss ab- und aus der Welt geschafft werden, damit die Zivilisation der Dörfer und Städte herrsche [...].“[49] In einer ähnlichen Weise versteht auch Hegel Helden, wenn er schreibt, Platz für Helden gäbe es nur im „ungebildeten Zustande“.[50] In einem Staat dagegen könne es keine Heroen mehr geben, weil das höhere Recht der Idee gegen die Natürlichkeit (eben die Gewalt) des Helden stehe,[51] ihr Zweck in der Stiftung von Staaten, Ordnungen und anerkanntem Recht verwirklicht sei. Sobald der Held eine neue Ordnung gestiftet hat, ist er überflüssig geworden.

In Erzählungen substituieren Helden folglich, bei Hegel und auch bei Reemtsma, die Phänomene der Gewalt und deren ambivalentes Verhältnis zwischen Ordnungszerstörung und -begründung.[52] Gewalt ist, so Popitz, nicht bloß als „Betriebsunfall sozialer Beziehungen“ zu verstehen, sondern als einer der „Bestimmungsgründe der Struktur sozialen Zusammenlebens“.[53] Auch Imbusch versteht Gewalt als ein komplexes Phänomen, dem „eine bedeutende Ambiguität zwischen Ordnungszerstörung und Ordnungsbegründung zukommt“. Gewalt wäre danach nicht nur ein Problem sozialer Beziehungen, sondern sogar konstitutiv für die Herausbildung von Gemeinschaften, wenn sie beispielsweise in Folge revolutionärer Bewegungen neue Ordnungen implementiert – eine Position, die insbesondere auch Frantz Fanon für den Kampf um die Dekolonisierung vertreten hat.[54] Es gibt ein ‚Charisma der Gewalt‘, lässt sich mit Hans-Georg Soeffner

---

49 Reemtsma: Dietrichs mißlungene Brautwerbung, in diesem Band, S. 36.
50 Georg Wilhelm Friedrich Hegel: Grundlinien der Philosophie des Rechts oder Naturrecht und Staatswissenschaft im Grundrisse (Werke 7), Frankfurt am Main [15]2017, S. 180.
51 Vgl. ebd.
52 Zur Ambivalenz vgl. Imbusch: Der Gewaltbegriff (Anm. 9), S. 26.
53 Popitz: Phänomene der Macht (Anm. 10), S. 57.
54 Frantz Fanon: The Wretched of the Earth, New York 2004, S. 51–52: „At the individual level, violence is a cleansing force. It rids the colonized of their inferiority complex, of their passive and despairing attitude. It emboldens them, and restores their self-confidence. Even if the armed struggle has been symbolic, and even if they have been demobilized by rapid decolonization, the people have time to realize that liberation was the achievement of each and every one and no special merit should go to the leader. Violence hoists the people up to the level of the leader. Hence their aggressive tendency to distrust the system of protocol that young governments are quick to establish. When they have used violence to achieve national liberation, the masses allow nobody to come forward as ‚liberator.‘ They prove themselves to be jealous of their achievements and take care not to place their future, their destiny, and the fate of their homeland into the hands of a living god. Totally irresponsible yesterday, today they are bent on understanding everything and determining everything. Enlightened by violence, the people's consciousness rebels against any pacification. The demagogues, the opportunists and the magicians now have a difficult task. The praxis which pitched them into a desperate man-to-man struggle has given the masses a ravenous taste for the tangible. Any attempt at mystification in the long term becomes virtually impossible.“

ergänzen, das auf eine Suggestion von Freiheit verweist und einen revolutionären Impetus in sich trägt.[55]

Dies bringt die Gewalt, auf der sich neue Ordnungen begründen, in die Nähe des Heroischen. Einerseits manifestiert sich die Gewalt selbst als außeralltäglich; ihr exzeptioneller Charakter als Faszinosum ähnelt dem Heroischen oder ist gar nicht von ihm zu trennen. Soeffner führt entsprechend aus: „Gegenüber der Normalität (des Alltags) betont Gewalt das Außeralltägliche, in diesem Sinne Abnormale. Ihre Irrationalität beschwört die extremen Emotionen."[56] Für Außeralltäglichkeit steht nicht allein die über das Charisma der Gewalt zum Ausdruck gebrachte Bewährung des Individuums, Außerordentlichkeit deutet darüber hinaus auf das transgressive Wesen der beiden Phänomene Gewalt und Heldentum, das zwar einen ordnungsbegründenden Charakter in sich trägt, zugleich aber den Helden ebenso wie die Gewalt in den neu geschaffenen Ordnungen selbst als Problem präsentiert. In diesem Sinne erinnern Helden an die Außerordentlichkeit von Gründungszeiten, die so nun natürlich nicht mehr wiederholt werden sollen, sondern auf die Ebene eines fortlaufenden Kampfes gegen das vermeintlich beseitigte Übel überführt werden müssen.[57]

Erinnerung und Darstellung heroischer Gewalt

Heldengeschichten sind daher auch, aber nicht nur „Geschichten, in denen sich Gesellschaften ihre Vergangenheiten ausmalen".[58] Sie sind zudem Antworten auf die affektive Kraft der Gewalt. Diese Kraft zwingt nicht nur im Moment der Gewalttat selbst, sondern auch später, wenn diese erinnert wird, sich zu ihr zu verhalten und zu positionieren – Täter wie Opfer, Beteiligte wie Beistehende, Zeitgenossen wie Nachkommende. Das gilt auch dann, wenn Gewalt und Heldentum zusammengehen. Es gibt wohl in gesellschaftlichen Prozessen der Konstruktion von und der Erinnerung an Helden keine Gleichgültigkeit gegenüber der Gewalt, die diese als Kämpfer für eine Sache anderen Menschen angetan oder als Gewalt Erleidende selbst erfahren haben. In ihrem Beitrag „Gewalt ohne Heldentum" arbeitet Friederike Pannewick die Herausforderungen heraus, die sich im Zusammenspiel von Gewalterfahrungen und Erinnerung an Helden, Märtyrer und Opfer stellen, wenn sie an einem Beispiel der modernen irakischen Literatur aufzeigt, wie der Autor versucht, „die Würde von irakischen Frauen und Männern wiederher[zu]stellen, deren Körper und Seelen im Zuge der barbarischen Exzesse der

---

[55] Soeffner: Gewalt als Faszinosum (Anm. 2), S. 72.
[56] Ebd., S. 73.
[57] Vgl. zur Übertragung revolutionärer Gewalt in einen Diskurs der ewigen Auseinandersetzung zwischen Gut und Böse Gölz: Der Heroismus der Revolutionsgarden im Iran-Irak-Krieg, in diesem Band.
[58] Reemtsma: Dietrichs mißlungene Brautwerbung, in diesem Band, S. 41.

Gewalt gefoltert, zerbrochen und entmenschlicht wurden".[59] In diesem Fall bieten Helden keine Antwort mehr auf die Herausforderungen des Gewaltgedächtnisses von Gemeinschaften, im Gegenteil: Den Martyriumserzählungen der arabischen Welt und den „Heldengesänge[n] der ideologischen Massenbewegungen des 20. Jahrhunderts" wird der Rücken gekehrt, der Blick richtet sich jetzt auf die Opfer der Gewalt.[60]

In den in der modernen irakischen Literatur kritisierten Heroisierungen von Märtyrern wird deren Tod – wie zur Bestätigung des leidvollen Martyriums selbst – bisweilen detailliert beschrieben. Dies ist aber nicht die Regel und impliziert nicht, dass die gewaltsame Tat, dass Kampf oder Opferbereitschaft, für welche die heroischen Akteure von späteren Erinnerungsgemeinschaften gepriesen oder eben dämonisiert werden, explizit zur Darstellung kommen müssen: „Körper werden angeschossen, verletzt, aufgeschlitzt, abgeschossen, vergewaltigt, verstümmelt, zerstückelt; Körper werden hingerichtet, gehängt, geköpft."[61] Von all dem ist in Repräsentationen des Helden und seiner Heldentat nicht zwangsläufig etwas zu hören, zu lesen oder zu sehen; Sag- und Zeigbarkeitsregeln der Darstellung gewaltförmiger Heldentaten variieren je nach Zeit und Ort. In der *Ilias*, der Geschichte des Helden Achill, erzählt Homer kenntnisreich von grausamen Gemetzeln aus dem Trojanischen Krieg, und im antiken Griechenland des späteren 8. Jahrhunderts v. Chr. sind auf Grabgefäßen Schlachtszenen mit Leichenbergen zu sehen. Solche Schilderungen von Gräueltaten in antiken Texten und Bildern können als Aushandlungen der Grenzen ‚guter' und ‚schlechter' Gewalt verstanden werden, sie dienen vornehmlich der Dämonisierung des auszugrenzenden Anderen: „In den Affekten des Lesers oder Zuhörers, in der Überschreitung der individuellen Reizschwelle wurden die Regeln vermittelt, die gesellschaftlich festgelegt waren und die der Autor teilte und vermitteln wollte. Ziel und Ergebnis war zugleich die Ausgrenzung der Akteure aus der eigenen Gemeinschaft."[62] Der Zusammenhang von Gewalt und Heldentum findet sich in diesem Fall im Paradigma des Ertragens und Erleidens ungerechter Gewalt, wodurch ein Spannungsverhältnis zum Opfer aufgebaut wird. In diesem Sinne ersparen etwa die Darstellungen der Kreuzigung Christi den Gläubigen im christianisierten Westeuropa nicht detailreiche Hinweise auf die Martern, die der Gottessohn für ihr Seelenheil erlitt, und auch Gemälde und Skulpturen aus dem Mittelalter und der Renaissance zeigen anschaulich, wie christliche Märtyrer gefoltert, gerädert, mit Pfeilen durchbohrt werden. Im 14. Jahrhundert finden sich aber ebenso Schriften, welche die bis dahin übliche Darstellung von physischen Kampffähigkeiten und erlitte-

---

59 Pannewick: Gewalt ohne Heldentum, in diesem Band, S. 226.
60 Ebd.
61 Urs Stahel: Körper, Bilder, Macht und Gewalt. Einleitung, in: ders.: Dark Side II. Fotografische Macht und fotografierte Gewalt, Krankheit und Tod, Göttingen 2009, S. 8–15, hier S. 9.
62 Martin Zimmermann: Gewalt. Die dunkle Seite der Antike, München 2013, S. 39.

nen Verwundungen des Helden ausblenden. Als Held gepriesen wird stattdessen der Ritter, der sich gegenüber seinen Verletzungen gleichgültig zeigt und weiter-kämpft.[63]

Im säkularen 20. Jahrhundert beschränken sich Kriegerdenkmäler, die an die im Ersten und Zweiten Weltkrieg gefallenen soldatischen Helden erinnern, eben-so wie Soldatenfriedhöfe, ganz überwiegend auf schlichte Grabkreuze, Namenslis-ten mit Geburts- und Todesdaten, knappe Inschriften („Es starben den Helden-tod…"), oder sie greifen auf ältere Symbolsysteme zurück wie die Figur des Hl. Georg, des Drachentöters.[64] Viele Heldendenkmäler kommen ganz ohne die Na-men der Gefallenen aus; sie sind dem „Unbekannten Soldaten" gewidmet. Je mehr in Erinnerungsgemeinschaften säkularer Gesellschaften von den (Kriegs-) Helden die Rede ist, so scheint es, desto weniger Konkretes ist im Gedenken über die zugefügte oder erlittene Gewalt zu erfahren; allenfalls finden sich Spuren in symbolischen Hinweisen. Im NS-Heldenkult etwa trug die Entscheidung für die Farbe Rot für Plakate und Fahnen die Konnotationen vom, wie Sabine Behren-beck schreibt, „Opfer der toten Helden, aber auch [für] den feurigen Mut der Kämpfer".[65] Der im Bild dargestellte Held scheint körperlos in dem Sinn, dass er als Wesen aus Blut und Knochen unsichtbar bleibt. Das gilt bis heute: Die eige-nen getöteten Helden, die ihr Leben für die Nation, in jedem Fall für eine höhere Sache, aufs Spiel gesetzt haben, als zerfetzte Leiche im Bild zu zeigen, wird von allen kriegführenden Parteien möglichst vermieden.[66] Umgekehrt, so ist zu ver-muten, lässt sich die explizite Darstellung von Gewalttaten und ihren Folgen – ein Tötungsakt, verletzte, zerstückelte Körper – nicht mit der Heroisierung des Täters oder des tapfer für seine Überzeugungen kämpfenden heroischen Opfers verbinden.[67] Auch wenn eine Gewalttat zur Voraussetzung der späteren Heroisie-rung werden kann, ist damit nicht zwingend verbunden, dass die Verehrergemein-schaft die Heldentat als Akt der Gewalt selbst allzu konkret imaginieren will; ihre Bewunderung gilt dem Mut und der Selbstüberwindung des Helden, seinem Ein-satz gegen Ungerechtigkeit und Unterdrückung, nicht dagegen seiner blutigen Tat oder der heroischen Duldung grausamer Qualen. Indem sich die Publika in Ge-denkfeiern oder mit Gedenkzeichen ausdrücklich zu den Werten bekennen, für

---

[63] Vgl. Mauntel: Neue Helden für sich wandelnde Zeiten, in diesem Band.

[64] Reinhart Koselleck / M. Jeismann: Der politische Totenkult. Kriegerdenkmäler in der Moderne, München 1994.

[65] Sabine Behrenbeck: Der Kult um die toten Helden. Nationalsozialistische Mythen, Ritua-le und Symbole, Vierow bei Greifswald 1996, S. 420.

[66] Vgl. dazu die Beiträge in Cornelia Brink u. a. (Hg.): Helden müssen sterben. Von Sinn und Fragwürdigkeit des heroischen Todes (Helden – Heroisierungen – Heroismen 10), Ba-den-Baden 2019. Das gilt v. a. für die offizielle, politische Bildpropaganda; der Kunst wa-ren und sind dagegen oft explizitere Darstellungen der Getöteten möglich.

[67] Dass in den Ästhetisierungsformen des islamischen Märtyrers die Grenzen des Zeigbaren verschoben werden können, zeigt Friederike Pannewick: Opfer, Tod und Liebe, Visionen des Martyriums in der arabischen Literatur, München 2012; vgl. dies.: Gewalt ohne Hel-dentum, in diesem Band.

die ihr Held sich eingesetzt hat, muss die Gewalttat, die ihm diesen Status verschafft hat (und mit der Verehrung durch Dritte bestätigt wird, auch wenn sie deren Werten widerspricht), unsichtbar bleiben.

Orte, an denen der toten Helden vergangener Kriege gedacht wird, sind nicht erst in der Gegenwart auch zu touristischen Zielen geworden, wie das Beispiel Verdun zeigt, wo seit den 1920er Jahren an eine der verlustreichsten Schlachten des Ersten Weltkriegs erinnert wird:

> Durch mediale Inszenierungen, spektakuläre Angebote und Anekdoten werden aus Gedenkorten Erlebnisorte, deren Verweispotential auf historische Ereignisse überlagert wird von Aktualisierungsbestrebungen, welche auf das emotionale Miterleben heutiger Besucher_innen setzen.[68]

Die konkrete Gewalttat, die am historischen Ort ausgeübt und erlitten wurde, erscheint allenfalls in sublimierter Form: Das Fort de Vaux etwa, Teil der Gedenkstätte in Verdun, „bemüht sich, seinen Besucher_innen ein literarisches Empfinden der vom ‚Blut der Helden' zeugenden Stätte zu ermöglichen".[69] Die Ambivalenz der Gewaltaffinität kriegerischer Helden, so scheint es, ist nach den Gewaltexzessen des 20. Jahrhunderts nicht mehr auszuhalten;[70] die Art und Weise, an sie in Denkmälern, Friedhöfen und Gedichten, auch an ehemaligen Schlachtorten zu erinnern, bestätigt, dass die gewaltbereiten oder Gewalt erduldenden Helden in eine Welt, die sich als zivilisiert versteht, nicht mehr integrierbar sind.[71]

Gewalt und Heldentum in einer intertemporalen Perspektive

Für den Zusammenhang zwischen Heroisierungen und Gewalterfahrungen sind überzeitliche Muster und kontextspezifische Differenzen zu unterscheiden. Verschiedene bereits angesprochene Aspekte dieses Zusammenhangs finden sich über Epochen und Kulturen hinweg. Dazu zählt beispielsweise die Rolle der Gewalt im Blick auf die Konstitution von militärischen Herrscherhelden in der Spätantike und von nationalen Held(inn)en in Kriegen oder die Aktualisierung von älteren Ehrkonzepten in der Frühen Neuzeit. In solchen Fällen kommt zur Tat eine symbolische Dimension hinzu, die über den konkreten Gewaltakt hinausweist. Auch die Spannung zwischen der historischen Wiederholung von Gewaltkonstellationen einerseits und der Einzigartigkeit von jeweils aktuellen Gewalterfahrun-

---

[68] Benjamin Glöckler u. a.: Helden und Gedenktourismus. Eine Reise nach Verdun im September 2017, in: helden. heroes. héros. E-Journal zu Kulturen des Heroischen 6.2, 2018, S. 17–21, hier S. 17. DOI: 10.6094/helden.heroes.heros./2018/02/02.

[69] Ebd., S. 19.

[70] Ronald G. Asch: Das ‚mörderische Zwielicht' des Heroischen. Gewalt und Heldentum, in diesem Band.

[71] Vgl. Reemtsma: Dietrichs mißlungene Brautwerbung.

gen andererseits gehört zu diesen Kennzeichen, die sich nicht auf das 20. Jahrhundert und die Gegenwart beschränken.

Heroische Gewalt wird in den politischen Theorien wie auch in literarischen und künstlerischen Zeugnissen der Antike, des Mittelalters und der Frühen Neuzeit als ethisches Kernproblem verhandelt, Homers Achill-Figur gehört sicher zu den eindrücklichsten Beispielen. Aufschlussreich sind indes auch historische Übergangsphasen, in denen das Ideal des Herrschers als gewalttätiger Held, der sich im Feld bewährt, abgelöst wird vom Kaiser, der vom Palast aus regiert, das Kämpfen aber seinen Generälen überlässt. Für die nun wegfallende Legitimation als militärischer Heros muss hier eine Kompensation etabliert werden, die den Kaiser – dennoch – weiter als Held erscheinen lässt.[72] Im wiederum anders gelagerten Fall des Herrschermords kann sowohl dem Attentäter als auch dem ermordeten Fürsten heroische Qualität zugeschrieben werden, je nachdem, ob die Tat als Aufbegehren gegen einen Tyrannen oder als Angriff auf den legitimen Souverän verstanden wird.[73] In solchen konträren Bewertungen von Gewalthandlungen zeigt sich das Heroisierungspotenzial politischer Ideologien und Weltdeutungen, die sich in ihrer Affinität zum Heroischen und in ihren Deutungsvorgaben für eine heroische Tat indes unterscheiden. So führen Prozesse der Verstaatlichung von Gewalt und Sozialdisziplinierung im Laufe der Frühen Neuzeit einerseits zu einer schrittweisen Zurückdrängung der Gewalt aus dem Alltag. Dynamiken der Entgrenzung von Gewalt treffen vom 17. bis zum 19. Jahrhundert immer wieder auf Versuche ihrer Einhegung. Die Anwendung von Gewalt wird zunehmend an Militär und Polizei als staatlich rekrutierte Expertengruppen delegiert und allein für diese legitimiert; für den Rest der Gesellschaft ist ein heroisches Selbstbild nicht mehr unmittelbar relevant. Gleichzeitig etablieren sich seit der Französischen Revolution bis zur Mitte des 20. Jahrhunderts zunehmend Ideologien der Gewaltverherrlichung – erkennbar etwa in der Heroisierung des kämpfenden Soldaten und der Ächtung des Gegners als Feind, dessen Vernichtung in einem totalisierten Krieg jegliche Gewalt legitimiert. Um dies jedoch als Heldentat rechtfertigen zu können, muss die Bedrohung durch den Gegner als besonders groß dargestellt werden. Das geschieht auch mit den Mitteln der Propaganda, die Appelle zu heroischem Handeln verallgemeinert und radikalisiert.[74] Die Ideologien des Nationalismus, später des Faschismus und Kommunismus oder auch des politischen Islam nach der Islamischen Revolution in Iran entfesseln mit ihren Programmen totaler Mobilmachung heroische Semantiken eines allgegenwärtigen Überlebenskampfs, der jedermann die Bereitschaft zur Selbstaufopferung abnötigt. Zugleich wird der Krieg seit dem späten 18. Jahrhundert, vor allem aber seit der Mitte des 19. Jahr-

---

[72] Vgl. Felix Maier: Höhere Gewalt – neue Heldenideale für die Palastrevolution des Kaisers Theodosius (379–395), in diesem Band.

[73] Zwierlein: Der Mörder als Held?

[74] Cornelia Brink u. a.: Propaganda, in: Compendium heroicum, 2018, DOI: 10.6094/heroicum/propaganda.

hunderts bis zum Zweiten Weltkrieg als Ort der Selbsterfahrung und Selbstfindung sakralisiert. Heroische Gewalt spielt eine Rolle in den Beschwörungen des Krieger-Arbeiters im Faschismus und Stalinismus nach dem Ersten Weltkrieg, die zwischen futuristischer Modernität und mythischer Archaik changieren, und nicht zuletzt im Nationalsozialismus. Die extremen Gewalterfahrungen und die totalitären Ideologien produzieren einen neuen ‚Held*innenbedarf'. Im Nationalsozialismus gilt jeder Mann, der als Soldat kämpft und bereit ist, für ‚Führer, Volk und Vaterland' zu sterben, als potenzieller Held.[75] Nicht mehr nur ausgewählte gesellschaftliche Gruppen wie Soldaten, sondern letztlich die gesamte Bevölkerung wird zum heldenhaften Opfer im Namen von ‚Volksgemeinschaft' oder ‚Weltrevolution' verpflichtet.

Mit dem Formwandel der Gewalt im Zeitalter totalisierter und schließlich totaler Kriege und radikaler Ideologien zwischen 1914 und 1945 geht ein Umbruch älterer Heroisierungskonzepte einher. Überkommene Vorstellungen von Kriegshelden verlieren angesichts der Allgegenwart von Kriegsopfern und Invalidität, aber auch vor dem Hintergrund erodierender Ordnungsmodelle wie Monarchie und Diktatur oder im Kontext der bürgerlichen Gesellschaft an Glaubwürdigkeit und Überzeugungskraft – selbst wenn auch „unserer Epoche das Verständnis für das ‚mörderische Zwielicht' des Helden und des Heroischen" noch nicht vollständig abhandengekommen ist, wie Ronald G. Asch in seinem Epilog zu diesem Band feststellt.[76] Gleichwohl, nach dem Ende der Weltkriegsepoche sind zumindest Rekurse auf das heldenhafte Opfer für Volk, Ideologie oder Vaterland wie auch die ihnen zugrundeliegenden totalitären Ideologien delegitimiert. Affektivität, Attraktion und Appellwirkung des Helden werden in den Gewaltregimen des 20. Jahrhunderts zunächst noch gesteigert – nach dem Zweiten Weltkrieg kann ihre Instrumentalisierung in die weitgehende Entwertung der Modelle führen, wie das etwa in Deutschland der Fall war.

Verschwunden sind die Helden (und vermehrt auch Heldinnen) darum aber nicht. Seit dem Ende des Zweiten Weltkriegs werden die Opfer der Kriege medial zu Held(inn)en umgedeutet, das Heroische *gegen* die entfesselte Gewalt einer anonym gewordenen Kriegsmaschinerie in Stellung gebracht – die postheroische Verweigerung des Kriegsdienstes im 20. und 21. Jahrhundert, deren Geschichte Ulrich Bröckling in seinem Beitrag „Pazifismus und Heroismus" rekonstruiert, zeugt davon. Allerdings gilt auch hier, dass die Heroisierung der Leidensbereitschaft der Kriegsdienstverweigerer nicht nur auf eine Glorifizierung des Pazifismus verweist, sondern letztlich erneut auf Gewalterfahrungen rekurriert.[77] Erfahrungen kollektiver Gewalt in ‚heroischen Gesellschaften' wie dem Faschismus, aber auch unter kolonialer Herrschaft rufen in der zweiten Hälfte des 20. Jahrhun-

---

[75] Vgl. Marstaller: Zur Erotik des Kriegsversehrten.
[76] Asch: Das ‚mörderische Zwielicht' des Heroischen, S. 237.
[77] Vgl. Ulrich Bröckling: Pazifismus und Heroismus. Kriegsdienstverweigerung im 20. und 21. Jahrhundert, in diesem Band.

derts neben den von Bröckling angesprochenen persönlichen Haltungen Programme der Gewaltlosigkeit und pazifistische Bewegungen auf den Plan, die den gewaltlosen Kampf ihrer charismatischen Führungsfiguren heroisieren (bspw. Mahatma Gandhi, Martin Luther King oder Nelson Mandela). Solche Modelle eines heroischen Gewaltverzichts, die an Traditionen des religiösen Märtyrertums anknüpfen, gewinnen dessen scheinbarer Passivität eine aktive, heroische Dimension ab. Sie ersetzen nicht Ideen heroischen Gewalthandelns, vielmehr treten sie als eine (Heroisierungs-)Option neben sie. Die Prozesse der Dekolonisierung, die Implementierungen neuer Ordnungen oder die Hoffnung auf neue Gesellschaftsformen werden schließlich auch in der zweiten Hälfte des 20. Jahrhunderts von der Heroisierung revolutionärer Gewalt oder des Freiheitskampfes bis hin zum Terrorismus aller politischen und ideologischen Schattierungen begleitet. Gerade das 20. und das 21. Jahrhundert kennen daher eine enorme Bandbreite von heroischen Gewaltkonzepten, die gegenwärtig neu aktiviert werden. Dies zeigt Olmo Gölz' Untersuchung des Heroismus der iranischen Revolutionsgarden im Iran-Irak-Krieg, in welchem der Konflikt zwischen den beiden Nationen auch in den 1980er Jahren weiter unter Rückgriff auf religiöse Bezüge als ewige Auseinandersetzung zwischen Gut und Böse vorgeführt wird, sodass im Ergebnis Gewaltaktionen als heroisch legitimiert werden können.[78]

Grundlegend für die Reaktivierung oder Perpetuierung der Verbindung von Heroischem und Gewalt sind jetzt Medien wie Massenpresse, Fotografien und Film oder die Belletristik. Auch in publikumswirksamen Blockbustern, Fernsehserien und Computerspielen sind Gewalthelden virtuell allgegenwärtig: Heroische Gewalt in den Massenmedien übt offensichtlich eine ästhetische Faszination aus – und stellt so die oft behauptete (tatsächlich aber nie faktische) Fundamentalpazifizierung zeitgenössischer westlicher Gesellschaften infrage. Dietmar Dath schreibt dazu:

> Superheldinnen und Superhelden sind Nichtmenschen, die wir ‚wider die Natur', gegen Vernunft und Lebenserfahrung lieben, und die diese Liebe so rückhaltlos erwidern, dass in ihrem Namen gewaltige Taten getan, ungeheuerliche Leiden erlitten und ganze Gesellschaften zur Überprüfung ihrer obersten sittlichen Grundsätze gezwungen werden.[79]

Mögen die Helden alten Schlages inzwischen auch keinen Platz in den (westlichen) Gesellschaften mehr haben, so bleiben sie in der künstlerischen Auseinandersetzung mit deren Realität weiterhin präsent. Offenbar, so ließe sich dies im Anschluss an Joachim Grage und Sotirios Mouzakis auch erklären, braucht es, um die Widersprüche und Unentschlossenheiten einer postheroischen Gesellschaft zu zeigen, Identifikationsfiguren, die als Sonde für die Leserschaft fungieren und

---

[78] Gölz: Der Heroismus der Revolutionsgarden.
[79] Diethmar Dath: Superhelden, Stuttgart 2016, S. 17.

aus deren Perspektive dargestellt wird, wie es wäre, wenn man angesichts der ja nach wie vor praktizierten Gewalt stärker, mutiger und entschlossener wäre.[80]

Nicht zuletzt wird der Zusammenhang von Heldentum und Gewalt, dem Männlichkeit inhärent zu sein scheint, inzwischen neu verhandelt. Frauen kämpfen (nachdem sie schon in der frühen Sowjetunion, im Spanischen Bürgerkrieg, in Befreiungsbewegungen kolonialisierter Länder zur Waffe gegriffen hatten) zunehmend in regulären Armeen als Soldatinnen; sie treiben Kampfsportarten und unterlaufen auch so konventionelle Kopplungen von gewaltaffinem Heldentum und Maskulinität. Mediale Darstellungen perpetuieren einerseits geschlechtsspezifische Zuordnungen von Täter- und Opferrollen, von ‚männlicher‘ Stärke und ‚weiblicher‘ Duldung, unterlaufen diese andererseits gerade in Genres der populären Kultur immer wieder auch subversiv. Schon seit den 1940er Jahren stilisieren Comics wie *Wonder Woman*, später *Amazons Attack!*,[81] *Catwoman* oder auch Filme wie *Kill Bill* die Gewaltkriegerin als überlegene Heldin; einige reaktualisieren bekannte Geschlechtsstereotype wie die heroisch kämpfenden Amazonen, die Walküren oder die Nationalheldin Jeanne d’Arc.[82] Ob es, wie Jan Philipp Reemtsma schreibt, auch weiterhin eigentlich keine weiblichen Helden geben kann – zumindest nicht in dem von ihm besprochenen Sinne –, lohnt sicher die weitere Diskussion: „Jeanne d’Arc mag man ‚Heldin‘ nennen, aber sie ist keine. Sie ist eine religiös verwirrte Kriegerin, dann eine Märtyrerin (oder Hexe, je nachdem). Sie gehört nicht dem Personal an, aus dem die Helden gemacht sind.“[83]

Nachsatz

Das Paradigma der Heldentat scheint in der Gewalttat verwirklicht zu sein. Unsere Beobachtung, gestützt auf die Vorträge und Diskussionen während der Tagung „Gewalt und Heldentum“, mit der wir unsere grundsätzlicheren Überlegungen zu diesem Zusammenhang eingeleitet haben, hat trotz des Umbruchs älterer Heroisierungskonzepte seit der zweiten Hälfte des 20. Jahrhunderts ihre Gültigkeit bis heute nicht verloren. Zugleich wird sie auf vielfältige Weise auch irritiert: durch Ungleichzeitigkeiten, die sichtbar werden, wenn man die eurozentrisch perspektivierte Suche nach Heldenerzählungen überschreitet und nach Heldenerzählungen in nicht-westlichen Kulturen fragt oder auch, wenn die Verknüpfung von Gewalt, Heldentum und Männlichkeit thematisiert wird, die so selbstverständlich scheint, dass sie bisher kaum kritisch reflektiert wird. In diesem Sinn laden die hier versammelten Beiträge dazu ein, den Zusammenhang von Gewalt und Heldentum weiterzudenken.

---

80 Vgl. Grage / Mouzakis: Die Schule des Prügelns.
81 Dath: Superhelden (Anm. 79), S. 62–71.
82 Helen Watanabe-O’Kelly: Beauty or Beast? The Woman Warrior in the German Imagination from the Renaissance to the Present, Oxford 2010.
83 Reemtsma: Dietrichs mißlungene Brautwerbung, S. 45.

I.
Zur Heroisierung der Gewalttat

Dietrichs mißlungene Brautwerbung
Über Heldengeschichten[1]

Jan Philipp Reemtsma

„Dietrichs mißlungene Brautwerbung" hieß eine Zwischenüberschrift der Nacherzählung der Sagen um Dietrich von Bern in Gerhard Aicks *Deutschen Heldensagen*. Ich mochte die Passage nicht. Einmal gehörte eine solche Brautwerbung – sie findet durch einen Abgesandten statt, einen ‚Rosenkavalier' sozusagen – nicht in eine „Heldensage", wie mir damals schien, und zweitens schon gar nicht als misslungene. Aber ignorieren konnte ich sie nicht – sie brachte in den melancholischendzeitlichen Ton, der die Dietrich-Sage ausmacht und ihre literarische Qualität begründet, einen privaten, gleichsam bürgerlich-traurigen Zug hinein, der – das weiß ich nun – unerlässlich dazugehört. „Dietrichs mißlungene Brautwerbung" – ich habe diesen Zwischentitel nie vergessen, sprechen wir über ihn, wenn wir von ‚Helden' sprechen.

Worum ging's dabei? Dietrich von Bern, der, wie die Sage immer wieder sagt, größte der Helden seiner Zeit, ein Mann, der eine seltsam intermittierende Heldenbiografie hat, beschließt irgendwann zu heiraten, sucht – das heißt, lässt suchen – nach einer passenden Frau, und ihm wird „Hilde von Bertangaland" – ich folge hier der Fassung von Therese Dahn – genannt, die Tochter von König Artus. Er schickt einen Werber, Herburt, der an den Artushof reist, sich in Hilde verliebt, seinem Auftrag aber treu bleibt und diesen ihr vorträgt. Sie will wissen, wer und wie Dietrich denn sei, und ich zitiere:

„Was für ein Mann ist Dietrich?"
„Er ist der größte Held der Welt und der mildeste[2] Mann."
„Vermagst du wohl, Herburt, mir an die Steinwand hier sein Antlitz zu zeichnen?"
„Das kann ich leicht: und jeder, der Dietrich einmal sah, würde ihn an diesem Bild erkennen." Und er zeichnete ein Antlitz an die Wand, groß und schrecklich.
„Sieh, hier ist's, Jungfrau: und so ein Gott mir helfe, – König Dietrichs Antlitz ist noch schrecklicher."
Hilde erschrak und rief: „Niemals möge mich dies elbische Ungeheuer erhalten!"[3]

---

1 Der vorliegende Beitrag ist die verschriftlichte Version des vom Autor am 29. November 2018 gehaltenen Festvortrages im Rahmen der Tagung „Gewalt und Heldentum" in Freiburg im Breisgau. Der Beitrag wurde vorab publiziert in: Jan Philipp Reemtsma: Helden und andere Probleme. Essays, Göttingen 2020.

2 Verneudeutschung des mittelhochdeutschen ‚milte', was nicht ‚milde' bedeutet, sondern eine Herrschertugend, etwa ‚leutselig'.

3 Felix Dahn / Therese Dahn: Walhall. Germanische Götter- und Heldensagen für alt und jung am deutschen Herd erzählt von Felix Dahn und Therese Dahn, geb. Freiin von Droste-Hülshoff, in: Felix Dahn: Gesammelte Werke. Erzählende und poetische Schriften, Erste Serie, Bd. 8, Leipzig o. J., S. 527. – „Elbisch" heißt hier so viel wie ‚nicht-menschlich'.

Sie fragt, warum er nicht für sich selbst werbe, und da er seinen Auftrag erledigt hat, kann er es tun und tut es erfolgreich.

Das Bewegende an der Geschichte ist – und man muss aus dem ersten Lesealter heraus sein, um sich bewegen zu lassen –, dass Dietrich selbst durch die Werbung aus seiner Sphäre hinauswill und nur ein König sein will unter anderen. Am Ende sind alle um ihn herum, alle, die nicht unbedingt ihm gleich, aber doch aus seiner Sphäre waren, Hildebrand, Wittich, Heime, tot. Er sitzt allein im Schlosshof wie ein Rentner auf der Parkbank. Da wird er auf einem überirdischen Pferd entrückt, und seitdem führt er das „wilde Heer" an, einen fürchterlichen Gespensterzug, vor dem sich die Leute in ihre Häuser flüchten. Ja, ein Ende für den fürchterlichen Helden, der zuvor hatte ein Ehemann werden wollen, aber es hatte nicht sollen sein.

Was ist die Sphäre der Helden? Als er den „Produktionsprozeß des Kapitals" beschrieben/analysiert hatte, stand Marx vor der Frage, wie es denn zum Kapital bzw. dem Kapitalismus gekommen sei. ‚Kapital‘ war in seiner Analyse immer das, was vorausgesetzt werden musste, damit Kapital produziert werde, die Entwicklung des Kapitalismus setzt den Kapitalismus voraus:

> Man hat gesehn, wie sich Geld in Kapital verwandelt, durch Kapital Mehrwert und aus Mehrwert mehr Kapital gemacht wird. Indes setzt die Akkumulation des Kapitals den Mehrwert, der Mehrwert die kapitalistische Produktion, dieser aber das Vorhandensein größerer Massen von Kapital und Arbeitskraft in den Händen von Warenproduzenten voraus. Diese ganze Bewegung scheint sich also in einem fehlerhaften Kreislauf herumzudrehn, aus dem wir nur hinauskommen, indem wir eine der kapitalistischen Akkumulation vorausgehende, „ursprüngliche" Akkumulation („previous accumulation" bei Adam Smith) unterstellen, eine Akkumulation, welche nicht das Resultat der kapitalistischen Produktionsweise ist, sondern ihr Ausgangspunkt.[4]

Was war, bevor das war, was wir kennen und gewohnt sind? Das ist nicht nur eine historische Frage, sondern oft eine systematische, haben sich doch unsere Techniken des Verstehens an dem geschult, was wir um uns herum vorfinden. Über das, was ‚vorher‘ gewesen, erzählen wir farbige Geschichten. Marx erzählt eine Geschichte von Raub und Zwang, von Betrug und Trick, von Krieg und Hasard – nein, nicht eine Geschichte, viele Geschichten, die Szenarien entwerfen, wie es zum Aufhäufen riesiger Vermögen gekommen ist, die schließlich irgendwie nicht anders weiter gemehrt werden konnten als durch Ausbeutung von zuhandener Arbeitskraft, die ihrerseits eben einfach irgendwann ‚da‘ gewesen ist, nachdem die Subsistenzmittel ihrer Eigentümer ruiniert worden waren. Marx erzählt uns in diesem 24. Kapitel seines *Kapital* eine große Oper von Untergang und Aufstieg, von ubiquitärem Verbrechen, gesetzfreiem Rauben, von Herumgetriebensein und

---

4 Karl Marx: Das Kapital. Kritik der politischen Ökonomie, Erster Band, Erstes Buch: Der Produktionsprozeß des Kapitals (Karl Marx / Friedrich Engels: Werke 23), Berlin 1962, S. 741.

Sklaverei und Mord, bis alles zueinander findet und die Schätze zu Kapital, die Sklaven und Herumstreunenden zu Lohnarbeitern werden.

Es gibt andere Geschichten, die dieser an Farbigkeit nicht nachstehen, die aber näher an Märchen und Legende sind. Da sind die Teufelsbündler, die einen Beutel haben, der nie leer wird (harmloser der Goldesel), Hauffs *Das kalte Herz*, die Erfindung des Papiergelds durch Mephistopheles im *Faust II* oder das Treiben des Heathcliff in Emily Brontës *Wuthering Heights* oder, vielleicht, Alexandre Dumas' Graf von Monte Christo, dessen Schätze allerdings nur einmal zu etwas Kapitalähnlichem werden, als er ein untergegangenes Schiff nachbauen lässt, um einer ruinierten Reederei wieder auf die Füße zu helfen. – Georg Simmel fragt, was denn Gesellschaft erst zur „Gesellschaft" und somit zum Objekt einer eigenen Wissenschaft gemacht habe, und antwortet: die „praktische Macht, die im neunzehnten Jahrhundert die Massen gegenüber den Interessen des Individuums erlangt" hätten, und die Distanz der Klassen zueinander, die es der höheren, beobachtenden nahegelegt habe, die untere als gesichtslos, eben „Masse" wahrzunehmen,[5] ein politisch-psychologischer Abscheu, der sich zur Methode modelt – ein Gestaltwandel sui generis.

Wie ist es zu unserer Gesellschaft der Institutionen, des Rechts, der monopolisierten Gewalt gekommen? Seit alters her sind es die Heldengeschichten, die hier die bunte Antwort geben. Einst war Bedrohung und Willkür, der Mensch von unserer Art war zu schwach, sich vor den Bedrohungen zu schützen, aber dafür gab es die Helden. Sie schafften die Bedrohungen aus der Welt, unsere Vorfahren bauten dann Athen oder Rom oder Dodge City.

Vor den Zeiten irgendwie gefügten Miteinanderlebens steht nicht etwas wie der ‚Naturzustand', wie Thomas Hobbes ihn aus didaktischen Gründen imaginiert hat, gleichwohl eine gefährliche Zeit, in der Dörfliches, Familiales, in Ansätzen Urbanes stets von Regellosigkeit bedroht war oder phantasiert wurde, eine Zeit, die in der Literatur in der Heldensage ihre Phantasiegestalt erhält, in der Wirklichkeit … da kann man streiten, sagen wir so: Wenn man das Räuberunwesen nach den Napoleonischen Kriegen nicht mehr durch Vertrauen auf einen ‚guten' Schinderhannes abzuschaffen trachtet, sondern durch Polizei oder Militär, wenn man in Gotham City alles wieder ins Lot bringen kann, ohne auf Batman zurückzugreifen, dann sind wir dort sicher angekommen, was wir ‚Moderne' nennen.

Sprechen wir also von der phantastischen Zeit der Helden, die uns das schufen, was wir ohne sie in Gang halten müssen – Euripides blickt darauf in seinem *Wahnsinn des Herakles* zurück: Herakles, so meinen sein (irdischer) Vater Amphitryon, seine Frau Megara und seine drei kleinen Söhne, sei von seiner letzten Aufgabe, den Kerberos aus dem Hades zu holen, nicht wiedergekehrt. Der Chor

---

5 Georg Simmel: Das Problem der Soziologie, in: ders.: Soziologie. Untersuchungen über die Formen der Vergesellschaftung (Gesamtausgabe 11), hg. von Otthein Rammstedt, Frankfurt am Main 1992, S. 13.

blickt am bereiteten Grab darauf zurück, was einem Gemeinwesen ein Held bedeutet hat:

> Zeus' nemeischen Hain
> Befreit er vom Löwen,
> Legt sich das Fell um die Schultern,
> Drückt sein jugendlich Haupt mit dem blutigen Rachen.

So sind die Herakles-Statuen, die wir kennen; Euripides ruft das allen geläufige Bild auf.

> Wildem Kentaurenvolk,
> Brut, die in Schluchten haust,
> Brachte gefiederter Pfeil,
> Mordender Bogen den Tod.
> [...]
> Nahe an Pelions Hang,
> Nah seiner Zwingburg,
> Tötet sein Pfeil den Kyknos,
> Der die Wandrer erschlug am Flusse Anauros.
> [...]
> Er stieg in die Schlüfte des Meeresfürsten,
> Brachte den Schiffern die Frieden der Fahrten.
> [...]
> Reiterhorden der Amazonen
> Jagte er auf in den stromreichen Steppen.[6]

Wilde Tiere, Monstren, Wegelagerer, Raubritter und kriegerische Horden von irgendwoher – das muss besiegt, das muss ab- und aus der Welt geschafft werden, damit die Zivilisation der Dörfer und Städte herrsche, die dann, wenn möglich geregelt, Krieg gegeneinander führen können. Für den braucht's keine Helden, vielleicht aber Heldengeschichten – wir kommen noch darauf. Die griechischen Sagen haben noch andere ‚Zivilisationshelden‘, also solche, die das Feld bereiten für ein Zusammenleben, in dem man sie nicht mehr braucht: Theseus, der den Wegelagerer Prokrustes tötet, dann den Minotauros überlistet, Perseus, der die Medusa und den Meerdrachen schlägt. In der traditionellerweise ‚germanisch‘ genannten nordeuropäischen Heldensage ist es Thor, der besonders menschennahe Gott, der sich dem Kampf gegen die Riesen verschrieben hat, Siegfried tötet einen Drachen, Dietrich Riesen und Wegelagerer – es ist dasselbe Muster.

Interessant, dass Dietrich, unbestritten der größte der, wie man so sagt, ‚deutschen‘ Helden, als König eine ambivalente Gestalt ist; er ist unbeherrscht, seine ‚Gesellen‘ wechseln zuweilen den Herrn, politisch ist er nicht erfolgreich, lange Zeit muss er im Exil bei den Hunnen verbringen, am Ende misslingt ihm die

---

6　Euripides: Der Wahnsinn des Herakles, in: ders.: Sämtliche Tragödien und Fragmente Bd. 3, hg. von Gustav Adolf Seeck, übersetzt von Ernst Buschor, München 1972, S. 119–123.

Gründung einer Dynastie (oder sagen wir bürgerlich: die Gründung einer Fami-
lie), und er ist allein. Vor dem Tod stöbert er noch einen ebenfalls überständigen
Riesen auf, tötet ihn, aber die Zeiten der Helden sind vorbei. Und wenn ihre
Zeiten vorbei sind, haben sie auch keinen Ort mehr.

Zwar wird Theseus König von Athen, aber auch er scheitert an dem Versuch,
aus dem Status des Helden in den eines normalen Staatsoberhaupts zu wechseln;
als er sich dann auf die väterlichen Güter zurückziehen will, gehören die längst
einem andern, und er wird vom neuen Besitzer umgebracht. Das Ende des Herakles kennen wir in manchen Varianten. Euripides gestaltet es so: Nachdem er wider
Erwarten heil aus dem Hades zurückgekehrt ist, überfällt ihn der Wahnsinn, er
tötet Frau und Kinder, ein ans Töten Gewöhnter kann nicht ablassen.

Mit den Helden ist nichts anzufangen, wenn ihre Arbeit getan ist. Schlimmer:
Sie können mit sich nichts anfangen. Am besten, sie kommen irgendwie um,
bevor sie Schaden stiften und das in Gefahr bringen, was sich dank ihrer Taten in
leidlicher Stabilität als durch Recht und Institutionen gefügtes Gemeinwesen
etabliert hat. – Heldengeschichten sind zwar das, woran wir immer zuerst denken,
die großen Kämpfe und strahlenden Siege, aber auch die Folgegeschichten gehören dazu, wo es keinen rechten Ort mehr für sie gibt – im schlimmsten Fall müssen sie erschlagen werden, damit das Leben – spitzen wir es zu: das zivile Leben,
das erst als Folge ihrer Taten sich gefügt hat – weitergehen kann.

Man hat das Film-Genre des ‚Western‘ oft als eine moderne Neuerzählung der
alten Heldengeschichten bezeichnet. Das ist nicht falsch; vor allem finden wir
immer wieder den prekären Status des Helden. Der berühmteste Western *High
Noon* beginnt mit – einer Hochzeit und den Vorbereitungen einer Hochzeitsreise.
Der Sheriff (Gary Cooper) zieht sich mit Frau (Grace Kelly) in sein Privatleben
zurück. Aber die Nachricht trifft ein, dass eine Verbrecherbande, deren Chef er
einst ins Gefängnis gebracht hat, sich an ihm, vor allem: in ‚seiner‘ Stadt rächen
will. Während der Kutschfahrt wird ihm klar, dass er seine Stadt nicht im Stich
lassen kann, und kehrt um. Übrigens ohne mit der neben ihm sitzenden Frau darüber zu sprechen. Wieder angekommen, will er sich den Gangstern stellen (ihr
Zug kommt um zwölf Uhr mittags an) und sucht nach Unterstützung. Nun ist er
als Sheriff zuständig – er repräsentiert das Monopol auf die Gewalt –, aber er ist
allein, der Sheriff ist als Einzelperson fast mehr Symbol der monopolisierten Gewalt als ihre reale Verkörperung. Er kann zwar Deputies ernennen, also gewissermaßen das Gewaltmonopol aufrüsten. Rekrutieren kann er sie aber nicht, er ist auf
Freiwillige angewiesen. Die findet er nicht. So hat er nur sich und seinen Revolver.
Wir haben also die Situation, dass die Sicherheit der Stadt auf etwas angewiesen
ist, das sie nicht nur nicht garantieren kann, sondern auch nicht will. Die Weigerung der Bürger, die gemeinsame Sache zu der eigenen zu machen, wirft die Stadt
in den vorzivilisatorischen Stand zurück, in dem es Helden braucht. Jedoch so
einfach ist das nicht. Der Bürger *muss* den Helden ja nicht spielen, für seinen
Schutz hat er den Sheriff, und zum Deputy *muss* er sich eben nicht ernennen las-

sen. *Der Bürger hat das Recht und Privileg, kein Held zu sein.* Er darf auch ein Feigling sein. Wenn … ja, wenn es denn klar wäre, was da los ist, in welcher Zone der Gewalt und der Befriedung sich die Stadt befindet. Die Institution des Sheriffs (dieser Art) ist ja ein Notbehelf; sie markiert den Schritt hin zu einem ordentlich institutionalisierten Gewaltmonopol (mit ihm als Chef eines noch so kleinen Polizeiteams). Wo diese provisorische Institution nicht funktioniert (oder nicht funktionieren kann), wäre nach der Auffassung von Thomas Hobbes an jeden die Verantwortung für Sicherheit und Leben rückübertragen. Entweder sieht jeder, wo er bleibt, oder … es findet sich ein Held. So wird der Sheriff zum auf sich gestellten Helden. Und er ist erfolgreich – fast. Den letzten Schuss, der ihm das Leben rettet, gibt seine Frau aus einem Fenster ab. Sie ist Heldin an seiner Seite, was noch einmal unterstreicht, zu welcher Zone der Regellosigkeit die Stadt sich gewandelt hat, denn sie agiert ja nicht etwa als Deputy mit dem Stern am Brautkleid, sondern als Frau, die ihren Mann retten will, ganz privat. Am Ende steht die unterbrochene Fahrt in die Flitterwochen – und die Geste, mit der der Ex-Sheriff seinen feigen Mitbürgern den Stern vor die Füße wirft. Menschlich verständlich, aber, wie gesagt, es gibt ein Bürgerrecht auf Feigheit, und wenn er beschlossen hat, als Held zu agieren, so tut er das auf eigene Verantwortung und nicht einmal mehr als Vertreter der Stadt, sondern eben als Held, und das heißt nur für sich allein.

Ein Held steht nämlich nicht für das ‚Gute‘ (was immer das sein mag), sondern nur für sich und allenfalls seinen Ruhm. Als Gary Cooper die Kutsche wendet und seiner Frau nicht sagt, warum, kappt er die bürgerlichen Bande. Er kündigt die Pflichten aus dem Bund auf, den er eben geschlossen hat, und kehrt, wie sich zeigen wird, auch nicht als *Pflichtbewusster* zurück, sondern als einer, *der nicht feige sein will.* Auch er *muss* ja nicht. Wenn er keinen Deputy findet, ist er nicht gehalten, ein Selbstmörder zu werden, denn *ultra posse nemo obligatur.*

Helden sind nicht nur auf sich selbst gestellt, sie agieren auch nicht im ideellen Dienste von irgendetwas. Auch Wilhelm Tell hat nicht die Schweiz befreit, sondern sein Händel mit Geßler ist ausschließlich privat, mag eine Eidgenossenschaft, zu der er, wie Schillers Stück herausstreicht, nicht gehört, auch von seinem Agieren profitieren.[7] Mag Schiller seinen Tell vor allem als sorgenden Hausvater präsentieren, so führt doch auch bei ihm kein Weg daran vorbei, ihn als (wenn man so will: phallischen) Narzissten zu porträtieren. Seine Armbrust trägt er so notorisch mit sich herum, dass er im Personenverzeichnis als Tell-mit-der-Armbrust figuriert. Tell tötet Geßler wie ein wildes Tier, das die Herden bedroht, aus dem Hinterhalt. Achill gehört zwar nicht zu den Zivilisationshelden, er ist ein Krieger, aber seine Heeresfolge ist auf keine soziale Verpflichtung gestellt. Er betont das selbst im Streit mit Agamemnon: Er habe keinen Streit mit den Troern, sie hätten ihm nichts getan, er wolle Agamemnon helfen, seine Ehre wiederzuer-

---

[7] Übrigens macht Schiller allerlei Umstände, um Tells Handeln als unpolitisch herauszustellen.

halten. Umso ehrempfindlicher ist er, als Agamemnon Achills Ehrengabe – die schöne Briseis – beansprucht, weil er die seine zur Besänftigung Apolls zurückzugeben bereit ist. Achill ist der Krieg als solcher so gleichgültig, dass er achselzuckend in Kauf nimmt, dass sein Rückzug aus der kämpfenden Truppe das Heer in Schwierigkeiten bringt, auch Versuche, ihn der gemeinsamen Sache wieder gewogen zu machen – Rückerstattung der genommenen Beute, kompensatorische Geschenke – weist er zurück. Maß des Akzeptablen ist für ihn allein sein verletztes Ehrgefühl. Und als er in den Krieg wieder eintritt, tut er das, um den Tod seines Freundes Patroklos zu rächen und sich vor anderen auszuzeichnen. Achill, so kann man pointieren, handelt nicht in einem sozialen Raum, er schafft sich einen eigenen, gewissermaßen vorsozialen, den die anderen zu akzeptieren gezwungen sind, und aus diesem Grund kann man ihn einen Helden nennen, einen spätzeitlichen.

Dietrich von Bern ist auch ein spätzeitlicher Held. Er tut noch, was ein Held tut, beseitigt allerlei Riesen, aber sonst ist er König. Ein geachteter, aber nicht immer ein vorbildlicher. Auch hinsichtlich seines Status als unüberwindlicher Held ist er nicht ganz stabil. Den Kampf mit seinem späteren Gefolgsmann Wittich verliert er beinahe wegen dessen besserer Bewaffnung (Wittich ist der Sohn des berühmten Schmiedes Wieland), und um diese Scharte auszuwetzen, macht er sich erneut auf, um einen Outcast zu stellen, und ist wieder nur knapp erfolgreich. Es ist etwas wie eine Regression. Da dieser Waldläufer ihn, Dietrich, zum Kampfe hatte stellen wollen, hätte er sich *comme il faut* zur Berner Burg begeben müssen und dort dem König den Kampf antragen. So aber geht Dietrich ins Ungebahnte und behauptet sich nur mit Mühe.

Der Western hat für die Verfassung des Helden ein Redensart gewordenes Schlussbild gefunden: Er reitet – allein – in die untergehende Sonne, sprich: in den Westen, wo die Zivilisation noch nicht hinreicht. Dort, wo er heldenhaft gehandelt hat, gehört er nun nicht mehr hin. Er hat die Bedingungen geschaffen, dass dort etwas anderes gebaut werden kann, in dem er dann nicht mehr gebraucht wird und im Zweifelsfall aneckt oder die Leute erschreckt. James Fenimore Coopers ,Lederstrumpf' Natty Bumppo, wiewohl kein Held im Sinne der großen Taten, aber ein Virtuose des siegreichen Agierens im Ungebahnten, landet in der Stadt der Ansiedler am Susquehanna wegen Verletzung der Schonzeitbestimmungen kurzzeitig im Gefängnis und verlässt dann die Zivilisation in Richtung Westen, wo nur Büffel sind und unbesiegte Reiterstämme (und manchmal ein Treck auf der Durchfahrt). Dort wird er sterben, ohne eine andere Spur zu hinterlassen als die Geschichten über ihn.[8]

---

[8] Shakespeare hat das Muster umgekehrt, was es nicht weniger deutlich macht. Sein Prinz Henry gehört einer Bande sich selbst ermächtigender Straßenräuber und -schläger an (*Henry IV*); als er König wird (*Henry V*), muss er diesen Lebensstil aufgeben, zieht in den Krieg gegen Frankreich und lässt einen ehemaligen Kumpan hängen, als der gegen einen Befehl, der regelloses Plündern verbietet, verstößt. ,Kriegsheld' ist der König dann sehr wohl, aber das ist etwas anderes als der Held, den wir hier beschreiben.

In *Der Mann, der Liberty Valance erschoß*, dem nach meiner Meinung klügsten (und schönsten) Film seines Genres, kommt ein Rechtsanwalt namens Stoddard (James Stewart) in eine Grenzstadt – eine Stadt an der Grenze zwischen dem ‚Draußen‘, wo noch das Recht von Faust und Feuerwaffe gilt, also keines, und dem einigermaßen zivilisierten Hinterland. Der Sheriff dieser Stadt kann und will sich gegen die sporadisch einbrechende Bande des Desperados Liberty Valance nicht wehren. Der Anwalt versucht, das Gesetz gegen die Übergriffe des Straßenräubers, dessen Opfer er gleich bei seiner Ankunft geworden ist, in Stellung zu bringen, aber mehr als Rhetorik kann es nicht sein, und die Zeitungsredaktion wird prompt verwüstet, das Schild seiner Ein-Mann-Kanzlei bald abgerissen, und so beginnt er irgendwann, sich das Revolverschießen beizubringen, das heißt, sich darauf vorzubereiten, das ‚Gesetz in eigene Hand zu nehmen‘, wie man sagt, also außerhalb des Gesetzes zu handeln beziehungsweise sich auf den Zustand vor der Einführung des Gewaltmonopols einzulassen. Die Gegenfigur des Anwalts ist der außerhalb der Stadt lebende eigentliche Held Tom Doniphon (John Wayne [nicht im Sinne der ersten *dramatis persona*, das ist James Stewart]), der dem Anwalt klarmacht, dass die Welt, die er vorfindet, noch nicht die ist, in der es Anwälte braucht, und der ihm auch klarmacht, dass er nicht der sein wird, der Liberty Valance erschießen kann. Es kommt (ich kürze das alles sehr ab, ich bitte um Verzeihung) dennoch zum Showdown – Valance wird erschossen, Stoddard hat geschossen. Damit beginnt die öffentliche Karriere des Anwalts als „der Mann, der Liberty Valance erschoß", die ihn bis in den Washingtoner Senat führt. Die Geschichte wird als Rückblende und Erzählung Stoddards an Tom Doniphons Sarg erzählt. Er will ihm mit seiner Frau, die damals das Leben mit ihm dem mit Doniphon, dem sie eigentlich versprochen schien, vorgezogen hatte, das letzte Geleit geben. Stoddard berichtet seinen Zuhörern, darunter einem Journalisten, der die Geschichte von der Heimkehr des Senators an den Schauplatz seiner Ruhmestat schreiben will, dass ihm Doniphon einst die wahre Geschichte erzählt habe: Er habe in dem Augenblick, als Stoddard abdrückte, Valance aus dem Dunkeln erschossen. Der Anwalt habe keine Chance gehabt, ein Duell wäre Mord gewesen, und so habe er eben den Desperado erschossen – auch das war Mord.

Der Journalist will die eigentliche Geschichte nicht schreiben und der Öffentlichkeit mitteilen, der Westen brauche diese Heldengeschichten für seine Identität, Stoddard sorgt dafür, dass Doniphon mit seinen Stiefeln begraben wird, und fährt zurück nach Washington – in den Osten, in die andere Richtung. In der Bahn überlegt er mit seiner Frau, ob sie nicht Washington verlassen und in den Westen – den nunmehr zivilisierten notabene, es geht um eine Rentneridylle – zurückkehren, aber der Billetkontrolleur unterbricht die Gedanken, er will ihm die Hand drücken, ihm, dem „Mann, der Liberty Valance erschoß". So fährt Stoddard denn zurück nach Washington – er ist übrigens nicht nur Senator, sondern war auch Botschafter in London, eine Anspielung auf Thomas Jefferson –

zusammen mit seiner Frau, die der einsam gestorbene Tom Doniphon einst lieb-te. Helden sterben nicht verheiratet, und pensioniert werden sie auch nicht.

Heldengeschichten sind Geschichten, in denen sich Gesellschaften ihre Vergan-genheiten ausmalen. Es sind keine ‚Erinnerungen', kein ‚kollektives Gedächtnis', ohnehin eine verunglückte Metapher. Es sind fiktive Geschichten, in denen man sich Zeiten ausmalt, in denen es noch hoch herging. Über Theseus kann man keine Dokumentarreportage mehr verfassen, über Wyatt Earp schon. Die ist dann interessant, aber keine Heldengeschichte mehr. Die TV-Serie *Deadwood* hat ver-sucht, einen Grenzort, eben jenes „Deadwood", das es tatsächlich und mit diesem Namen gab – nicht mehr ungebahnter Westen (‚Indianerland') und noch kein Teil der Vereinigten Staaten und also tatsächlich gesetzlos –, abzubilden, und sie ist (wenigstens in der ersten Staffel, die zweite und dritte sind weniger gelungen) ein faszinierendes Stück gedankenspielender Soziologie geworden, das mit der Frage umgeht, wie sich in einer noch nicht institutionenverfassten Gemeinschaft jene absehbaren Machtroutinen herausbilden, die es braucht, um für ihre Mit-glieder das herzustellen, was man ‚soziales Vertrauen' nennt, also ein geteiltes Prognosevermögen, wie es denn gemeinsam ‚weitergeht'. Im Falle Deadwoods sind es gewaltgestützte Routinen, gewiss, aber doch nicht allein gewalt*basierte*. Erstaunlich (und plausibel), wie viel Aushandlungssache ist. Für Helden ist auch dort kein Platz mehr. Der Sheriff, den der mächtigste Mann am Ort, der den historischen Quellen entnommene Bordell- und Saloon-Besitzer Swearengen, gewissermaßen anstellt, damit der Ruf Deadwoods als gesetzloser, aber doch we-gen Goldvorkommen attraktiver Ort nicht dazu führt, ihn in die USA einzuglie-dern und ihm den Rechtsstaat zu verpassen, ist keiner, der aufräumt (obwohl er den klangvollen Namen ‚Seth Bullock' trägt), sondern bastelt vielmehr daran, die gesetzlosen (vorgesetzlichen) Deadwood-Routinen etwas mehr an das anzupassen, was östlich davon Routine unter dem Gesetz ist: So gehört zu seinen ersten selbstverordneten Aufgaben, die Toten, die zuweilen herumliegen, manchmal gegen Bares dem Chef des Chinesenviertels übergeben werden, der mit ihnen die Schweine füttert, auf einem Friedhof mit ein wenig Bibellesung unter die Erde zu bringen. Ja, die Zivilisation fängt vielleicht dort an, wo man weiß, wo die Toten liegen. Mit Realismus kann man keine Heldengeschichten erzählen.

Heldengeschichten sind Geschichten, in denen das erzählt wird, was „hinter uns" liegt: Gott sei Dank! Wir malen uns gern Helden aus, weil wir gerne in der Phantasie Abenteuer erleben, die uns die Wirklichkeit erspart. Es ist wie bei der Marlboro-Reklame, als es die im Kino noch gab. „Der Geschmack von Freiheit und Abenteuer"? – ach wo, vielleicht ein kleines Kälbchen auf dem Arm, dann Feierabend, Gartengrill, Bier, 'ne Zigarette. – Schon *Ilias* und *Odyssee* sind Spät-zeitgeschichten. Achill zeigt, eine wie prekäre Existenz ein narzisstischer Heerfüh-rer ist, der prätendiert, aus eigenem Heldenrecht zu agieren, und Odysseus gelingt es zwar, dem Riesen Polyphem, nachdem der einige seiner Gefährten gefressen hat, mit Hilfe der Überlebenden sein eines Auge auszustechen, aber er ist kein

Held, weil er stärker ist – kein Herakles, kein Theseus, kein Dietrich –, sondern weil er intelligenter ist, meinethalben schlauer, weil er postheroische Tugenden erfolgreich repräsentiert. Am Ende kommt er nach Hause und – ist wieder König und hat seine Frau wieder. Kein Held.

Kleist gibt uns in seinem *Prinzen von Homburg* einen, der ein Held sein möchte *und* eine Frau kriegen. Er schlägt sich in der Schlacht zwar gut, aber befehlswidrig, wodurch er zwar eine Art heldenhafte Draufgängerei an den Tag legt, aber, weil man in kriegerischen Dingen keine Helden braucht, sondern ein koordiniertes Vorgehen, den Schlachtplan vermasselt. Am Ende steht etwas wie eine Scheinhinrichtung und eine Abkehr von individuellen Ambitionen: „in den Staub mit allen Feinden Brandenburgs!" Das Stück ist auch ein Wink: Du sollst dir keine Lorbeerkränze winden, heutzutage gehört der Lorbeer in die Küche. – Ernst Jünger inszeniert seine Kriegserlebnisse nicht als neubeatmete Heldengeschichten, seine Phantasie ist der entindividualisierte Held (beschreiben tut er den durchhaltenden und den traumatisierten Soldaten).

Wo Heldengeschichten gern und mit Vergnügen gelesen werden oder in Kinos locken, wird man – und das ist trivial – sagen können, dass sie einem Bedürfnis nachkommen, die Kinos blieben sonst leer, die Bücher ungelesen. Ob einer einem Gestellungsbefehl oder einer Mobilmachung oder einem Werbeslogan à la „Uncle Sam needs You!" bereitwilliger folgt, wenn er zuvor Blickkontakt mit einer Rolandsäule genommen hat? Kaum. Die Heldengeschichte hat keinen propagandatauglichen Einsatzort, auch wenn das Nibelungenlied ein Metaphern- und Gleichnisschatz in den deutschen Kriegen des 20. Jahrhunderts gewesen ist (vom (Kalauer!) ‚Siegfrieden' über den ‚Dolchstoß' bis zu ‚Etzels Halle' (Stalingrad)), aber schon das Nibelungenlied selbst ist eine Sache für sich und jedenfalls keine Heldengeschichte im hier behandelten Sinn.

Egal, wie ihr politisches Umfeld beschaffen ist, Heldengeschichten leben oder leben immer mal wieder auf, und sei es in der grandiosen, komplex-raffinierten Dekonstruktion (endlich kann man dieses Wort einmal benutzen) durch Clint Eastwoods *Unforgiven*, oder, ganz etwas anderes, in Silvester Stallones *Rambo*. Auch dieser Film ist eine Geschichte, in der der Held eigentlich nicht mehr funktioniert. Rambo ist ein Vietnamkriegsveteran, dem es nicht gelungen ist, sich ins Zivilleben zu integrieren – in der deutschen Nachkriegsliteraturgeschichte heißt er „Beckmann" (ja, die Hauptfigur von *Draußen vor der Tür*) –, und wird von einem Sheriff, der keine Landstreicher mag, übel behandelt. Er erleidet einen Flashback (er war in vietnamesischer Gefangenschaft gefoltert worden), und nachdem er zunächst versucht hat, sich im Wald zu verstecken, und dann seine Verfolger erfolgreich, aber mit letalem Ausgang abwehrt, verwüstet er am Ende die Stadt, die ihn nicht will – er ist zu der Kampfmaschine geworden, zu der man ihn ausgebildet hat. Zwar mag der Zuschauer nach Hause gehen und sich sagen, dass die USA den Krieg gewonnen hätten, hätte man nur genügend Rambos gehabt (und die machen lassen), aber das ist nicht der Schluss des Films. Rambo gibt weinend

auf (und auch in den folgenden Filmen bleibt er bei aller ihm hier oder da zuteil-
werdenden Anerkennung eine aus der Zeit gefallene Figur, im letzten Teil wird er
zum sinistren Schlächter, der zwar die Richtigen umbringt, aber nicht einmal das
sieht man mehr gerne).

Die Pointe der klassischen Heldengeschichte, die Unintegrierbarkeit des Helden
in die Welt, die zu schaffen es ihn gebraucht hatte, legt sich wie ein Schatten über
die Versuche, neue Helden zu erschaffen. Superman ist zwar stark und bunt, aber
ein Waisenkind, und Lois Lane bekommt er nicht, auch der Status des Pensionärs
winkt ihm nicht. Batman ist ein schwer traumatisierter Junge, der sich in einer
Stadt des Verbrechens ein düsteres Undercover-Rächer-Königreich schafft, aus
dem er zu Sieg um Sieg aufbricht, aber seine Zivilexistenz (der Millionär Bruce
Wayne) und seine selbstauferlegte Traumabearbeitung können nicht zusammen-
kommen und er darum nicht zu den Frauen, die er liebt.[9] Der Hulk ist durch seinen skrupellosen Vater, der einen Supermann züchten wollte, zu einem Atom-
krüppel geworden, der allerdings, wenn er zornig wird, zu einem unglaublich
riesigen Riesen aufschwillt und mit Hubschraubern um sich werfen kann. Am
Ende – hatten wir erwähnt, dass ihn eine Frau liebt, aber es kann naturgemäß
nichts daraus werden? – flieht er in den unwegsamen südamerikanischen Dschun-
gel, wo er irgendwas Nützliches treibt, immer bis er Rauschgiftschmugglern begegnet, denen er dann in Hulk-Gestalt den Garaus macht. So lebt er als eine Art prä-
historisches Sumpfmonster, wenig erfolgreich, denn Heroin und Kokain gibt es
bekanntlich immer noch. Der Hulk ist ein besonders trauriger Nicht-Held, als
habe die Trauer des Drehbuchs, aus so einer Erfindung keinen Helden machen zu
können, auf die Figur, nun ja: abgefärbt. – Auf die Schwemme der sogenannten
‚Superhelden'-Filme will ich nicht eingehen, die Tatsache der Schwemme signali-
siert, dass da etwas leerläuft. Wenn es Heldenfilme sind, werden sie mal mehr, mal
weniger gelungen das klassische Schema wiederholen oder so abwandeln, dass man
es wiedererkennt, oder es sind Filme über sehr starke oder sehr brutale Leute, von
denen man nicht so genau weiß, was sie sollen. Etwa wie ‚Wonder Woman', aber
zu ihr später. Letztlich sind die ‚Superhelden'-Filme aus dem Genre der Kasperle-
Geschichten entstanden. Eine Hauptfigur mit einem besonderen Attribut, das sie
befähigt draufzuhauen (bei Kasperle: die ‚Pritsche'), und ein Krokodil oder ein
Räuber, die am Ende gehauen werden. Kasperle kann auch einen Gefährten haben, Seppel, bei Kara ben Nemsi ist es Hadschi Halef Omar. Bei Old Shatterhand

---

9   Das Thema des Traumas beherrscht den ganzen Film *Batman Returns*: Batmans Gegenspie-
    ler ist ein verkrüppelter, ausgesetzter, von Pinguinen aufgezogener Unhold, der am Ende
    ein Regiment sprengstoffgürteltragender Selbstmordpinguine in Marsch setzt; Batman
    muss sich außerdem mit einer Frau herumschlagen, die hinterhältig aus dem Fenster eines
    Hochhauses gestoßen wurde und nur überlebt hat, weil sie von Katzen aufgezogen wurde,
    und nun als ‚Catwoman' eine nächtliche Existenz führt.

wird Seppel zum homoerotischen Begleiter, der dann aber beseitigt werden muss, denn es kann nur einen Kasper geben.[10]

Ich gebe jetzt meinen Gedanken über Helden(-Geschichten) eine etwas andere Wendung und greife das Stichwort des Narzissmus auf, das oben im Zusammenhang mit Wilhelm Tell und Achill gefallen ist.[11] Narzissmus ist nicht das, was der Alltagsgebrauch des Wortes will, Kennzeichnung enervierender Selbstverliebtheit oder (bei Machtmenschen) nicht ungefährlicher Selbstbezogenheit. Narzissmus ist, zunächst, eine Selbstbezogenheit, ohne die Menschen nicht überleben. Er ist, zum zweiten, die Triebkraft, Besonderes zu leisten, sich, wie man sagt, ‚hervorzutun‘. Keine kulturellen Leistungen ohne den Narzissmus ihrer Urheber. Die Kultur des sogenannten ‚alten Griechenland‘ war eine, die den Narzissmus extrem belohnte. Das Lebensmotto der adligen Krieger in der *Ilias* (nicht nur Achills) war: „Sich hervortun und die anderen übertreffen“, bei den olympischen Spielen galt nur der Sieger etwas, ein Motto wie „Dabeisein ist alles“ hätte man mit einem Kopfschütteln zur Kenntnis genommen.

Narzissmus gehört zur menschlichen Ausstattung, manche Kulturen – Kriegerkulturen – pflegen ihn und belohnen extreme Ausformungen, aber dann sprechen wir nicht mehr von einem, wenn man so will, basalen Narzissmus, der zum Überleben schlechthin gehört, sondern von einem, der sich auf diesen gleichsam draufsetzt. Mit ihm erkennt das Kind, dass es etwas Besonderes ist, und weil es in einer Phase ist, in der es entdeckt, was es alles kann, wähnt es, schlechthin alles zu können. Man nennt das ‚Omnipotenzgefühle‘. Diese Omnipotenzgefühle werden durch die Umgebung des Heranwachsenden unterschiedlich aufgenommen und an die Realitäten angepasst. In narzissmuspflegenden Kulturen, wie, um nicht immer die Griechen zu nennen, den Indianerkulturen Nordamerikas, bleibt ein Stück Omnipotenzgehabe auch beim Erwachsenen erhalten, jedenfalls wenn es einhergeht mit anerkannten Leistungen: Großsprecherei wird zur Tugend (wenn etwas dahinter ist, aber dann vermag der Stamm stundenlang den Gesang-Erzählungen von Kriegstaten zu lauschen). In solchen Gesellschaften haben Heldengeschichten ihren sozialen Sinn – das heißt, wenn sich solche Gesellschaften gewissermaßen als Fortsetzung jener ‚alten Zeiten‘ empfinden bzw. das, wovon erzählt wird, gar nicht als ‚alte Zeit‘, sondern als jüngstvergangene Gegenwart empfunden wird (in gebührender Unklarheit der Distanzen wie bei Thomas Manns Joseph, wenn der etwa von Abraham und Elieser hört).

Gesellschaften, die sich institutionell mehr gefestigt haben, geben Alleingängen (zumal auf Kosten anderer) weniger Raum, hier wird, wenn nötig, der Narzissmus im Dienste individueller Grandiosität des Besserseins umgelenkt in Dienste an der Allgemeinheit, aber Heldentum ist das dann nicht mehr. Zu diesem Umbau des

---

[10] Man müsste einmal nachsehen, wann Batman seinen Robin bekommt und was das für den Helden heißt.

[11] Vgl. auch Jan Philipp Reemtsma: „Mother don't go!" Der Held, das Ich und das Wir, in: ders.: Helden und andere Probleme. Essays, Göttingen 2020, S. 7-33.

Belohnungssystems der Gesellschaft gehört die Frustration des Grandiositätsbe-
gehrens, in das sich das infantile Omnipotenzgefühl gewandelt hat. Die sich
grandios fühlenden Adoleszenten oder Postadoleszenten müssen, wenn sie keinen
Erfolgsort in der Gesellschaft haben, gestutzt und angepasst werden. Darum sind
die Heldengeschichten am Ende immer so traurig. Helden haben keinen Platz
mehr, wenn ihr Ort, das phantasierte ‚Früher‘ oder ‚Dort-draußen‘, vergangen ist.
Eine Pensionärsparkbank ist für sie, wie gesagt, nicht vorgesehen, und eine Frau
kriegen sie nicht, ihre Taten mögen erzählt werden, aber kennenlernen möchte
man sie nicht, man wendet sich – Dietrichs misslungene Brautwerbung – von
ihnen ab. Vielleicht ist die Melancholie der Heldengeschichten etwas wie ein
Trost. Deine narzisstischen Wünsche werden nicht erfüllt, das ist traurig, aber
wenn du heiratest, ist alles vorbei.

Weibliche Helden – Heldinnen – gibt es nicht. Nicht in der Bedeutung des Wortes, um die es hier geht. Gesellschaften, die Kriegerideale pflegen, für die Heldengeschichten Seelenfutter, wenn auch unrealistisches, sein konnten, Soziotope, die
Selbstberauschung an Brutalität und Großsprecherei züchteten, waren extrem
machistische Gesellschaften. Die Belohnung kindlichen Omnipotenzgehabes mit
anerkennend-amüsierten Blicken wird auch bei uns männlichen Kindern länger
zuteil als weiblichen. Der rüpelhafte Schulhofnarzissmus ist eine männliche An-
gelegenheit, wie wir wissen und wie sich nicht zuletzt aus den neulich bekannt-
gewordenen Äußerungen eines Lehrers einer anerkannten Schule hören ließ, der
das Quälen von Mitschülern als übliche Rangwettstreite seiner „jungen Löwen“
bezeichnete. Wieviel von den unterschiedlichen Wegen, Aggressionen sozial zu
leben, die Jungen oder Mädchen einschlagen, auf die Kultur, soziales Umfeld,
Gewohnheiten, kulturunabhängige oder -übergreifende Modi geschlechtsspezifi-
schen Heranwachsens zurückzuführen ist, kann hier getrost undiskutiert bleiben.
Jedenfalls: Es gibt keine weiblichen Helden. Pippi Langstrumpf ist kein Held, vor
allem ist sie genau betrachtet auch nicht weiblich.[12] Nicht, weil sie nicht ist wie
Annika (ein aus Kontrastgründen etwas *zu* weibliches Kind), sondern weil ein so
überstarkes Mädchen, um literarisch zu befriedigen, doch etwas anders wäre als
ein überstarker, aber freundlicher Junge, der aussieht wie ein Mädchen. Pippi
Langstrumpf ist ein Freak, mit dem wir uns, anders als mit dem Hulk, wohlfühlen
können. Jeanne d'Arc mag man ‚Heldin‘ nennen, aber sie ist keine. Sie ist eine
religiös verwirrte Kriegerin, dann eine Märtyrerin (oder Hexe, je nachdem). Sie
gehört nicht dem Personal an, aus dem die Helden gemacht sind. Dass man aus
Frauen keine Helden in dem Sinne, um den es mir hier geht, machen kann, sieht
man peinlich genau an dem Versuch, mit ‚Wonder Woman‘ eine zu erfinden.
Der Mythen- und Geschichtseintopf, der in diesem Film serviert wurde, zeigt die

---

[12] Diesen Hinweis verdanke ich Ann Kathrin Scheerer.

schiere Verzweiflung der Drehbuch- und Regieteams vor dieser übermenschlichen Aufgabe.[13]

Es bleibt dabei: Heldengeschichten sind Jungsgeschichten mit dem eingebauten schalen Trost: Aus der Sache mit den Helden wird nichts, aber vielleicht wird aus euch was, und mit dem Heldengetue kriegt ihr auf Dauer doch keine Frau. (Und an die Seitenblicke, die ihr abkriegt, wenn ihr wieder mal mit halb leuchtenden, halb weinenden Augen aus einem Western kommt oder eurer Geliebten erzählt, wie es euch zumute war, als ihr von Dietrichs misslungener Brautwerbung last, habt ihr euch doch längst gewöhnt, nicht wahr?)

---

[13] Man müsste über Enid Blytons ‚George' aus den *Fünf Freunde*-Büchern nachdenken. George, eigentlich Georgina, ist ein Mädchen, das keins sein will. Sie hätte eine weibliche Gestalt sein können, die das Zeug zur Held*in* hat, nebst aller sozialen Dramatik, die das für die kleine Personenkonstellation gehabt hätte, und aller Dramatik der personalen Entwicklung, die darin bestanden hätte, die Gruppe bis in die Adoleszenz zu führen. Das Abenteuer, dessen es bedurft hätte, um wirklich eine Heldin auftreten zu lassen, hat die Autorin ihren fünf Freunden erspart. Aber: 'George' kann man lesen als den in der Phantasie und in der Realität des Buches in der Vorpubertät arretierten Versuch Enid Blytons, eine Heldin zu schaffen – ein realer Wunsch – vielleicht –, der sie – vielleicht – antrieb, wie eine Berserkerin Bücher zu schreiben.

Der Mörder als Held?
Jacques Clément als ligistischer Staatsgründungs-Held und Märtyrer-Heroe des Papsttums, 1589[1]

Cornel Zwierlein

Heinrich III. von Frankreich wurde am 1. August 1589 vom Dominikanermönch Jacques Clément ermordet. Dieser Regizid ist schon vielfach untersucht worden.[2] Ich lege im Folgenden den Akzent besonders auf die Bedeutungszuschreibungen und Funktionen der Heroisierung von Clément hinsichtlich der ligistischen[3] Konzeption von Staatlichkeit, und dies insbesondere mit Blick auf die Verhandlungen der Liga mit dem Papst und der in Rom geführten Diskussion. Das Fallbeispiel wird zu einigen verallgemeinerbaren Überlegungen zu Heroisierung und Heroismen und ihren funktionalen und zeitlichen Dimensionen in solchen politico-theologischen Kontexten führen.

Skizze des Kontexts

Im Rahmen der Religionskriege zwischen Hugenotten und Katholiken in Frankreich, die 1562 ausgebrochen waren, hatte mit einem Schwureid der katholischen

---

[1] Eine ausführlichere Fassung dieses Textes inklusive Quellenanhängen ist auf FreiDok, dem digitalen Repositorium der Freiburger Universitätsbibliothek, veröffentlicht: https://freidok. uni-freiburg.de/data/167872. Bei der Edition der italienischen Textabschnitte dieser Langfassung ist für eine Gegenlektüre Andrea Guidi zu danken. Abkürzungen: AAV = Archivio Apostolico Vaticano; AS = Archivio di stato; BAV = Biblioteca Apostolica Vaticana; BNF = Bibliothèque Nationale de France; BU = Biblioteca Universitaria; ACDF = Archivio storico della Congregazione per la Dottrina della Fede [= Sant'Offizio]; Pallier = [Nummer des Pamphlets in der retrospektiven Bibliographie] Denis Pallier: Recherches sur l'imprimerie à Paris pendant la Ligue (1585–1594), Genf 1975. Ich danke Ronald G. Asch, Cornelia Brink, Olmo Gölz und Sebastian Meurer für sukzessive Lektüredurchgänge.
[2] Ronald G. Asch: Herbst des Helden. Modelle des Heroischen und heroische Lebensentwürfe in England und Frankreich von den Religionskriegen bis zum Zeitalter der Aufklärung (Helden - Heroisierungen - Heroismen 3), Würzburg 2016, S. 27–43; Robert J. Knecht: Hero or Tyrant? Henry III, King of France, 1574–1589, Aldershot 2014; Nicolas Le Roux: Un régicide au nom de Dieu. L'assassinat Henri III., Paris 2006. Cornel Zwierlein: Discorso und Lex Dei. Die Entstehung neuer Denkrahmen im 16. Jahrhundert und die Wahrnehmung der französischen Religionskriege in Italien und Deutschland, Göttingen 2006; ders.: The Political Thought of the French League and Rome 1585–1589. De justa populi gallici ab Henrico tertio defectione und De justa Henrici tertii abdicatione (Jean Boucher, 1589), Genf 2016.
[3] Unter der Liga versteht man die seit 1576, durch Schwur seit 1585 vereinte Gruppe der ultragallikanisch-katholischen dritten Partei, die sich in den französischen Religionskriegen neben Hugenotten und der königlichen Partei herausbildete, weil dem König eine zu starke Annäherung an die calvinistischen Hugenotten vorgeworfen wurde.

Liga 1585 die letzte und besonders gewalttätige und konvulsive Phase begonnen.[4] Ein weiterer die Brisanz der Lage verschärfender, dynastiepolitischer Grund lag darin, dass im Frühling 1584 auch François d'Anjou (1554–1584), der letzte jüngere Bruder von Heinrich III. (1551–1589), im Alter von weniger als 30 Jahren gestorben war und Heinrich III. weiterhin kinderlos blieb. Erbfolgerechtlich rückte damit der als Häretiker verhasste Calvinist Heinrich von Navarra (1553–1610, ab 1589/1593 Heinrich IV.) als nächster Kronprätendent nach. Für die Ligisten, die nun schon in der zweiten Generation die Nähe des Throns suchten bzw. sogar die Nachfolge in der Königswürde anstrebten, war das Szenario eines calvinistischen Königtums nicht nur machtpolitisch, sondern im wörtlichen Sinne eine apokalyptische Bedrohung. Das Jahr 1588/89 wurde zum entscheidenden Kulminationspunkt.[5] Als am 12. Mai 1588 Heinrich II. von Guise mit Gefolge in Paris einzog und die Stadt mit Barrikaden durchzogen wurde, um alle Gegner der Guise zu vertreiben, musste der König aus Paris fliehen – eine Situation, die einst Denis Richet in eine bemerkenswerte Linie 1588–1648–1789–1968 gestellt hatte: Das verbarrikadierte Paris als wiederkehrendes Symptom und als Indikator von Epochenbrüchen.[6] Auf Druck der Guise musste der König dann die Generalstände in Blois 1588 einberufen, einen Schwur ablegen und das édit d'Union erlassen, dass als König nur ein katholischer Erbe in Frage komme, was als eine neue ‚loi fondamentale' für Frankreich verstanden wurde.[7] Es folgte der *coup d'état* Heinrichs III., der die Situation des engen Miteinanderlebens in Blois nutzte, um Herzog und Kardinal von Guise ermorden und die weiteren Führer, den Erzbischof von Avignon Pierre Épinac und den Kardinal von Lothringen, gefangen nehmen zu lassen. Die Folge war eine explosive Zuspitzung der schon vorher gegebenen Spaltung Frankreichs: In einem Welleneffekt fielen reihenweise Städte und ganze Regionen vom König ab und wandten sich der Liga zu. Das seit Mai 1588 schon zugehörige Paris wurde nun zum eigentlichen Zentralort. Die Stadt wurde intern auf der Ebene des dritten Standes von den sogenannten ‚Seize' regiert, den Vorständen der Viertel der Stadt, hinzu kamen die Witwen beziehungsweise Herzöginnen der Guise, Lothringens und andere Hochadlige der Liga für den zweiten Stand sowie die Sorbonne – neben den über das Land verstreuten ligatreuen Bischöfen und Kardinälen – als Vertreterin des ersten Standes. In gewisser Weise besaß dieses ‚Teil-Frankreich' also seine drei Partikular-Stände und musste ein eigenes rudimentäres, temporäres Verfassungsverständnis ausbilden.

Am 7. Januar 1589 erklärte die Sorbonne alle Untertanen vom Untertaneneid gelöst, den sie einst virtuell oder real auf Heinrich III. geleistet hatten. Begründet

---

[4] Überblicke: Mack P. Holt: The French Wars of Religion, 1562–1629, Cambridge [2]2007; Arlette Jouanna u. a. (Hg.): Histoire et Dictionnaire des guerres de religion, Paris 1998.

[5] Literaturüberblick zur Liga in Frankreich bei Zwierlein: Political Thought (Anm. 2), S. 7–11.

[6] Denis Richet: De la Réforme à la Révolution. Études sur la France moderne, Paris 1991.

[7] Bernard Barbiche: Les institutions de la monarchie française à l'époque moderne, Paris 1998, S. 30.

wurde dieser Schritt damit, dass Heinrich III. mit der in Blois vorgenommenen Tötung eines hohen Klerikers der katholischen Kirche auf jeden Fall kanonisch-rechtlich *ipso facto* und *ipso jure* exkommuniziert, häretisch und damit ein Tyrann *ex parte exercitii* geworden sei.[8] Die Pariser schworen dann einen neuen Eid: An sich sollte nun der Kardinal von Bourbon als Karl X. zum König erhoben werden, aber solange dieser nicht regierungsfähig war, war Charles de Mayenne als ‚lieutenant général de la couronne et du royaume de France‘ vorgesehen – ein Titel und Amt, das es so vorher noch nicht gegeben hatte. Er sollte Frankreich militärisch anführen. In den anderen Städten Frankreichs wie Rouen, Laon, Toulouse, Marseille oder Lyon folgten ähnliche Schwüre. Innerhalb und außerhalb Frankreichs begannen involvierte genauso wie zunächst nur beobachtende Politiker und Berater, sich Übersicht über die Situation zu verschaffen, indem man lange Listen von Städtenamen und damit von Regionen erstellte, für die die Zugehörigkeit zur Liga vermerkt wurde. So entstand das Bild der kompletten machtpolitischen und militärischen Spaltung des Landes: Eine Situation zunächst im nationalen Rahmen, doch breitete sich die Spaltung mit fast größerer Explosivität und höherer Geschwindigkeit als beim Großen europaweiten Schisma von 1376 aus (Abb. 1).

Es entstand eine Situation vieler möglicher Zukünfte, wie es Fabrice Micallef gezeigt hat, eine Zeit der Spekulationen und Unsicherheit, in der die komplette Spaltung Frankreichs, sogar seine Aufteilung an andere Mächte möglich erschien.[9] Diese Erschütterung setzte sich in ganz Europa fort, es kam zu echohaften Brechungen und Lagerbildungen in allen Nachbarländern, insbesondere in Italien, das seit den italienischen Kriegen (1494–1559) in komplexer dynastischer Verflechtung mit den unterschiedlichen Dynastien in Frankreich verbunden war (Abb. 2).

Am Papsthof selbst bildete sich entsprechend eine Zwei- bis Dreiteilung der Gruppierung, die quer zur üblichen frankophil/hispanophilen Aufspaltung stand, die in jedem Konklave der Neuzeit bei der Papstwahl sichtbar wurde.[10] Nun zerfiel dies noch einmal in proligistische, pro-königliche und innerhalb der pro-königlichen noch in einige weitere Untergruppen, die im Zweifel doch den protestantischen Heinrich von Navarra aus Staatsräsongründen unterstützen wollten. Papst Sixtus V. hatte im Konsistorium der Kardinäle im Januar 1589 sofort seine Empörung über die Ermordung insbesondere des Kardinals von Guise geäußert und eine

---

8 Die Sorbonne-Entscheidung kursierte in vielen Kopien, etwa AAV Rom, Miscellanea, Armadio I, 21, f. 341r–v.

9 Zwierlein: Discorso und Lex Dei (Anm. 2), S. 497–520; Fabrice Micallef: Un désordre européen. La compétition internationale autour des ‚affaires de Provence‘ (1580–1598), Paris 2014.

10 Ludwig von Pastor: Geschichte der Päpste im Zeitalter der katholischen Reformation und Restauration, 15 Bde., Freiburg i. Br. [7]1926.

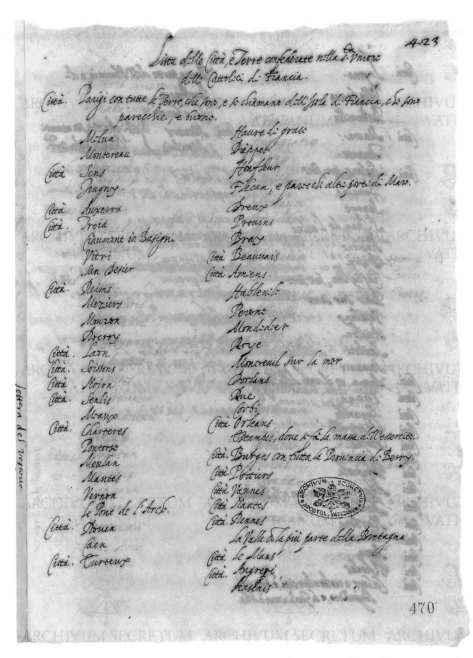

Abb. 1: Liste der Städte und Dörfer (insgesamt 89 auf dieser Liste und zu diesem Zeitpunkt), die in Frankreich der Liga zugehören („Lista delle Città, e Terre confederate nella Santa Unione delle Cattolici di Francia"), AAV Rom, Misc. Arm. I, 21, f. 470r-471v, undatiert, ca. März 1589.

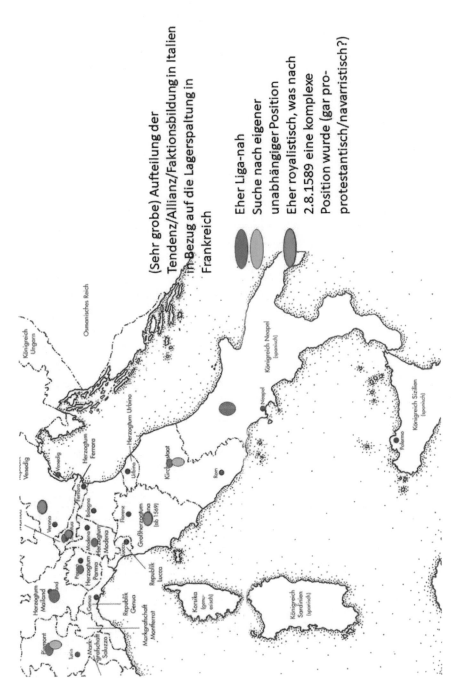

Abb. 2: (Sehr grobe) Aufteilung der Tendenz/Allianz/Faktionsbildung in Italien in Bezug auf die Lagerspaltung in Frankreich.

eigene Sonderkongregation von Kardinälen für die französische Frage (Congregazione di Francia) eingerichtet, eine Mischung aus außenpolitischer Sondierung und Spezial-Beratung mit Blick auf Frankreich in der Krisenlage:[11]

> [...] Schmerz drängt mich, zu Euch zu sprechen, [...] Ermordet – es wurde Ermordet – ermordet! Ein Priester, Kardinal, der Erzbischof von Reims war, ohne Prozess, ohne Urteil, ohne Gesetz [...] ohne unsere Autorisierung [...] als ob es keinen Papst gäbe [...] als ob es keinen Gott weder im Himmel noch auf der Erde gäbe [... *Als Heinrich VII. von England Thomas Beckett ermorden ließ, der nur Erzbischof von Canterbury war, habe der Papst damals einen Prozess gegen den König eingesetzt und übertrug diese Aufgabe an einige Prälaten und Kardinäle, [...] dieser Prozess wurde am päpstlichen Hof durchgeführt, und der König musste sich hier rechtfertigen und Buße tun. Als der Kaiser Theodosius – der Kaiser des ganzen Reiches und über viele Könige war, nicht nur wie Heinrich III. ein einzelner König über ein Königtum – die Thessaloniker ermordete, verwehrte ihm Ambrosius – der damals nur ein einfacher Bischof war – den Eintritt in die Kathedrale von Mailand: Der Kaiser musste Buße tun und zeigte sich bereit, nicht dem Papst, sondern sogar einem einfachen Bischof zu gehorchen.*] So setzen auch wir jetzt einige Kardinäle ein, die über diese Dinge verhandeln werden.[12]

Heinrich III. empfing am 1. August den Dominikanermönch Jacques Clément in seinen Privatgemächern in St. Cloud, der vorgab, ihm eine wichtige Nachricht übergeben zu wollen. Clément war zuvor durch Befragung nach seiner Herkunft, seiner Ordenszugehörigkeit und Ordination überprüft worden. Der König war nur mit zwei Mann Wache allein in seinem Gemach. Während er sich auf das Ausfalten des Briefes und das Lesen konzentrierte, zog Clément vor ihm kniend aus einem noch in seiner erhobenen Hand verbliebenen zweiten zusammengefalteten Schreiben einen verdeckten Dolch und stieß ihn dem König unter dem Bauchnabel in die Eingeweide. Einigen Berichten zufolge wäre der Dolch durch Verwendung von Schießpulver und Zwiebel-Masse zusätzlich vergiftet gewesen.[13] Noch mit dem Segen des sterbenden Königs wird dann der König von Navarra nach salischem Erbrecht zum Nachfolger Heinrich IV. Jedoch erst mit der Konversion 1593, der Einnahme von Paris und der Wiederaufnahme in die Kirche (*Ribenedizione*) 1595 wurde er als Throninhaber auch europaweit akzeptiert. Cléments Leiche – der Mönch wurde sofort von der Palastwache getötet – wurde post factum verurteilt und noch zusätzlich gevierteilt – im nahen Paris aber wurde alsbald der Königsmörder zum Helden-Heiligen ausgerufen, worauf später zurückzukommen ist.

---

[11] Vorsitz hatte Kardinal Giulio Antonio Santori (di Santa Severina), der zugleich Kardinalsekretär des Heiligen Uffiz, der höchsten Kongregation, war. Mitglieder waren Santi Quattro (= Giovanni Antonio Facchinetti, der spätere ligistisch gesonnene Papst Innozenz IX.), Scipione Lancellotti, Domenico Pinelli und Girolamo Mattei; Savero Ricci: Il sommo inquisitore. Giulio Antonio Santori tra autobiografia e storia (1532–1602), Rom 2002, S. 309–337.

[12] Rede von Sixtus V. am 9. Januar 1589 im Konsistorium, BAV Urb. lat. 868, f. 186–195 u. öfter, Übersetzung bzw. Paraphrase CZ.

[13] Verschiedene Berichte existieren hierzu, etwa der des Abtes Jean de Piles de Orbais an Santori, in AAV Misc. Arm. I, 22, f. 205r–207v.

Seit der öffentlichen Verkündigung der Loslösung jeden Untertans vom Gehorsamseid gegenüber dem König am 7. Januar 1589 und zumal nach der Veröffentlichung der Exkommunikationsbulle des Papstes konnte Clément im Sinne der Verfassungskonzeption der Liga und als Kirchenmitglied wie jeder andere Franzose Heinrich als einen exkommunizierten und damit vogelfreien Häretiker begreifen. Am nachdrücklichsten war diese Verfassungsvorstellung formuliert im anonym von der Sorbonne im Namen der drei Pariser Stände verfassten Manuskripttraktat *De justa populi gallici ab Henrico tertio defectione*,[14] der eine präzise Tyrannizid-Legitimation unter Rückgriff auf die einschlägigen Elemente bei Cicero, Thomas, Tolomei da Lucca, Gerson, John of Salisbury, und Thomas Mores Lucian enthielt. Der Traktat verknüpfte zudem die säkularen Quellenelemente der Tyrannizid-Argumentation mit der kanonischrechtlich und scholastisch gestützten Konzeption des notorischen Tyrannen-Häretikers, spezifischer noch des notorischen Sodomisten und Zelebranten von Teufelsmessen. Die Notorietät[15] dieser Merkmale, die Heinrich III. zum häretischen Tyrannen machten, impliziert nach ligistischem Verständnis der Sorbonne seit Januar seine Exkommunikation ohne weiteres Zutun; der König war nach diesem Verständnis schon Privatmann, der als solcher nun das französische Volk bedrohte und daher mit Gewalt abzuwehren und notfalls zu töten war. Als der Papst diesen Status des Exkommuniziert-Seins Heinrichs mit einer Bulle – aus der Sicht der Liga: lediglich – bestätigte beziehungsweise – aus seiner Sicht – überhaupt erst herbeiführte, war dementsprechend auch endgültig legitimiert, dass Henri de Valois schuld- und straffrei getötet werden durfte.

---

[14] Es sind heute noch sieben Textzeugen dieses Manuskripts der ursprünglichen, auf die prozessförmige Arbeit der Frankreichkongregation im Vorfeld des Erlasses der Exkommunikationsbulle durch Sixtus V. bezogenen kurzen Textfassung erhalten, siehe Zwierlein: Political Thought (Anm. 2), sowie in Zwierlein: Der Mörder als Held, ausführliche Fassung (Anm. 1) die Beschreibung des erst jetzt entdeckten siebten Manuskripts.

[15] Notorietät ist ein vor allem im kanonischen Recht entwickelter Begriff, der im Schnittbereich von Tatbestandserfassung und Beweisrecht seinen Platz hat: Wenn etwas allgemein bekannt ist – Kriterien für das Maß an Öffentlichkeit und Wahrnehmbarkeit wurden dann diskutiert –, muss es nicht mehr bewiesen werden. Johannes Teutonicus etwa unterschied zwischen der *notorietas facti, iuris* und *praesumptionis*. Für die hier einschlägige erste Variante gab er die Definition „Quod exhibet et offert se oculis omnium, id est quod ita habet facti evidentiam quod non potest negari" (J. Ph. Lévy: La hiérachie des preuves dans le droit savant du Moyen-âge, Paris 1939, S. 43); Rosalio Castillo Lara: El concepto del ,notorium' desde Joannes Teutonicus hasta el código de derecho canónico, in: Salesianum 24.3, 1962, S. 403–449.

Römische Brechungen: Die Pluralität des Katholizismus, Diversität von Heroismen

Der römische Blick auf Frankreich: Appropriation und partielle Abwandlung des ligistischen Neothomismus[16]

Wie man in Rom Clément genau heroisierte, lässt sich nur verstehen, wenn man die verschiedenen Formen und politisch-theologischen Ausprägungen des Katholizismus analysiert, die auf der Seite der Liga, beim Papst, bei den Hispanophilen und bei jenen Politikern und Territorien in Italien vorherrschten, welche in dieser Lage eher neutral zu bleiben versuchten. Wenn, überspitzt formuliert, Clément zu einem Staatsgründungs-Helden der Liga wurde, konnte er für das Papsttum aufgrund des Universalismus-Anspruchs nur zu einem gewissen Grad diese Funktion erfüllen. Genau diese nur partielle Konvergenz der ligistischen und päpstlichen Positionen wurde im Verlauf des Jahres 1589 entscheidend. Dahinter stehen politico-theologische Konzepte, die in der Historiographie oft wenig beachtet werden. Es geht damit nicht um schlichte fundamentalistisch-religiöse Eruptionen von Gewalt, sondern der ,Held' Clément stand in verschiedenen prismatischen Brechungen für die Aushandlung zwischen einem radikalisiert-gallikanistischen Staatswesen, einer papalistischen Option und einem promonarchisch-traditionellen Frankreich, das aber erst mit der Konversion Heinrichs IV. möglich wurde, und für welches Clément selbstverständlich der Anti-Held sein musste.

Die Gefahren der ligistischen Eigenmächtigkeit wurden durchaus auch funktional analysiert. Scharfsinnige politische Analysen wie im anonymen *Discorso che sia bene per lo pontefice et per gli altri Principi d'Italia consentire la corona di Francia al Re di Navarra*, geschrieben unmittelbar nach Eintreffen der Botschaft von der Tötung Heinrichs III., suggerierten, dass auf Seiten der Liga Tendenzen bestünden, wie in der Ostkirche einen quasi autokephalen Patriarchen von Frankreich einzusetzen.

---

[16]   Unter ,Neothomismus' versteht man in einem breiten Strang der Politiktheoriegeschichte die Denkweise und Methode insbesondere der spanischen Spätscholastiker (Vitoria, Soto u. a.) sowie die in Rom und in ganz Europa einflussreichen vor allem (aber nicht ausschließlich) jesuitischen Autoren wie Bellarmin, die oft, aber nicht immer die mittelalterlichen scholastischen Kommentarwerke des Thomas von Aquin aus der Zeit um 1300 zum Ausgangspunkt neuer Kommentartätigkeit machten, in jedem Fall aber bei ihrer Systembildung (in Traktaten vom Typ *De justitia et jure* etwa) stark auf Thomas, seinen Werken und mittelalterlichen Fortschreibern aufbauten. Die französischen Ligisten werden oft in diesem Zusammenhang übersehen, weil sie eher als politische Stoßgruppe wirkten und ihre Theoriebildung sich weniger akademisch-universitär in großen Kompendien entfaltete, sondern auf das Tagesgeschäft der Handlungslegitimation ausgerichtet war. Wie hier und andernorts aber gezeigt wurde, ist ihr gedanklicher Ausgangspunkt eben eine Spielart des Neothomismus. Aus der Fülle der Literatur im Allgemeinen hierzu nur Annabel S. Brett: Liberty, Right and Nature. Individual Rights in Later Scholastic Thought, Cambridge 2003, die die entsprechende Epochenabfolge (Humanistische/Spätscholastische Theoriebildung) bei Quentin Skinner auf breitere Quellengrundlage gestellt hat, sowie etwa Wim Decock: Theologians and Contract Law, Leiden 2013.

Damit stünde – so katholisch die Ligisten seien – hier ein neues abendländisches Schisma am Horizont, wenn nämlich der Papst als Letztentscheidungsinstanz über Exkommunikation und Herrschaftstransfer nicht anerkannt werden sollte.[17] Solche handschriftlich verfassten, meist nicht gedruckten, aber rasch in Kopie vervielfältigten und zirkulierenden Texte formierten 1585–1595 eine ganz eigene Semi-Öffentlichkeit in Rom, auch aufgrund einer ganzen Serie von Sedisvakanzen und neuer Konklaven nach dem Tod Sixtus V. mit einer bis dahin kaum gesehenen Anzahl von Kardinälen und ihrer *familiari* in Rom (Abb. 3).

Eingebettet in eine solche vor allem auf handschriftlichen Gutachten, Berichten und Stellungnahmen beruhenden Semi-Öffentlichkeit arbeitete die Frankreich-Kongregation mit großem Eifer an der päpstlichen Entscheidung, wie der Regizid zu behandeln sei. Hierzu ließ sie zwischen Januar und Mai 1589 tief in den Archiven des Vatikan nachforschen und schaffte viel Quellen- und Verweismaterial für die Begründung des Monitoriums herbei.

Die Kurie griff, allerdings unter dem Vorzeichen einer neuen Bellarminischen Theologie, auf die Exkommunikationspraxis des Kriegerpapstes Julius II. vom Anfang des 16. Jahrhunderts zurück. Man erließ keine so gewichtige Bulle wie ein Exkommunikations-Monitorium gegen den französischen König, ohne sich bis ins Mittelalter hinein über Präzedenzkonflikte zu informieren und der zuvor gebrauchten Muster und Formen zu erinnern. Die teilweise von der Hand des Großinquisitors Santori verfasste Skizze *Contra Henricum III Francorum Regem, seu summarium criminum, quae illi imponentur et de absolutione praesentata, quod illi non suffragetur 1589* bot dann eine erste Zusammenstellung der vorgebrachten Delikts-Tatbestandsmerkmale von Heinrich III. als Tyrann-Häretiker und lieferte materiell-rechtlich die Legitimationsgrundlage für seine Exkommunikation durch Sixtus V. In diesen Zeilen wird insbesondere auf die berühmte Extravagante Innozenz IV. aus der Zeit des Konzils von Lyon Bezug genommen, deren Text in Paris sogar als Einzel-Pamphlet kursierte, sowie auf die speziell für das Verhältnis des Papstes zum König einschlägige Bulle *In Coena Domini*.[18] Durch die Tötung der Prälaten und insbesondere des Kardinals hatte sich Santori zufolge der König des Majestätsverbrechens am Papst schuldig gemacht – nicht nur allgemein und vage

---

[17] BAV Urb.lat. 868, 500v–501r, 530v–531r; zu einer ebenfalls zirkulierenden Gegenschrift Cornel Zwierlein: Un ‚Momento Machiavelliano' della politica estera papale: combinare *Potestas indirecta* e *Ragion di stato* (1589–1595), in: Andrea Guidi (Hg.): Niccolò Machiavelli. Dai ‚castellucci' di San Casciano alla comunicazione politica contemporanea, Manziana 2019, S. 143–160.

[18] Constitution du Pape Innocent Quatriesme faite au Concile general de Lyon, en la presence du Roy S. Loys & de la Noblesse de France, il y a pres de trois cents cinquante ans; contre ceux qui font assassiner qu'elqu'un, Paris 1589 (= Pallier 472: Dies ist ein französisch-lateinischer Abdruck von *Liber Sextus* V, 4, 1 = Friedberg II, 1080). Zur Bulle *In coena domini* (15. April 1568): M. C. Giannini: Tra politica, fiscalità e religione: Filippo II di Spagna e la pubblicazione della bolla *In Coena Domini* (1567–1570), in: Annali dell'Istituto storico italo-germanico in Trento 23, Trent 1997, S. 83–152.

Hier relevante Gruppierungen, Personen, Institutionen in Rom 1585–1595

Papst Sixtus V, bis Clemens VIII.

Staatssekretariat

Kard. Cinzio   Kard. Pietro
Aldobrandini   Aldobrandini

Nach Tod von Sixtus V.: Sukzession von vier Konklaven während der Hochphase der Liga-Wirren, daher Dauerpräsenz von 53–56 Kardinälen mit *familia* in urbe
Konklave:
7.–15.9.1590
8.10.–5.12.1590
27.–29.10.1591
10.–30.1.1592

Botschafter der europäischen Souveräne; dazu Agenten vieler kleinerer Fürsten

Gesandte des Königs
Teilw. wie später Navarra; Claude d'Angennes et al.

Gesandte der Liga (
Diou, Nivelle
Desportes, Coqueley, d'Orbes; Kard. Pellevé)

Gesandte von Navarra
(nach August 1589)
(Luxemburg, Pisani, Gondi, Gonzaga, du Perron, d'Ossat)

Kongregation des Hl. Uffiz = röm. Inquisition (Vorsitz nach dem Papst: Kard. Santa Severina [Santori])

Index-Kongregation (Kard. Marc.A. Colonna)

Vielzahl von Kurialen, Konsultoren etc. die für die Kongregationen auch in den Frankreichfragen für Gutachten, Beurteilungen, Übersetzungen usw. eingesetzt sind

Frankreich-Kongregation 1589–1602
Kard. Santa Severina [Santori]

Deutschland (Germania)-Kongregation 1591 wieder eingesetzt (Kard. Madruzzo/ Sega)

All dies führt zu einer besonders dichten v. a. handschriftl. bedienten ,Semi-Öffentlichkeit'

Abb. 3: Relevante Gruppierungen, Personen, Institutionen in Rom (1585–1595).

des Delikts der schwerer belegbaren Häresie, Zauberei. Nach dem *canon* „Felicis"[19] war die Tötung eines Kardinals ein direkter Angriff auf den Papst selbst, da er zum engsten Berater- und Herrschaftskreis des Papstes und damit des Hauptes des Kirchenkörpers gehörte.[20] Um das Jurisdiktionsrecht geht es mit der Begründung, dass, „wer niemanden höheren über sich als Herrscher anerkennt, dann vom Papst zu richten ist". Zentral ist hier der Rückgriff auf die berühmte Bulle *Unam sanctam*, in der Bonifaz VIII. den höchsten Herrschafts-Suprematieanspruch des Papsttums formuliert hatte.[21]

Nach der Ermordung Heinrichs III. ging es dann hinsichtlich des ja schon zweimal (1572, 1585) exkommunizierten Heinrich IV. um die gleiche Frage, ob und an wen das Reich vom Papst zu übertragen sei. Die Frankreich-Kongregation arbeitete hier einfach weiter mit dem gleichen Material.[22]

So fertigte Kardinal Facchinetti (Titularkirche ‚Santa Quattro'), der zukünftige Papst Innozenz IX., als Mitglied der Frankreich-Kongregation für den noch amtierenden Sixtus nur gut einen Monat vor dessen Tod am 30. Juli 1590 ein Gutachten zur Nachfolgefrage in Frankreich nach Heinrichs III. Ermordung an. Hiernach musste der Papst als Vertreter Christi für die Administration des Königreiches Vorsehung treffen und letztlich einen neuen König einsetzen, wenn eine sonst nicht zu bewältigende Ausnahmesituation vorlag: Als solche wird der akute Fall ausgewiesen, dass in einem Königreich, das keinen Oberen (d. h. Feudalherrn, also nicht den Kaiser) anerkannte, der Thron vakant und kein legitimer Nachfolger in Sicht war, beziehungsweise, wenn das Volk entweder rechtens oder wegen Kriegswirren faktisch daran gehindert war, sich im sonst gemäßen Weg der Wahl durch die drei Stände einen neuen König zu wählen. Der Papst könne bei der Einsetzung eines Königs handeln, wie er wolle, solange die Mehrheit des Volkes des Königreiches zustimme und dies zur Erhaltung des katholischen Friedens notwendig sei. Facchinetti berief sich hierfür explizit auf Francisco Vitoria und Martín Azpilcueta, wie er betont, gerade weil „bei allen bekannt ist, dass sie an sich der Autorität des

---

19 Corpus iuris canonici, Liber Sextus, V, 9, 4.

20 Ähnlich der Einbezug der Kurfürsten in den Schutz des Kaisers nach den römischrechtlichen Vorschriften des *crimen laesae maiestatis* nach Kap. 24 der Metzer Gesetze (25. Dezember 1356), die der Erweiterung der Goldenen Bulle dienten, Cod. Just. IX, 8, 5, Cornel Zwierlein: Scipione and Alberico Gentili on Conspiracies around 1600: Tacitean Views on the *crimen laesae majestatis*, in: Vincenzo Lavenia (Hg.): Alberico e Scipione Gentili nell'Europa di ieri e di oggi. Reti di relazioni e cultura politica, Macerata 2018, S. 49–89, hier S. 71–72.

21 „Secundo, quia cum nullum recognoscat superiorem, a Papa est iudicandus, cap Duo sunt xcvi distinct [Dist. 96 c. 10] cap Omnes Principes [Decr. Greg. IX, lib. I, tit. 33, c. 4] cap Solitae de maior et obed. citato [Decr. Greg. IX, lib. I, tit. 33, c. 6] cap Nouit de iudic [Decr. Greg. IX, lib. II, tit. 1, c. 13] (ubi de Rege Franciae) et cap Vnam sanctam in Extrauagantibus communibus de maior. et obeden [Extrav. comm. I, 8, 1]" (AAV Misc. Arm. I, 26, f. 376v.).

22 AAV, Misc. Arm. I, 26, etwa fol. 14r-v (Ragioni di S. Chiesa sopra il Regno di Francia) und Lancellottis Gutachten: Quam Jurisdi[c]tionem habeat Ro. Pontifex in electione regis Galliarum, ebd., f. 16–23.

Papstes [d. h. hinsichtlich seiner besonderer Machtfülle] nicht gewogen s[eien], [sc., sondern ja Autoren s[eien], die diese Machtfülle gerade immer zu beschränken und zurückzudrängen suchten]", aber auch diese würden in einer solchen Situation dem Papst die Prärogative und Handlungsmacht subsidiär zugestehen, und also gelte *a fortiori*, dass es keinen Zweifel an der Handlungsgewalt des Papstes gebe:

> Vacante Regno nullum recognoscente superiorem, si nullus existat legitimus successor vel populus impeditus sit via iuris vel facti sibi Regem eligere, tunc Papa vt Christi vicarius debet de rege seu de administratione Regni prouidere, ita Ostiensis in c. licet ex suscepto col. v. n. 6 vers. *Tu vero*[23] [...] si vero populus impedimento iuris, vel quia sit haereticus, vel si via facti propter discordias et impedimenta non posset ad electionem peruenire, tunc ex ijs quae supra scripta sunt, constat ad Papae prouisionem recurrendum esse.
>
> Non omittendum est quod in constituendo Rege Papa poterit quicquid voluerit, dummodo populus Regni vel maior pars consentiat, et id pro conseruanda fide Catholica necessariam fuerit, vt concludunt quae doctissime scribit Victor de ciuil. potest q. 1 conclus 2[24] et Nauar in c. Nouit in 3 notab n. 168 cum duobus seqq vers. LXVI et LXVIIJ[25] [...] *Adduco autem Victoriam et Nauarram quia apud omnes constat eos auctoritati Pontificis non fauisse, sed id tantum tribuisse quod negare non potuerunt* [Hervorhebung CZ].[26]

Ein solcher Rückgriff auf Francisco Vitoria, Domingo de Soto und Bañez wäre in den 1570ern und noch 1586 nicht möglich gewesen, als Schriften dieser verdächtigen Autoren zum Teil zensiert wurden, weil sie Positionen der starken Papstmachtminderung, der rigiden Trennung weltlicher und geistlicher Kompetenzen sowie konziliaristische Positionen vertraten oder tradierten. Im Ergebnis führte dies zu zwei äquifunktionalen päpstlichen Argumentationen. Ob man wie Santori noch auf die stärkste papalistische Position des Mittelalters (Bonifaz VIII.) oder auf die Position der Salamanca-Schule zurückgriff, die im Katholizismus der Neuzeit der Trennung von weltlicher und geistlicher Gewalt am meisten Raum gab, war im Ergebnis unwichtig:[27] Die Vertreter der Frankreich-Kongregation wollten diese päpstliche Handlungsprärogative 1589/90 argumentativ ‚wasserdicht' machen.

---

[23] Hervorhebung im Original. Kommentar von Hostiensis zu Decr. Greg. IX, lib. II, tit. 2, c. 10: Henrici de Segusio Cardinalis Hostiensis: In Secundum Decretalium librum Commentaria, Venedig 1581, f. 12v: im Fall des *imperium vacans* oder der Vernachlässigung der Herrschaft folgt der Papst nach.

[24] Vitoria reflektiert an dieser Stelle zunächst nur über das Recht der Mehrheit, in einem Reich über die Minderheit zu bestimmen (*maior pars*), Francisco Vitoria: Relectiones theologicae tredecim partibus per varias sectiones in duos libros divisae, Lyon 1586, S. 112–114. Das päpstliche Eingriffsrecht im Notfall ist eigentlich eher in der *Relectio prior de potestate Ecclesiae*, quaestio 6, quinta propositio, octava propositio, n. 12 (ebd., S. 41–42 und S. 45) ausgeführt.

[25] Martín de Azpilcueta: Relectio c. Novit de Iudiciis non minus sublimis quam celebris, pronunciata An. MDXLVIII [...], Rom 1575, S. 95–99, hier S. 97.

[26] AAV, Misc. Arm. I, 26, f. 24–25.

[27] Für eine Gegenüberstellung der Idealtypen möglicher Verhältnisse von weltlicher und geistlicher Gewalt, wie sie seit den *De potestate papae et imperatoris*-Traktaten des Mittelalters in der Frühen Neuzeit diskutiert wurden, vgl. Cornel Zwierlein: Politische Theorie und Herrschaft in der Frühen Neuzeit, Göttingen 2020, S. 70.

Gerade mit der letzten Argumentationslinie und im Zuge der Annäherung des Papsttums an die Liga 1589–1592 folgten aber dann wichtige Entscheidungsträger der Kurie Teilen der ultragallikanisch-ligistischen Position, wie sie der Manuskript-Traktat *De defectione* schon im April 1589 formuliert hatte, gleichsam das Verfassungsdokument der Liga. *De defectione* – ob dem einzelnen Theologen Jean Boucher oder der Sorbonne als Kollektivautor zuzuschreiben – sprach allerdings auch der weltlichen Gewalt, also dem Generallieutenant der Krone Mayenne, den Seize, den Städten und den Adligen, unmittelbar eigenes Handlungsrecht zu, im Zweifel ganz ohne päpstliches Eingreifen. Eben dieses eigene Handlungsrecht hatte Jacques Clément in radikalster Weise ausgeübt.

Aus der Perspektive der Ligisten war Jacques Clément ein im Notrecht ermächtigtes Exekutivorgan der weltlichen republikanischen Gewalt der Liga, aus der Perspektive des Papstes konvergierte dies mit dem göttlichen Recht, das die geistliche Gewalt des nun unterstützenden und exkommunizierenden Papstes ausübte. Diese Konvergenz verschiedener politischer Theologien Ende 1589/90 am Papsthof wie in französischen ligistischen Kreisen führte zu einer Umgestaltung des semantischen Gesamtkontextes und determinierte damit die Konkretisierung dessen, was an Jacques Clément als ‚heldenhaft' erkannt und gefeiert werden konnte, changierend zwischen republikanischen (*potestas saecularis*) und göttlich-instrumentalen Rahmungen (*potestas ecclesiastica/papae*).

Clément: Reichweiten und Grenzen der Semantik des Märtyrer-Heroentums

Die frühesten Nachrichten über die Tötung Heinrichs III. erreichten Rom nahezu gleichzeitig über Agenten von Lothringen, Toskana und den Nuntius, wie insbesondere die ständig die Funktion unserer heutigen Zeitungen erfüllenden ‚avvisi' – also Nachrichten-Schreiber (23. August 1589) – relativ präzise notieren. In Santoris Papieren der Kongregation wurde exakt festgehalten, dass die von Lothringen am 7. August losgeschickte Nachricht als erste angekommen sei,[28] obwohl der Herzog von Mayenne mit Briefen schon vom 3. August ebenfalls Nachrichten geschickt hatte, die aber erst später anlangten. Darin wurde schon Cléments göttliche Inspiration erwähnt („hauendo una notte hauuto inspiratione di andare ad uccidere il Re di Francia").[29] Dies war weder im Originaltext der lothringischen Nachricht noch im Brief des ligistischen Agenten Abbé d'Orbais vom 3. August 1589,[30] der in ligistischer Mission zwischen Rom und Paris hin- und herreiste, der Fall.

In einer Sitzung des päpstlichen Gerichts der Segnatura begrüßte Sixtus V. die Mordtat Cléments nachdrücklich und interpretierte sie als Erfüllung seines eige-

---

28 Primo auiso della morte del Re venuto in Roma da Lorena, AAV Misc. Arm. I, 22, f. 200r–201r.

29 Avviso di Roma, 23. August 1589, BAV Urb.lat. 1057, f. 549r–551r, hier 549r.

30 Copia d'una lettera dell'Abbate d'Orbais Di Parigi alli iij di Agosto, AAV Misc. Arm. I, 21, f. 205r–207v.

nen Exkommunikationsbannstrahls durch die Hand Gottes.[31] Zwar hielt er noch
lange Distanz zu den ligistischen Vertretern in Rom im Versuch, die Balance
zwischen den Positionen zu wahren, doch wurde die Atmosphäre in der Semi-
Öffentlichkeit nun erhitzt und glich einer Kalten-Kriegs-Situation gegenüber dem
‚heißen Krieg‘ in Frankreich: Vertreter nahezu pronavarristischer Positionen ris-
kierten ihr Leben, selbst wenn sie, wie der Agent von Charles Gonzague-Nevers,
Camillo Volta, innerhalb des diplomatischen Korps immerhin einen nachgeord-
neten Rang einnahmen.[32]

Sixtus V. verbot ausdrücklich jede Form von Essequien, offiziellen Messfeiern
für Heinrich III. in Rom, und seine Nachfolger bis Clemens VIII. folgten diesem
Beispiel: Heinrich III. wurde als exkommuniziert betrachtet. Bei der ersten folgenden Heiligenfeier des Heiligen Ludwig in der Patronatskirche der Franzosen in
Rom wurde eigens nur das Bild des Heiligen, aber nicht die sonst übliche Ver-
schränkung mit den königlichen Insignien ausgestellt. Ob man Charles de
Bourbon offiziell in Rom als Karl X. und in diesem Sinne als König anerkennen
sollte, blieb ungeklärt und man beschied sich mit dem mittelalterlichen Heiligen.[33] Erst 1597 sollte Heinrich III. wieder in die Reihe der christlichen Monarchen Frankreichs aufgenommen werden, nachdem die Witwe einen eigenen kanonischen Prozess angestrengt hatte, bei dem die Sterbesituation unter Verhör
der beteiligten Personen empirisch neu erforscht wurde. Fortan durften wieder
Seelenmessen für ihn abgehalten werden.[34]

Für unsere Frage ist das insofern bedeutsam, als man hiervon eine deutliche
normative Grenze für den italienisch-römischen Bereich der Zeitdimensionen des
kollektiven Gedächtnisses ableiten kann: Mit diesen Verboten und Geboten
päpstlicherseits waren Wertungsrahmen vorgegeben für die Frage der möglichen
und nicht möglichen Formen öffentlicher Heroisierbarkeit. Ähnlich lange war
auch grundsätzlich Clément noch offiziell als ‚Märtyrer-Held‘ in Rom verehrbar,
danach nur noch von den quasi-separatistischen, exilierten Führern der Liga, die
sich bis in die 1630er in den südlichen Niederlanden und andernorts aufhielten.[35]

Die symbolische Wertigkeit und Heroisierbarkeit von Heinrich III. oder Jacques
Clément verhielten sich gleichsam wie zwei inhomogene Flüssigkeiten in kom-
munizierenden Röhren zueinander, die in der schon charakterisierten Semi-
Öffentlichkeit um Validität, Akzeptanz und Aktivierbarkeitsmöglichkeit konkur-
rierten: je mehr sich die Waagschale politico-theologisch in Richtung auf Konzili-
anz und Befriedung neigte, umso eher trat Clément wieder in den Hintergrund; je

---

[31] Avviso, Rom 30. August 1589, BAV Urb.lat. 1057, f. 564r.
[32] Hierzu Zwierlein: Der Mörder als Held, ausführliche Fassung (Anm. 1).
[33] Avviso Rom, 26. August 1589, BAV Urb.lat. 1057, f. 553r.
[34] Processus super obitum Clarissimae memoriae Henrici Regis Christianissimi Francorum et
      Poloniae Regis, AAV Fondo Borghese III 75 (19. August 1596 – 7. Januar 1597), f. 1–15,
      dazu die Testimonia bis f. 21v.
[35] Robert Descimon / José Javier Ruiz Ibáñez: Les Ligeurs de l'exil. Le refuge catholique
      français après 1594, Seyssel 2005.

mehr sie sich in die Richtung einer verspürten Notwendigkeit neigte, den Katholizismus bis aufs Letzte zu verteidigen und Frankreich nicht der Häresie preiszugeben, umso eher wurde Heinrich III. auch in Rom als häretischer Tyrann zum Verräter an der heiligen Sache und Clément zum Vollstrecker des göttlichpäpstlichen Urteils.

Die in Italien und Rom spätestens ab September 1589 zirkulierenden lateinischen, französischen und italienischen Kurzgedichte auf die französische Krisensituation spiegeln die verschiedenen Positionen in Italien mit Bezug auf die Heroenfiguren.[36] Ein relativ langes, teilweise satirisches Gedicht, *Testamento della Lega di Francia*, zeichnet aus antiligistischer Perspektive den Aufstieg dieser „Tochter aus schrecklichen Abgründen, dunklem und blindem Ort irgendwo zwischen den Alpen und dem Apennin" nach, quasi ein Monster, dem Städte, Dörfer und Schlösser ihre Tore in ihrem Gang durch Frankreich öffneten, das so zerrissen wurde. Hier ist „l'inuitto Borbono", der unbesiegte Held Heinrich IV., die einzige Lichtgestalt, die diese furienähnliche Ausgeburt aufzuhalten vermag, deren Handlungen mit einer Sprache gekennzeichnet werden, die im Italien der letzten Jahrzehnte des 16. Jahrhunderts deutlich auf machiavellistische Politik („proprio interesse", „artificio sottile", „inventioni", „pratiche", „segreti") verweist. Die sterbende Union und Liga kann in ihrem Testament nur die absolute Kontrafaktur guter Herrschaft und Ordnung vermachen, dem französischen Volk, dem Papst und anderen Empfängern nur Rebellion, Zerstörung, Verrat, Pseudo-Reiche vererben.

> Jener Dame nun, die voll frohen Mutes den Namen Montpensier[37] trägt, und die nie zögerte mir [der katholischen Liga] zu gehorchen, lasse ich diesen unseligen eisernen Dolch, den mir einst der Mönch Clément überließ, aus jenem ewig schädlichen Orden.[38]

Die Verachtung der Liga für den Papst wird deutlich, wenn die Asche der verbrannten päpstlichen Bullen dem Legaten – gemeint ist Enrico Caetani – als letztes Geschenk der sterbenden Liga vermacht werden; der Legat möge sich dann auf einem Eselsrücken zurück nach Rom begeben.

---

36 Etwa „Nella morte d'Henrico 3.° Re di Francia", Dichtung von Ottavio Rinuccini aus den Papieren von Latino Latini, BAV Vat.lat. 6246, f. 230r–v.

37 Gemeint: die Tochter von François de Lorraine, Duc de Guise und Anna d'Este, Catherine de Lorraine, Duchesse de Montpensier.

38 "A quella Dama poi, che sì gagliarda
    D'animo porta il nom'di Mompensiero,
    Che in obbedirmi non fu già mai tarda,
    Io lascio quel coltello iniquo, e fero,
    Che mi lasciò già il Monaco Clemente,
    Dell'Ordin'suo perpetuo vituperso." Testamento della Lega di Francia, BAV Vat.lat. 6246, f. 213–217v (kopiert vom Index-Konsultor und Zuarbeiter Santoris Latino Latini). Zur Fischart-Übersetzung des Bourgoing-Pamphlets, in welcher der Dominikanermönch als ewiger Wiederkehrer (Mörder Heinrichs VII. 1313, Mörder Heinrichs III. 1589) stilisiert wird vgl. Zwierlein: Discorso und Lex Dei (Anm. 2), S. 770–772.

Demgegenüber werden in liganahen italienischen Texten und Dichtungen die Guise mit allen Mitteln heroisiert und Clément wird als einfacher Mönch vorgestellt,[39] dessen entschlossene Handlung zum Staunen aller mit einem kleinen Küchenmesser statt mit großen Säbeln und Schwertern die dynastische Linie von Jahrhunderten durchtrennt. Seine geringe Bildung gereicht ihm zu edler Einfachheit und frommer Geradlinigkeit. Mit seiner Tat setzte er sich selbst dem Tod aus. Er wird unter die „Heroi" gezählt („nominato fra gli Heroi"), er steigt zu Ruhm und Ehren nicht hier, sondern im Himmel auf, und ist mit dem altrömischen Curtius zu vergleichen, der sich freiwillig in den Rachen der Erde stürzte, um seine Republik und das Vaterland vor dem Zorn der Götter zu retten. Märtyrer-Qualitäten werden hier mit der humanistischen Revitalisierung des republikanischen *pro patria mori* gemischt. Ähnlich stilisiert sich in neulateinischen Dichtungen, die handschriftlich in der Halböffentlichkeit der häufig kopierten und verschickten Discorsi und Texte kursierten, der dichtende Überbringer der Nachricht vom Tod des Königs als Marathonläufer, der sterbend die Nachricht des ruhmreichen Siegs überbringt. Clément wird als Kämpfer für das von vielen tausend Kriegern bedrohte Frankreich gerühmt, der im Bewusstsein, selbst sein Leben hinzugeben („conscius mori"), die Tat vollbrachte und somit „gloria" und „virtus" bewiesen habe: Auch hier also jene Mischung aus römisch-republikanischen Tugenden, palimpsesthaft auf die ciceronische Hochschätzung des Tyrannizids verweisend,[40] und nun dem Märtyrer-Helden Clément zugeschrieben.[41] Dass der Märtyrer-Heroe hierbei durchaus auch täuschend vorging („Finge Grande Humiltade e Gran clemenza"), erscheint den proligistischen Katholiken nicht nachteilig. Und in der Tat, auch in der zeitgenössischen moraltheologischen Erörterung, etwa bei Bellarmin, werden jene alttestamentarischen Exempel explizit gegen Calvin als göttliches Recht für legitim erachtet, in denen auch Ahab und Eglon als geschickt simulierende, lockende und dann brutal effektiv handelnde Königsmörder dargestellt werden. Der Tyrannizid wird hier der *sedes materiae* nach nämlich in seinen *Controversiae* nicht im Rahmen des Traktats zur *potestas papae* (und *civilis*) des ersten Bandes (1586) beim Topos vom Widerstandsrechts behandelt, wie man vermuten könnte, sondern erst in der 1593 veröffentlichten Fortsetzung bei der Erörterung von Extremformen des Problems von Lüge und Täuschung als Sünde.[42] Aber eine Täuschung (wie hier die vorgetäuschte Unterwürfigkeit und

---

[39] Vgl. Zwierlein: Der Mörder als Held, ausführliche Fassung (Anm. 1), Anhang III.

[40] Mario Tuchetti: Tyrannie et tyrannicide de l'Antiquité à nos jours, Paris ²2013 und Zwierlein: Political Thought (Anm. 2), S. 214–215 und passim speziell für die Ligisten.

[41] Jacobo Clementis ordinis praedicatorum fratri qui Henricum Galliae Regem interfecit, Misc. Arm. II, 98, 319r: „Jacobe / qui conscius mori inter armas spiritum, / Circumdatur pugnantium tot millibus, / Eripuisti Regi Francorum perdito / Dumque manu Regia quoque cadis, gloria / virtutis arduae, tum fama nominis, / tum laus facinoris ubique personans, / Pulcherrimam uitam recondunt artibus."

[42] Robert Bellarmino: Disputationum de Controversiis Christianae Fidei, Bd. 3, Rom 1593, S. 175–176 (Kap. XIII).

Gehorsamkeit Cléments gegenüber Heinrich III. nur mit dem Zweck, ihn heimtückisch zu ermorden) ist nicht sündhaft und nicht kanonischrechtlich strafbar, wenn sie dem übergeordneten göttlichen Ziel dient. Derselbe Bellarmin, der dies 1593 argumentativ filigran ausbuchstabierte, hatte im Oktober 1589 mit dem Kardinallegaten Enrico Caetani die große Legation ins belagerte Paris begleitet, war also kein Schreibtischgelehrter, sondern seit der antinavarristischen Debatte gegen Hotmans *Brutum fulmen* 1585 in die französischen Fragen intimst eingearbeitet.[43] Die Legation Caetanis in das aus päpstlicher Sicht nun königslose Frankreich war nach der Einsetzung der Frankreich-Kongregation und dem Monitorium der nächste unmittelbare Eingriff des Papstes in die Kriegssituation und somit ein Agieren im Modus der *potestas indirecta*, wie sie theoretisch von demselben Bellarmin in Radikalisierung der Salamanca-Lehren entwickelt worden war.[44]

Vor diesem Hintergrund ist ein Blick in die intime Reisekanzlei Caetanis hilfreich, die in drei Bänden in der Biblioteca universitaria von Bologna überliefert ist.[45] Neben den für die Geheimcodierung nötigen Chiffren, dem Ausgangsregister der innerhalb Frankreichs von Caetani verschickten Briefe und den Instruktionen von Sixtus findet sich auch ein sonst nicht überlieferter emphatischer Text, der Cléments Tat, seine devote und fromme Vorbereitung auf den Königsmord, seine göttliche Inspiration in einem detailreich ausgeschmückten Narrativ enthält. Caetani als der päpstliche Arm, der die *translatio regni* vornehmen sollte, die auch die Ligisten, die Sorbonne und Boucher in *De justa Henrici tertii abdicatione* stets anzielten, konnte sich hier am Heldentum des göttlich inspirierten Königsmörders ein devotionsanregendes Vorbild nehmen. Die Vakanz des Thrones, die gouvernementale Leerstelle, die als Plattform für das legitime Eingreifen des Papstes in die sonst der weltlichen Macht vorbehaltenen Angelegenheiten nötig war, wurde hier besonders genau narrativ vermessen. Durch die Heroisierung der Tat und des Täters wurde die nötige Legitimität des Eingreifens verdeutlicht angesichts einer der brisantesten politischen Situationen im europäischen Staatensystem des 16. und 17. Jahrhunderts überhaupt. Heroisierung als narrativ-legitimatorischer Akt hatte also jenseits allgemein konfessionell polarisierter und insoweit wenig überraschender Polemik ihre ganz präzise Notwendigkeit und Funktion in ebenso präzise international, kanonisch- und staatsrechtlich herausgearbeiteten normativen Rahmungen.

---

[43] Xavier-Marie Le Bachelet: Bellarmin et la France, in: Études 60.175, 1923, S. 385–411.

[44] Carlo Manfroni: La legazione del Cardinale Caetani in Francia (1589–90), in: Rivista storica italiana 10, 1839, S. 193–270; Henri de l'Épinois: La légation du cardinal Caetani en France, in: Revue des questions histoiques 30, 1881, S. 460–525; A.-C. Tizon-Germe: La représentation pontificale en France au début du Regne d'Henri IV (1589–1594). Cadre politique, moyens humains et financiers, in: Bibliothèque de l'École des Chartes 151, 1993, S. 37–85; Cornel Zwierlein: Fame, violenza e religione politicizzata: gli assedi nelle guerre confessionali (Parigi 1590), in: Claudio Donati / Bernhard R. Kroener (Hg.): Militari e società civile nell'Europa dell'età moderna (secoli XVI–XVIII), Bologna 2007, S. 497–545.

[45] BU Bologna Ms. 1499 I bis III.

Clément war durch diese Tat aus Sicht der Liga einerseits ein Staatsgründungs-
Heros, denn nur durch seine Vollendung dessen, was der Guise-Mord, die *ipso-
facto-ipso-jure*-Exkommunikation und damit die Obödienz-Bindung der Untertanen
nen durch die Sorbonne am 7. Januar 1589 schon ausgelöst hatten, war die Situation
tion der Königslosigkeit und die Notwendigkeit einer Übergangsstaatsbildung
irreversibel und unbestreitbar geworden. Hätte die Liga es vermocht, ‚ihr Frankreich'
reich' als das Gesamtfrankreich zu etablieren, wäre Clément wohl tatsächlich im
kollektiven Gedächtnis dieses nur als Teil kontrafaktischer Geschichte imaginierbaren
baren Staates zum Staatsgründungs-Heros geworden. Für das Papst-Rom war er
äquivalent der Märtyrer-Heros, der, im Verhältnis von geistlicher und weltlicher
Gewalt von Gott beauftragt, die normativen Funktionsgrenzen zwischen beiden
Gewalten jedenfalls kurzfristig aufhob und wie der tatkräftige Arm der geistlichen
Exkommunikations- und göttlichen Strafgewalt wirkte.

Zusammenfassung

Die Mikrostudie, die zeigt, wie eine Heroenfigur innerhalb kurzer Zeit im Jahr
1589/90 geschaffen wurde und wieder verblasste, ermöglicht es, Prozesse, Verhältnisse
nisse und Phänomene zu veranschaulichen, die wohl verallgemeinerbar sind:

1) Heroisierung durch Radikalisierung katholischer und antikisierend humanistischer
scher Tyrannizidlehre: Die Heroisierungsstrategien implizieren ersichtlich sowohl
die humanistische Reaktualisierung antik-republikanischer Werte als auch den
Rückgriff auf Schemata konfessioneller Antagonismen und Polarisierungen: Die
Sorbonne und Boucher verwenden antikes Material, insbesondere die ciceronische
Hochschätzung des Tyrannizids, neben Policraticus, Salutati und den spätmittelalterlichen
terlichen Quellen, die aber nie so klar die höchste Spitze einer feudalpyramidal
geordneten Staatlichkeit und nie so explizit das Objekt benannten, wie hier den
König Heinrich von Valois. Etliche Pamphlete der Ligisten bemühten auch eine
säkular-humanistische Motivik und weniger die religiösen Fundamentalismen, die
man erwarten würde, wie Robert Descimon immer betont hatte: Der dritte Stand
der Liga, die ‚Seize' mit ihrer Verankerung im Parlament von Paris und ihren gelehrten
lehrten Juristen, konnte Frankreich insofern sehr wohl humanistisch als Respublica
konzipieren, in der dann der Rückgriff auf die thomistische Lehre von Volkssouveränität
ränität und Tyrannenabsetzbarkeit – insbesondere des Thomas-Fortsetzers Tolomei
mei da Lucca, den man als den ‚republikanischsten' Autor des Spätmittelalters
bezeichnet hat – und auf die Schule von Salamanca bedeutete, eine wahlverwandte
te theologische Ressource zu nutzen. Clément als blasse Realgestalt, auf die leicht
ein formbares Heroenbild postum projizierbar war, vereint in sich die Semantiken
von konfessionell-religiösem, gegebenenfalls apokalyptischem Kampfesmut wie
des republikanischen Staatsverteidigers, die historischen Bezugsebenen römischer
republikanischer Antike und posttridentinischer katholischer Wehrhaftigkeit. Die
calvinistischen Monarchomachen haben weder in der Theorie bis Althusius noch

in der Praxis in gleicher Weise Tyrannizidlehre und -praxis bis ins Letzte in ihre republikanischen Theoriebildungen integriert. Insofern ist Clément als Held sehr wohl ein spezifisch konfessionell-katholischer Held.

2) Frühneuzeitlicher ‚Verfassungsheroismus‘ versus Held päpstlicher Jurisdiktionsgewalt: Während das zuerst herausgearbeitete Motiv lose fluktuierend von Pariser Ligisten wie römischen Clément-Verehrern gleichermaßen bemüht werden konnte, gab es, wie gezeigt, auch deutliche Differenzen zwischen Liga und Rom. Hier zeigt sich die Möglichkeit einer spannungsgeladenen Heroisierbarkeit von Clément durch Katholiken mit unterschiedlichen Intentionen. Mit die besten Parlaments-Juristen, die besten Theologen Frankreichs (der Sorbonne) und ein Großteil des Hochadels waren in der Schwureinigung verbunden – und diese Liga musste sich ab dem 7. Januar 1589 einer ungewohnten Herausforderung stellen: Frankreichs Staatlichkeit (‚die Krone‘) war trotz eines physisch noch lebendigen Königs Heinrich III. verfassungsmäßig jedenfalls übergangsweise ohne König (jedenfalls mit einem nicht gekrönten und nicht gesalbten Karl X.) zu denken. Anders als in dynastischen und feudalrechtlichen Zusammenhängen des Mittelalters zeigen *De defectione / De abdicatione* wie auch andere Pamphlete und die Schriften von Guillaume Rose, dass die Liga hier einen Staatsnotstands-Republikanismus entwickelte, auf den hin bezogen Clément dann die neuzeitlich-moderne Figur eines Staatsgründungs-Helden durch Selbstopfer einnimmt: Mit seiner Tat war die vorher nur gedanklich vollzogene Situation auch endgültig realisiert. Es gibt kaum eine Parallele in der Frühen Neuzeit und der Moderne, in der man eine dann über lange Sicht stabilisierte Staatsgründung – etwa die Ermöglichung einer neuen Dynastiegründung – auf einen solchen Tyrannizid zurückführen könnte; aber für einige Jahre, bis 1595/98, konnte Clément für die Ligisten ganz jenseits jeden Bezugs zum Papsttum als Agent des souveränen *populus* verstanden werden. Dem gegenüber war aus päpstlicher Sicht seine Tat nur Vollzug und Vollendung des per Exkommunikation von Sixtus V. schon Vollzogenen, hier war Clément dann ein gottgesandter Heroe, der die Schlüsselgewalt Petri auf Erden bestätigte. Im Horizont der Zeit um 1600 konnte Heroisierung die beiden extrem entgegengesetzten Positionen des Verhältnisses der Sphären weltlicher und geistlicher Gewalt zueinander betreffen (Gleichrangigkeit und weitgehende Autonomie beider Sphären versus Überordnung der einen über die andere) bzw. von Handlungsmaßnahmen innerhalb dieser Sphären (Widerstand und Tyrannizid innerhalb der Sphäre weltlicher Gewalt ohne Beachtung der geistlichen) betreffen und war insoweit nur bedingt kommensurabel – auch wenn natürlich die Heroisierung im Feld der weltlichen Gewalt innerhalb des Katholizismus stattfand. In beiderlei Hinsicht hat die Heroisierung also ganz konkrete legitimatorische Funktion, und was als blindes konvulsivisches Ausbrechen von Gewalt in atmosphärisch erhitzter Situation erscheinen könnte, war an sich sehr präzise passförmig wie ein Mosaikstein in den Gebäuden unterschiedlicher staatlich-politischer und ekklesiologischer Selbstverständnisse eingebaut.

3) Die Temporalität und die Bezugsgruppen von Heroismen: Es ist selbstverständlich, dass in asymmetrischen Polarisierungssituationen wie der konfessionellen Lage um 1600 die Heroen der einen Gruppe die Schurken der Gegner sind.
Aufschlussreicher ist das Clément-Beispiel für allgemeinere Reflektionen wohl
gerade aufgrund seines nur kurzen Bestandes, eines raschen Explodierens von Verehrung und eines schnell anschließenden Verblassens, Vergessens, des Invisibilisie-
rens oder partiell unbewussten Unsichtbarwerdens: Die Temporalität von Heroismen, ihre Evidenz und Sinnstiftungsfähigkeit in Bezug auf konkrete Kollektive
werden so deutlich. Tabuzonen werden sichtbar, die nur in Extremsituationen
betretbar sind und die positiv heroische Semantisierung eines Ereignistyps erlauben – Regizid als heroisierbare Tat ist immerhin doch das wohl radikalste denkbare
Objekt von Heroisierung im Kontext des Übergangs zum Europa der Monarchien
in der Frühen Neuzeit; man könnte dem – um die für uns heute vielleicht nicht
mehr nachvollziehbare Stärke des Tabus zu veranschaulichen – etwa eine Tabuzone wie die Heroisierung von Vergewaltigern zur Seite stellen. Wie die an sich in
der Defensive befindlichen Calvinisten mit vielleicht der einen Ausnahme George
Buchanans stets um diese Tabuzone vorsichtig ,herumargumentieren', zeigt deutlich, wie unerhört die Heroisierung Cléments war und macht die Kurzlebigkeit
verständlich. Zwar wird die Tat als Beispiel durchaus in den Exempelhaushalt etwa
der jesuitischen Lehren (Mariana, Parsons und die Erinnerungshaushalte der englischen Civil Wars und des späteren 17. Jahrhunderts) übernommen. Aber von einer
echten Heroisierung kann hier später meist nicht mehr gesprochen werden. Ob
Clément nur ein oder fünf bis acht Jahre ein Held war, ist nicht relevant, aber das
Phänomen der Temporalität, der Aktivierbarkeit, des Wiederverblassens, der unbewussten oder auch strategischen diskursiven Positionierung von Heroen und
Heroismen im Rahmen eines sich in Form und Inhalt wandelnden kollektiven
Gedächtnisses ist für sich der Untersuchung wert und konnte hier für den Fall des
Kurzzeitheroen Clément nur angedeutet werden.

Abbildungsnachweise

Abb. 1: Lista delle Città, e Terre confederate nella Santa Unione delle Cattolici
di Francia, © AAV Rom, Misc. Arm. I, 21, f. 470r-471v.

Abb. 2: Karte aus Rudolf Lill: Kleine Geschichte Italiens, Stuttgart 2002, Abb. 7
(Bildzitat, bearb. CZ).

Abb. 3: Institutionen und Gruppierungen der römischen Halböffentlichkeit,
1585–1595, eigene Graphik CZ.

Neue Helden für sich wandelnde Zeiten

Spätmittelalterliche Perspektiven auf das Beziehungsgeflecht von Gewalt und Heldentum

Christoph Mauntel

Die Frage nach dem Zusammenhang von Gewalt und Heldentum vereint zwei moderne Begriffe und stellt uns vor die Herausforderung, diese analytisch auf ganz verschiedene Zeiten und Kontexte anzuwenden[1] – im hier vorliegenden Fall auf das späte Mittelalter, das heißt grob auf das 13. bis 15. Jahrhundert, am Beispiel Frankreichs.

Auf der einen Seite scheint es mit Blick auf das Mittelalter insgesamt einfach, die beiden Begriffe Gewalt und Heldentum zusammenzudenken, da sie schnell Vorstellungen von mutig ins Feld reitenden, tapferen Ritter evozieren, die sich mit dem Schwert in der Hand gegen Feinde behaupten – vornehmlich für hehre und edle Ziele. Es mag dabei der etwas dunklere Schatten einer unweigerlich gewalttätigeren, brutaleren Zeit als der unseren mitschwingen, aber eigentlich ist der tapfere Ritter im allgemeinen Bewusstsein eine positive Gestalt.[2]

Auf der anderen Seite jedoch stellt sich die Frage der Historizität von Konzepten. Gab es im Mittelalter das, was wir ‚Gewalt‘ nennen? Gab es ‚Helden‘? Diese Fragen sind natürlich zweischneidig: Selbstverständlich gab es im Mittelalter Kriege und Zweikämpfe, Morde und Schlägereien. Es steht außer Frage, dass Menschen in jeder Epoche anderen Menschen körperlich Schaden zugefügt oder ihnen sogar willentlich das Leben genommen haben. Unsere Vorstellung von ‚Gewalt‘ beruht jedoch auf einem modernen, kulturell geprägten Konzept, das sich nicht ohne Weiteres auf historische Zeiten und Kulturen übertragen lässt. Vorzuschalten wäre die Frage, was die jeweilige Gesellschaft etwa unter Mord, Krieg oder Ähnlichem verstanden hat und ob all diese Phänomene überhaupt mit einem übergreifenden Konzept erfasst wurden. Meiner Ansicht nach gab es im Mittelalter für die oben genannten Phänomene kein solches Konzept, das unserem Begriff von ‚Gewalt‘ entsprechen würde. Diesen können wir knapp als die intentionale Verletzung oder Zerstörung der körperlichen Integrität einer Person fassen.[3]

---

1 Vgl. dazu auch Cornelia Brink / Olmo Gölz: Gewalt und Heldentum, in: Compendium heroicum, 2019, DOI: 10.6094/heroicum/gewd1.0.

2 Zur Einführung in die kaum zu überblickende Literatur zum Rittertum sei hier nur auf folgende Werke verwiesen: Maurice Keen: Das Rittertum, München / Zürich 1987; Joachim Ehlers: Die Ritter. Geschichte und Kultur, München 2006. Spezieller für den zeitlich und geographisch hier relevanten Kontext: Craig Taylor: Chivalry and the Ideals of Knighthood in France During the Hundred Years War, Cambridge 2013.

3 Die Gewaltdefinition ist angelehnt an Gert Melville: Ein Exkurs über die Präsenz der Gewalt im Mittelalter. Zugleich eine Zusammenfassung, in: Martin Kintzinger / Jorg Rogge (Hg.):

Ein Blick auf das Vokabular mittelalterlicher Autoren zeigt, dass weder die lateinischen Worte *violentia* oder *vis* noch die volkssprachlichen Äquivalente das abbilden, was wir heute als ‚Gewalt' beziehungsweise ‚violence' (engl./frz.) fassen.[4] Daraus folgt, dass wir unseren Gewaltbegriff allenfalls heuristisch auf das Mittelalter anwenden können – als ‚kontrollierten Anachronismus',[5] der unsere Fragen erkenntnisleitend rahmt, um dessen konzeptionelle Schwierigkeiten wir jedoch wissen.

Beim Begriff des ‚Helden' haben wir – nicht nur mit Blick auf das Mittelalter – ein ähnliches Problem: Wir können das antik-griechische Konzept des Heros sowie seine jeweiligen zeithistorischen Aktualisierungen und Umdeutungen fassen.[6] Selten aber werden die Personen, die uns als heldenhaft erscheinen und die wir als solche untersuchen, auch explizit ‚Helden' oder ‚Heroen' genannt oder entsprechen dem antiken Modell des Heldentums.[7] Dies trifft zumindest auf die Ritterhelden des Mittelalters zu. Erwähnen mittelalterliche Quellen tatsächlich einmal einen *heros*, so werden damit zumeist christliche Märtyrer bezeichnet.[8] Auch beim ‚Helden' haben wir es also mit einem abstrakten Phänomen zu tun, und zwar immer dann, wenn herausragende körperliche und/oder charakterliche Eigenschaften eines Menschen hervorgehoben und mit seinen ebenso positiv

---

Königliche Gewalt – Gewalt gegen Könige. Macht und Mord im spätmittelalterlichen Europa (Zeitschrift für historische Forschung Beiheft 33), Berlin 2004, S. 119–134, hier S. 121.

[4] Ausführlich aufgearbeitet habe ich dies an anderer Stelle, vgl. Christoph Mauntel: Gewalt in Wort und Tat. Praktiken und Narrative im spätmittelalterlichen Frankreich (Mittelalter-Forschungen 46), Ostfildern 2014, S. 20–30.

[5] Vgl. Peter von Moos: Das Öffentliche und das Private im Mittelalter. Für einen kontrollierten Anachronismus, in: Gert Melville / ders. (Hg.): Das Öffentliche und Private in der Vormoderne (Norm und Struktur 10), Köln u. a. 1998, S. 3–83.

[6] Zum Begriff siehe Dina de Rentiis: ἥρως – heros – héros. Eine Neubetrachtung, in: Andrea Schindler u. a. (Hg.): Alte Helden – Neue Zeiten. Die Formierung europäischer Identitäten im Spiegel der Rezeption des Mittelalters (Rezeptionskulturen in Literatur- und Mediengeschichte 7), Würzburg 2017, S. 205–234. Vgl. auch knapp Tobias Schlechtriemen: Der Held als Effekt. *Boundary Work* in Heroisierungsprozessen, in: Berliner Debatte Initial 29.1, 2018, S. 106–119, hier S. 108–109. Der Enzyklopädist Isidor von Sevilla erklärte den Begriff *heros* im 7. Jahrhundert in dem Sinne, dass dieser ein tapferer und weiser Mann sei, bzw. dass Helden „gleichsam himmlischer Ehren würdig sind, wegen ihrer Weisheit und Tapferkeit". Isidor von Sevilla: Etymologiae sive origines libri XX (Scriptorum classicorum bibliotheca Oxoniensis), 2 Bde., hg. von Wallace Martin Lindsay, Oxford 1911, X.2.1 und I.39.9.

[7] Vgl. hier das von Joseph Campbell untersuchte Schema. Joseph Campbell: The Hero with a Thousand Faces, New York 1949.

[8] So wird Odilo von Cluny in einer von der Hauptfassung abweichenden Version seiner Vita als *heros venerando* gefeiert, vgl. Iotsald von Saint-Claude: Vita des Abts Odilo von Cluny (Monumenta Germaniae Historica SS rer. Germ. 68), hg. von Johannes Staub, Hannover 1999, S. 275. Cosmas von Prag nennt in seiner böhmischen Chronik (verfasst 1119–1125) den Bischof von Prag, Adalbert (hier Woytech) einen *spectabilis heros*, vgl. Cosmas von Prag: Chronica Boemorum [Die Chronik der Böhmen des Cosmas von Prag] (Monumenta Germaniae Historica SS rer. Germ. N.S. 2), hg. von Bertold Bretholz / Wilhelm Weinberger, Berlin 1923, S. 46.

auffallenden Taten in Zusammenhang gebracht werden. Die hier gewählte Um-
schreibung deutet es schon an: Ein Mensch wird immer erst im Auge des Betrach-
ters zum Helden – er oder sie wird zum Helden *gemacht*.[9]

Es soll im Folgenden um eben diesen Konstruktionscharakter des Heldentums
gehen, und zwar am Beispiel des bretonischen Kriegers Bertrand du Guesclin (ca.
1320–1380). Bertrands Lebensweg wurde sowohl von den Zeitgenossen als auch
der historischen Forschung ausführlich gewürdigt, was ihn für eine genauere Analyse des Zusammenhangs von Heldentum und Gewalt zu einem attraktiven Beispiel macht.[10] Ausgehend von Bertrand beziehungsweise den über ihn verfassten
Werken sollen einige Charakteristiken des spätmittelalterlichen Heldentums herausgearbeitet werden, wobei der Fokus auf den Aspekt der Gewalt leitend ist.

Eine Kultur der Gewalt und die Krise des Adels

Der mittelalterliche Adel definierte sich gegenüber anderen Gesellschaftsgruppen
traditionell durch Abstammung und Besitz, woraus ein sozialer und rechtlicher
Vorrang abgeleitet wurde.[11] Innerhalb des Adels war die ‚Ehre‘ des Einzelnen
beziehungsweise seiner Familie das soziale Kapital, welches das Ansehen und den
sozialen Stand sicherte. Unter den männlichen Angehörigen des Adels, die sich
ihrer gesellschaftlichen Funktion nach als Krieger (*bellatores*) verstanden, bemaß
sich die Ehre des Einzelnen an seinem Mut, der Körperkraft sowie der Bereit-

---

9 Zum Konzept der ‚Heroisierung‘ siehe den entsprechenden, kollektiv verfassten Beitrag
   zum Compendium heroicum: Sonderforschungsbereich 948: Heroisierung, in: Compendium heroicum, 2018, DOI: 10.6094/heroicum/heroisierung. Vgl. auch Tobias Schlechtriemen: Konstitutionsprozesse heroischer Figuren, in: Compendium heroicum, 2019,
   DOI: 10.6094/heroicum/konstitutionsprozesse. Vgl. auch ders.: Held (Anm. 6).
10 Zu Bertrand generell siehe Thierry Lassabatère: Du Guesclin. Vie et fabrique d'un héros
   médiéval, Paris 2015; Richard Vernier: The Flower of Chivalry. Bertrand Du Guesclin and
   the Hundred Years War, Woodbridge 2003; Georges Minois: Du Guesclin, Paris 1993;
   Siméon Luce: Histoire de Bertrand du Guesclin et de son époque, Paris 1876. Zum
   zeitgenössischen militärischen Kontext: Thierry Lassabatère: Betrand du Guesclin et la so-
   ciété militaire de son temps. Une gloire fabriquée?, in: Patrick Gilli / Jacques Paviot (Hg.):
   Hommes, cultures et sociétés à la fin du moyen âge. Liber discipulorum en l'honneur de
   Philippe Contamine (Cultures et civilisations médiévales 57), Paris 2012, S. 205–220. Zur
   Idealisierung nach dem Tod Richard Vernier: The Afterlife of a Hero. Bertrand du
   Guesclin Imagined, in: L. J. Andrew Villalon / Donald J. Kagay (Hg.): The Hundred Years
   War (Part 2). Different Vistas (History of Warfare 51), Leiden / Boston 2008, S. 329–344;
   Philippe Contamine: Bertrand du Guesclin, une gloire usurpée?, in: Philippe Contamine /
   Patrick Boucheron (Hg.): Les chevaliers, Paris 2006, S. 75–89. Zum Aspekt der Karrierepla-
   nung: Bernard Guenée: Du Guesclin et Froissart. La fabrication de la renommée, Paris
   2008. Zum Zusammenhang von Gewalt und Heldentum bei Bertrand siehe Mauntel:
   Gewalt (Anm. 4), S. 388–394.
11 Oliver Auge / Karl-Heinz Spieß: Adel, in: Gert Melville / Martial Staub (Hg.): Enzyklopä-
   die des Mittelalters, 2 Bde., Darmstadt 2008, Bd. 1, S. 130–133; Otto Gerhard Oexle: Aspekte der Geschichte des Adels im Mittelalter und in der Frühen Neuzeit, in: Hand Ulrich
   Wehler (Hg.): Europäischer Adel 1750–1950, Göttingen 1990, S. 19–56, hier S. 24–25.

schaft, Herausforderungen anzunehmen und zu bewältigen. Während sich der Adel nach außen durch Geburt und Besitz abgrenzte, konkurrierte man untereinander durch die Zurschaustellung von Tapferkeit und Tatkraft. Nach dem Anthropologen Julian Pitt-Rives war die Hierarchie der ‚Ehre' im Grunde mit einer Hierarchie der Gewalt identisch, da die Sorge um die eigene Ehre Konflikte anstachelte und vorantrieb, bzw. Gewalt nicht nur als stets möglicher, sondern mitunter sogar erwünschter Lösungsweg offenstand.[12] Die Ausübung von Gewalt gehörte damit zum adligen Selbstverständnis – und erst recht zum Selbstbild des Rittertums als dessen ideeller Elite.[13] Für die Idee des Rittertums, das Maurice Keen als „weltliche[n] Ehrenkodex einer kriegerisch orientierten Aristokratie" verstand, war die Einhegung der Gewalt daher kaum ein erstrebenswertes Ziel.[14] Herausragende ritterliche Akteure wurden für ihr (gewaltsames) Handeln gefeiert, wobei die Wiedererzählung und mitunter Verschriftlichung ihrer außergewöhnlichen Taten wiederum die Ideale des Rittertums festigten.

Dieses hier skizzierte Gefüge geriet im Spätmittelalter in eine Krise, die oft und umfassend beschrieben wurde, weswegen hier nur einige wichtige Linien aufgezeigt werden sollen:[15] Der Typus des autonom handelnden, tapferen Ritters – häufig von vornehmer Geburt und hohem Stand, tugendhaft, schön anzusehen und zudem schlagkräftig – war durch die Professionalisierung sowohl der fürstlichen Verwaltung als auch der Kriegsführung zum Anachronismus geworden. Ein augenfälliges Beispiel sind die frühen Niederlagen der französischen Ritterheere gegen die moderner ausgestattete und flexibler agierende englische Armee im Hundertjährigen Krieg: Crécy 1346 und Poitiers 1356. Die Gründe der Niederlagen wurden von den Zeitgenossen ausführlich diskutiert. Man warf dem Adel vor, wegen seiner Faulheit, Trägheit und Dekadenz seiner sozialen Funktion, dem Schutz der Gesellschaft, nicht mehr nachzukommen.[16] Der französische König Johann der Gute (reg. 1350–1364) reagierte 1351 mit der Gründung eines Ritterordens auf diese Kritik, um dem Kriegertum neuen Mut und Geist zu einzuhau-

---

[12] Julian Pitt-Rivers: Honour and Social Status, in: John Peristiany (Hg.): Honour and Shame. The Values of Mediterranean Society, Chicago 1966, S. 17–29, hier S. 23–25. Vgl. Gero Schreier: Ritterhelden. Rittertum, Autonomie und Fürstendienst in niederadligen Lebenszeugnissen des 14. bis 16. Jahrhunderts (Mittelalter-Forschungen 58), Ostfildern 2019, S. 59.

[13] Vgl. Ehlers: Ritter (Anm. 2), S. 13.

[14] Keen: Rittertum (Anm. 2), S. 384; Mauntel: Gewalt (Anm. 4), S. 72–83.

[15] Vgl. dazu etwa Richard Kaeuper: Chivalry and Violence in Medieval Europe, Oxford 1999, S. 273–297; Malcolm G. Vale: War and Chivalry. Warfare and Aristocratic Culture in England, France and Burgundy at the End of the Middle Ages, London 1981, S. 147–174; Schreier: Ritterhelden (Anm. 12), S. 41–74.

[16] Vgl. dazu etwa Rudolf Hiestand: „Weh dem Reich, des Königs ein Gefangener". Die Wahrnehmung von Krisenphänomenen in Frankreich in der zweiten Hälfte des 14. Jahrhunderts, in: Helga Scholten (Hg.): Die Wahrnehmung von Krisenphänomenen. Fallbeispiele von der Antike bis in die Neuzeit, Köln u. a. 2007, S. 127–153.

chen – und mehr Disziplin.[17] Während viele zeitgenössische Traktate Schuldzuweisungen vornahmen, skizzierten andere den idealen Lebensweg eines Ritters – einem modernen Karriereratgeber gleich. Propagiert wurde ein „heroische[s] Ethos der unablässigen Steigerung"[18], der Drang und Zwang, die eigene Tapferkeit immer neu unter Beweis zu stellen. Die Etablierung dieses Ideals stand in Wechselwirkung mit gewichtigen sozialen Änderungen. So schrieb etwa der vom Rittertum begeisterte französische Chronist Jean Froissart (ca. 1337 – ca. 1405) im Vorwort seiner monumentalen Chronik, dass sich viele Ritter und Knappen eher durch ihre Tapferkeit als durch ihre Herkunft ausgezeichnet hätten.[19] Er verwies damit auf einen Paradigmenwechsel: Das spätmittelalterliche Kriegertum war eine leistungsbesessene Gruppe, in der nicht mehr die edle Herkunft zählte, sondern allein die Taten – und davon möglichst viele. Am bündigsten fasste es wohl Geoffroy de Charny (ca. 1300-1356), ein Bannerträger des Königs, in seinem Traktat über das Rittertum: „Wer mehr leistet, gilt mehr!"[20] Kriegerische Taten wurden zum Selbstzweck, die Tapferkeit gleichsam zum angebeteten „Halbgott"[21], wie Richard Kaeuper formulierte. Angesichts der weiter fortschreitenden Modernisierung und Professionalisierung des Krieges mit Bogenschützen, Söldnerheeren und Artillerie lief diese Haltung jedoch ins Leere – und mit jedem Misserfolg wurde die Kritik lauter.

Ab ca. 1400 lässt sich in vielen Traktaten eine neue Idee fassen: Die Forderung nach Disziplin, Hierarchie und Gehorsam. Als Vorbilder wurden die alten Römer gepriesen, die mit von den spätmittelalterlichen Zeitgenossen bewunderter Disziplin und Schlagkraft ein Weltreich aufgebaut hatten – man hört hier bereits die Antikenbegeisterung der frühen Renaissance anklingen. Für die Krieger bedeutete dieses neue Idealbild aber gerade den Verzicht auf individuelle Tollkühnheit, die nunmehr zu einer Gefahr für das Gemeinwesen stilisiert wurde. Vorbild war nicht mehr der Ritter, der ohne zurückzublicken auf den Gegner losstürmte, sondern der umsichtige Heerführer im Dienst des Fürsten, der Ressourcen schonte und den richtigen Zeitpunkt abwartete, um zuzuschlagen.[22]

---

[17] Vgl. dazu D'Arcy Jonathan Dacre Boulton: The Knights of the Crown. The Monarchical Orders of Knighthood in Later Medieval Europe, 1325–1520, New York 1987, S. 167–210.

[18] Hierzu Schreier: Ritterhelden (Anm. 12), S. 90.

[19] „Vous verés et trouerés en ce livre, se vous le lisiés, comment plusieur chevalier et escuier se sont fait et avanciet, plus par leur proèce que par leur linage." Jean Froissart: Chroniques. Livre I (première partie, 1325–1350) et livre II. Rédaction du manuscrit de New York, Pierpont Morgan Library M.804, hg. von Peter F. Ainsworth / George T. Diller (Lettres Gothiques 4556), Paris 2001, S. 73 (Prologue). Siehe auch: The Book of Chivalry of Geoffroi de Charny. Text, Context, and Translation, hg. von Richard W. Kaeuper / Elspeth Kennedy (Middle Ages Series), Philadelphia 1996, S. 94; Georges Chastellain: Oeuvres, 8 Bde., hg. von Joseph M. B. C. Kervyn de Lettenhove, Brüssel 1863-1866, Bd. 1, S. 110–111.

[20] The Book of Chivalry (Anm. 19), S. 86–90, siehe auch ebd., S. 100–101. Vgl. dazu Michael Prestwich: Ritter. Der ultimative Karriereführer, Darmstadt 2011; Schreier: Ritterhelden (Anm. 12), S. 77–85.

[21] Kaeuper: Chivaly (Anm. 15), S. 129.

[22] Schreier: Ritterhelden (Anm. 12), S. 94–111.

Die Konstruktion neuer Helden: Bertrand du Guesclin

In diese soziale und militärische Umbruchzeit fiel auch das Leben von Bertrand
de Guesclin.[23] Er entstammte einer niederadligen Familie aus der Bretagne und
wurde um 1320 bei Dinan geboren. Im Bretonischen Erbfolgekrieg (1341–1364)[24]
machte er sich schnell einen Namen und stieg auf, so dass bald der französische
König Karl V. (reg. 1360–1384) auf ihn aufmerksam wurde und ihn förderte. Im
Jahr 1370 wurde Bertrand schließlich zum Connétable von Frankreich ernannt,
zum höchsten militärischen Anführer. Als Bertrand 1380 starb, wurde ihm die
seltene Ehre zuteil, in Saint Denis bestattet zu werden – der Grablege der französischen Könige nördlich von Paris.

Die Karriere Bertrands du Guesclin ist ein Ausnahmefall, der jedoch sinnbild-
lich für die Umbruchssituation steht, in der sich das adlige Rittertum im Spätmittelalter befand.[25] Mit seiner Loyalität zunächst gegenüber dem bretonischen Haus
der Blois, dann gegenüber König Karl V., verkörperte Bertrand einen neuen Typus
des Kriegers, der seinem Fürsten treu und ergeben diente. Dadurch unterschied er
sich vom hochmittelalterlichen Idealtyp eines Ritterhelden von hoher Geburt und
ausgeprägtem Eigensinn, der sich nur schwer in ein Kollektiv einfügte. Auch die
literarische Reflexion der Person Bertrands wich von der idealtypischer hochmit-
telalterlicher Heldenfiguren ab: Bertrand war offenbar nicht sehr ansehnlich, keine
strahlende Schönheit, sondern – wie es eine Chronik berichtet – derart unförmig,
dass es seinen Eltern ein Gräuel gewesen sei.[26]

Manche Schlachten gewann er, wie etwa 1364 die Schlacht von Cocherel gegen
Karl von Navarra, einen Widersacher des französischen Königs. Andere verlor er
und geriet sogar selbst in Gefangenschaft. Zweimal, 1364 (nach der Schlacht von
Auray) und 1367 (nach der Schlacht von Nájera) wurde er vom französischen König aus der Gefangenschaft freigekauft, was einerseits ein Beleg für sein hohes Ansehen und die ihm gewogene königliche Gunst ist und andererseits zeigt, dass ihm

---

[23] Zu Bertrand du Guesclin siehe Anm. 10.

[24] Als Überblick siehe Jean-Christophe Cassard: La guerre de Succession de Bretagne, Quim-
per 2006.

[25] Im Sinne von Schlechtriemen: Held (Anm. 6) verweist der Fall Bertrands auf ein relationales Gefüge, in dem sich Bertrand durch herausragende Qualitäten auszeichnete bzw. Autoren fand, die ihm diese Eigenschaften und Taten zuschrieben. So gesehen war es nicht die
Person Bertrands, die aufgrund ihrer Aktionen zum Helden wurde, sondern Bertrand entsprach spezifischen Erfordernissen seiner Zeit, die ihn als Figur attraktiv machten.

[26] Siehe z. B. die Chronographia regum francorum, 3 Bde., hg. von Henri Moranvillé
(Société de l'Histoire de France 252, 262, 284), Paris 1891–1897, Bd. 2, S. 378: „Fuit tam
deformis figure quod pater et mater ejus ipsium odio habebant in juventute." Ähnlich äu-
ßert sich auch Jean Cuvelier: La chanson de Bertrand du Guesclin, 3 Bde., hg. von Jean-
Claude Faucon, Toulouse 1990–1991, Bd. 1, S. 6, V. 54–57. Siehe dazu Vernier: Flower
(Anm. 10), S. 199–201; Cuvelier: Chanson, Bd. 3, S. 133–134. Zur Rolle der Taktik in der
Chanson siehe ebd., S. 153–155. Zum Aspekt der Parallelität von körperlichem Erscheinungsbild und inneren Qualitäten siehe knapp Georg Feitscher: Körperlichkeit, in: Compendium heroicum, 2019, DOI: 10.6094/heroicum/kd1.0.20190801.

Niederlagen offenbar verziehen wurden beziehungsweise, dass diese zur Normalität des Kriegerlebens gehörten. Bertrand wurde wegen seiner Leistungen nicht nur zu Lebzeiten ge- und befördert, sondern vor allem nach seinem Tod 1380 gezielt zum „stärksten Ritter der Welt"[27] stilisiert.

Nachvollziehen lässt sich seine posthume Idealisierung etwa in der zwischen 1380 und 1400 anonym in Rouen entstandenen *Chronique des quatre premiers Valois*. Hier erschien Bertrand als rastloser Kämpfer, der in königlichen Diensten von einem Kampfplatz zum nächsten eilte. Dabei erfüllte er durchaus noch ältere Idealvorstellungen, nahm an unter Rittern verabredeten Kämpfen teil (1351, Kampf der Dreißig[28]) und feuerte seine Krieger 1366 in einer Schlachtenrede an, keinesfalls aus Angst zu flüchten.[29] Die Chronik folgte Bertrand von Einsatz zu Einsatz und zeichnete seinen sozialen Aufstieg nach,[30] bis er 1370 schließlich zum Connétable ernannt wurde. Eine weitere, dem königlichen Hof nahestehende Chronik hob bei dieser Gelegenheit explizit hervor, dass Bertrand *trotz* seiner niederen Herkunft bestellt wurde.[31] Bertrands Kämpfe handelte der Chronist recht summarisch mit dem Verweis auf die Zahl der jeweils besiegten Gegner ab, wozu Tote oder Gefangene zählten: 600 im ersten Kampf, 300 im zweiten, 400 im dritten.[32] Militärischer Erfolg war messbar und drückte sich in Zahlen aus. Die Chronisten folgten damit dem zeitgenössischen Denkmodell, dass vor allem derjenige ruhmreich sei, der am meisten Leistung erbringe – auch ohne edle Abstammung.

Die summarische Abhandlung der Kriegstaten bedingte im Umkehrschluss den Charakter einer bloßen Reihung, die stilistisch wenig ausgearbeitet wurde. Nur selten wurden die Kämpfe ausführlicher geschildert.[33] Krieger wurden durch ihre bloße Namensnennung geehrt, weniger durch die Zuschreibung spezifischer Taten. Auch Bertrand wurde wiederholt mit dem allgemeinen und topischen Verweis auf seine Tapferkeit und Kampfesstärke hervorgehoben.[34]

---

27 „Quedam conversa de eo pronosticavit quod ipse esset valencior miles mundi." Chronographia regum francorum (Anm. 26), Bd. 2, S. 379. „Theophania, cujusdam militis filia, dixit quod Bertrandus esset valencior miles mundi." Ebd., S. 382.

28 Zum ‚Kampf der Dreißig' siehe Steven Muhlberger: The Combat of the Thirty against Thirty. An Example of Medieval Chivalry?, in: Villalon / Kagay (Hg.): The Hundred Years War (Anm. 10), S. 285–294.

29 „Et enhaitoient ces diz seigneurs leurs gens d'armes en leur disant que nul pour paour ne vousist fuir." Chronique des quatre premiers Valois (1327–1393), hg. von Siméon Luce, Paris 1861, S. 180.

30 1364 bekam er nach der Schlacht von Cocherel für seine Verdienste die Grafschaft Longueville, vgl. ebd., S. 149.

31 Chronique des règnes de Jean II et de Charles V, 4 Bde., hg. von Roland Delachenal (Société de l'Histoire de France), Paris 1910–1920, Bd. 2, S. 147.

32 Ebd., S. 147–149.

33 Eine Ausnahme ist ein für Bertrand und die Seinen lebensbedrohlicher Kampf 1366 vor Burgos, vgl. Chronique des quatre premiers Valois (Anm. 29), S. 180.

34 „Pour ses grans proèces." Jean Froissart: Chroniques, 15 Bde., hg. von Siméon Luce et al. (Société de l'Histoire de France), Paris 1869–1975, Bd. 5, S. 86 (I.405). Ebd., Bd. 7, S. 43 (I.583).

Während die zeitgenössische Chronistik Betrands Lebensweg ohne außergewöhnliche Überformung nachzeichnet, markiert sein Tod im Juli 1380 in mehreren Texten auch eine stilistische Wende hin zu einer offensiveren Idealisierung seiner Person. Nach einem beeindruckenden Leichenzug von Okzitanien bis nach Paris, auf dem mehrere Städte ihm für seine Taten Reverenz erwiesen,[35] wurde Bertrand wie bereits erwähnt in Saint Denis bestattet.[36] Kurz nach seinem Tod widmete ihm der hofnahe Dichter Eustache Deschamps eine Ballade, in der er den Verstorbenen als „Blume aller Tapferen und Ruhm Frankreichs"[37] feierte und alle Krieger aufforderte, seiner zu gedenken. Dieser Aufforderung verlieh man am Hof sogleich Nachdruck: Der Bruder des Königs, Ludwig von Orléans, gab eine Statue von Bertrand in Auftrag, die diesen als Helden in Szene setzte; zugleich organisierte er 1389 eine Erinnerungsfeier am Grab des Connétable in Saint Denis.[38] Darüber hinaus schuf wenige Jahre nach Bertrands Tod der Dichter Cuvelier ein monumentales biographisches Gedicht, das Bertrand nun gänzlich in den Mittelpunkt der Beschreibung stellte.[39] Das Werk war ein einziger Anachronismus: Der Form nach lehnte es sich an die hochmittelalterlichen ‚chansons de geste' an, eine Gattung, die gegen Ende des 14. Jahrhunderts als veraltet galt. Zudem überstieg Cuveliers Gedicht mit seinen 24.000 Versen das Ausmaß der traditionellen Chansons bei weitem.[40] Während es Cuvelier offensichtlich um die traditionelle, ‚richtige' Form des Heldenlobs ging, wurden für die einfachere Rezeption des Werks schon bald Prosafassungen in Auftrag gegeben: Eine erste bereits 1387 durch Jean d'Estouteville, einen in der Bretagne belehnten Stallmeister Karls VI·, eine zweite, stärker gekürzte dann etwas später für Marie von Anjou.[41]

---

[35] Vgl. dazu Schreier: Ritterhelden (Anm. 12), S. 221–228.

[36] Chronique des quatre premiers Valois (Anm. 29), S. 289. Siehe auch Christine de Pisan: Le livre des fais et bonnes meurs du sage roy Charles V, 2 Bde., hg. von Suzanne Solente (Société de l'Histoire de France), Paris 1936–1940, Bd. 2, S. 181–182 (III,70); sowie Froissart: Chroniques (Anm. 19), S. 779 (II.31), der allerdings fälschlich davon ausgeht, Karl V. sei vor Bertrand gestorben. Zur Bestattung in St. Denis vgl. Schreier: Ritterhelden (Anm. 12), S. 239–259.

[37] „La flour des preux et la gloire de la France." Eustache Deschamps: Oeuvres complètes. Publié d'après le manuscrit de la Bibliothèque nationale par le marquis de Queux de Saint-Hilaire, 11 Bde., hg. von Auguste H. E. marquis de Queux de Saint-Hilaire / Gaston Raynaud, Paris 1878–1903, Bd. 2, S. 27 (Nr. 206) (Balade [sur le trépas de Bertrand du Guesclin]). Zum zeitgenössischen Ruhm siehe auch Minois: Du Guesclin (Anm. 10), S. 402–404. Siehe auch die Analyse von Lassabatère: Betrand (Anm. 10), bes. S. 207–213.

[38] Vernier: Flower (Anm. 10), S. 194–195; Minois: Du Guesclin (Anm. 10), S. 459–462.

[39] Die *Chanson de Bertrand du Guesclin* wurde 1991 ediert, vgl. Cuvelier: Chanson (Anm. 26). Über den Autor Cuvelier liegen kaum gesicherte Informationen vor, siehe ebd., Bd. 3, S. 19–38. Siehe auch Vernier: Flower (Anm. 10), S. 9; Minois: Du Guesclin (Anm. 10), S. 11–14. Zur Darstellung Bertrands bei Froissart siehe Lassabatère: Betrand (Anm. 10), S. 215–220.

[40] Vernier: Afterlife (Anm. 10), S. 331.

[41] Vgl. Guenée: Du Guesclin (Anm. 10), S. 93–94.; Vernier: Flower (Anm. 10), S. 10, S. 194–195; Elisabeth Gaucher: La biographie chevaleresque. Typologie d'un genre (XIIIᵉ–XVᵉ siècle), Paris 1994, S. 593–595.

Aus der Rückschau betrachtet war Bertrand zu einem günstigen Zeitpunkt für eine postume Heroisierung gestorben: Zwei Monate nach ihm verstarb auch Karl V., mit dem eine Ära zu Ende ging. Sein Sohn, Karl VI., der als Elfjähriger den Thron bestieg, war spätestens ab 1392 phasenweise regierungsunfähig – vermutlich aufgrund einer geistigen Krankheit. Das entstehende Machtvakuum ließ Frankreich in einen verheerenden Bürgerkrieg taumeln.[42] An Karl V. erinnerte man sich daher als den ‚guten' König, an seine Regentschaft als eine gute Zeit, mit der auch militärische Erfolge verbunden waren. Für diese war Bertrand du Guesclin einer der Garanten. Noch Jahrzehnte nach seinem Tod war die Erinnerung an diesen „Träger der ritterlichen Taten des Königs"[43] wach, wie es 1404 Christine de Pisan formulierte. Schon im dichterischen Werk Cuveliers wurde Bertrand zum Zehnten der ‚Neun Guten Helden', einer im Spätmittelalter beliebten Heldengruppe von Kriegern aus heidnischer, jüdischer und christlicher Zeit, die wegen ihres Vorbildcharakters glorifiziert wurden. Eustache Deschamps und Christine de Pisan nahmen diese Idee bald auf und feierten den Connétable ebenfalls als ‚Zehnten Helden'.[44]

Das Beispiel Bertrands du Guesclin zeigt, dass und wie Helden gemacht werden und dass sie immer auch die Bedürfnisse ihrer Zeit bedienen. Die traditionellen, auf Individualität und Eigensinn beruhenden Heldenmodelle entsprachen nicht mehr dem Zeitgeist, die – zumindest von der Seite des Hofes propagierten – Ideale hatten sich verschoben. Ein neues Beschreibungsmuster des Heroischen war aber

---

[42] Vgl. Bertrand Schnerb: Armagnacs et Bourguignons. La maudite guerre, 1407–1435 (Collection Tempus 282), Paris 2009 [1988].

[43] „Ainsi le bon connestable Bertran de Clequin, lequel estoit porteur des fais de la chevalerie du dit roy." Christine de Pisan, Livre des fais (Anm. 36), Bd. 2, S. 181 (II.70). Zur Erhebung zum Connétable siehe ebd., Bd. 1, S. 195 (II.23). Zur Erinnerungskultur rund um Bertrand du Guesclin siehe Vernier: Afterlife (Anm. 10), S. 330–331; Vernier: Flower (Anm. 10), S. 194–197.

[44] „Car avecques les .IX. preux est sa grace nombree / Le .Xe. appellé par sentence ordonnee." Cuvelier: Chanson (Anm. 26), Bd. 1, S. 216, V. 10858–10859. „Seroit entr'eulx bien amez et venuz / B. du Guesclin, connestable de France." Eustache Deschamps: Œuvres (Anm. 37), Bd. 3, S. 100 (Nr. 372) (Balade [Sur Bertrand du Guesclin]). Das Motiv der ‚Neuf preux' findet sich auch bei Christine de Pisan: Oeuvres poétiques, 3 Bde., hg. von Maurice Roy, Paris 1886–1896, Bd. 1, S. 92–93 (Nr. 92). Vgl. Cuvelier: Chanson (Anm. 26), Bd. 3, S. 257–259. Unter den ‚Neun guten Helden' werden jeweils drei herausragende Helden der heidnischen, jüdischen und christlichen Zeit verstanden (Hektor, Alexander, Julius Caesar; Josua, David, Judas Makkabäus; Artus, Karl der Große, Gottfried v. Bouillon). Das Motiv taucht zuerst 1312/13 in dem Roman Les Voeux du Paon des Jacques de Longuyon auf, der den Alexanderstoff verarbeitete, vgl. Georg Scheibelreiter: Höfisches Geschichtsverständnis. Neuf Preux und Neuf Preuses als Sinnbilder adeliger Weltsicht, in: Mitteilungen des Instituts für Österreichische Geschichtsforschung 114, 2006, S. 251–288; Tania van Hemelryck: Où sont les ‚Neuf Preux'? Variations sur un thème médiéval, in: Studi francesi 42, 1998, S. 1–8; Horst Schroeder: Der Topos der Nine Worthies in Literatur und bildender Kunst, Göttingen 1971; sowie den Ausstellungskatalog Jean Favier (Hg.): Un rêve de chevalerie, Les Neuf Preux. Ausstellungskatalog. Château de Langeais, 22. März – 3. November 2003, Paris 2003.

noch nicht gefunden, beziehungsweise erst im Entstehen begriffen.[45] Die Stilisierung Bertrands im Umfeld des Hofes blieb natürlich nicht unwidersprochen: Schon in der zeitgenössischen Chronistik lassen sich durchaus auch negative Urteile über ihn finden.[46] Dennoch wurde das Gedenken an Bertrand als Ritterhelden nicht nur vom Hof getragen, sondern auch von Städten und Adligen.[47]

Die Gewalt der Krieger – die Gewalt des Helden

Im nächsten Schritt soll genauer in den Blick genommen werden, welche Rolle die Gewalt (verstanden als ‚kontrollierter Anachronismus‘) bei der Konturierung von Helden spielte. Das leitende Beispiel Bertrands du Guesclin soll dabei durch Vergleiche und generelle Überlegungen in den zeitgenössischen Kontext eingebettet werden.[48]

Was die Darstellung von Krieg und Gewalt angeht, ähneln sich Cuveliers *Chanson* und die zeitgenössische Historiographie: Wiederholt wird der visuelle Eindruck der in der Sonne aufblitzenden Waffen der Krieger geschildert – ein Hinweis auf die dem Krieg zugeschriebene ästhetische Qualität.[49] Ansonsten werden hier wie dort Krieger beschrieben, die stets tapfer und mutig kämpfen; konkrete Verletzungen oder gar der Tod werden jedoch verschleiert beziehungsweise anonymisiert.[50] Stattdessen wird die Unermüdlichkeit und Ausdauer der Krieger hervorgehoben.[51]

Die von den Kriegern ausgeübte Gewalt wird als notwendig, ja als rational dargestellt. Es ging darum, Verräter und Rebellen zu bestrafen, Feinde zu besiegen, Gegner gefangen zu nehmen und Lösegelder zu erpressen. Die Welt des Kriegertums, in der die Ausübung von Gewalt ein integraler Bestandteil war, wurde nicht hinterfragt. Gleichzeitig aber hatte sich die Realität des Krieges geändert – ein Um-

---

45 Einen weiteren Entwurf bot 1466 Jean V. de Bueil, der in seinem *Jouvencel* teils autobiographisch den Aufstieg eines jungen Kriegers zum Feldherrn und Grundbesitzer schilderte, vgl. Jean de Bueil: Le Jouvencel. Suivi du ‚Commentaire‘ de Guillaume Tringant (Classiques français du Moyen Âge 182), hg. von Michelle Szkilnik, Paris 2018. Siehe dazu Philippe Contamine: Une expérience romancée et personnelle de la guerre au XVe siècle. *Le Jouvencel* de Jean de Bueil, in: Hans Hecker (Hg.): Krieg in Mittelalter und Renaissance (Studia humaniora 39), Düsseldorf 2005, S. 195–209.

46 Helden polarisieren und fordern zur Stellungnahme auf, so Felix Heinzer u. a.: Einleitung. Relationen zwischen Sakralisierungen und Heroisierungen, in: dies. (Hg.): Sakralität und Heldentum (Helden – Heroisierungen – Heroismen 6), Würzburg 2017, S. 9–18, hier S. 9.

47 Vgl. dazu Schreier: Ritterhelden (Anm. 12), S. 219–259.

48 Vgl. dazu bereits Mauntel: Gewalt (Anm. 4), S. 388–394.

49 „De la clarté des armes, tout li temps en resplent." Cuvelier: Chanson (Anm. 26), Bd. 1, S. 95, V. 4610; siehe auch ebd., S. 247, V. 12450–12454; S. 469, V. 23964; vgl. ebd., Bd. 3, S. 102.

50 „La veïst on donner mainte grande colee / Maint bras y ot rompu, mainte teste estonnee." Ebd., Bd. 1, S. 142, V. 7017–7018.

51 „En se point dont je di tirerent longuement / Et d'un costé et d'autre combatent fierement." Ebd., Bd. 1, S. 427, V. 21814–21815. Siehe dazu auch ebd., Bd. 3, S. 86–91.

stand, dem auch die *Chanson* sich nicht entziehen konnte: Sie beschwor zwar weiterhin formelhaft klassische ritterliche Ideale wie Großzügigkeit, Treue, Mut und Abenteuerlust, bezog aber auch die kriegerischen Realitäten des Spätmittelalters ein, wie etwa das Problem militärischer Disziplin, die Geldnot vieler Adliger sowie mitunter auch doppelte Loyalitäten.[52] Bertrand selbst wurde in der Schlacht von Auray zwar als kräftig um sich schlagender Kämpfer dargestellt, hatte aber angesichts der drohenden Niederlage vor allem Angst um seine eigenen Ländereien.[53]

Diese Sorgen und Zwänge transformierten den klassischen Ritterhelden in die Realität des Spätmittelalters: Mitunter ist das höchste Ziel nicht mehr der Ruhm und die Ehre, sondern persönlicher Besitz – dies ist folglich auch das Versprechen, mit dem Bertrand seine eigenen Krieger motivierte.[54] Der soziale Aufstieg verlief über Turniere, Schaukämpfe bis hin zum Kriegseinsatz, von dem man sich die finanzielle Absicherung durch Übertragung von Besitz oder zumindest durch Beute erhoffte. Dies war der Weg, den die zeitgenössische Ratgeberliteratur propagierte – und diesen Weg zeichnete die *Chanson* an der Person Bertrand entsprechend nach.[55] Der Ritterschlag Bertrands als traditioneller Aufnahmeritus war Cuvelier dagegen gerade einmal zwei Verse wert.[56] In klassischer, vielleicht sogar antiquierter literarischer Form versuchte die *Chanson* den Spagat zwischen traditionellen Tugenden und Idealbildern und neuen Herausforderungen und Vorbildern.

Welche Gewalt aber macht den Helden? Das Beispiel Bertrands du Guesclin lässt einen etwas ratlos zurück. Die meisten Beschreibungen bleiben allgemein, nur selten werden Taten genauer differenziert. Es ist nicht so sehr die spezifische Tat, die sein Heldentum ausmacht, sondern deren Menge, die Unablässigkeit, mit der Bertrand wieder und wieder in die Schlacht zieht – hier verkörpert er ganz das Leitbild seiner Zeit.

Unritterliche Waffen und kämpferische Raserei

Dennoch fallen zwei Dinge auf: Zum einen wird wiederholt erwähnt, dass Bertrand mit einer Axt respektive einem Hammer bewaffnet in den Kampf ging.[57]

---

[52] Ebd., Bd. 3, S. 253–254.

[53] „Il n'y feri Englois qui mestier ait de vie / Ainso con cilz qui tue les chiens sur la caucie / Les abat devant luy, et ‚Nostre Dame‘ crie. / De sanc et de sueur avoit la char moillie. / ‚Aïde Diex, dist il aidez nostre partie! / Se je suis desconfiz, plus n'aray seignorie.‘" Ebd., Bd. 1, S. 143, V. 7063–7068.

[54] Ebd., Bd. 3, S. 134–135, S. 161–162.

[55] Ebd., Bd. 1, S. 5, V. 28–35. Zum Aspekt des Renommees siehe Guenée: Du Guesclin (Anm. 10), S. 75–94. Vgl. dazu Vernier: Afterlife (Anm. 10), S. 330.

[56] „Charles de Blois a qui il fu subgis / Qui le fit chevalier, si con dit li escris." Cuvelier: Chanson (Anm. 26), Bd. 1, S. 52, V. 2454–2455. Vgl. Guenée: Du Guesclin (Anm. 10), S. 80–81; Cuvelier: Chanson (Anm. 26), Bd. 3, S. 132–135. Siehe auch Vernier: Flower (Anm. 10), S. 16–17.

[57] „D'une hache a .II. mains donna mainte colee." Cuvelier: Chanson (Anm. 26), Bd. 1, S. 142, V. 7021. Siehe auch ebd., S. 143, V. 7070–7073.

Klassischerweise kämpften Ritter mit dem Schwert, dessen Nutzung dem Adel vorbehalten war und auch der sozialen Distinktion diente. Eng mit der Waffe Bertrands verbunden ist zum anderen das durch die Beschreibung seiner Kampfweise vermittelte Bild: Eine Axt oder ein Hammer waren aus adliger Sicht eher Werkzeuge denn Waffen, sie wurden im Kampf nur von städtischen oder gar bäuerlichen Kriegern genutzt.[58] Diese Geräte standen mithin für undisziplinierte Wildheit und Rohheit im Kampf. Tatsächlich ist es erstaunlich, dass der kämpfende Bertrand im *Chanson* als „rasendes Tier", als „wütender Löwe", als „Teufel", oder – den eisernen Hammer über sich schwingend – „wie ein Metzger" dargestellt wurde.[59]

Nicht nur Bertrand wurde von Cuvelier als hammerschwingender Metzger beschrieben, sondern auch ein anderer Krieger: Olivier de Clisson (1336–1407).[60] Olivier, der sich 1370 Bertrand du Guesclin anschloss und diesem 1380 im Amt des Connétable nachfolgte, war sogar als ‚der Metzger' bekannt, wie der Chronist Jean Juvénal des Ursins anlässlich von Oliviers Tod 1407 notierte: Er habe im Kampf selten jemanden geschont oder gefangen genommen.[61] Obwohl das generelle Bild, das der Chronist von Olivier zeichnete, letztlich positiv war, schwang bei dem Bild des ‚Metzgers' doch zumindest im Unterton Wildheit und Brutalität mit – zumal die realen Schlachter der Stadt Paris nur wenige Jahre später, 1413, einen Aufstand anführten, der die Bewohner in Angst und Schrecken versetzte.[62] Dies dürfte dem Chronisten und seinen Rezipienten durchaus noch vor Augen gestanden haben.

Das Bild des ‚Metzgers' changiert zwischen einer gerade für Ritter letztlich würdelosen Wildheit auf der einen und einer durchaus bewunderten körperlichen Kraft auf der anderen Seite.[63] Und doch scheint der hammer- oder axtschwingende

---

58 Vgl. dazu etwa Georges Duby: Guillaume le Maréchal oder der beste aller Ritter, Frankfurt am Main 1997, S. 72.

59 Cuvelier: Chanson (Anm. 26), Bd. 1, S. 143, V. 7063 („beste esragie"); S. 110, V. 5352 („conme lyons crettés"); S. 145, V. 7174 („Lors se mist sur les rens ainsi c'uns annemis"); S. 143, V. 7070–7073 („Ou il assault Anglois a un martiau d'acier. / Tout ainsi les abat conme fait le bouchier / Quant il fiert d'un maillet pour le porc empirer"). Vgl. Schreier: Ritterhelden (Anm. 12), S. 133.

60 „Olivier de Cliçon par la bataille va / Et tenoit un martel qu'a ses deux mains porta / Tout ainsi c'un bouchier abati et versa." Cuvelier: Chanson (Anm. 26), Bd. 1, S. 142, V. 7034–7036; ähnlich auch ebd., S. 393, V. 20019–20026 und S. 458, V. 23400–23412. Zur Person siehe John Bell Henneman: Olivier de Clisson and Political Society in France under Charles V and Charles VI (Middle Ages Series), Philadelphia 1996.

61 „Et l'appelloit-on le Boucher, pource qu'es besongnes, où il estoit contre les Anglois, il en prenoit peu à rançon, et de son corps faisoit merveilles en armes." Jean Juvénal des Ursins: Histoire de Charles VI, roy de France et des choses mémorables advenues durant quarante-deux années de son règne, depuis 1380 jusques à 1422, in: Joseph Fr. Michaud / Jean Joseph François Poujoulat (Hg.): Nouvelle collection des mémoires pour servir à l'histoire de France. Depuis le XIIIᵉ siècle jusqu'à la fin du XVIIIᵉ, 32 Bde., Paris 1836–1839, Bd. 2, S. 334–569, hier S. 444.

62 Vgl. Mauntel: Gewalt (Anm. 4), S. 362.

63 Vgl. Feitscher: Körperlichkeit (Anm. 26).

Kämpfer in der militärischen Welt um 1400 wie ein Atavismus, der zwar für Aufsehen sorgte und auch erinnert wurde, der aber letztlich aus einer anderen Zeit zu stammen schien. In einem Bericht des burgundischen Chronisten Georges Chastellain finden wir einen weiteren ,Schlachter' genannten Krieger, einen flämischen Kämpfer, der mit einer schweren Axt um sich schlug und schließlich sogar Schaum vor dem Mund hatte.[64] Der berserkerhafte Krieger diente hier als Exemplifizierung einer vor allem den Flamen zugeschriebenen kämpferischen Wildheit, derer sich die burgundische Armee gezielt bediente. Die Gewalt der Anderen, der Fremden, wurde gezielt narrativ geformt und überzeichnet – ein Held aber dürfte dieser „Schläger, ein professioneller Mörder, mehr Teufel als Mensch", wie Chastellain schrieb, nicht gewesen sein.

Wunden ohne Schmerz und Kämpfe ohne Leid

Die axt- oder hammerschwingende Kampfweise Bertrands und Oliviers dürfte heftige Verletzungen verursacht haben, von denen wir jedoch kaum etwas erfahren – hier schweigen die Quellen. In der hochmittelalterlichen Epik konnte die Beschreibung von Wunden einen Krieger auszeichnen, waren diese doch ein Sinnbild für seine Kampferfahrung.[65] Allgemeiner diente der Verweis auf Verwundungen und Blut in der Epik als Indikator für die Intensität eines Kampfes.[66] Mitunter wurden sogar zerfetzte Körper explizit und detailliert beschrieben, wie etwa in dem um 1200 entstandenen Troja-Epos von Herbort von Fritzlar, in dem die Körper und Gliedmaßen der Gefallenen als ,blutiger Matsch' den Boden bedeckten.[67] Auch ein Held konnte verletzt werden, dies blieb aber für die Handlung ohne Folgen. Die Literatur behalf sich hier oft mit Tricks, wie wir sie aus modernen Comics oder Animationsfilmen kennen: Der Held wird zerfetzt, dann aber wieder wundersam geheilt – in der im 15. Jahrhundert fassbaren deutschen Version des *Malagis* etwa musste sich der Held nach seinem Sieg über einen Drachen zu-

---

64 Chastellain: Oeuvres (Anm. 19), Bd. 1, S. 268–269.
65 Das Motiv des temporär körperlich beeinträchtigten Helden taucht dagegen kaum auf: Helden erleiden zwar Verletzungen, aus diesen wird narrativ aber kaum eine neue Spannung gewonnen, vgl. Björn Reich: Verkrüppelte Helden, impotente Magier, kampfunfähige Liebhaber, in: Gabriela Antunes u. a. (Hg.): (De)formierte Körper 2. Die Wahrnehmung und das Andere im Mittelalter, Interdisziplinäre Tagung, Göttingen, 1.–3. Oktober 2010, Göttingen 2014, S. 299–318, hier S. 300–301.
66 Reich: Verkrüppelte Helden (Anm. 65), bes. S. 305. Diana Whaley schlug als Erklärung für diesen Zwiespalt das Konzept einer „Poetik der Gewalt" vor: Die dezidierte Überspitzung der Darstellung durch eine kunstvolle Sprache habe die Gewaltdarstellung der Realität entrückt, vgl. Diana Whaley: The Fury of the Northmen and the Poetics of Violence, in: Victor Millet / Heike Sahm (Hg.): Narration and Hero. Recounting the Deeds of Heroes in Literature and Art of the Early Medieval Period (Reallexikon der Germanischen Altertumskunde – Ergänzungsbände 87), S. 71–94.
67 Herbort von Fritzlar: Liet von Troye, hg. von Georg Carl Fromann, Amsterdam 1966, V. 5839–5863.

erst die Gedärme wieder in die Bauchhöhle drücken, bevor er in eine dreitägige Ohnmacht fiel und dann durch einen Trank geheilt wurde.[68]

Die spätmittelalterliche Chronistik dagegen verschwieg die Auswirkungen der Gewalt größtenteils.[69] Wurde doch einmal eine Verwundung erwähnt, wurden zumindest Blut und Schmerz konsequent ausgeblendet. So berichtete Jean Froissart, wie Olivier de Clisson, den der Chronist wiederholt hervorhob, in der Schlacht von Auray 1364 am Auge verwundet wurde, aber davon unbeeindruckt nach einer kurzen Pause wieder die Schlacht ritt.[70] Heldentum entstand hier durch das Aushalten oder sogar Ignorieren des durch eine Verletzung ausgelösten Schmerzes. Die *Chanson* Cuveliers entsprach dieser Tradition und vermied die Erwähnung von Wunden und Leid: Als einem Krieger ein Schwert ins Auge gebohrt wurde, folgerte Cuvelier daraus lediglich, dass dieser sich ergeben musste und seine Verletzung bedauert wurde.[71]

Positive und negative Gewalt

Die bisher gemachten Beobachtungen stellen Gewalt als ein zentrales Charakteristikum sowohl des Kriegertums im Allgemeinen als auch heroischer Individuen im Besonderen vor – und in beiden Fällen ist die ausgeübte beziehungsweise beschriebene Gewalt positiv konnotiert. Negativ wurde die Ausübung von Gewalt in Bezug auf Bertrand nur in einem, daher außergewöhnlichen Fall bewertet. Die *Chronique des quatre premiers Valois* berichtete, wie Bertrand nach der für ihn verlorenen Schlacht von Auray in Gefangenschaft geriet. Der Sieger, der englische Kommandant John Chandos, führte Bertrand auf das mit Toten übersäte Schlachtfeld und hielt ihm vor, es wäre besser gewesen, er wäre nie geboren worden, da nun so

---

[68] Der deutsche Malagis. Nach den Heidelberger Handschriften cpg 340 und cpg 315, hg. von Annegret Haase u. a., Berlin 2000, V. 6755–6777 (Verwundung), V. 7098–7105 (Heilung). Siehe dazu Reich: Verkrüppelte Helden (Anm. 65), S. 304.

[69] Vgl. Mauntel: Gewalt (Anm. 4), S. 364–370.

[70] So zumindest in der zweiten Redaktion nach dem Manuskript von Amiens: „Et trouva durement fort encontre sus lui, tant que dou cop d'une hace il fu navrés desous et parmy le visierre de sen bachinet au travers de l'oeil, et l'eu crevet. Més depuis fu il rescous et remis entre ses gens en bon convenant. Et, durement airés et emflammés, il se combati et y fist de le main pluseurs belles apertises d'armes." Jean Froissart: Chroniques. Début du premier livre. Edition du manuscrit de Rome Reg. lat. 869 (Textes littéraires français 194), hg. von George T. Diller, Genf 1972, Bd. 3, S. 347 (I.684). Siehe dazu auch die Variante in der Edition der SHF: Froissart: Chroniques (Anm. 19), Bd. 6, S. 165 (I.538). Dazu Malte Prietzel: Der Tod auf dem Schlachtfeld. Töten und Sterben in der Chronistik des Hundertjährigen Krieges, in: Birgit Emich / Gabriela Signori (Hg.): Kriegs/Bilder in Mittelalter und Früher Neuzeit (Zeitschrift für historische Forschung, Beiheft 42), Berlin 2009, S. 61–92, hier S. 88.

[71] „Un escuier li vint qui le conte lança / D'un espoy de Bordiaux, qui moult cher li cousta / Tout parmi la visiere le bon conte assena / Parmi le senestre oeil l'acier fort li bouta / Tellement le feri que l'ueil il luy creva." Cuvelier: Chanson (Anm. 26), Bd. 1, S. 140, V. 6916–6920.

viele edle Männer seinetwegen gestorben seien.[72] Eine Reaktion des Bretonen überlieferte der Chronist nicht. Die Schuldzuweisung und das Totengedenken bleiben seltsam isoliert stehen und sind in der zeitgenössischen Chronistik extrem selten. Konsequenzen für die weitere Darstellung hatte diese Episode allerdings nicht. Bei der nächsten Erwähnung Bertrands wurde berichtet, wie der französische König ihn aus der englisch-bretonischen Gefangenschaft freikaufte, womit die vorherigen kritischen Bemerkungen im Gesamtnarrativ isoliert bleiben.[73] Vielleicht lässt sich die Episode als knapper Verweis auf Bertrands Gegner lesen, die ihn kritisierten und für seine Misserfolge in Haftung nahmen.

Der Blick auf negativ konnotierte Gewalt zeigt die Kehrseite heroischer Gewalt und kann so deren Verständnis fördern. Durch negativ bewertete Gewalt konnten etwa ‚Schurken' gekennzeichnet und identifiziert werden: Wer zum Beispiel Wehrlose wie Frauen oder Kinder, alte Männer oder gar schwangere Frauen angriff, konnte kein Held sein. Diese Tabuisierung von Gewalt ist wenig überraschend und dürfte überzeitlich gültig sein. Gerade die Eindeutigkeit machte sie jedoch geeignet, Gruppen oder Individuen, die gegen sie verstießen, unzweifelhaft als amoralische Gegner zu identifizieren, die die Regeln des Anstands ignorierten oder bewusst brachen. Der Kampf gegen solche Tabubrecher war wiederum nicht per se heldenhaft, konnte aber zur Stilisierung eines Helden genutzt werden.[74]

Die Ambivalenz der Gewalt und die Macht des Narrativs

Gewalthandlungen konnten der Konturierung des Helden dienen, aber dies bedurfte eines entsprechenden Narrativs. Es lag nicht in der Anwendung von Gewalt per se, heroisch zu sein – gerade weil sie für die Kriegerkultur des Mittelalters letztlich normal war.[75] Ein Kriegerheld, der ohne Gewalt auskam, ist wiederum auch nicht vorstellbar. Genau hier zeigt sich der ambivalente Charakter der Gewalt: Furchtloses Kämpfen konnte ebenso heroisiert werden wie der bewusste Verzicht auf einen Kampf, der dann als Indikator für Weisheit gelten konnte. Auch das

---

72 „Pour celle cause fut mené par icellui par dessus les mors, et s'arresta monseigneur Jehan de Chendos sur la place où le duc Charles gesoit occiz, tout avironné de haulz et nobles hommes mors. Lors dist monseigneur Jehan à monseigneur Bertran, qu'il vausist mieulx qu'il n'eust oncquez esté né, car par lui estoient mors tant de si haulz et nobles preudommes. Puis retournerent par devant le conte de Montfort. Lors dist monseigneur Jean de Chendoz devant le conte de Montfort à monseigneur Bertran ‚Sire, veez les gars de Montfort! Par vous est il au jour d'uy duc de Bretaingne." Chronique des quatre premiers Valois (Anm. 29), S. 162.
73 „Depuis, après petite saizon, fut monseigneur Bertran de Clacquin mis à finance. Et en paia pour le dit Bertran le roy Charles de France une grant partie de sa raençon, et fut delivré." Ebd., S. 163. Siehe auch Froissart: Chroniques (Anm. 19), Bd. 6, S. 187–188 (I.547).
74 Vgl. dazu Tobias Schlechtriemen: Grenzüberschreitung, in: Compendium heroicum, 2019, DOI: 10.6094/heroicum/gd1.0.20190813. Schlechtriemen fasst Helden als Grenzen überschreitende Figuren – dies ist hier explizit nicht der Fall.
75 Zur Frage, welche Gewalt heroisierbar war, siehe auch Brink / Gölz: Gewalt (Anm. 1).

Erdulden von Gewalt, das Hinnehmen von Schmerz und Verwundung konnte heroisiert werden – und nicht nur in der Welt der Krieger.[76] Zum Zusammenhang von Heldentum und Gewalt im Mittelalter gehört auch der Märtyrer, der christliche Held per se, der sich durch das Erleiden von Gewalt, durch ihre willentliche Duldung auszeichnete.[77] Erstaunlicherweise wird gerade für christliche Märtyrer mitunter das Wort *heros* genutzt.[78] Der gemeinsame Kern beider Heroisierungsstrategien dürfte in der Standhaftigkeit und Willensstärke liegen, auch wenn diese bei Märtyrern und Kriegern gänzlich unterschiedlich motiviert waren.

Der Charakter der Gewalt war also ambivalent und nicht die Tat allein machte den Helden, sondern sie musste positiv konnotiert und erzählerisch gerahmt werden. Welche Macht hier der narrativen Prägung zukam, lässt sich am eindrücklichsten am Beispiel der Jeanne d'Arc beobachten, dem lothringischen Bauernmädchen, das 1429 den französischen Truppen neue Motivation verlieh und diesen so zu wichtigen militärischen Erfolgen gegen die englisch-burgundische Allianz verhalf.[79] Von dieser Allianz wurde sie 1430 gefangen genommen und in einem Inquisitionsprozess schließlich zum Tode verurteilt. Das Faszinierende an den Berichten über Jeanne ist, dass sich die französischen und englisch-burgundischen Quellen letztlich einig sind, was Jeanne getan hatte: Sie ritt als Kriegerin gerüstet in den Kampf und führte die Truppen an. Die Bewertung dieser Aktionen und ihres Auftretens aber fiel kontrovers aus: Während die burgundische Chronistik Jeanne verdammte und hierfür explizit auch das Argument des Geschlechts in Anschlag brachte, wurde die junge Frau für dieselben Taten von französischen Autoren – zumeist ohne Verweis auf ihr Geschlecht – gelobt und gefeiert.[80]

Jeannes Beteiligung am Kampf konnte sowohl als Zeichen der Loyalität als auch als Kriegslüsternheit gedeutet werden, ihr Agieren konnte man als Ausweis von Führungsqualitäten oder als Transgression ständischer und sexueller Grenzen sehen, die Verletzungen, die sie erlitt, wurden als Beleg für kriegerische Tapferkeit, aber auch für ihre Feigheit beurteilt, ihre aktive Gewaltausübung galt manchen als tugendhaft und ritterlich, anderen jedoch als unangemessen und grausam.

---

[76] Zum Konzept der ‚Heroisierung' siehe Sonderforschungsbereich 948: Heroisierung (Anm. 9).

[77] Heinzer u. a.: Einleitung (Anm. 46), S. 11. Zur Abgrenzung von Märtyrern und Heiligen, siehe Jan N. Bremmer: From Heroes to Saints and from Martyrological to Hagiographical Discourse, in: Heinzer u. a. (Hg.): Sakralität und Heldentum (Anm. 46), S. 35–66. Vgl. auch Michael N. Ebertz: Heroische Tugenden. Mehrung und Vernichtung, Kontrolle und Funktionalisierung des religiösen Heldencharismas in der römisch-katholischen Kirche, in: Heinzer u. a. (Hg.): Sakralität und Heldentum (Anm. 46), S. 67–85; Olmo Gölz: Martyrium, in: Compendium heroicum, 2019, DOI: 10.6094/heroicum/md1.1.20191023.

[78] Vgl. Anm. 8.

[79] Colette Beaune: Jeanne d'Arc, Paris 2004; Malte Prietzel: Jeanne d'Arc. Das Leben einer Legende, Freiburg u. a. 2011; Gerd Krumreich: Jeanne d'Arc. Die Geschichte der Jungfrau von Orleans, München 2012.

[80] Vgl. dazu Mauntel: Gewalt (Anm. 4), S. 405–411.

Der Kriterienkatalog von typischen Eigenschaften eines ritterlichen Helden blieb auch über Gender-Grenzen hinweg stabil. Ihre Stellung als Frau war kein zwingender Grund, Jeanne nicht als Verkörperung der traditionellen ritterlichen Werte zu rühmen, die allerdings sozial männlich konnotiert blieben.[81] Jeanne d'Arc wurde – von einer weiblichen Autorin – dafür gepriesen, dass sie vollbracht habe, was 5.000 Männer nicht geschafft hätten.[82] Gleichzeitig konnte Jeannes Geschlecht als Argument für ihre Verdammung dienen. Für die Frage, wie man die Geschichte des Bauernmädchens erzählte, waren letztlich politische und soziale Motive entscheidend.

Die Ausübung oder auch das Erdulden von Gewalt war eines der wirkmächtigsten narrativen Mittel für die Konstruktion eines Helden und wurde entsprechend ausgiebig genutzt. Im Wertesystem des mittelalterlichen Kriegertums nahm die Gewalt eine herausragende Stellung ein. Die einzelne Tat an sich aber war in vielen Fällen ambivalent und daher für jedwede Konturierung offen: erst die narrative Rahmung machte den Helden – oder die Heldin. Die Schilderungen der Gewalt zeichneten sich dabei in spätmittelalterlichen Quellen oft durch ihren allgemeinen Charakter aus und wurden selten explizit ausformuliert – der Charakter heroischer Gewalt blieb damit seltsam unbestimmt. Zu erklären ist dies durch die geänderten Realitäten spätmittelalterlicher Kriegsführung und die breit geäußerte Kritik an den militärischen Leistungen des Adels, die zu einer tiefen Verunsicherung und der Erschütterung tradierter Rollenmodelle führten. Der autonom und oft individuell agierende Ritter als Streiter für das Gute war angesichts verwüsteter Landstriche und verlorener Schlachten kaum mehr als Vorbild haltbar, zumal von fürstlicher Seite ein neues Ideal propagiert wurde: der loyale und disziplinierte Krieger, der sich unbesehen seiner Herkunft durch eigene Leistungen den sozialen Aufstieg sichern konnte.

Die Zeiten hatten sich geändert und die alten Ritterhelden geronnen zu einer Erinnerung an eine häufig als bessere Zeit imaginierte Vergangenheit. Als Karl, Herzog der Normandie und später als Karl V. König von Frankreich, die Belagerung von Melun beobachtete, soll er über das Fehlen großer Helden wie Roland, Olivier, Ogier oder gar König Artus geklagt haben, so berichtet Cuvelier. Ein Berater habe entgegnet, dass, wenn es wieder einen König wie Karl den Großen geben sollte, auch Roland und Olivier wiederkämen.[83] Dem zukünftigen Karl V. wurde hier aus der historischen Rückschau ein ihn begleitender Held prophezeit. Jede Zeit, so könnte man verknappen, schafft sich ihre eigenen Helden.

---

81 Beaune: Jeanne d'Arc (Anm. 79), S. 187–192. Vgl. zum Beziehungsgeflecht Gewalt, Maskulinität und Heldentum auch Brink / Gölz: Gewalt (Anm. 1).

82 „Hee! quel honneur au femenin / Sexe! [...] Par femme est sours et recouvert / ce que C^m hommes [fait] n'eussent." Christine de Pisan: Ditié de Jehanne d'Arc (Medium Ævum Monographs N. S. 9), hg. von Angus J. Kennedy / Kenneth Varty, Oxford 1977, S. 34 (XXXIV).

83 Cuvelier: Chanson (Anm. 26), Bd. 3, S. 77, V. 3677–3700. Vgl. insbesondere zum Aspekt der Königskritik in dieser Episode Schreier: Ritterhelden (Anm. 12), S. 136–137.

Gewaltgemeinschaft und Heldentum in der SA

Beobachtungen zu ihren Zusammenhängen aus praxeologischer Perspektive

Sven Reichardt

Die Berliner SA-Führer Hans Maikowski und Horst Wessel zählen zweifellos zu den Helden der NS-Bewegung. Für Hans Maikowski, der am 30. Januar 1933, dem Tag der ‚nationalen Erhebung‘, auf den Berliner Straßen erschossen wurde, war Anfang Februar 1933 das erste Staatsbegräbnis des Dritten Reiches inszeniert worden. Maikowski wurde auf dem Invalidenfriedhof in der Nähe von Scharnhorst und Richthofen beigesetzt. Die Totenfeier wurde in voller Länge im Radio übertragen und auf der Straße wurde der Trauerzug angeblich von 40.000 uniformierten Nationalsozialisten begleitet. Bei der Aufbahrung im Berliner Dom – einer Ehre, die zuletzt Kaiser Wilhelm zuteilgeworden war – waren fast alle NS-Größen und selbstverständlich auch Hitler anwesend. Als die Leiche langsam die Treppenstufen hinab geführt wurde, umkreiste ein Flugzeug den Dom, um Blumen abzuwerfen. Der Radioreporter verglich während der Liveübertragung Maikowski mit Friedrich dem Großen. Er wurde, neben Horst Wessel, zum Parademärtyrer des Dritten Reiches.[1]

Mit ihrem „Kult um die toten Helden" (Sabine Behrenbeck) inszenierten die Nationalsozialisten ihre bis dahin nahezu unbekannten SA-Männer, oft mit unverhohlenem Bezug auf den nationalen Kult um den ‚unbekannten Soldaten‘.[2] Zum bekanntesten unter diesen angeblichen Märtyrern der SA wurde der im Januar 1930 angeschossene und im Februar an einer aus dieser Schussverletzung herrührenden Blutvergiftung verstorbene Horst Wessel. Schon in den Jahren bis 1933 und dann vor allem seit der Regimezeit, wurde dieser SA-Sturmführer zum ‚Märtyrer‘ par excellence stilisiert. Obwohl er noch im Krankenhaus lag, erschienen im *Angriff* unter der Rubrik „Kampf um Berlin" bereits zwei längere Artikel über Wes-

---

[1]   Berliner Tageblatt vom 6. Februar 1933, 5. Seite des 1. Beiblattes; Jay W. Baird: To Die for Germany. Heroes in the Nazi Pantheon, Bloomington, IN 1990, S. 95–97; Marie-Luise Kreuter: Der rote Kiez. „Kleiner Wedding" und Zillestraße, in: Helmut Engel u. a. (Hg.): Geschichtslandschaft Berlin. Orte und Ereignisse, Bd. 1, Teil 1 (Charlottenburg), Berlin 1986, S. 158–177, hier S. 172; Knut Bergbauer u. a.: Denkmalsfigur. Biographische Annäherung an Hans Litten 1903–1938, Göttingen 2008, S. 218, S. 226–228; vgl. Sven Reichardt: Faschistische Kampfbünde. Gewalt und Gemeinschaft im italienischen Squadrismus und in der deutschen SA, Köln u. a. ²2009, S. 494–496; Sven Reichardt: „Vor allem sehne ich mich nach Euch, Kameraden". Eine mikrohistorische Analyse der SA, in: Hans-Peter Becht u. a. (Hg.): Politik, Kommunikation und Kultur in der Weimarer Republik, Heidelberg u. a. 2009, S. 89–112, hier S. 96.

[2]   Sabine Behrenbeck: Der Kult um die toten Helden. Nationalsozialistische Mythen, Riten und Symbole 1923 bis 1945, Vierow 1996.

sel. Nach seinem Ableben wurde der Jurastudent in zahllosen Zeitungsartikeln zum Helden der SA aufgebaut. Für die drei Jahre von 1930 bis 1933 kann man allein siebzehn Monographien zählen, die in Romanform, als Marschalben oder Bilderbände den Lebensweg, die „Opfertreue" und das Sterben ihres „deutschen Helden" darstellten.[3]

Etwa zwei Wochen nachdem Wessel gestorben war, begann Goebbels im *Angriff* in einem Nachruf mit seiner Stilisierung, in dem er eine „Kurzfassung des Lebens Jesu" lieferte. Wessel wurde als der unerkannte und verfolgte Messias geschildert, dem anfänglich nur wenige Jünger gefolgt seien. Die Leidensgeschichte des „Christussozialisten" Wessel wurde in kräftigen Metaphern geschildert. Wessel selbst sei einer gewesen, „der durch Taten ruft: ‚Kommt zu mir, ich will euch erlösen'", schrieb Goebbels. Später fügte er der Messiasfigur das Bild vom jugendlichen Ritter und Schinderhannes hinzu, der sich als bürgerlicher Akademiker unter die rauflustigen Männer aus dem Proletariat begeben hatte. Der 23-jährige Pfarrerssohn und Jurastudent Wessel war Sinnbild der Werbung um die Arbeiterschaft Berlins, die Goebbels am Herzen lag. In der Person Wessel wurden bürgerliche Jugend einerseits und das „wahre deutsche Arbeitertum" andererseits miteinander versöhnt und vereint. Der wichtigste Bezugspunkt blieb jedoch der Soldatentod des Krieges, da Wessel den „Tod fürs Vaterland" gestorben sei. Das Heldentum Wessels wurde als eine Vorankündigung auf die heilige Zukunft vorgestellt, war ein Zeichen vom Anbruch des Dritten Reiches, erzählt als Auferstehung und Wiederkehr des Heroen. Wessels heroische Selbstaufopferung und sein Martyrium wurden so dargestellt, als seien sie zum Wohle der nationalen Gemeinschaft geschehen. Wessel übernahm eine Erlösungsfunktion für die Gemeinschaft, wodurch sein Tod als Sieg gedeutet werden konnte. Zugleich enthielt sein Tod, der stellvertretend für den ‚Blutzoll' der Bewegung stand, den Appell an die Lebenden, sich des ‚Märtyrers' würdig zu erweisen.[4]

Die Geschichte der SA bietet insofern reiches Anschauungsmaterial für den Heldenkult des Nationalsozialismus, darüber hinaus aber auch zentrale Hinweise dafür, wann und unter welchen Umständen dieser Heldenkult entstanden war. Denn dieser war zunächst Teil eines politischen Verbandes, der männlich konnotierte Gewaltsamkeit, kameradschaftliche Gemeinschaft und politische Religiosität aufeinander bezog.

Dieser Kontext lässt sich vor allem mit einem praxeologischen Zugang auf die Gewaltgemeinschaft der SA verdeutlichen. Dieser methodische Zugang soll im nachfolgenden ersten Abschnitt zunächst dargestellt werden. Im zweiten Ab-

---

[3] Behrenbeck: Kult (Anm. 2), S. 137–143; Thomas Oertel: Horst Wessel. Untersuchung einer Legende, Köln 1988, S. 131–170.

[4] Joseph Goebbels: Horst, in: Der Angriff 81, 9. Oktober 1930; ders.: „Horst Wessel" und „Ein Toter ruft zur Tat", in: Der Angriff, 27. Februar 1930; Behrenbeck: Kult (Anm. 2), S. 137–143; Daniel Siemens: Horst Wessel. Tod und Verklärung eines Nationalsozialisten, München 2009, bes. S. 129–252.

schnitt wird sodann der verstärkende Effekt der Gemeinschaftsbildung auf die Gewaltausübung in der SA beleuchtet. Zudem werden aber auch weitere Elemente der Gemeinschaftsstiftung herausgestellt, wie etwa die Aussicht auf gemeinsame Beute, Ansehen und Macht, die Rolle von vorgängigen Marginalisierungserfahrungen und von Gewaltgewöhnungen, aber auch die Verfügbarkeit von Waffen und offenen Gewalträumen. Ein zentraler Aspekt von Gewaltgemeinschaften, der bei der Untersuchung von Heldenkulten besondere Beachtung verdient, ist der Zusammenhang von Hierarchie und Gewaltgemeinschaften. Dieser wird im dritten Abschnitt anhand der Geschichte der SA eingehender verdeutlicht. Der vierte Abschnitt schließlich geht kursorisch auf die mit den Gewalthelden verbundenen Männlichkeitsbilder ein. Mit einem kurzen Fazit schließt der Aufsatz.

Praxeologie und Gewaltgemeinschaften

Sowohl die neuere Gewaltforschung als auch die Praxeologie beschäftigen sich mit Handlungsverläufen und Interaktionszusammenhängen, um dadurch die soziale Produktion symbolischer Bedeutungswelten aufzuzeigen.[5] Im Vordergrund stehen bei dieser Vorgehensweise nicht rationalistische Handlungsmodelle, die oftmals sehr schlichte und einlinige Kausalzusammenhänge zwischen Motivation und Tat herstellen. So beschäftigt sich auch die Ethnografie der Gewalt nicht mit ideenzentrierten Begründungsmotiven von Gewalt, da diese als Rationalisierungen den Gewalthandlungen oft erst nachfolgten.[6] Die deklarierten politischen oder religiö-

---

[5] Gemeint sind die praxeologischen Ansätze, die im Gefolge von Pierre Bourdieu weiterentwickelt wurden, unter anderem in den USA von den Philosophen Theodore Schatzki und Joseph Rouse oder den Historikern Gabrielle Spiegel und Richard Biernacki. In Deutschland ragen soziologische Publikationen von Andreas Reckwitz, Karl Hörning und Stefan Hirschauer heraus, aber auch die von Historikern wie Thomas Welskopp und Marian Füssel. Für weiterführende Literatur zur geschichtswissenschaftlichen Praxeologie siehe Gabrielle M. Spiegel (Hg.): Practicing History. New Directions in Historical Writing After the Linguistic Turn, New York 2005; Sven Reichardt: Praxeologische Geschichtswissenschaft. Eine Diskussionsanregung, in: Sozial.Geschichte 22.3, 2007, S. 43–65; Thomas Welskopp: Unternehmen Praxisgeschichte. Historische Perspektiven auf Kapitalismus, Arbeit und Klassengesellschaft, Tübingen 2014; Sven Reichardt: Zeithistorisches zur praxeologischen Geschichtswissenschaft, in: Arndt Brendecke (Hg.): Praktiken der Frühen Neuzeit. Akteure – Handlungen – Artefakte, Köln u. a. 2015, S. 46–61; Lucas Haasis / Constantin Rieske (Hg.): Historische Praxeologie. Dimensionen vergangenen Handelns, Paderborn 2015.

[6] Vgl. Michaela Christ / Christian Gudehus: Gewalt. Begriffe und Forschungsprogramme, in: dies. (Hg.): Gewalt. Ein interdisziplinäres Handbuch, Stuttgart / Weimar 2013, S. 1–15, hier S. 9–10. Zu den Diskussionen um die ‚Innovateure‘ der Gewalt wie Wolfgang Sofsky, Trutz von Trotha, Birgitta Nedelmann oder, unter den deutschen Historikern, Jörg Baberowski siehe Wolfgang Sofsky: Traktat über die Gewalt, Frankfurt am Main 1996; Trutz von Trotha (Hg.): Soziologie der Gewalt, Opladen 1997; Jörg Baberowski: Räume der Gewalt, Frankfurt am Main 2015. Zur Kritik an diesem Ansatz: Peter Imbusch: ‚Mainstreamer‘ versus ‚Innovateure‘ der Gewaltforschung. Eine kuriose Debatte, in: Wilhelm Heitmeyer / Hans-Georg Soeffner (Hg.): Gewalt. Entwicklungen, Strukturen, Analyseprobleme, Frankfurt am Main 2004, S. 125–148.

sen Zielvorstellungen sind für das Verständnis von Gewalthandlungen zwar nicht unerheblich, aber die Gewaltdynamiken und den Charakter autotelischer Gewalt[7] wird man durch diesen ideenzentrierten Zugang nicht verstehen können.

Gewalt ist eine soziale Ordnung, die oft nur in geringen Teilen schriftlich fixiert ist und beständig neu ausgehandelt wird. Drohungen, Gerüchte, Erzählungen über Gewalt sind ebenso integraler Bestandteil dieses Prozesses wie die Gewaltmittel und -situationen, die körperliche Verfasstheit der Akteur*innen und ihre Emotionen. Die Dynamik des Handelns erlaubt es dabei nicht, einfache Kausalverbindungen von Zweck und Mitteln herzustellen. Vielmehr stehen beide in einem Wechselverhältnis. Der Berliner Soziologe Hans Joas verweist in seinem einflussreichen Buch *Die Kreativität des Handelns* auf die klassische Konzeption einer reziproken Beziehung zwischen Handlungszielen und -mitteln bei John Dewey, dem führenden Philosophen des amerikanischen Pragmatismus. Dewey gehe „nicht von klaren Zielen des Handelns als Regelfall" aus, „auf die sich dann die Mittelwahl bloß noch auszurichten hat. Vielmehr sind Handlungsziele meist relativ unbestimmt und werden erst durch die Entscheidung über zu verwendende Mittel spezifiziert". Zudem kann sich dadurch, dass bestimmte Gewaltmittel zur Verfügung stehen, der Spielraum der Zielsetzung erweitern.[8]

Dieser Gedankengang bedeutet für Gewaltgemeinschaften, dass die Zwecksetzung als Resultat der Aushandlung in Gewaltsituationen begriffen wird, auf die sich die Handelnden reflexiv beziehen. Verhalten und situatives Sinnverstehen werden als untrennbar miteinander verknüpfte Elemente verstanden. Insofern ist auch die Genese von Gewaltlegitimationen in situierten Handlungsprozessen zu untersuchen. Der/die Akteur*in ist nicht alleiniger Souverän seiner bzw. ihrer Motivlagen, die eben erst in intersubjektiven und situativen Bedeutungsaushandlungen entstehen. Rational-Choice Modelle mit ihrem ontologischen Individualismus und Atomismus verstehen diese innere Dynamik nicht. Daher bevorzugt die neuere Gewaltforschung die Interaktionstheorie von Randall Collins mit seiner Mikrosoziologie der Gewalt[9] oder die Gemeinschaftsforschung im Sinne von

---

7 Vgl. Jan Philipp Reemtsma: Vertrauen und Gewalt. Versuch über eine besondere Konstellation der Moderne, München 2009, S. 116–123.

8 Hans Joas: Die Kreativität des Handelns, Frankfurt am Main 1992, S. 227 (Zitat). Zur Historisierung des amerikanischen Pragmatismus vgl. Louis Menand: The Metaphysical Club, London 2001; Peter Vogt: Pragmatismus und Faschismus. Kreativität und Kontingenz in der Moderne, Weilerswist 2002; Hans-Joachim Schubert u.a. (Hg.): Pragmatismus zur Einführung, Hamburg 2010. Zur Verbindung von Neopragmatismus und Praxeologie siehe Tanja Bogusz / Henning Laux (Hg.): „Wozu Pragmatismus?" Schwerpunktheft des Berliner Journals für Soziologie 3/4, 2013 sowie: Tanja Bogusz: Erfahrung, Praxis, Erkenntnis. Wissenssoziologische Anschlüsse zwischen Pragmatismus und Praxistheorie – ein Essay, in: Sociologia Internationalis 47.2, 2009, S. 197–228; Hella Dietz u. a. (Hg.): Pragmatismus und Theorien sozialer Praktiken. Vom Nutzen einer Theoriedifferenz, Frankfurt am Main 2017.

9 Vgl. Randall Collins: Violence. A Micro-Sociological Theory, Princeton 2009.

John Rawls (dem wohl bekanntesten Vertragstheoretiker der Gegenwart). Beide heben die kreative Kraft von Handlungsprozessen hervor.[10]

Darüber hinaus findet Gewalt in Ermöglichungs- und Resonanzräumen statt, die als Beziehungsräume zu verstehen sind, in denen die Gewaltakteur*innen sich emotional aneinanderbinden. Gewalttaten werden oft in Beziehungsgefügen und Gemeinschaften (auch imaginierten Gemeinschaften) verübt. Die DFG-Forschergruppe „Gewaltgemeinschaften" hat in den acht Jahren ihres Bestehens von 2009 bis 2017 diesen Zusammenhang in geschichtswissenschaftlicher, literaturwissenschaftlicher und soziologischer Perspektive erforscht. Von mittelalterlichen Fehdegruppen und frühneuzeitlichen Räuberbanden, europäischen Söldnern und afrikanischen Kriegern über städtische Jugendbanden und Parteiarmeen, Wehrverbände und Bünde der Zwischenkriegszeit bis hin zu Mafiastrukturen in Italien, Drogenhändlern in Lateinamerika und Milizen sowie privaten Sicherheitsfirmen der Gegenwart wurden hier die Bedingungen und Formen von Gewaltgemeinschaften untersucht.[11]

In diesem Zusammenhang wurde festgestellt, dass Gewaltgemeinschaften nicht nur Träger der staatlichen Hoheitsgewalt bezeichnen, sondern oft Misch- und Grenzformen zwischen privaten und staatlichen Organisationen bezeichnen. Ihren inneren Zusammenhalt organisieren Gewaltgemeinschaften über ihren bündischen Zusammenhalt, über charismatische Führer, gewaltorientierte Ehrbegriffe, kalkulierte Regel- und Rechtsverstöße und einen Bezug auf eine vermeintlich höherwertige Legitimität ihrer Ziele.[12] Diese Elemente habe ich in meiner Studie zu den „Faschistischen Kampfbünden" in Italien und Deutschland untersucht, um damit die innere Verfasstheit und Dynamik des hierarchisch und personalistisch geprägten Bewegungsfaschismus zu analysieren. Gewalt war hier ein entscheidendes Element der inneren Kohäsionsbildung.[13] Der verstärkende Effekt der Gewaltausübung auf die Gemeinschaft, den Wolfgang Sofsky im Zusammenhang mit dem Begriff der ‚Meute' erläutert hat, kennzeichnet eine Dynamik vor allem von Gruppen junger Männer, in denen der „Kleinmütigste", wie Sofsky eindrücklich formuliert hat, „plötzlich alles darf".[14] Zugleich entfalten diese Gruppen nach innen zentrifugale Kräfte, da das Gemeinschaftsgefüge intern nach Gewaltbereitschaft und Brutalität hierarchisiert wurde.

---

[10] Vgl. Lars Gertenbach u. a.: Theorien der Gemeinschaft zur Einführung, Hamburg ²2018, S. 26–27.

[11] Vgl. Winfried Speitkamp (Hg.): Gewaltgemeinschaften in der Geschichte. Entstehung, Kohäsionskraft und Zerfall, Göttingen 2017; ders.: Gewaltgemeinschaften, in: Christian Gudehus / Michaela Christ (Hg.): Gewalt. Ein interdisziplinäres Handbuch, Stuttgart / Weimar 2013, S. 184–190.

[12] Vgl. ders.: Gewaltgemeinschaften in der Geschichte. Eine Einleitung, in: ders. (Hg.): Gewaltgemeinschaften in der Geschichte (Anm. 11), S. 28.

[13] Vgl. Reichardt: Faschistische Kampfbünde (Anm. 1).

[14] Wolfgang Sofsky: Traktat über die Gewalt, Frankfurt am Main 1996, S. 171. Zur Kritik an Sofsky siehe Imbusch: ‚Mainstreamer' versus ‚Innovateure' (Anm. 6), S. 125–148.

Gewalt und Gemeinschaft in der SA
(und in anderen Gewaltgemeinschaften)

Der Eintritt in den SA-Sturm wurde wie das „Übergangsritual" (Arnold van Gennep) in einer liminalen Situation inszeniert, bei dem die neuen SA-Männer ihre alten Namen abgaben und die neue Identität durch die Uniformierung und die verliehenen Spitznamen markierten, mit denen sie zukünftig von den Kameraden angesprochen wurden. Der neue Abschnitt begann mit der symbolischen Einschwörung auf die Gruppe, um das Verlassen der alten und das Erreichen der neuen Identität zu stärken.[15] In der Namenskumpanei drückte sich das Gefühl aus, zu einer verschworenen Gruppe zu gehören, die sich durch den Ausschluss von der Außenwelt auszeichnete. Neben dem praktischen Effekt der Tarnung bei Gewaltaktionen belegte man durch das ‚Umtaufen' der Kameraden die emotionale Nähe zueinander. Es ist wenig überraschend, dass sich die Namensgebung vornehmlich auf die äußere Erscheinung des Betroffenen bezog. Dass sich daneben die meisten solcher Spitznamen – von „Mollenkönig" bis zu „Revolverschnauze" und „Schießmüller" – auf die Trinkfestigkeit, Sexualität oder Gewaltbereitschaft der Männer bezogen, zeigt deutlich, welchen Charakter die Bünde hatten.[16]

In den Alkoholgelagen der Sturmlokale tranken sich die Männer Mut an. Es lässt sich häufiger nachweisen, dass Mordanschläge und Überfälle in unmittelbarem Zusammenhang mit übermäßigem Alkoholkonsum standen. So befand sich etwa ein SA-Täter eine Stunde vor einem Überfall, bei dem zwei Männer schwer verletzt wurden, „in angetrunkenem Zustande auf dem Weg zum Sturmlokal".[17] Bevor es zu der Tötung eines Kommunisten in einem Berliner Sturmlokal kam, hatten die SA-Männer im Hinterraum des Lokals „wie auch sonst allabendlich" Abendbrot gegessen und dabei „einen Stiefel Bier herumgehen lassen". Es wurde, wie die Gerichtsverhandlung ergab, „tüchtig getrunken". Nach kommunistischer Deutung soll sich dabei ein tatbeteiligter SA-Mann sogar in einen „pathologischen

---

[15] Zu den Übergangsritualen (‚rites de passage'): Arnold van Gennep: Übergangsriten, Frankfurt am Main 1986. Vgl. weiterführend zum sozialen Leben der Kampfbündler Reichardt: Faschistische Kampfbünde (Anm. 1), S. 402–475. Zur Liminalitätsforschung im Anschluss an van Gennep: Victor W. Turner: Betwixt and Between. The Liminal Period in Rites de Passage, in: June Helm (Hg.): Symposium on New Approaches to the Study of Religion. Proceedings of the 1964 Annual Spring Meeting of the American Ethnological Association, Seattle 1964, S. 4–20; Victor W. Turner: Liminalität und Communitas, in: Andréa Belliger / David J. Krieger (Hg.): Ritualtheorien. Ein einführendes Handbuch, Opladen 1998, S. 251–264.

[16] Reichardt: Faschistische Kampfbünde (Anm. 1), S. 421; Wolfgang Sauer: Die Mobilmachung der Gewalt, in: Karl Dietrich Bracher u. a. (Hg.): Die nationalsozialistische Machtergreifung. Studien zur Errichtung des totalitären Herrschaftssystems 1933/34, Opladen ²1962, S. 847.

[17] Anklageschrift vom 11. Juli 1931, S. 6, in: Bundesarchiv Berlin (ehem. Berlin Document Center), SA-P (Akte Hahn), ohne Blatt.

Rauschzustand" versetzt haben.[18] Schon diese wenigen Beispiele zeigen: Der exzessive Alkoholkonsum wirkte enthemmend, weckte Machtvorstellungen und stärkte den Wagemut.[19]

Neben dem Besäufnis stand auch die Prahlerei in unmittelbarem Zusammenhang mit der Gewalt. Die Ausübung von Gewalt war renommierfähig, die Brutalität prestigeträchtig. So wurde etwa die im Sturmlokal gemachte Äußerung, für zwei Jahre Gefängnis lohne es sich schon, ein „Kommunistenschwein" abzustechen, sogar gerichtsnotorisch.[20] Der sozialdemokratische *Vorwärts* konnte im August 1931 über ähnlich wichtigtuerische Aussagen berichten:

> Wen faßt nicht ein Schaudern, wenn er hört, daß sich der Angeklagte Neubert, knapp 18 Jahre alt, nach der Tat im Sturmlokal in der Hebbelstraße in höchsten Tönen des ‚Umlegens' der [sozialdemokratischen Brüder, SR] Riemenschneider gerühmt hat?! Und die Spießgesellen vom Hakenkreuz werden ihn wohl mit einem donnernden ‚Heil' geehrt und eine Stubenlage geschmissen haben, als er seinen blutigen Triumph in die Worte kleidete: ‚Den habe ich aber schön fertig gemacht!'[21]

Die kommunistische Presse verspottete diesen Mechanismus nicht ohne Witz. So hieß es in der *Arbeiter-Illustrierten-Zeitung* über diesen 18-jährigen SA-Mann:

> Die Spezialität von Bubi Neubert besteht darin, sich die Brust mit tellergroßen Heftpflastern zu dekorieren, um [...] mit erdichteten Kommunisten-Überfällen zu renommieren. Dabei ist ihm aber mehrfach das Pech passiert, daß die Heftpflaster abfielen und sein teutsches Heldentum angesichts seiner glatten Haut schwer lädiert wurde. Als er eines Tages Erna [...] Krüger beim Vorführen seiner Parabellumpistole fahrlässig angeschossen hatte [...] erzählte er der Polizei, daß Kommunisten in die Wohnung eingedrungen, nach ihm geschossen und das Mädchen getroffen hätten.[22]

Innerhalb des (vor-)politischen Raumes im Sturmlokal wurden die SA-Männer zum unumschränkten und permanent gewalttätigen Einsatz für die Bewegung konditioniert, der die Belobigung durch den Sturmführer und die Anerkennung durch die Kameraden sicherte. Die Anwendung von physischer Gewalt war hier die Aufnahmebedingung in eine Gruppe Ebenbürtiger.

Gewalt reichte aber zum Zusammenhalt der Gruppen nicht aus. Weder bei SA noch in anderen Gemeinschaften. Beute, Ansehen, Macht, auch ideologische oder religiöse Verheißungen treten hinzu und werden mit der Emotionalisierung und Aktivierung der Gewalttat zusammengebracht. Gewaltgemeinschaften bilden, so hat die genannte DFG-Forschungsgruppe verdeutlicht, oftmals ein gemeinsames soziales Substrat aus, beziehen sich auf gemeinsame Generations- oder

---

18 Vorwärts vom 31. März 1931, S. 2; Welt am Abend vom 10. April 1931, 1. Seite der 2. Beilage.
19 Weitere Beispiele bei Reichardt: Faschistische Kampfbünde (Anm. 1), S. 446–449; Bergbauer: Denkmalsfigur (Anm. 1), S. 164.
20 Stiftung Archiv der Parteien und Massenorganisationen der DDR (SAPMO), NY 4011 (Nachlaß Litten), Nr. 7, Bl. 28.
21 Vorwärts (Morgenausgabe) vom 21. August 1931, 2. Seite der 1. Beilage.
22 Arbeiter-Illustrierte-Zeitung 10.44, 1931, S. 890.

Marginalisierungserfahrungen. Diese gemeinsamen Erfahrungen wurden in die Sozialbindungen einer tendenziell totalen Gemeinschaft umgemünzt, die Fürsorge und Gewalt verklammerte. Rituale, mit denen die SA den Rückweg in die normale Gesellschaft zu verbauen suchte, erzeugten neue emotionale Bindungen. Die Abgrenzung von einer als feindlich vorgestellten Außenwelt des ebenso biederen wie saturierten und korrupten Spießbürgers gehörte ebenso dazu wie der Hass auf Sozialisten und Juden, deren Einfluss in dramatischen Untergangsszenarien beschworen wurde.[23]

Die jüngere historische Forschung zu Gewaltgemeinschaften hat herausgearbeitet, wie wichtig die Rahmenbedingungen der Gewaltkultur und des Gewaltmarktes sind, also die Verfügbarkeit von Waffen und Kriegern, von Waffentechniken und Waffenentwicklungen. Darüber hinaus spielt die Gewaltintensität und die Gewöhnung an die Gewalt eine entscheidende Rolle: „Ohne das Verständnis für diese Bedingungen sind Entfaltung und Aktivitäten von Gewaltgemeinschaften kaum zu erfassen" schreibt der Kassler Historiker Winfried Speitkamp und unterscheidet dabei zwischen „teilintegrierten" und „befristeten" Gewaltgemeinschaften, die er wiederum von Lebensgemeinschaften wie Kriegergruppen, Söldnern oder Räuberbanden unterscheidet, die zudem auch unterschiedlichen Räumen zugeordnet werden können. Ob Grenzräume, städtische Brennpunkte, Karawanenrouten, Berge oder Wälder – jeweils mussten insbesondere die voll integrierten Gewaltgemeinschaften ihren Raum bestens kennen und beherrschen.[24] Dies war auch bei den SA-Stürmen der Fall, die regelrechte Revierdienste um ihre Sturmlokale aufzogen und ihr Kampfgebiet regelmäßig patrouillierten. Ihr Sturmlokal kam ihnen dabei wie eine Festung oder Burg vor, in der sowohl die erbeuteten Gegenstände ausgestellt als auch die eigenen Waffen gelagert wurden.[25]

Wichtiger war noch, dass Gewaltgemeinschaften vor allem in staatsfernen Räumen und gewaltoffenen ‚frontier'-Konstellationen entstanden. Timothy Snyder hat in seinem Buch zur doppelten Diktatur- und Gewalterfahrung in den ‚bloodlands' Osteuropas auf diese Grundkonstellation hingewiesen. Im Grunde tat dies auch Christopher Browning, der gezeigt hat, wie liebevolle Familienväter vom Polizeibataillon 101 bei ihrem Einsatz in Kriegspolen zu Massenmördern werden konnten.[26] Während Browning vor allem auf die Konformitätsbereitschaft im sozialen

---

23 Zum tendenziell totalen und sozial homogenisierenden Charakter des SA-Verbundes und der italienischen Squadren siehe ausführlich Reichardt: Faschistische Kampfbünde (Anm. 1), S. 254–534.
24 Vgl. Speitkamp: Gewaltgemeinschaften in der Geschichte (Anm. 11), S. 36.
25 Reichardt: Faschistische Kampfbünde (Anm. 1), S. 416–432, S. 449–468.
26 Vgl. Timothy Snyder: Bloodlands. Europe Between Hitler and Stalin, New York 2012; Jürgen Zarusky: Timothy Snyders "Bloodlands". Kritische Anmerkungen zur Konstruktion einer Geschichtslandschaft, in: Vierteljahrshefte für Zeitgeschichte 60.1, 2012, S. 1–31; Timothy Snyder: Das Bild ist größer, als man denkt. Eine Antwort auf manche Kritiker an Bloodlands, in: Journal of Modern European History 11, 2013, S. 6–18; Christopher R. Browning: Ganz normale Männer. Das Reserve-Polizeibataillion 101 und die „Endlösung" in Polen, Reinbek 1993.

Bund der Kameradschaft hingewiesen hat, war es Jörg Baberowski, der „ungeordnete" Gewalträume systematisch untersucht hat. Mit Beispielen aus dem Stalinismus und anderen Terrorregimen und Kriegen vom Holocaust über die Roten
Khmer bis zu den jüngsten Massenmorden in Afrika zeigt Baberowski in seinem
Buch „Räume der Gewalt", wie gerade in diesen entregelten und sanktionsfreien
Räumen Gewalt stets präsent war. Jörg Baberowski und Gabriele Metzler haben in
einem Sammelband zudem auf den täglichen Ausnahmezustand in gewaltoffenen
„Ermöglichungsräumen" mit ihren misstrauensgeprägten Kommunikationsformen
und dementsprechenden Verhaltensweisen der Menschen hingewiesen.[27]

Zwar gehörte in manchen Reichsgebieten die Straßengewalt in der Endphase
der Weimarer Republik zur Alltagserfahrung, so dass die berühmte Journalistin
Gabriele Tergit im Jahre 1932 in der *Weltbühne* verzweifelt über die politischen
Straßenschlägereien festhielt: „Keine Zeitung meldet mehr sowas, keine Polizei
gibt es als Nachricht weiter – es ist der Bürgerkrieg als Gewohnheit."[28] Gleichwohl
war dies journalistisch überspitzt, denn die Gewaltausschreitungen waren rein
quantitativ weit von Bürgerkriegszuständen entfernt und auch die Polizei verfolgte
diese Straftaten. Zwar gehörte Gewalt zum Alltagsleben der Kampfbundmänner,
aber für die allgemeine Bevölkerung waren die Opferzahlen viel zu klein, als dass
damit das Alltagsleben durchstrukturiert worden wäre oder dass die Gewalt unkalkulierbare und endemische Züge angenommen hätte.[29]

Hierarchie und Gewaltgemeinschaften außerhalb und innerhalb der SA

Im Kontext der Heldenforschung ist der Zusammenhang von Hierarchie und Gewaltgemeinschaften von besonderer Bedeutung. Gewaltgemeinschaften im Allgemeinen waren Ausdruck von Ordnungs- und Normenkonkurrenzen, von kollidierenden Ordnungsentwürfen. Sie formten gewissermaßen ein Gegenmodell zu
gesellschaftlich verfassten Ordnungen, also zu Ordnungen mit bürokratischen
Verfahren, rational gefassten Regeln oder rein nutzenmaximierenden Verbänden.
Gemeinschaften verstanden sich als Antipode zu atomisierten und anonymisierten

---

[27] Vgl. Jörg Baberowski: Einleitung. Ermöglichungsräume exzessiver Gewalt, in: Jörg
     Baberowski / Gabriele Metzler (Hg.): Gewalträume. Soziale Ordnungen im Ausnahmezustand, Frankfurt am Main / New York 2012, S. 7–29; Jörg Baberowski: Räume der Gewalt,
     Frankfurt am Main 2015.

[28] Gabriele Tergit: Freigesprochen, in: Die Weltbühne 28.41, 1932 (zweites Halbjahr), S. 543.

[29] Zur Verbreitung der Gewalt siehe Reichardt: Bürgerkrieg zwischen Krieg und Revolution?
     Gewalt und faschistischer Jugendkult in Italien nach dem Ersten Weltkrieg. Vortrag auf
     der Konferenz „Ende und Anfang. Zum Zusammenhang von Kriegsende und Revolution
     seit dem 18. Jahrhundert", Dezember 2019 (wird als Aufsatz im Konferenzsammelband erscheinen) sowie Reichardt: Faschistische Kampfbünde (Anm. 1), S. 53–99.

Gesellschaften und boten stark emotionalisierte Werte von Nähe, Liebe, Heimat, Treue oder Kameradschaft an.[30]

Gleichwohl waren diese Gemeinschaften keineswegs ungeordnet oder hierarchiefrei. In der SA wurden diejenigen Mitglieder rasch befördert, die auf langjährige Erfahrungen in der paramilitärischen Szene der Wehrverbände zurückblicken konnten. Gegenüber ihren eigenen SA-Männern legitimierten sich diese Anführer sowohl durch diese Respekt erheischende Erfahrung als auch durch ihre fortgesetzte Einsatzbereitschaft für die Bewegung. Sie opferten sehr viel Zeit für ihre Tätigkeiten in der SA und gehörten, das ist für unseren Zusammenhang zentral, zu den gewalttätigsten Schlägern. Interne Ehrbezeugungen erfuhr derjenige, der sich an den Gewalttaten beteiligte. Die Gewaltbereitschaft diente in der SA als interner Prestigefaktor. Derjenige, der am brutalsten vorging, stand am höchsten auf der internen Skala des Renommees. Vorgängige Militärerfahrung galt also ebenso als wichtige Ressource wie die Unbedingtheit bei Gewalthandlungen als legitime Verhaltensweise galt, mit der man Respekt oder gar Bewunderung erheischen konnte.[31]

Wie in den meisten Gewaltgemeinschaften wurde Hierarchie auch im Bewegungsfaschismus an Charisma, Mut und Erfolg gekoppelt. Hierarchie musste sich in dieser Herrschaftsform ständig neu bestätigen, wie Max Weber an der Figur des charismatischen Kriegsherren gezeigt hat. Der Charismabegriff, zunächst für Herrschaftsformen in religiösen und kriegerischen Gemeinschaften entworfen, trifft auch den Charakter und die innere Hierarchisierung von faschistischen Gewaltbünden. Das Leben in einem solchen Bund beruhte auf dem Gefühl, in einem Ausnahmezustand zu leben, womit letztendlich nichts Anderes gemeint war als der permanente Gewaltzustand. Auch für den faschistischen „Kriegshelden schwinden die legitimen Ordnungen gegenüber der Neuschaffung kraft [der] Gewalt des Schwertes". Die charismatischen Elemente waren ausschlaggebend.[32]

In der SA der Jahre bis 1933 verstand man die Anführer nicht einfach als Kopie des Offiziers der regulären Armee. Aufgrund des Umstandes der freiwilligen Unterordnung in den Kampfbünden setzte man erstens auf ein durch ein politisches Bezugssystem erzieltes und allen gemeinsames Verpflichtungsgefühl. Zweitens setzte man auf den Respekt vor den behaupteten oder vermuteten persönlichen Fähigkeiten und, damit zusammenhängend, drittens auf das Charisma des jeweiligen SA-Führers. Dieses Verständnis von Hierarchie wurde als eine Neuerung verkauft, die auf den Erfahrungen des Ersten Weltkrieges aufruhte. Die SA-Männer

---

[30] Vgl. Speitkamp: Gewaltgemeinschaften in der Geschichte (Anm. 11), S. 38–39. Zur jüngeren Gemeinschaftssoziologie siehe nur: Walter Reese-Schäfer: Autonomie und Gemeinschaft, in: Elisabeth List / Harald Stelzer (Hg.): Grenzen der Autonomie, Weilerswist 2010, S. 55–70; Gertenbach: Theorien der Gemeinschaft (Anm. 10); Alfred Schäfer / Christiane Thompson (Hg.): Gemeinschaft, Paderborn 2019.

[31] Vgl. weiterführend Reichardt: Faschistische Kampfbünde (Anm. 1), S. 390–405, S. 486–505.

[32] Max Weber: Die drei reinen Typen der legitimen Herrschaft, in: ders.: Gesammelte Aufsätze zur Wissenschaftslehre, Tübingen ⁶1985, S. 481–488, Zitat S. 482.

sollten das Prinzip des charismatischen Führertums als ‚Demokratisierung' einer veralteten und verkrusteten Militärelite aus Adel und Abstammung verstehen. Gewalt wird somit zu einer Anerkennungsressource, die herkömmliche Hierarchisierungen, etwa nach adliger Herkunft, ersetzen sollte.[33] Der Faschismus stand aber in besonderer Weise vor dem Problem, die Prinzipien von Hierarchie und Populismus miteinander versöhnen zu müssen. Dabei standen Autorität und Hierarchisierung in einer gewissen Spannung zu der Idee des Gemeinschaftsgeists.[34] In Max Webers Ausführungen zur charismatischen Gemeinde findet sich dieser Herrschaftstyp beschrieben:

> Ganz ausschließlich dem Führer rein persönlich um seiner persönlichen, unwerktäglichen Qualitäten willen wird gehorcht, nicht wegen gesatzter Stellung oder traditioneller Würde. [...] Der Verwaltungsstab ist ausgelesen nach Charisma und persönlicher Hingabe [...]. Es fehlt der rationale Begriff der ‚Kompetenz' ebenso wie der ständische des ‚Privilegs'.

Die Legitimation des charismatischen Führers basiere auf „aktuelle[r] Offenbarung oder aktuelle[r] Schöpfung, Tat und Beispiel":

> Die charismatische Autorität ruht auf dem ‚Glauben' an den Propheten, der ‚Anerkennung', die der charismatische Kriegsheld, der Held der Straße oder der Demagoge persönlich findet, und fällt mit ihm dahin. Gleichwohl leitet sie ihre Autorität nicht etwa aus dieser Anerkennung durch die Beherrschten ab. Sondern umgekehrt: Glaube und Anerkennung gelten als Pflicht, deren Erfüllung der charismatisch Legitimierte für sich fordert, deren Verletzung er ahndet.[35]

Es war also ein Typus von Führertum, der nicht allein durch repressive Autorität und Despotie herrschte, sondern der beständiger populistischer Akklamation von unten bedurfte. Die „emotionale Vergemeinschaftung" trat an die Stelle einer durch Strafgewalt erzielten Kohäsion. Charisma meinte ein Prinzip kameradschaft-

---

33 Erich Mani: Aufgaben der SA, in: Der SA-Mann 31, 21. September 1929 (Beilage des Völkischen Beobachters 219, 21. September 1929). Der Artikel wurde zur Schulung in der SA verschickt, siehe Brandenburgisches Landeshauptarchiv Pr. Br. Rep 2 A I Pol. Nr. 2135, Bl. 231–232. Schreiben des SAF Ober-West, Kurt von Ulrich, an den Standartenführer I (Köln) vom 25. Januar 1929, Geheimes Staatsarchiv Preußischer Kulturbesitz, I. HA, Rep. 77, MdI, Tit. 4043, Nr. 309, Bl. 313–317 (M); Manfred von Killinger: Die SA. In Wort und Bild, Leipzig 1933, S. 10–16; Ernst Röhm: Die Geschichte eines Hochverräters, München 1928, S. 68–70. Vgl. Bruce B. Campbell: The SA Generals and the Rise of Nazism, Lexington, KY 1998, S. 9–10.

34 Vgl. Sven Reichardt: Unmittelbarkeit und Gewalt. Zur Beteiligung an faschistischer Politik, in: Journal of Modern European History 17.1, 2019, S. 37–42; Emilio Gentile: Storia del partito fascista, 1919–1922. Movimento e milizia, Rom / Bari 1989, S. 565.

35 Weber: Die drei reinen Typen (Anm. 32), S. 482–483; ders.: Wirtschaft und Gesellschaft. Grundriss der verstehenden Soziologie, Tübingen ⁵1980, S. 140–142, S. 654–681, hier S. 141 (Zitat). Vgl. Thomas Kroll: Max Webers Idealtypus der charismatischen Herrschaft und die zeitgenössische Charisma-Debatte, in: Edith Hanke / Wolfgang J. Mommsen (Hg.): Max Webers Herrschaftssoziologie. Studien zur Entstehung und Wirkung, Tübingen 2001, S. 47–72, hier S. 47–48, S. 58, S. 61–64, S. 70–72. Weiterführend: Michael N. Ebertz: Charisma und „das Heroische", in: helden. heroes. héros. E-Journal zu Kulturen des Heroischen 4.2, 2016, S. 5–16. DOI: 10.6094/helden.heroes.heros./2016/02/01.

licher Hierarchisierung, in der sich die Führer gegenüber ihren Untergebenen ständig bewähren mussten. Das machte die Bindungen innerhalb der faschistischen Kampfbünde labil und total zugleich.

Die Anführer der Kleingruppe des SA-Sturms, die laut Organisationsanweisungen die ‚Freunde' ihrer Männer sein und ihre Lebensumstände genau kennen sollten, nahmen eine Doppelstellung zwischen Kamerad und Vorgesetztem ein. Die Hierarchie gründete sich auf einem Ethos der Treue, wobei den ‚integrierten Führern', also den SA-Sturmführern, von der obersten Leitung viele Freiheiten eingeräumt wurden. Die integrierten Führer konnten die an der Basis zentralen Disziplinierungsfunktionen wahrnehmen, weil sie nicht bloß von oben installiert wurden, sondern tief in das Alltagsleben des Sturmes eingebunden waren.[36]

Entscheidende Legitimation erreichten sie durch die alltägliche Kontaktpflege mit ihren Männern im Kampfbundlokal und ihre oft lange Mitgliedschaft in der Bewegung, vor allem aber durch ihre noch länger zurückreichenden Beziehungen in militärähnlichen Organisationen des rechtsnationalen Milieus. Für ihre Männer konnten sie durch ihre Scharnierfunktion zum höheren SA-Führungskorps, das die einfachen Männer meist nicht zu Gesicht bekamen, ein gutes Wort einlegen. Zudem waren die integrierten Führer diejenigen, die am entschiedensten bei den Gewaltaktionen vorgingen und die meiste Zeit für die Organisation opferten. Wie ihre Untergebenen waren sie oft jung und teilten deren prägende Generationserfahrungen, während sie meist aus sozial bessergestellten Kreisen als diese kamen. Diesen Sozialisationsvorsprung nutzen sie umso entschiedener, gerade weil sie durch ihre beruflichen Abstiegserfahrungen ihren Männern, sozial gesehen, näher rückten. Schließlich nahmen vor allem die SA-Sturmführer wichtige Fürsorgefunktionen für ihre Männer wahr.

Wie im Klientelismus der Mafia, so handelte es sich bei diesen Hierarchien um Tauschbeziehungen, bei denen der integrierte Führer seinen Männern Zugang zu Ressourcen ermöglichte und im Gegenzug Gefolgschaft erhielt. Das Beziehungssystem war durch innige Freundschafts- und Verpflichtungsgefühle gekennzeichnet, wobei die klientelistischen Netzwerke dyadisch aufgebaut waren, das heißt, dass die Beziehungen der einzelnen Männer sternförmig zum integrierten Führer führten. Dies war entscheidend, denn eben dadurch konnte der Sturmführer das Beziehungsnetzwerk des SA-Sturmes kontrollieren.[37]

Propagandistisch überformt wurden diese Hierarchiebildungen durch den Heldenkult der Nationalsozialisten. Denn über die enge Gruppe der SA-Stürme hinaus sollte der Heldenkult der Nationalsozialisten ja auf die gesamte deutsche Gesellschaft einwirken. Daniel Siemens hat nicht nur die Biographie, sondern vor allem auch die hagiographische Literatur über Horst Wessel ausgewertet. Die Familie, so Siemens, versilberte nicht nur seinen Nachlass, sondern stritt auch um

---

[36] Vgl. Reichardt: Faschistische Kampfbünde (Anm. 1), S. 497–505.
[37] Vgl. weiterführend ebd., S. 421, S. 432–435, S. 710.

das Urheberrecht am Horst-Wessel-Lied, welches bekanntlich zur offiziellen NSDAP-Parteihymne geworden war. An Schulen und Universitäten wurde Wessels als des Helden der Jugend gedacht, allein in Berlin wurden sechs Erinnerungsorte errichtet. In der Nähe seiner Geburtsstadt Bielefeld im Teutoburger Wald war zudem ein großer Gedenkstein errichtet worden und in Hameln entstand ein monumentales Denkmal. Vor allem der Schriftsteller Hanns Heinz Ewers, der seit den zwanziger Jahren mit der Familie Wessel bekannt war, trug zum Mythos bei, ebenso wie die Verfilmung des SA-Romans unter dem Titel *Hans Westmar* im Jahr 1933, produziert von der Volksdeutschen Filmgesellschaft unter der Regie von Franz Wenzler.[38] Kult und Kommerz um den Parteiheiligen sollten einen utopisch aufgeladenen Glauben an die wehrhafte Nation erzeugen. In den emotionalisierten Ritualen waren die Hingabe oder das Opfer nicht nur Bekenntnis, sondern eine in der politischen Auseinandersetzung einzulösende Praxis. Der Heroisierung war insofern ein Verpflichtungsdiskurs eingeschrieben. Dabei kam es zu einer Übernahme des Formenkanons der christlichen Religion und zur Überführung von eschatologisch aufgeladenen Vorstellungen in den politischen Bereich. Heldenmut, Opferbereitschaft und Frontkameradschaft für Nation, Krieg und Revolution, die Symbolik von Tod und Wiederauferstehung, die Verpflichtung gegenüber der Nation, der Kult um die Helden und ‚Märtyrer‘ sowie die Kommunion der Kameraderie kennzeichneten eine sakralisierte Form der Politikführung. Politik, meinte man hier, könne nicht zum banalen Alltagsleben zurückkehren, sondern habe die heroische Ungestümheit in einen mystischen Sinn zur Opfergemeinschaft zu transformieren.[39]

Männlichkeit und Gewalt

Was in Daniel Siemens' Studie zu Tod und Verklärung von Horst Wessel ebenso fehlt wie in den meisten Studien zu Gewaltgemeinschaften ist eine Erörterung des Verhältnisses von Männlichkeit und Gewalt. Zweifellos waren die Gewaltgemeinschaften männliche Gesellungsformen und dementsprechend wurden sie auch kodiert. Ihren jugendlich-männlichen Vitalismus inszenierten die SA-Männer zunächst vor der Folie des verhassten Bürgers. Damit war nicht primär die Sozialformation des Bürgertums gemeint, sondern eine moralische und charakterliche Einstellung. ‚Bürgerlich‘ war in den Augen der SA vor allem eine feige-unmännliche, eine individualistisch-unsolidarische und eine materialistische Haltung. Diese habe auch dem Kommunismus letztlich zum Durchbruch verholfen. Infolgedessen wurde gerade Politikern und Parlamentariern vorgeworfen, „materialistisch-korrupte" und „feiste politische Knirpse" zu sein. Gerade gegen diese verhassten

---

[38] Vgl. Siemens: Horst Wessel (Anm. 4), S. 131–149.
[39] Dazu näheres in Reichardt: Faschistische Kampfbünde (Anm. 1), S. 560–570, S. 593–598.

Eigenschaften des Bürgertums inszenierten die SA-Männer ihr Selbstbild: Gegen
den Materialismus wurde der eigene Idealismus, gegen den Individualismus das
Kameradschaftsideal und gegen die effeminierten ‚Spießer' der Männlichkeitskult
inszeniert.[40]

In der faschistischen Männlichkeitsrhetorik zeigt sich, wie dominant Gewalt für
die faschistische Identität war. Die faschistischen Kampfbündler konstruierten
Männlichkeit weder im Bild des harten Arbeiters, wie dies die Kommunisten taten,
noch im Bild des Familienvaters oder gar Liebhabers, sondern ausschließlich in der
Konstruktion des kompromisslosen Schlägers, der, treu zusammenstehend mit
seinen Kameraden, für die „Rettung der Nation" kämpfte. Diese Engführung erklärt sich zum einen aus der sozialen Lage der jungen Kampfbündler, die meist
keine Familienväter waren und denen sich auch kaum Möglichkeiten boten, ihr
Männlichkeitsverständnis ökonomisch zu definieren. Darüber hinaus zeigte ihr
Selbstbild eine Geschlechterkodierung, in der Frauen entweder als aufopferungs-
volle Mütter oder aber als warmherzige Mitkämpferinnen dargestellt wurden, die
in beiden Fällen asexuell imaginiert wurden. Vor allem im Gegenbild der kommu-
nistischen Frau wird deutlich, wie sehr die Faschisten Sexualität und Politik ver-
quickten, denn die Kommunisten wie auch ihre Frauen galten ihnen als Verführer
und Verführerinnen. Die rote Fahne wurde zu einem „Lumpen in der Farbe der
Menstruation" erklärt – Promiskuität und Sexualität waren aus ihrer Sicht etwas
Kommunistisches, dem man mit strammer Disziplinierung und Abhärtung des
eigenen Körpers mit schierer Gewalt begegnete. Der männlichen Kameradschaft
haftete von daher immer etwas Frauenverachtendes an, während der Held der
Gewaltgemeinschaften ebenso männlich wie asexuell imaginiert wurde.[41]

Fazit

Der heroischen Überwindung von Angst und Schmerzen haftete etwas Selbstrefe-
rentielles an, wenn Joseph Goebbels 1934 lakonisch festhielt: „Blut kittet aneinan-
der."[42] Mit der freiwilligen Eingliederung in die kameradschaftliche Gewaltgemeinschaft, welche intern durch Charisma, Gewaltausübung und eine Haltung des
Unbedingten hierarchisiert wurde, war eine Absage individueller Freiheiten verbunden. Die Bluttaten schufen eine neue soziale Gemeinschaft, wobei die Solida-
rität der Kämpfer auf der gemeinsamen Erfahrung des Quälens und Tötens beruhte – man verschwor sich mit dem Blut des Opfers. Die Blutschuld verteilte sich auf
viele Schultern – sie wurde individuell erträglich und zugleich zum sozialen Kitt.
Gewalt war ein Mittel zur Integration nach innen und zugleich der Propaganda

---

[40] Vgl. weiterführend ebd., S. 661–679.
[41] Ausführlich dazu ebd., S. 685–690. Dort auch die Zitatnachweise.
[42] Joseph Goebbels: Das erwachende Berlin, München 1934, S. 126.

nach außen, wobei die Gewalt durch ihre Ästhetisierung für die Kampfbündler zu ihrem symbolischen Kapital und zu einem Element ihrer charismatischen Erhabenheit wurde.[43]

---

[43] Vgl. Wolfgang Sofsky: Zeiten des Schreckens. Amok, Terror, Krieg, Frankfurt am Main [2]2002, S. 30, S. 161–162.

II.
Zum Ertragen der Gewalt

Zur Erotik des Kriegsversehrten

Nationalsozialistische Maskulinitätsdiskurse im Kontext extremer Gewalterfahrungen

Vera Marstaller

Soldaten sind zunächst keine Helden. Werden sie zu Helden stilisiert, geschieht dies nicht in einem luftleeren Raum; die Geschichten heroisierter Soldaten haben selbst eine Geschichte. Verletzte Helden wiederum sind nicht per se sexy. Werden die am Körper sichtbaren Spuren der Kriegsgewalt mit dem erotischen Kapital eines begehrenden oder begehrenswerten Kämpfers versehen, dann erfolgt auch dies nicht in einem Vakuum. Die Reduktion mancher Erzählungen aus den 1990er Jahren über den Zweiten Weltkrieg als eine „Zeit, in der Opa verhindern wollte, daß der Iwan über die Oma herfällt"[1] lässt sich durch einen Blick in deutsche illustrierte Zeitschriften und damit auf die visuelle Repräsentation soldatisch-männlicher Körper bereits zwischen den Jahren 1939 und 1945 verorten. Die Geschichten von Männerkörpern, die nur deswegen Verletzungen auf sich genommen hätten, damit Frauenkörper unversehrt blieben, erfuhren ihre Prägung somit nicht erst in der Zeit demokratischer Nachkriegsordnung, sondern mitten im Kriegsgeschehen. Denn auch während der nationalsozialistischen Diktatur wurde Männlichkeit als relationales Phänomen in den Fotoillustrierten vorgeführt. Dabei erweist sich, so die These des vorliegenden Beitrags, die Verknüpfung von ausgeübter Gewalt, Uniformen-Erotik und patriarchalen Heldenversprechen als Motor einer lebensverachtenden Gesellschaftsordnung, in der nicht nur das Leben des Feindes, sondern auch das deutsche Leben nicht betrauerbar ist und Gewalt zum Selbstzweck wird.

Judith Butler zufolge ermöglicht eine Analyse fotografischer Berichterstattung vor allem, die soziale und historische Bedingtheit von Körpern wahrzunehmen:

> Der Körper ist gesellschaftlich und politisch geprägten Kräften ebenso wie den Forderungen des sozialen Zusammenlebens – wie der Sprache, der Arbeit und dem Begehren – ausgesetzt, die Bestand und Gedeihen des Körpers erst ermöglichen.[2]

Fotografien kriegsversehrter Körper bieten folglich theoretische Aufschlüsselungskraft dafür an, welchen körperlichen Risiken und sozialen Anforderungen Soldaten des Zweiten Weltkriegs durch die Pflicht zu heroischem Verhalten ausgesetzt

---

[1] Hermann L. Gremliza: Haupt- und Nebensätze, Berlin 2016, S. 34. Ausführlicher zur Wirkung des Heldenmythos in Bezug auf das Bild der Wehrmacht in der Nachkriegszeit: Jens Westemeier (Hg.): „So war der deutsche Landser...". Das populäre Bild der Wehrmacht, Paderborn 2019.

[2] Judith Butler: Raster des Krieges. Warum wir nicht jedes Leid beklagen, Frankfurt am Main / New York, 2010, S. 11.

waren. Darüber hinaus offenbart das Motiv der Versehrtheit, dass in der Verknüpfung von Begehren und Gewalterfahrung Narrativierungen des männlich-
heroischen Kriegers angeboten wurden, auf die nach der Rückkehr der Soldaten
in die Heimat (und damit nach einer Verletzung, in verstärktem Maße aber nach
Kriegsende) zurückgegriffen werden konnte. Dies ermöglichte eine nachträgliche
Einordnung der Erfahrungen aus diesem Lebensabschnitt in die jeweilige Biographie, die Konstituierung des Selbst und die Ausrichtung persönlicher Bezie-
hungsgestaltung.[3] Michel Foucaults Frage aus dem Sommer 1974, wie es dazu
kommen konnte, dass der Nationalsozialismus in der Nachkriegszeit zur „réfé-
rence absolue de l'érotisme"[4] wurde, stellt sich demnach schon im Hinblick auf
die nationalsozialistischen Illustrierten selbst, welche die Kriegsverwundung mit
Begehren verbanden.

In diesem Sinne untersucht der vorliegende Beitrag die in illustrierten Zeitschriften veröffentlichten Fotos kriegsverletzter Wehrmachtssoldaten in Bezug auf
ihre Rezeptionsangebote und Leerstellen.[5] Ebenfalls berücksichtigt werden Bild-
kontexte wie Bildtitel und andere sprachliche Beigaben, etwa Wortberichte oder
Ratschläge als Antworten auf Leserinnenbriefe, die den Fotos zur Seite gestellt
wurden, sowie auch das Nebeneinander verschiedener Fotografien. Nach einer
kurzen Einführung in den (visuellen) Kontext der in Zeitschriften abgedruckten
dokumentarfotografischen Bildwelten zwischen 1939 und 1945 wird zunächst
dargelegt, inwiefern Fotos von verwundeten Soldaten eine ideale Männlichkeit
der Helden als stets kampfbereite Kameraden definieren. Daran schließt die Untersuchung der Fotos von Krankenschwestern an, die den verwundeten Soldaten
in den Illustrierten meist zur Seite gestellt wurden, die wie die Verletzten in einem
heiratsfähigen Alter sind und die durch ihr Schwärmen für Soldaten zum Sinnbild idealer Weiblichkeit werden. Abschließend folgt eine Analyse der Darstellung kriegsversehrter Heimkehrer und der Frauen in der Heimat. Mittels der Ana-
logie zu den Krankenschwestern werden diese Frauen, wie eine Art natürliche
Begleiterscheinung eines Verletzten, häufig als heimliche, stets den Wünschen der
Männer nachkommende Pflegerinnen dargestellt. Die Anordnung der Quellen

---

3   Vgl. zur Subjektkonstituierung über die Narration des Selbst Douglas Ezzy: Theorizing
     Narrative Identity. Symbolic Interactionism and Hermeneutics, in: The Sociological Quar-
     terly 39.2, 1998, S. 239–252.
4   Michel Foucault: Cahiers du cinéma, Nr. 251–252, Juli–August 1974, S. 33. Vgl. zu dem
     Interview mit Foucault vertiefend auch Saul Friedländer: Kitsch und Tod. Der Wider-
     schein des Nazismus, Frankfurt am Main 2007, S. 77–82.
5   Unter Rückgriff auf Walter Benjamins Aufsatz über *Das Kunstwerk im Zeitalter seiner techni-
     schen Reproduzierbarkeit* vermerkt Judith Butler zur Offenheit individueller Rezeptionsmög-
     lichkeiten: „Selbst wenn man vor dem Hintergrund der globalen Medienberichterstattung
     einen einzelnen ‚Kontext' der Schaffung von Kriegsfotografie isolieren könnte, würde sich
     diese Fotografie durch ihre Zirkulation unweigerlich von diesem Kontext ablösen. Das
     Bild geht zwar gewiss in neue Kontexte ein, erzeugt damit aber auch neue Kontexte und
     wird so zum Bestandteil eben jenes Prozesses, durch welchen neue Kontexte abgegrenzt
     und geformt werden." Butler: Raster des Krieges (Anm. 2), S. 17.

folgt also nicht chronologisch ihrer Veröffentlichung in Zeitschriften, sondern einer thematischen Zeitlichkeit der Handlung, wie sie in den Illustrierten aus der Perspektive der Soldaten heraus vorgenommen wird. Der Weg der Blicke führt von den Räumen der Front über die Lazarette zum Leben in der Heimat. Am Ende des Beitrages zeigt sich so, inwiefern der visuelle Anblick erfahrener Gewalt in der Kriegsversehrtheit den Mythos des heroischen, begehrenswerten sowie begehrenden Frontkämpfers mitgestaltet, dessen Pfand der eigenen körperlichen Unversehrtheit mit Liebe und Verehrung seitens der Frauen im Reich entlohnt werde.

Die Illustrierte als Massenmedium und die Masse soldatischer Helden

Fotografien verwundeter Wehrmachtssoldaten sind in Illustrierten vergleichsweise selten zu finden, sie dokumentieren nie Gesichtsverletzungen – die zur Zeit der Weimarer Republik etwa im Bildband *Krieg dem Kriege* von Ernst Friedrich durchaus auch in Fotografien zu sehen waren – und sind oft so platziert, dass sie innerhalb der einzelnen Heftausgaben leicht zu übersehen sind. Damit stellen sie eine Ausnahme im Gesamtkorpus veröffentlichter Kriegsfotografien dar und können gemäß Judith Butler als Grenzfälle angesehen werden, anhand derer sich gesellschaftliche Aushandlungsprozesse anzuerkennenden Lebens analysieren lassen.[6] Das folgende Beispiel mag dies veranschaulichen: In der Rubrik „Sie fragen... Frau Ilse antwortet!", in der die illustrierte Frauenzeitschrift *Die junge Dame* zur Zeit des Zweiten Weltkriegs Leserinnenbriefe zu Themen von Frau-Sein über Frau-Werden, Liebe bis Berufswahl abdruckte und beantwortete,[7] findet sich in der Ausgabe vom 13. Mai 1941 ein Leserinnenbrief, in dem sich eine anonym bleibende Frau die Frage stellt, ob sie einen Mann trotz seines durch eine Kriegsverletzung entstellten Gesichtes heiraten solle.[8] Die Antwort von ‚Frau Ilse' lautet:

---

6   Ebd., S. 23–29. Butler diskutiert die Frage nach Gefährdung und Betrauerbarkeit über die Debatten um ein „Recht auf Leben", die in Abtreibungs- und Sterbehilfekampagnen zu hören sind und ebenfalls Grenzfälle verhandeln.

7   Hinter ‚Frau Ilse' verbarg sich Walther von Hollander, der wohl durch seine rege Publikationstätigkeit in Liebesspielfilmen, Fortsetzungsromanen und Kolumnen als „the best known German advice columnist" gelten kann und unter anderem nach dem Krieg in der Programmzeitschrift „Hörzu" unter „Fragen Sie Frau Irene" weiterhin mit psychologischem Rat den Leser*innenbriefen zur Seite stand. Lu Seegers: Walther von Hollander as an Advice Columnist on Marriage and the Family in the Third Reich, in: Elizabeth Harvey u. a. (Hg.): Private Life and Privacy in Nazi Germany, Cambridge 2019, S. 206–230, hier S. 206.

8   Die in jeder Ausgabe enthaltene Rubrik trägt, nachdem *Die junge Dame* unter dem Namen *Kamerad Frau* mit den Illustrierten *Die Hanseatin* und *Wir Hausfrauen* zusammengeführt worden war, seit dem 25. April 1943 die doppelte Überschrift „Unsere vertrauliche Ecke/Sie fragen... Frau Ilse antwortet!" Am 30. September 1944 wurde das Erscheinen der Frauenzeitschrift eingestellt, das letzte Heft erschien im Oktober desselben Jahres.

Selbstverständlich sollen Sie zu dem Mann halten, den Sie sich gewählt haben und sich nicht durch törichte und recht oberflächliche Reden anderer Leute von Ihrer Neigung abbringen lassen. Gerade das Schicksal, das Ihr Verlobter gehabt hat, beweist ja, wie vergänglich die äußere Schönheit ist und wie rasch sie einem genommen werden kann.[9]

Frau Ilse gibt in ihrer insgesamt sehr langen Antwort Anweisungen, die eine Verschiebung des thematischen Gegenstandes – die Kriegsversehrtheit – in den Bereich des Mythos markieren:[10] Die hässlichen Wunden am Körper seien nur eine von verschiedenen Formen, deren Anblick die Vergänglichkeit von Schönheit bewusst werden lassen könne. Darüber hinaus seien sie ohnehin nicht als Entstellung, sondern als Ehrabzeichen anzusehen, das den Mann in den Rang eines Helden emporhebe; einen Kriegsversehrten zu heiraten sei wegen der männlichen „Charakterwerte", die anhand der Verletzung für alle Außenstehenden sichtbar würden, folglich ein Glücksgriff für jede Frau.[11]

Frau Ilses Antwort verdeutlicht aber auch, dass es der öffentlichen Aushandlung bedarf, welcher Umgang mit den am Körper wahrnehmbaren Schäden angebracht sei. Denn ein Kriegsversehrter verdiene es, so Frau Ilse weiter, dass ihm respektstatt sorgenvoll begegnet werde.[12] Für zeitgenössische Rezipient*innen scheint es demnach nicht selbstverständlich gewesen zu sein, Kriegsverletzungen als ein vom Vaterland verliehenes Ehrabzeichen wahrzunehmen, weswegen eine mitleidsvolle Haltung von vornherein ausgeschlossen sei. Denn Frau Ilses abschließende Sätze lassen auf die Auffassung schließen, dass die Zurückweisung von Mitleid durch die „sozialisatorisch-erzieherische Funktion" der Medien zunächst vermittelt, von den Leser*innen aber dann in der Gesellschaft verbreitet werden solle:[13]

Lassen Sie um Gotteswillen in Ihrer Liebe kein Mitleid aufkommen; es wäre gerade hier durchaus nicht am Platze. Mitleid ist die schlechteste Basis für ein kameradschaftliches Zusammenleben und niemals dort angebracht, wo eigentlich alle Ursache gegeben ist, auf Haltung und Leistung des anderen besonders stolz zu sein. Betrachten Sie lieber diese äußeren Nachteile als einen Orden, den ihm das Vaterland verliehen hat, und – was das Wichtigste ist – seien auch Sie es, die die anderen von solcher Einstellung überzeugt.[14]

---

9   Die junge Dame 9.19, 13. Mai 1941, S. 22.
10   Roland Barthes: Mythen des Alltags, Frankfurt am Main 1964, S. 85–151.
11   Die junge Dame 9.19, 13. Mai 1941, S. 22.
12   Ebd.
13   Niklas Luhmann, hier zitiert nach: Olmo Gölz: Helden und Viele – Typologische Überlegungen zum kollektiven Sog des Heroischen. Implikationen aus der Analyse des revolutionären Iran, in: helden. heroes. héros. E-Journal zu Kulturen des Heroischen, Special Issue 7: Heroische Kollektive. Zwischen Norm und Exzeptionalität, 2019, S. 14–15, DOI: 10.6094/helden.heroes.heros./2019/HK/02. Wie sehr die Abwehr von Mitleid im Kampf um Anerkennung auch bei Kriegsopferverbänden in der BRD der Nachkriegszeit eine Rolle spielte, beschreibt Jan Stoll: Behinderte Anerkennung? Interessenorganisationen von Menschen mit Behinderungen in Westdeutschland seit 1945, Frankfurt am Main / New York 2017, S. 29–124.
14   Die junge Dame 9.19, 13. Mai 1941, S. 22.

Fotoillustrierte wurden dabei, wie der Fotohistoriker Anton Holzer schreibt, ab der Weimarer Republik bis „über die Mitte des 20. Jahrhunderts hinaus [...] zum beherrschenden Bildmassenmedium".[15] Hierin lässt sich keineswegs von einer nachlassenden Bedeutung des Mediums zur Zeit des Zweiten Weltkriegs ausgehen. 1939 lag die Auflagenstärke aller in Deutschland publizierten Wochenillustrierten bei ungefähr 6.8 Millionen. Allerdings stimmt diese Zahl nicht mit der Anzahl der tatsächlichen Leser*innen überein, denn diese lässt sich angesichts privat organisierter Lesegemeinschaften, Lesezirkel-Mappen und als Feldpost an die Front verschickter Zeitschriften weit höher annehmen.[16] In meiner Analyse stütze ich mich vor allem auf zwei Illustrierte: Die wöchentlich erscheinende *Berliner Illustrierte Zeitung (BIZ)* zählte bereits 1940 mit einer Auflage von einer Million zu den größten Fotoillustrierten des Nationalsozialismus. Im Jahr 1943 hatte sich ihre Auflagenstärke gemäß den Recherchen Harriet Scharnbergs auf drei Millionen erhöht.[17] Die *BIZ* war bereits zuvor in der Weimarer Republik eine beliebte Familienzeitschrift gewesen. Sie wurde vom Verlag der jüdischen Familie Ullstein herausgegeben. Der Medienkonzern Ullstein hatte bis zur Enteignung im Jahr 1933 europaweit das Geschäft mit journalistischen Fotografien angeführt.[18] Am 1. Juli desselben Jahres, noch vor Inkrafttreten des Schriftleitergesetzes im Januar 1934, folgte die Entlassung der bis dahin verbliebenen jüdischen Redakteure. Die 1933 gegründete, zunächst wöchentlich, ab 1943 unter dem Titel *Kamerad Frau* monatlich erscheinende Illustrierte *Die junge Dame* wiederum richtete sich primär an unverheiratete, zwischen 17 und 30 Jahre alte Frauen des Mittelstandes. Die Auflagenstärke lag 1939 und 1940 bei 100.000, danach fehlen, wie bei der *BIZ*, die Angaben im Impressum.[19]

Die Darstellung von Kriegsversehrten in beiden Zeitschriften kann als repräsentativ für die massenmediale Öffentlichkeit des Nationalsozialismus gelten.[20] So

[15] Anton Holzer: Rasende Reporter. Eine Kulturgeschichte des Fotojournalismus, Darmstadt 2014, S. 10.

[16] Ab 1940 führen illustrierte Zeitschriften ihre Auflagenstärke nicht mehr im Impressum auf, was lange Zeit die Annahme bestärkte, die Publikationen seien unter anderem durch kriegsbedingten Papiermangel rückläufig gewesen. Scharnbergs Recherchen hingegen zeigen eine gegenläufige Tendenz auf: Harriet Scharnberg: Die ‚Judenfrage' im Bild. Der Antisemitismus in nationalsozialistischen Fotoreportagen, Hamburg 2018, S. 41–47. Allerdings gilt es bei der Zunahme der Auflage der *BIZ* zu bedenken, dass gegen Kriegsende immer mehr Zeitschriften eingestellt bzw. mit anderen zu einer Zeitschrift zusammengelegt worden waren.

[17] Ebd., S. 41–42.

[18] Holzer: Rasende Reporter (Anm. 15), S. 10.

[19] Laura Wehr: Kamerad Frau? Eine Frauenzeitschrift im Nationalsozialismus, Regensburg 2002, S. 38.

[20] Öffentlichkeit wird hier mit Jörg Requate verstanden als ein Raum, in dem eine Vielzahl an Akteuren aus den Bereichen der Produktion, Publikation und Rezeption der fotografischen Berichte über die historisch gegebenen Kommunikationsstrukturen miteinander in Verbindung stehen. Während des Nationalsozialismus lassen sich diese Strukturen unter anderem durch das im Oktober 1933 und im Januar 1934 in Kraft getretene Schriftleitergesetz kaum mit den emanzipatorischen Hoffnungen Jürgen Habermas' oder Nancy Fra-

war die Distribution der an der Front aufgenommenen Fotografien weder den
Fotografen noch den Zeitschriften überlassen, sondern wurde über ein in Berlin
gelagertes, zentrales Bildarchiv gelenkt.[21] Die Fotos von der Front, die in der
Frauenzeitschrift veröffentlicht wurden, hätten demnach auch in jeder anderen
Zeitschrift abgedruckt werden können. Zudem waren einzelne Autoren nicht nur
im Rahmen der jeweiligen Zeitschrift sicht- und hörbar. Walther von Hollander
beispielsweise gab nicht nur in *Die junge Dame* als Frau Ilse seine Beziehungsrat-
schläge, seine Person und seine Ansichten hatten unter anderem auch durch seine
auflagenstarken Ratgeber-Monographien oder durch in anderen Zeitschriften
abgedruckte Fortsetzungsromane Bekanntheit erlangt.[22]

Die in illustrierten Zeitschriften veröffentlichten Bilder, die von Fotografen der
NS-Propagandakompanien aufgenommen wurden und damit dem Reichsministe-
rium für Volksaufklärung und Propaganda und dem Oberkommando der Wehrmacht unterstanden,[23] etablieren in Bezug auf die Konzeptionen von Heldentum
im Nationalsozialismus ein anderes Bild, als es bisherige Forschungen erwarten
ließen. In sprachwissenschaftlichen Studien wurde eine inflationäre, wenig über-
zeugende Heldenbezeichnung für die Gesamtheit der ‚Arier' aufgearbeitet,[24] ge-
schichtswissenschaftliche Arbeiten zum NS-Heldenkult beschäftigen sich größtenteils mit NS-Eliten oder den Gefallenen der beiden Weltkriege.[25] In kunst- und
kulturhistorischen Studien wird eine Ästhetik antikisierter blonder, muskelgestähl-
ter Männer nahegelegt, die sich an Plakaten der NSDAP, den Skulpturen Arno
Brekers oder den Fotografien und Filmen Leni Reifenstahls orientieren.[26] Die in

---

sers in Einklang bringen, dennoch offenbaren sich – zumindest zwischen den Zeilen –
auch in den Massenmedien nicht nur die Stimmen der politischen Elite. Jörg Requate: Öffentlichkeit und Medien als Gegenstände historischer Analyse, in: Geschichte und Gesellschaft 25.1, 1999, S. 5–32.

[21] Daniel Uziel: Propaganda, Kriegsberichterstattung und die Wehrmacht. Stellenwert und
Funktion der Propagandatruppen im NS-Staat, in: Rainer Rother / Judith Prokasky (Hg.):
Die Kamera als Waffe. Propagandabilder des Zweiten Weltkrieges, München 2010, S. 13–
36, hier S. 17.

[22] Seegers: Walther von Hollander (Anm. 7), S. 207–208.

[23] Uziel: Propaganda (Anm. 21), S. 13–36.

[24] Vgl. hierzu auch Victor Klemperer, der erwähnt, dass Begriffe aus dem Wortfeld des Heroischen in Zeitungen für Zeitgenossen zu einem Synonym für Niederlage wurde: Victor
Klemperer: LTI. Notizbuch eines Philologen, Stuttgart [24]2010, S. 17, sowie die Einträge
„heldisch" und „heroisch/Heroismus" in Cornelia Schmitz-Bering: Vokabular des Nationalsozialismus, Berlin / New York [2] 2007, S. 306–309. Vertiefend zur Dynamik äußerst he-
terogener Aneignungsmöglichkeiten der NS-Propaganda in Bezug auf die toten Helden
vgl. Cornelia Brink: Sein letztes Bild. Von der Unsichtbarkeit des Sterbens im NS-
Heldenkult um Soldaten, in: dies. u. a. (Hg.): Helden müssen sterben. Von Sinn und
Fragwürdigkeit des heroischen Todes (Helden – Heroisierungen – Heroismen 10), Baden-
Baden 2019, S. 209–230.

[25] Vgl. u. a. Sabine Behrenbeck: Der Kult um die toten Helden. Nationalsozialistische Mythen, Riten und Symbole, Vierow bei Greifswald 1996.

[26] Zur Plakatkunst vgl. Birgit Witamwas: Geklebte NS-Propaganda. Verführung und Manipu-
lation durch das Plakat, Berlin / Boston, 2016, S. 130–164. Zum Antike-Bezug Brekers vgl.
Birgit Bressa: Nach-Leben der Antike. Klassische Bilder des Körpers in der NS-Skulptur

Abb. 1: „Ein deutscher Soldatengruß aus Sizilien", in: Berliner
Illustrierte Zeitung 50.9, 27. Februar 1941, S. 225.

diesem Beitrag untersuchten dokumentarischen Fotografien von Frontsoldaten
dieser Zeit aber scheinen gegen all dies fast schon alltäglich. Sie erinnern, wie etwa
die Fotografie eines zwischen großen Kakteen hervorschauenden, fröhlich grin-
senden Soldaten auf der Titelseite der *BIZ* vom 27. Februar 1941, eher an den
sympathischen Nachbarn, Bruder, Freund oder Geliebten, als dass sie Merkmale
einer wie auch immer gearteten Außerordentlichkeit anbieten würden (Abb. 1).

Arno Brekers, Dissertation, Universität Tübingen 2001. Zum Antike-Bezug Riefenstahls
vgl. Maren Polte: Fotografie als Filmmarketing. Leni Riefenstahls *Schönheit im olympischen
Kampf*, in: Markwart Herzog / Mario Leis (Hg.): Kunst und Ästhetik im Werk Leni Riefenstahls, München 2011, S. 119–136; zur begrenzten Wirkung ihrer Filme auf Zeitgenoss*innen vgl. Clemens Zimmermann: Die politischen Dokumentarfilme von Leni Rie-
fenstahl: *Sieg des Glaubens (1933) – Triumph des Willens (1935) – Tag der Freiheit: Unsere
Wehrmacht (1935)*, in: ebd., S. 59–82, hier S. 63.

In der Werbung zu den Propagandakompanien (PK) wurde wiederholt darauf hingewiesen, dass die als militärische Einheiten zusammengefassten Wort-, Bild- und Tonberichter sowie Zeichner wie die Soldaten eine militärische Ausbildung erhalten hätten. Somit seien sie als Soldaten im Kriegseinsatz aktiv und dazu angehalten, gegen Kriegsgegner gewaltsam vorzugehen, zugleich aber damit beauftragt, ihren Zeitgenoss*innen zeitnah Bericht von der Front zu erstatten und die Ursprünge eines neuen Deutschtums für spätere Generationen aufzuzeichnen. Dem erwünschten Eindruck, durch ihre PK-Fotos visuelle Belege tatsächlich stattfindender Realitäten zu liefern – was die Propaganda der Propagandakompanien im Übrigen nie müde wurde, zu behaupten –,[27] stehen jedoch die Aussageveränderungen entgegen, die sich in den Illustrierten finden lassen: Solche Verschiebungen wurden durch die Einschreibung eines heroischen Entstehungskontextes produziert, aber auch durch die Veröffentlichung verschiedener Fotografien auf einer Seite, innerhalb eines Bildberichtes, einer Heftausgabe oder verschiedener Zeitschriften und anderer Medien wie Film (Wochenschau oder Spielfilme) oder Plakate und ihre impliziten Bezugnahmen aufeinander.[28]

Während des gesamten Krieges repräsentieren die Bildwelten die Wehrmacht weniger als eine militärische Einheit, sondern vielmehr als eine heroische Gemeinschaft, die anderen Regeln als dem traditionellen militärischen Ehrencodex unterliege. Die Fotografien knüpfen teilweise direkt an Bildwelten an, die bereits aus dem Ersten Weltkrieg bekannt sind.[29] Doch hatten die Fotografien illustrierter Zeitschriften des Ersten Weltkriegs noch traditionelle heroische Attribute wie Distanz, Glanz und Größe transportiert, so erfahren diese nun eine Veränderung. Die Alltäglichkeit fotografischer Darstellung übersteigt die Menge der Bilder aus der Zeit des Ersten Weltkrieges und transformiert die Repräsentation des Krieges in Fotobildbänden zur Zeit der Weimarer Republik durch die Aktualität des Krieges ab 1939.[30] In einer heroischen Gemeinschaft von Soldaten sind zudem andere Außerordentlichkeitsmarker erforderlich als in Fällen, in denen sich ein Einzelner

---

[27] Exemplarisch Hasso von Wedel: Die Propaganda-Kompanien der Wehrmacht, in: Die Wehrmacht, Sonderausgabe Frankreich 1940, S. 23–24, hier S. 23. Zum Begriff der Propaganda in der Verwendung der vorliegenden Arbeit, durchaus im Sinne der heutigen Verwendung von „Werbung" gedacht, vgl. Cornelia Brink u. a.: Propaganda, in: Compendium heroicum, 2018, DOI: 10.6094/heroicum/propaganda.

[28] Barthes: Mythen (Anm. 10), S. 96–104, u. a.

[29] Zu Bildwelten des Ersten Weltkriegs vgl. u. a. vertiefend Anton Holzer: Die andere Front. Fotografie und Propaganda im Ersten Weltkrieg, Darmstadt 2007.

[30] Deutlich wird diese Transformation beispielsweise an dem allmählichen Verschwinden der entstellten Körper aus der medialen Visualität, wie sie noch Ernst Friedrich in seinem Bildband *Krieg dem Kriege* in pazifistischer Absicht anklagend publizieren konnte; vgl. Ernst Friedrich: Krieg dem Kriege, neu herausgegeben vom Anti-Kriegs-Museum Berlin, Bonn 2015. Allgemein zur visuellen Präsenz des Ersten Weltkrieges, die in der Weimarer Republik stärker ausgeprägt war als in der Zeit zwischen Kriegsausbruch 1914 und Kriegsende 1918/19 vgl. Katja Protte: Das ‚Erbe' des Krieges. Fotografien aus dem Ersten Weltkrieg als Mittel nationalsozialistischer Propaganda im ‚Illustrierten Beobachter' von 1926 bis 1939, in: Fotogeschichte 16.60, 1996, S. 19–42.

als Held von den Vielen der Menge abhebt.[31] Dies geschieht in den Fotografien der Illustrierten nicht nur durch die rassistisch oder antisemitisch begründete Abgrenzung zu den Gegenspielern – also etwa den Kriegsgegnern und den Juden –, sondern auch durch Abgrenzung zu deutschen Frauen, die als eine Helden verehrende Gemeinschaft repräsentiert werden. Der heroische Einsatz, der darin besteht, sein eigenes Leben aufs Spiel zu setzen und mit großer Opferbereitschaft ganz in den Dienst des Vaterlandes zu stellen, wird zum Beweis der Männlichkeit und des Soldatentums, das größtenteils auf dieser Männlichkeit begründet ist. Soldaten stehen einerseits in der Pflicht, Frauen Schutz zu bieten, die dadurch wiederum in der Schuld stehen, die Männer als ihre Helden zu verehren.[32] Andererseits sollten die Soldaten, wie die Darstellung der Kriegsversehrten in den Fotoillustrierten nahelegt, als Helden – statt als Soldaten oder ganz normale Männer – vor keiner Grenzüberschreitung und keiner noch so großen Gefahr zurückschrecken.

Soldat und Sanitäter

Durch die Repräsentation von im Kampf erlittenen Verwundungen wird, so könnte man annehmen, die passive Gewalterfahrung hervorgehoben, die aktive Teilhabe an dieser Gewalt jedoch verschwiegen. Doch die innerhalb aller Fotografien von Kriegsverwundeten am häufigsten aufzufindende Motivgruppe versammelt Fotos, die hervorheben, wie Soldaten trotz ihrer Verwundungen weiterkämpfen. Dadurch liegt die fotografische Betonung auf der Fähigkeit zur Gewaltausübung statt ihres Erleidens.[33] Zwar gibt beispielsweise das Titelfoto der *BIZ* vom 31. Juli 1941, aufgenommen vom PK-Fotografen Gustav von Estorff, nicht eindeutig zu erkennen, ob der knapp über dem Ellbogen Verletzte sich weiterhin in engagierter Kampfposition befindet (Abb. 2, links): Sein Mund ist ähnlich der Bewegung beim lauten Rufen mit angespannten Gesichtszügen geöffnet, seine Beine sind ähnlich der Startposition im Schnelllauf platziert – beides könnte genauso gut eine unmittelbar bevorstehende Kampfeshandlung einleiten wie visueller Ausdruck eines Hilferufs sein. Der Verband, der nicht vollständig um den Oberarm gewun-

---

31 Zur Außerordentlichkeit vgl. Tobias Schlechtriemen: Der Held als Effekt. *Boundary Work in Heroisierungsprozessen*, in: Berliner Debatte Initial 29.1, 2018, S. 106–119, hier S. 110. Vgl. zu heroischen Kollektiven Olmo Gölz: Helden und Viele (Anm. 13), S. 12–14.

32 Vgl. hierzu ausführlicher auch die Vorstellung des Dissertationsprojektes und erster Ergebnisse: Vera Marstaller: Stillstand der Körper im Krieg. Von den Pflichten des Heroischen und dem Reiz des Alltags in der illustrierten Massenpresse des Nationalsozialismus (1939–1945), in: Visual History, 22.07.2019, www.visual-history.de/project/stillstand-der-koerper-im-krieg/. DOI: https://doi.org/10.14765/zzf.dok-1445.

33 Bspw. in: Berliner Illustrierte Zeitung 49.22, 30. Mai 1940, S. 510; Berliner Illustrierte Zeitung 49.42, 17. Oktober 1940, S. 1061; Berliner Illustrierte Zeitung 51.37, 17. September 1942, S. 507; Berliner Illustrierte Zeitung 52.16, 22. April 1943, S. 182; Berliner Illustrierte Zeitung 52.22, 3. Juni 1943, S. 255.

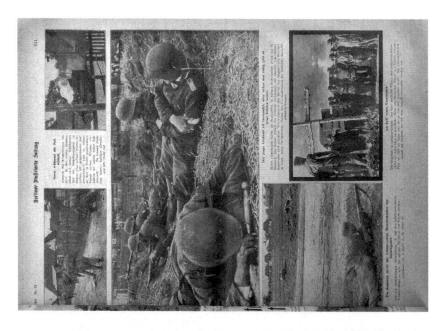

Abb. 2: (1) „Der deutsche Offizier", in: Berliner Illustrierte Zeitung 50.31, 31. Juli 1941, S. 809. (2) „Sein letzter Bericht", in: Ebd., S. 811.

den wurde und dessen Ende lose herabhängt, sowie der Griff der unverletzten Hand um den Ellenbogen des verletzten Arms deuten darauf hin, dass die Verletzung schmerzt und den Fotografierten am Kämpfen hindert. Der zum Rufen geöffnete Mund könnte dabei sowohl Angriffs- als auch Rückzugsworte geformt haben. Der Mann im Hintergrund hat sein Gewehr zur Seite gelegt und blickt zu dem Rufenden; auch seine Körperhaltung lässt sich weder eindeutig als fortgeführte noch als beendete Kampfhandlung lesen.[34] Die Bildunterschrift mildert mit der Wahl der Adjektive die Bildwirkung eines schreienden Verletzten und grenzt die Bedeutungsoffenheit der Fotografie merklich ein, wenn sie angibt: „Ruhig und klar gibt er weiter seine Befehle.“[35]

Die folgenden Erläuterungen auf der Titelseite erweitern das Bild des Verletzten, indem sie Kampfhandlungen evozieren, die einzig die Kriegsgegner initiieren, die deutsche Truppen folglich lediglich erleiden und sie zur Reaktion zwingen:

> [...] plötzlich krachen Gewehrschüsse, rasen MG.-Garben: die Sowjet-Soldaten feuern aus ihren Verstecken. Der Führer der deutschen Abteilung wird verwundet. Das Verbandspäckchen herausgerissen, notdürftig verbunden – und schon gibt der Leutnant weiter seine Befehle.[36]

Es folgt ein in Klammern gesetzter Hinweis, der den Fotografen des Titelbildes ins Bewusstsein ruft: „Zu der Folge im Innern des Heftes ‚Sein letzter Bericht‘.“[37] Blättert man nämlich eine Seite weiter, findet sich, als letztes Bild des Bildberichtes, eine schwarz umrandete Fotografie mit dem Bildtitel, der das gleichnamige, 1825 vertonte, in der Wehrmacht und heute noch in der Bundeswehr bekannte Lied „Ich hatt' einen Kameraden...“ zitiert (Abb. 2, rechts).[38] Zu sehen sind mehrere Soldaten, die sich um ein Holzkreuz gruppieren. Die Bildunterschrift lautet:

> Die Ortschaft ist niedergekämpft. Uns bleibt noch die Pflicht, den gefallenen Kameraden die letzte Ehre zu erweisen. Einer von ihnen war Gustav von Estorff, dessen Film

---

34 Berliner Illustrierte Zeitung 50.31, 31. Juli 1941, S. 809.
35 Ebd., S. 809. Wer die Texte zu den Bildern verfasste, wird nicht angegeben.
36 Ebd.
37 Ebd.
38 Die Austauschbarkeit des Mannes, der von der Kriegsgewalt getroffen wurde, und des Soldaten, der ihr entging und zu Ehren des Gefallenen das *Lied vom guten Kamerad*, zur Zeit der Freiheitskämpfe gegen Napoleon von Ludwig Uhland gedichtet, singt, war auch im Liedtext bereits betont worden: „Ich hatt' einen Kameraden, / Einen bessern findst du nit. / Die Trommel schlug zum Streite, / Er ging an meiner Seite / Im gleichen Schritt und Tritt. // Eine Kugel kam geflogen, / Gilt sie mir oder gilt sie dir? / Ihn hat sie weggerissen, / Er liegt zu meinen Füßen, / Als wär's ein Stück von mir. // Will mir die Hand noch reichen, / Derweil ich eben lad. / Kann dir die Hand nicht geben, / Bleib du im ew'gen Leben / Mein guter Kamerad!“ Text und Interpretationen bei Uli Otto / Eginhard König: „Ich hatt' einen Kameraden. Militär und Kriege in historisch-politischen Liedern in den Jahren 1740 bis 1914, S. 272–273. Zum Uhland-Lied vgl. auch Thomas Kühne: Kameradschaft. Die Soldaten des nationalsozialistischen Krieges und das 20. Jahrhundert, Göttingen, 2006, S. 30–32, zur Verwendung als Ausdruck eigenen Überlebens im Zweiten Weltkrieg: Ebd., S. 145, S. 168.

Nr. 2582 der beste war, der je von ihm belichtet wurde. Die Abschiedsworte sprach der Offizier, der bei dem Angriff verwundet worden war...[39]

Der Heldentod des Fotografen wird über die Bildunterschriften und die Liedreferenz unmittelbar an die heroische Verwundung des von ihm Fotografierten gekoppelt. Beide haben die Gewalt des Gegners am eigenen Körper erfahren – allerdings in Folge eines Angriffs der deutschen Truppen auf ein russisches Dorf statt während der Verteidigung, wie es auf der Titelseite noch nahegelegt wird. Damit wird nicht nur die Gefahr, die der Krieg für die Unversehrtheit des Körpers und das eigene Überleben bedeutet, über beide an der Fotografie der Titelseite beteiligten – Fotograf und Fotografierten – aufgerufen und auf die gesamte Wehrmacht übertragen, sondern auch die aktive Kampfeshandlung der deutschen Soldaten – auch trotz Verletzungen – betont, deren Kampfgeist einzig durch den Tod gestoppt werden könne. Letztlich hätte das Schicksal des einen auch den anderen und damit jeden einzelnen Soldaten treffen können. Den Gefallenen, so gibt die Fotografie der Beerdigung des PK-Fotografen zu erkennen, kann widerspruchslos die letzte Ehrung durch das Wort „Heldentod" erwiesen werden. Die Verwundung desjenigen aber, der unter Schmerzen weiterkämpft, wird durch den Verweis darauf, wie hoch das Risiko dieses persönlichen Einsatzes ist und dass das eigene Leben dabei verloren werden kann, zum Ausweis heroischen Soldatentums.

Verwundungen stellen aber auch Kulminationsmomente der heroisierenden Soldatenrepräsentation dar: In Form der Verletzung wird die Gefahr des Kriegseinsatzes visuell bestätigt. Diese Bestätigung kann zwar zum Heldenstatus verhelfen, gleichzeitig aber auch das drohende Ende des eigenen Kampfeinsatzes bedeuten. Wird ein Soldat von einem Kameraden gerettet, kann er dadurch aus der heroisch-soldatischen Gemeinschaft ausgeschlossen werden. Letztlich sticht im gesamten Bildbericht aus der Menge der Soldaten nicht der Gefallene, der nur als einer von mehreren erwähnt wird, sondern vor allem derjenige als außergewöhnlich hervor, der trotz der ihn umgebenden und ihn direkt am Körper treffenden Kriegsgewalt die Fassung soweit bewahrt, dass der Kampf weitergeführt werden kann. Namentlich erwähnt wird von den Gefallenen tatsächlich nur Gustav von Estorff, wobei die Betonung auf seiner Tätigkeit als Fotograf statt auf seinem Status als toter Kriegsheld liegt. Sein Heldentod erhöht damit vor allem die von den Deutschen verübte Gewalt des Krieges, die seinen Fotos eingeschrieben ist und die den Rezipient*innen der *BIZ* nun vorliegt – weist aber weder seinen noch den Tod der Anderen als zu betrauerndes Ereignis aus.

---

[39] Berliner Illustrierte Zeitung 50.31, 31. Juli 1941, S. 811.

Abb. 3: „Der gute Kamerad", in: Berliner Illustrierte Zeitung 51.30, 30. Juli 1942, S. 423.

Wie schmal die Grenze zwischen Held-Sein und Eines-Helden-Bedürfen verläuft, verdeutlicht vor allem eine zweite Gruppe an Fotografien, die als Motiv verwundete Soldaten im Verbund mit der Kameradschaft der Unverwundeten versammelt.[40] Dies ist beispielsweise in dem Bildbericht *Der gute Kamerad* vom Juli 1942 über die Arbeit der Sanitäts-Soldaten der Fall (Abb. 3).[41] Im Vordergrund steht

---

40 Berliner Illustrierte Zeitung 49.9, 29. Februar 1940, S. 206; Berliner Illustrierte Zeitung 49.31, 1. August 1940, S. 757; Berliner Illustrierte Zeitung 51.24, 18. Juni 1942, S. 351; Berliner Illustrierte Zeitung 51.30, 30. Juli 1942, S. 423; Berliner Illustrierte Zeitung 52.6, 11. Februar 1943, S. 62.
41 Berliner Illustrierte Zeitung 51.30, 30. Juli 1942, S. 423.

das Angebot der Zeitschrift an die Leser*innen, in den Fotografien zu erkennen, dass sich Sanitäter, deren höchstes Gut das Leben in Kameradschaft zu sein scheint, auch noch mitten im Frontgeschehen reibungslos um die Verwundeten kümmerten. Der Bildbericht thematisiert den Einsatz der Sanitäter, die sich der Lebensgefahr aussetzen, nur um das Überleben, vor allem aber die Kampfbereitschaft der Anderen zu sichern.[42] Da allerdings, wie zuvor dargelegt wurde, zur heroischen Haltung die Fähigkeit gehört, zu kämpfen (die gemäß der Berichterstattung die Sanitäter, ähnlich den Mitgliedern der Propagandakompanien, als Soldaten ebenfalls aufweisen), wird die Teilhabe an der Kriegsgewalt zwangsläufig zu einem Kampf um Anerkennung, der schnell zu verlieren ist: Bei Kriegsverletzung droht der Verlust des Heldenstatus. Denn auch für den Zweiten Weltkrieg gilt, was Jörn Leonhard in Bezug auf die Soldaten des Ersten Weltkriegs feststellt: „Die Macht des Zufalls, die darüber entschied, ob man den Krieg überlebte oder nicht, wurde zu einem Leitmotiv der soldatischen Fronterfahrung."[43] Und, ähnlich den literarisch verarbeiteten Erfahrungen im Ersten Weltkrieg, stellen auch die Fotoillustrierten heraus, dass letztlich die Unversehrtheit des Überlebenden entscheidend für die Vorstellungen idealer Männlichkeit blieb.[44]

Als visuell herausragende Heldenfigur dieser Doppelseite repräsentiert sich nämlich weder ein Sanitäter noch der Verwundete, sondern der Kompaniechef, der, im Foto links unten, umringt von weiteren, nicht als Individuen erkennbaren Soldaten, den Leserinnen der Zeitschrift direkt in die Augen blickt und der, so gibt die Bildunterschrift an, bei einem Verletzten wartet, bis der Sanitätstrupp eintrifft:

> Fragend blicken die Augen des Oberleutnants dem Sanitätssoldaten entgegen, dem einzigen, der hier die erste sachkundige Hilfe geben kann. Ihm überläßt er jetzt mit ruhigem Gewissen die verwundeten Kameraden. Dann wendet er sich wieder dem Gegner zu ...[45]

Übereinstimmend mit der zuvor zitierten Bildunterschrift mildert das Wort „ruhig" das Thema der Verwundung. Und genau wie dort wird erwähnt, dass der Soldat die Gefahr, selbst zu sterben, auf sich nimmt, um das Überleben der anderen zu sichern. Um dies zu ermöglichen, bleibt das Weiterkämpfen oberste Devise. Damit markiert und sichert nicht die Möglichkeit, sich zum Schutz der anderen selbst zu opfern, also selbst Gewalt zu erleiden, sondern die aktiv ausgeübte Gewalttat den Heldenstatus des Oberleutnants – und nicht des Verwundeten. In Bezug auf die Darstellung der Verwundeten kündigt sich nämlich im Gegensatz zum Motiv des trotz Verwundung Weiterkämpfenden eine „Verschiebung vom

---

[42] Damit haben die Sanitäter ihr „ziviles Ich", das „sich nur ums eigene physische Überleben" kümmert, gegen das „kriegerische" Ich getauscht, das sich „auf das Erleben der Gemeinschaft" konzentrierte, wie Thomas Kühne zum Mythos des „guten Kameraden" zur Zeit des Nationalsozialismus erläutert in Kühne: Kameradschaft (Anm. 38), S. 146.

[43] Jörn Leonhard: Die Büchse der Pandora. Geschichte des Ersten Weltkriegs, München ⁵2014, S. 328.

[44] Ebd., S. 573–574.

[45] Berliner Illustrierte Zeitung 51.30, 30. Juli 1942, S. 423.

heroischen zum leidenden Opfer"[46] durch die Kriegsgewalt an. Somit gerät der Heldenstatus des Verwundeten, der in seiner fotografischen Repräsentation nicht (weiter) kämpft, im und durch das Bild und dessen Kontextualisierung ins Wanken.

Soldat trifft Schwester

Die Bildwelten des weiterkämpfenden sowie des vom Kameraden geretteten Verwundeten fehlen in der Frauenzeitschrift *Die junge Dame* bzw. *Kamerad Frau* vollständig. Hier findet sich ein drittes, ebenso in der *BIZ* verbreitetes Motiv:[47] das des verwundeten Soldaten, glücklich durch die ihm zugewandte Krankenschwester (Abb. 4). Der Beruf der Krankenschwester wird in der Darstellung in Illustrierten zu Kriegszeiten zum beliebtesten unter deutschen Frauen, sodass nicht alle, die wollten, ihn ergreifen könnten. Wichtig sei, so konnte man lesen, bereits für die Ausbildung, vor allem aber bei der Ausübung im Kriegsgebiet die nationalsozialistische Gesinnung, da es neben der Pflege die Hauptaufgabe der Schwestern sei, den Verletzten ihr Vertrauen in die nationalsozialistische Ideologie zurückzugeben.[48] Es fällt auf, wie häufig in den Fotos jeweils einem Verwundeten eine Krankenschwester zur Seite gestellt wird.[49] Die Momentausschnitte steigern den Eindruck des fröhlichen Einvernehmens dieser – in der Realität des Krieges so sicher nicht zu findenden – Eins-zu-Eins-Betreuung zwischen Soldat und Krankenschwester zusätzlich, wenn jeweils körperliche Nähe beziehungsweise Berührungen zwischen beiden dargestellt werden.[50] Werden Soldaten verwundet, so

---

46 Martin Sabrow: Heroismus und Viktimismus. Überlegungen zum deutschen Opferdiskurs in historischer Perspektive, in: Potsdamer Bulletin für Zeithistorische Studien Nr. 43–44, 2008, S. 7–20, hier S. 19.

47 Laut Elke Frietsch findet sich in der *BIZ* das Motiv der Krankenschwester im Krieg erst ab einem Zeitpunkt, als die Siegesgewissheit durch sich häufende Niederlagen unglaubwürdig geworden war. Elke Frietsch: Kulturproblem Frau. Weiblichkeitsbilder in der Kunst des Nationalsozialismus, Köln u.a. 2006, S. 75.

48 Zum Schwesternberuf: Die junge Dame 7.38, 19. September 1939, S. 2–3; zur nationalsozialistischen Gesinnung: Die junge Dame 11.3, 9. Februar 1943, S. 2–3.

49 Bspw. ebenso Abbildung 4 in Berliner Illustrierte Zeitung 48.48, 30. November 1939, S. 1818; Berliner Illustrierte Zeitung 49.24, 13. Juni 1940, S. 571; Berliner Illustrierte Zeitung 50.44, 30. Oktober 1941, S. 1095; Berliner Illustrierte Zeitung 50.45, 6. November 1941, S. 1108; Die junge Dame 11.4, 23. Februar 1943, S. 4; Kamerad Frau 1.1, 25. April 1943, S. 3; Kamerad Frau 1.4/5, Juli/August 1943, S. 15. Wer sich wie Erwin Rommel einen Namen gemacht hat, bekommt noch mehr Schwestern zur Seite gestellt, wie der Genitiv im Titel zu folgendem Bildbericht nahelegt: „Rommels 55 Schwestern", in: Die Wehrmacht 7.4, 10. Februar 1943, S. 12.

50 Auch die illustrierten „Feldpostbriefe", die an Krankenschwestern gerichtet sind, betonen, neben dem Dank für Freundlichkeit, Füttern und Narkose, diese körperliche Nähe: „Heute gilt der Gruß eines Feldgrauen den Schwestern. Nicht nur der Schwester Gertrud allein, sondern allen, die sich mit hilfsbereiten Händen und Herzen über die Betten unserer Verwundeten beugen, allen, die mit liebevoller Sorge Qual und Schmerzen bannen." Die junge Dame 11.5, 9. März 1943, S. 2.

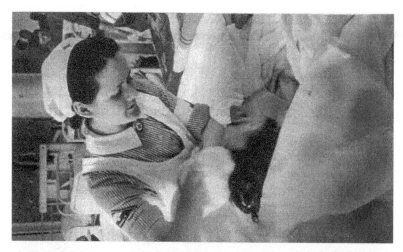

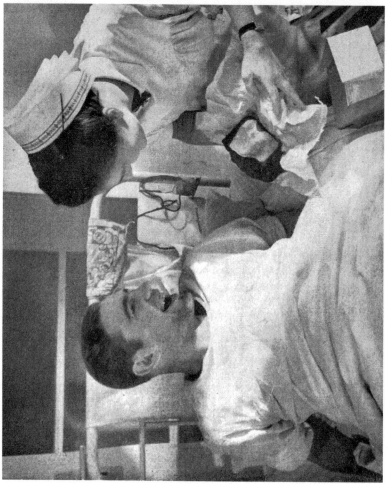

Abb. 4: (1) „Ehrenbürger der Nation", in: Berliner Illustrierte Zeitung 50.45, 6. November 1941, S. 1108. (2) „Du und ich, Schwester Maria. Eine Kurzgeschichte von Alfred Günzel", in: Kamerad Frau 1.4/5, Juli/August 1943, S. 15.

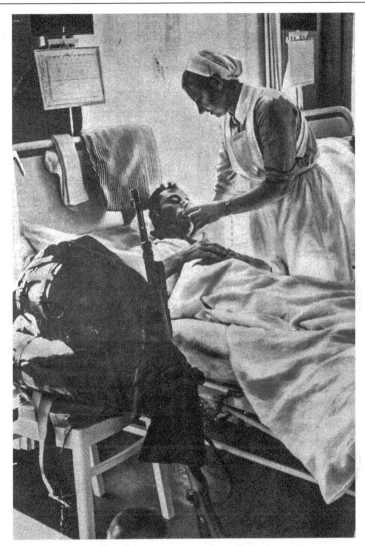

Abb. 5: Ohne Bildtitel, in: Die junge Dame 9.19, 13. Mai 1941, S. 3.

bekommt man den Eindruck, dann geht es ihnen gut, allein schon, weil junge und dem sportlichen Schönheitsideal der Zeit entsprechende Frauen sich offensichtlich gut gelaunt um sie kümmern.

Eine Fotografie aus *Die junge Dame* vom 13. Mai 1941, also aus derselben Ausgabe, aus der auch Frau Ilses Rat zu Beginn dieses Beitrags stammt, soll im Folgenden eingehender betrachtet werden. Die Schwarz-Weiß-Reproduktion zeigt einen Soldaten und eine Krankenschwester im Lazarett (Abb. 5). Der im Profil erkennbare Blick der Frau richtet sich ganz auf das Gesicht des Verletzten, auch ihr Oberkörper wendet sich dem Mann, nicht etwa dem Fotografen, zu. Durch die aufeinander Bezug nehmenden Körper von Mann und Frau und die Nähe der

Hände der Frau zu Mund und Wangen des Mannes entsteht der Eindruck einer intimen und vertrauensvollen Verbindung der beiden, die durch weitere Anwesende – etwa den Fotografen bzw. die Personen, die im angrenzenden Krankenbett angedeutet sind – nicht gestört zu werden scheint. Der Akt der Hinwendung der Krankenschwester zum verwundeten Soldaten wird in dieser Lesart zum Thema der Fotografie.

Der im Krankenbett liegende Männerkörper bildet eine Diagonale, die das Bild in zwei Hälften teilt. Im linken unteren Ausschnitt heben ein auf einem Stuhl abgelegter Rucksack, ein an denselben Stuhl gelehntes Gewehr sowie in Ansätzen ein Stahlhelm am unteren Bildrand Kriegs-Accessoires hervor. Der rechte, obere Teil der Aufnahme drückt mit der Krankenschwester, die hinter dem Bett steht, die Pflege des Verletzten aus. Das Bildarrangement betont die Bedeutung des Gewehres und der Frau für den Mann. Gleichzeitig stellt der Mann eine Trennlinie zwischen Frau und Gewehr dar, was durch das dominierende Schwarz im unteren und das dominierende Weiß im oberen Teil, zu dem der Mann durch das Ablegen der Uniform und durch die weiße Krankenhausdecke nun auch gehört, noch verstärkt wird. Der Mann im Bett verbindet und trennt damit zwei Sphären, von denen die eine, dunkle von Gewalt geprägt ist – letztlich ragt das Gewehr senkrecht und gemäß den Regeln des Goldenen Schnitts in der Länge zwei Drittel des Fotos einnehmend im Bildvordergrund platziert empor. Die zweite, helle Sphäre aber bleibt von der Gewalt verschont, der weiße Raum der Pflege liegt hinter der dunklen Seite des Fotos. Das Phänomen der Kriegsgewalt legt nahe, Weiblichkeit und Männlichkeit als Dichotomie aufzufassen. Die eng mit dem Mann verknüpfte Kriegsgewalt repräsentiert sich als Wesensmerkmal der Männlichkeit, die in der Handlungsaufforderung an die Männer gipfelt, die Gewalt durch persönlichen Einsatz von der Frau fernzuhalten.[51]

Die sich in dienender Haltung um den Verletzten sorgende Krankenschwester erscheint als Lohn für seine Bereitschaft dazu, sich unter anderem zu ihrem Schutz der Gewalt auszusetzen: Dem Verlust der Anerkennung seiner Männlichkeit, den die Kriegsversehrtheit nach sich zu ziehen droht, kann durch die Gegenüberstellung der Weiblichkeit Abhilfe geleistet werden. Sollte der Kriegsverletzte den gängigen Männlichkeitsvorstellungen weiterhin entsprechen wollen, lautet die Handlungsaufforderung an ihn demnach unmissverständlich: Kannst du nicht mehr weiterkämpfen, dann finde eine Frau, die sich um dich sorgt, an deiner Seite.

Umrahmt werden die Bilder von Soldat und Schwester von Kurzgeschichten oder der wiederkehrenden Zeitschriftenrubrik „Feldpostbrief an Dich", in denen unter anderem von der Liebe zwischen beiden berichtet wird.[52] In der Kurzgeschichte *Du und ich, Schwester Maria* beispielsweise sieht ein Kriegsversehrter durch

---

[51] Die junge Dame 9.19, 13. Mai 1941, S. 3.
[52] Bspw. in Die junge Dame 11.3, 9. Februar 1943, S. 3; Kamerad Frau 1.4/5, Juli/August 1943, S. 15.

die Liaison mit seiner Krankenschwester am Ende trotz bleibender körperlicher Behinderung einer glücklichen Zukunft entgegen. Die durch seine Verletzung gefundene Liebe verhilft ihm gar dazu, auch andere Kameraden, wie seinen Bruder, dabei zu unterstützen, trotz ausweglos scheinender Situationen nie den Mut zu verlieren.[53] Die Texte in den Illustrierten nehmen wiederholt Bezug auf die Schwierigkeiten, die eine Kriegsverletzung für den Mann darstellt.[54] Soldaten verlören oft kurzzeitig ihren Lebensmut und fürchteten sich davor, anderen zur Last zu fallen. Dem könne aber, laut der expliziten Angaben in den Zeitschriften, die klare Unterordnung der Frau Abhilfe verschaffen. Somit empfiehlt es sich sowohl nach den Berichten der Soldaten als auch nach Frau Ilses Ratschlägen für Versehrte besonders, eine wesentlich jüngere und unerfahrenere Lebenspartnerin zu wählen. Beispielsweise antwortet Frau Ilse in Bezug auf die Zweifel der Partnerin eines Kriegsblinden, ob sie angesichts ihrer Jugend überhaupt dazu in der Lage sei, einen traumatisierten Soldaten zu begleiten:

> Der Mann will in der Ehe Führer sein, und diese Rolle ist ihm von der Natur ja auch meist zugefallen; wenn er durch Verlust seines Augenlichtes schon in vielerlei Hinsicht auf die Führung der Frau angewiesen ist, so wird ein guter Ausgleich gerade dadurch geschaffen, daß er, wenn nicht die körperliche, so doch die geistige Überlegenheit ihr gegenüber besitzt.[55]

Das überwiegend jugendliche Alter der Krankenschwestern in den Fotos (Abb. 4, Abb. 6, links) soll also nicht nur deren Heiratsfähigkeit visualisieren, sondern vor allem trotz Verletzung die Überlegenheit des Soldaten sichern.[56] Dem älteren Verletzten wird durch die Kontrastierung mit der jugendlichen Fürsorge die Repräsentation seiner Männlichkeit in Texten und Bildern zurückgegeben. In dieser Lesart entsteht also im Blick auf das Foto weniger die Phantasie sich voneinander unterscheidender Liebespartner als Ausdruck zwar binär gedachter, aber gleichrangiger Gendernormen. Vielmehr festigt sich hierin eine heroische Männlichkeit, die sich, wenn schon nicht eindeutig durch die eigene Stärke, so umso mehr durch die Schwäche des Gegenübers konstituiert: Umso schwächer er ist, desto schwächer soll auch sie sein.

---

53 Kamerad Frau 1.4/5, Juli/August 1943, S. 15.
54 Berliner Illustrierte Zeitung 48.47, 23. November 1939, S. 1782; Berliner Illustrierte Zeitung 49.42, 13. Juni 1940, S. 571; Berliner Illustrierte Zeitung 50.18, 1. Mai 1941, S. 505; Berliner Illustrierte Zeitung 50.44, 30. Oktober 1941, S. 1094–1095; Berliner Illustrierte Zeitung 50.45, 6. November 1941, S. 1108–1109; Die junge Dame 11.4, 23. Februar 1943, S. 4; Kamerad Frau 2.1, Januar 1944, S. 2; Kamerad Frau 2.3, März 1944, S. 8–9; Kamerad Frau 2.9, September 1944, S. 1–3.
55 Die junge Dame 10.17, 25. August 1942, S. 11.
56 Dies gilt auch dann noch, wenn das Alter der Schwester als „viel zu jung" markiert wird: „Du warst 22 Jahre alt, das ist eigentlich noch viel zu jung für solch eine große Aufgabe, doch das nur nebenbei." Die junge Dame 11.5, 9. März 1943, S. 3.

Abb. 6: „Da werden Frauen zu Heldinnen: 80 Stunden hintereinander am Operationstisch", in: Die junge Dame 9.19, 13. Mai 1941, S. 2–3.

Berücksichtigt man die gesamte Doppelseite, auf der die Fotografie abgedruckt ist, ergibt sich ein anderes Bild (Abb. 6). Die zuvor genannten Heldenmarker – unermüdlicher Einsatz unter Lebensgefahr sowie Kameradschaft – sind nun Thema, diesmal jedoch in Bezug auf die Krankenschwester – und konsequenterweise leitet die Seite den Bildbericht (links oben) mit „Da werden Frauen zu Heldinnen"[57] ein. Vordergründig geht es um Frauen, die bei täglicher Schwerstarbeit weiterkämpfen und bereit sind, Opfer zu bringen, was auch der Titel der Abbildung, „80 Stunden hintereinander am Operationstisch",[58] andeutet. Dass sich vor allem an der Front auch Frauen Kriegsverletzungen zuziehen können,[59] wird im Bericht über Hertha Tietz deutlich, über die es heißt, sie sei bei ihrem Einsatz bei der Marine mit dem Schiff untergegangen. Die Erzählung ihres Todes stellt eine Art Heroisierung in Kurz- sowie Reinform dar: „Sie gab ihre Schwimmweste, obwohl sie nicht schwimmen konnte, einem Soldaten, dem dadurch das Leben gerettet wurde."[60] Kameradschaft, Dienst für höhere Ziele, und die Bereitschaft, für beides zu sterben, lassen – zumindest in dieser Darstellung – die Krankenschwestern, ähnlich wie die Sanitäter im vorherigen Bildbericht, Teil der heroischen Gemeinschaft der Soldaten werden.

Damit wird aber auch die klare und zunächst schlüssige Einteilung in männliche Helden an der Kriegsfront und ihre weiblichen Verehrerinnen an der Heimatfront zum Gegenstand eines Aushandlungsprozesses; heroisches Verhalten kann als Alleinstellungsmerkmal der Männer und damit als Ausdruck ihrer Männlichkeit nicht mehr unhinterfragt behauptet werden. Zwar wird bereits im Bericht das Leben des Soldaten als wertvoller als das der Schwester dargestellt. Doch wird ebenfalls die Angst vor dem Verlust der Stellung als Mann innerhalb der Gesellschaft nach Kriegsende durch veränderte Aufgabenbereiche der Frauen in der Heimat angesprochen, die auch die Soldaten des Ersten Weltkrieges bereits umgetrieben hatte.[61] Heldenerzählungen der nationalsozialistischen Propaganda versuchen offensichtlich, schon im Vorfeld Abhilfe zu schaffen. Die auch in anderen gesellschaftlichen Bereichen von Zeitgenossen bemerkte Unklarheit der Grenzen zwischen heroischem Heldentum und ziviler Opferbereitschaft führte beispielsweise innerhalb des Reichsministeriums für Volksaufklärung und Propaganda (RMVP) zu Diskussionen darüber, ob Richtlinien erlassen werden sollten, welche die Verwendung der Adjektive ‚verwundet' und ‚gefallen' sowie den Abdruck des Eisernen Kreuzes bei Todesanzeigen nur bei männlichen Soldaten und nicht etwa bei Flakhelferinnen zulassen sollten. Diese Adjektive müssten Männern, die sich aktiv an der Gewalt des Krieges beteiligten, vorbehalten bleiben, um ihnen Hoch-

---

57 Die junge Dame 9.19, 13. Mai 1941, S. 2.
58 Ebd.
59 Vgl. hierzu auch die Verleihung des EK II an Elfriede Wunck, die im Osten als Krankenschwester ihr Bein verlor: Die junge Dame 11.4, 23. März 1943, S. 15.
60 Ebd., S. 3.
61 Vgl. zum Ersten Weltkrieg Leonhard: Büchse der Pandora (Anm. 43), S. 775.

achtung und Respekt, auch vor ihren Verletzungen, zuzusichern. Alle anderen, die selbst keine Gewalttat verübten, sollten dementsprechend in der Presse als „verletzt" oder „getötet"[62] bezeichnet werden.[63] PK-Fotografen und Sanitäter, denen der Status als Soldaten offiziell zuerkannt wurde, werden gemäß dieser Auffassung (von anderen) verwundet und fallen (aktiv und selbstständig), verletzen sich aber nicht (aktiv und selbstständig) und werden auch nicht (von anderen) getötet. Bei Krankenschwestern verhält sich die Aktiv- und Passiv-Verteilung in Bezug auf Verwundung und Tod genau andersherum: sie verletzen *sich* und *werden* getötet. Held sein bedeutet in diesem Kontext explizit nicht, aktive Männlichkeit gegen eine passiv-weibliche Opferrolle zu setzen. Hier zeigt sich vielmehr, dass der nationalsozialistische Heldenbegriff in Bezug auf männliche Soldaten nicht losgelöst von Opferfigurationen war, sondern die männlich-passive Opferbereitschaft vielmehr Voraussetzung für die Heroisierung blieb, andererseits aber auch Frauen zu aktiv-heroischer Einsatzbereitschaft aufgefordert waren.

Letztlich waren die Sprachregelungen des RMVP ohnehin lediglich Richtlinien, die keineswegs immer befolgt und in Einzelfällen auch ganz anders umgesetzt wurden. Hätte *Die junge Dame* beispielsweise diese Wünsche nach Sprachregelung berücksichtigt, wäre Hertha Tietz jedenfalls nicht gestorben, weil sie freiwillig auf die Schwimmweste verzichtet hatte, sie wäre vielmehr getötet worden, weil das Schiff durch einen gegnerischen Angriff versenkt worden war. Die Diskussion zeigt aber, dass die Grenzziehung zwischen männlichem Helden und weiblicher Verehrerin nicht durch eine dichotome aktiv-passiv-Unterscheidung auf die binären Geschlechterrollen verteilt wurde. Einzig die Aufforderung an Männer, Gewalt anzuwenden, blieb Frauen als Handlungsspielraum versagt. Anders gesagt: Verübte Gewalt kann Männern auch in gewaltfreien Situationen eine höhere Stellung zusichern.

Durch ihre Teilhabe am kriegsbedingten Heldentum, die Uniform der Schwesterntracht und die Aufladung mit erotischen Konnotationen nimmt die fotografische Visualisierung der Krankenschwestern aber Erinnerungen an die fotografische Figuration des Flintenweibs und des Flittchens in sich auf und gerät damit zwischen Fotos sowohl von Frauen in Uniform und mit Waffe als auch in aufreizend knapper Bekleidung und Körperhaltung (Abb. 7).[64] Fotografien des „Flintenweibs"

---

[62] U. a. Brief des verwundeten Soldaten Oswald Beitzig vom 8. April 1943, BArch Berlin Lichterfelde, NS 18/1063, Bl. 73–79.

[63] BArch Berlin Lichterfelde, NS 18/1063.

[64] Abbildungen von Frauen mit Waffen oder in Uniform in den Reihen der Kriegsgegner finden sich in Bezug auf Großbritannien beispielsweise in: Berliner Illustrierte Zeitung 49.1, 4. Januar 1940, S. 21; Berliner Illustrierte Zeitung 49.4, 25. Januar 1940, S. 77; Berliner Illustrierte Zeitung 49.31, 1. August 1940, S. 749; Berliner Illustrierte Zeitung 49.33, 15. August 1940, S. 810; Berliner Illustrierte Zeitung 49.35, 29. August 1940, S. 883; eine als Russin angegebene Frau in Uniform findet sich in: Berliner Illustrierte Zeitung 50.30, 24. Juli 1941, S. 789; Beispiele von Fotografien deutscher Schauspielerinnen, die zu anzüglich seien, finden sich in BArch Berlin Lichterfelde, NS/18/206, in den Illustrierten *Berliner Illustrierte Zeitung* und *Die junge Dame/Kamerad Frau* selbst hingegen nicht.

Angehörige eines bolschewistischen Frauenbataillons. — So verkommen in bolschewistischen Staat die Frauen, da man sie von ihren ureigenen Aufgaben und Idealen weggerissen und ihrem Wesen fremden Zielen gewaltsam zugeführt hat. Wir kennen solche Bilder auch vom spanischen Bürgerkrieg her, als auf der Seite der Rot-Spanier solche Flintenweiber mitmarschierten.

Abb. 7: (1) „Frauen im Sowjet-Paradies", in: Die junge Dame 9.26, 29. Juli 1941, S. 2. (2) „Die deutschen Rot-Kreuz-Schwestern wirken heute in ganz Europa – zu Wasser, zu Lande und in der Luft", in: Die junge Dame 9.19, 13. Mai 1941, S. 2. (3) „Je mehr sie auszieht, umso anziehender ist sie", in: Der Durchbruch. Soldatenzeitung an der Westfront 10.12, o. S.

der kriegsgegnerischen Armeen stehen im Kontrast zu der zuvor beschriebenen Fotografie, in welcher der deutsche Soldat trennend zwischen der Kriegsgewalt und der Frau stand.[65] Gewalttäter – so ließe sich der „Wirkungsraum"[66] der Gegenüberstellung deutscher Krankenschwestern und antideutscher Soldatinnen beschreiben – muss ein deutscher Mann sein, da er damit die Frauen, und dementsprechend auch die Krankenschwestern, davor bewahren kann, ihrerseits gewalttätig handeln zu müssen. Durch seinen Einsatz ermöglicht der Soldat der Frau, den Weiblichkeitsanforderungen weiterhin zu entsprechen, und nicht, analog zu den bewaffneten Frauen in Uniform auf Fotografien der Kriegsgegner, Männern zu ähneln, indem sie selbst zum Gewehr greift.[67] Damit bezeichnet aber das Opfer, das der Mann ihr und der aufrechterhaltenen Geschlechtertrennung zuliebe zu bringen bereit ist, den Akt, seinerseits Gewalt auszuüben – und nicht nur die Gefahr, Gewalt zu erleiden. Zudem verschafft er sich einen Vorteil, denn durch die neugezogene Differenz bleibt seine Männlichkeit auch in den Augen der Anderen gesichert.

Deutsche Gewalttäter wiederum, so der zweite Wirkungsraum, der sich in der Kontrastierung zurückhaltender Uniform und aufdringlicher Nacktheit entfaltet, erfahren echte Liebe statt sinnentleerter Erotik. Denn nicht nur ein soldatisches, sondern auch ein allzu aufreizendes Benehmen wird in den Frauenzeitschriften als für die deutsche Frau unangebrachtes Verhalten dargestellt. So schreibt beispielsweise der PK-Berichter Wiese in einer Ausgabe von *Kamerad Frau*, der Nachfolgezeitschrift von *Die junge Dame*,[68] im Oktober 1944:

> Wir wissen, daß was als Antrieb bei uns Männern in diesem Kampf der politische Wille ist, bei den Frauen letzten Endes die Liebe bleibt, die Liebe zu uns. Der Bolschewismus mag es versuchen, politische Frauen zu züchten und diesen Versuch sogar mit einigem Erfolg bis zu dem Typ des Flintenweibes steigern. In dieses Extrem kann die deutsche Frau ebensowenig verfallen wie in das erotisch übersteigerte und darum seelisch verödete Frauentum des ‚demokratischen' Westens.[69]

Das Erscheinungsbild deutscher Frauen – und damit auch der Krankenschwestern – in Fotos bedarf offensichtlich einer Lenkung in Bezug auf visuelle sowie

---

[65] ‚Flintenweib' ist laut Forschung ein Ausdruck, der sich überwiegend auf russische Soldatinnen bezog. Fotografien bewaffneter Frauen in Uniform finden sich in den hier analysierten Zeitschriften aber häufiger zur Darstellung Großbritanniens als Kriegsgegner (siehe Anm. 65). Zur fotografischen Repräsentation russischer ‚Flintenweiber' vgl. u. a. Die Wehrmacht 5.15, 16. Juli 1941, S. 8; Die Wehrmacht 5.18, 27. August 1941, S. 8; NS-Frauenwarte 10.3, 1941, S. 50. Vgl. zum Typ der ‚Kriegstreiberin' auch Frietsch: Kulturproblem Frau (Anm. 47), S. 72–73.

[66] Cornelia Brink: Eine Fotografie verstehen. Zur Interaktion von Bild, Blick und Sprache – mit Kommentaren von Anna Schreurs-Morét und Achim Aurnhammer, in: helden. heroes. héros. E-Journal zu Kulturen des Heroischen 6.2, 2018, S. 3–16, hier S. 14.

[67] Siehe Anm. 64 und 65.

[68] Siehe Anm. 9.

[69] Kamerad Frau 2.19, Oktober 1944, S. 3.

sprachliche Repräsentationen, um weder zu soldatisch noch zu aufreizend zu erscheinen.[70]
Die Häufigkeit, mit der in den illustrierten Frauenzeitschriften in Bild und Wort aus der Sicht von Soldaten berichtet wird, legt hingegen nahe, mit dem Begriff der Frauenzeitschrift vorsichtig umzugehen. Eine vom Dezember 1941 bis Februar 1942 geführte Diskussion zwischen dem Oberkommando der Wehrmacht (OKW), dem RMVP und dem Rassepolitischen Amt (RA) über (im Sinne der Rassenideologie) adäquate Fotografien von Frauen (und damit in rassepolitischer Hinsicht zukünftiger deutscher Mütter) in illustrierten Zeitschriften zeugt unter anderem davon, dass gerade Frauenzeitschriften wie *Die junge Dame*, in denen vermehrt Schauspielerinnen und weniger Soldaten fotografisch abgebildet wurden, an der Front höchst beliebt waren.[71] Fotografien junger Krankenschwestern lassen sich in diesem Zusammenhang also auch anders lesen: als an der Front relativ problemlos verfügbare Frauenfotos, die, eventuell in Ermangelung anderer Bilder, soldatische Fantasien, Sehnsüchte, Sublimationen und Beruhigungen bedienen konnten. Die Frauenzeitschrift wäre darüber auch eine Frontzeitschrift.[72]

Das Trauma des Traummannes

Soldaten wird es jedenfalls nicht unangenehm gewesen sein, dass in der Rubrik „Sie fragen... Frau Ilse antwortet!" Soldatenbraut bzw. -frausein wiederholt als das höchste mögliche Liebes-, aber auch Lebensglück angegeben wird (Abb. 8). Was dies für das Beziehungsgefüge bedeutet, wird unverblümt offengelegt, wenn bei Fragen über Beziehungsstreit immer dieselbe Antwort zu finden ist: Angesichts des heroischen Einsatzes des Soldaten solle die Frau doch nicht so kleinlich sein und ihre eigenen Bedürfnisse nicht zu wichtig nehmen. Wichtiger sei, das Leben des Soldaten ganz nach dessen Wünschen zu gestalten. So schreibt beispielsweise Frau Ilse:

> Ich glaube, daß gerade unter den heutigen Kriegsverhältnissen manche der früheren Gesellschaftsregeln ihre Gültigkeit verloren haben. Wenn es um Soldaten geht, die an der Front stehen, so sollte man zunächst und vor allem die Dinge in ihrem Interesse und

---

70 Die Wünsche des OKW nach mehr Fotos von Schauspielerinnen in Illustrierten führten dazu, dass Goebbels eine Auswahl an Bildern traf, die verdeutlichten, welche Darstellungen aus Sicht des RMVP erwünscht und welche unerwünscht (Abb. 7, rechts) waren. BArch Berlin Lichterfelde, NS/18/206.

71 Auch dezidierte Männerzeitschriften wie die SS-Schrift *Das Schwarze Korps* veröffentlichten bevorzugt Frauenbilder. Vgl. hierzu Frietsch: Kulturproblem Frau (Anm. 47), S. 87–98.

72 Damit ist nicht gemeint, dass die Fotografien überwiegend einen männlichen Blick einnähmen. Dass von einem geschlechterspezifisch geprägten Blick, der in Fotografien erkennbar sei, zu sprechen, immer auch bedeutet, den Kontext der Geschlechterordnung zum Zeitpunkt der Aufnahme und damit konkret in Bezug auf Fotograf*innen und Fotografierte zu berücksichtigen, arbeitet Elisabeth Bronfen höchst aufschlussreich heraus in Elisabeth Bronfen: Frauen sehen Frauen sehen Frauen, in: Lothar Schirmer (Hg.): Frauen sehen Frauen. Eine Bildgeschichte der Frauen-Photographie, München 2001, S. 9–32.

Abb. 8: „Mein Liebster ist kriegsversehrt", in: Kamerad Frau 2.3, März 1944, S. 8–9.

nicht nach irgendwelchen verstaubten „Anstandsregeln" entscheiden. Kommt der Soldat auf Urlaub, dann soll die Heimat alles, was in ihren Kräften steht, tun, um ihm den Urlaub so schön wie möglich zu gestalten.[73]

Es finden sich empörte Antworten der Frau Ilse, ein deutsches Mädel solle einem Soldaten doch nicht seinen Spaß aus veraltetem Anstand heraus verleiden und durchaus auf Flirts eingehen, auch wenn diese unverfänglich und ohne Heiratsabsichten gedacht seien.[74] Einer Frau, die auf eine ernste Verbindung hofft, aber keine findet, und sich gegen den Rat der Bekannten wehrt, dann eben Unverbindliches anzufangen, antwortet Frau Ilse, sie könne sich durchaus weiterhin verweigern, müsse aber dann damit rechnen, dass sie als Jungfrau sterben werde.[75] Denn – auch das ist ‚common sense' dieser Zeitschrift –, Sex vor der Ehe ist kein Tabu:[76] „In der Liebe gibt es nur eine Sünde", ist beispielsweise in der Ausgabe vom 1. April 1941 zu lesen, „ – und die heißt Gewalt. Was zwei Menschen sich freiwillig schenken, im vollen, glücklichen Bewußtsein ihres Tuns, das ist nicht nur schön, sondern auch gut."[77]

All diese Fragen und Antworten lassen Probleme erahnen, mit denen sich Frauen und Soldaten in Erwartung des Liebesglücks in Kriegszeiten tatsächlich konfrontiert sehen konnten. Dass die Liebschaft mit einem Kriegsversehrten sich weniger als ehrenvolle Auszeichnung, sondern vielmehr als eine große Herausforderung herausstellt, lässt sich nicht nur deshalb vermuten, weil nur ein einzelner Artikel im März 1944 mit dem Titel „Mein Liebster ist kriegsversehrt" die Frage nach dem richtigen Verhalten von Frauen verhandelt (Abb. 8). Die in diesem Bildbericht veröffentlichten Fotografien zeigen ebenfalls keine der im Alltag der Rezipient*innen durchaus wahrnehmbar entstellten Gesichter oder Ähnliches, was Mitleid wecken könnte.[78] Damit stellt sich die Frage, welche Botschaften die Fotos transportieren könnten, wenn sie offensichtlich nicht dazu dienten, das zeitgenössisch Sichtbare realitätsgetreu in allen Facetten zu repräsentieren.

---

[73] Die junge Dame 11.3, 9. Februar 1943, S. 12.
[74] Zum Beispiel in Bezug auf Pfiffe der Soldaten im Lazarett, wenn Mädchen an ihnen vorbeilaufen: Die junge Dame 8.45, 5. November 1940, S. 14.
[75] Kamerad Frau 1.4/5, Juli/August 1943, S. 28.
[76] Allerdings nur, wenn die Frauen bereit seien, das Risiko, schwanger zu werden, ganz alleine für sich zu tragen, und dem Mann niemals einen Vorwurf daraus machten, da sie sich dadurch die eigene Würde nähmen, indem sie sich ihre Selbständigkeit absprächen und in die Verantwortung anderer begäben. Da aber Frauen in Kriegszeiten über eine berufliche Ausbildung verfügten, Alleinerziehende nicht mehr zu befürchten hätten, als Schande zu gelten sowie der Staat zahlreiche Unterstützungen böte, auch finanziell, stünde der körperlichen Vereinigung außerhalb der Ehe nichts im Wege. Vgl. Die junge Dame 9.13, 1. April 1941, S. 10–11, nach zahlreichen weiteren Einsendungen als Reaktion zum Artikel „Wie weit darf ich ihm gehören?" nochmals abgedruckt in Die junge Dame 9.36/37, 16. Dezember 1941, S. 24. Vgl. ausführlicher zu Sexualität im Nationalsozialismus u. a. Dagmar Herzog: Sex after Fascism. Memory and Morality in Twentieth-Century Germany, Princeton/Oxford, 2005, S. 10–63.
[77] Die junge Dame 9.13, 1. April 1941, S. 11.
[78] Kamerad Frau 2.3, März 1944, S. 8–9.

Alle abgebildeten Kriegsversehrten sind eindeutig im Verbund mit weiteren Personen dabei, einer Arbeit nachzugehen. Die Bildunterschriften unterstreichen, dass die abgebildeten Männer ihr Schicksal in eine positive Richtung lenken, indem sie beispielsweise durch Umschulungen einen durchaus höherwertigen Arbeitsplatz erhalten könnten, als sie vor Kriegsbeginn innehatten. Die einleitende Bemerkung vermerkt in kursiv, dass der Bericht auf zahlreiche Leserinnenbriefe reagiere, die aufgrund ihrer Liaison mit einem Kriegsversehrten Probleme hätten.[79] Diese Briefe selbst, auch das ist bezeichnend, werden jedoch nicht abgedruckt. Stattdessen fordert der Text in Kombination mit den Fotos die Kriegsversehrten dazu auf, trotz ihrer Behinderungen zu arbeiten, um weiterhin gesellschaftliche Anerkennung erlangen zu können. Dazu kommen Erklärungen, was es bedeute, ein Trauma zu haben.[80] Zur Steigerung der Wirkung wird dies als Selbstaussage eines Kriegsblinden mit folgenden Worten wiedergegeben:

> Mitleid ist eine schlechte Medizin [...]. Schwache Seelen macht sie noch schwächer, starken ist sie ein kränkendes Ärgernis. Wir Versehrten haben eine unsichtbare Seelenwunde, ein Trauma, wie es die Wissenschaft nennt. Wer uns bedauert oder bemitleidet, rührt an diese Wunde und bereitet uns traumatische Schmerzen, traumatische Störungen unseres seelischen Gleichgewichts. Wir Versehrten sind mitleidlos gegen uns selbst. Wir müssen es sein, um unseren Platz im Leben und unseren Wert als Menschen zu behaupten. Mitleid fügt unserem Leid nur noch neues Leid hinzu. Wer Verständnis für uns hat, der zeige uns seine Hochachtung und Freude, wenn er sieht, daß wir trotz allem die Fahne des Lebens hochhalten und vollwertige Leistungen hervorbringen. Diese Freude, die wir verdoppeln, indem wir sie teilen, wird uns mit neuer Kraft beseelen. Nicht was fehlt, sondern wie wir den Fehler überwinden, das ist unser menschliches Merkmal, das Beachtung verdient.[81]

Leistung zu erbringen und damit den „Fehler" etwa einer Amputation, nach der dem Körper etwas „fehlt", zu überdecken, so die Botschaft, kann aus einem Kriegsversehrten vielleicht keinen Helden mehr machen, dafür aber jemanden, der seinen Mann steht. Dass dies keine leicht zu bewältigende Aufgabe ist und auch der Unterstützung der Menschen an seiner Seite bedarf, wird vor allem deutlich, wenn statt der Kriegserfahrung das Verhalten der Partnerin als ausschlaggebend für eine traumatische Störung bezeichnet wird. Der Begriff des Traumas, der auch an anderen Stellen in *Die junge Dame* auftaucht, wird hier nicht in seiner medizinisch-psychologischen, letztlich erst nach 1945 entstehenden Verwendung gebraucht, auch wenn die Unterscheidung zwischen „starken" und „schwachen" Seelen Annahmen zeitgenössischer Psychiater erahnen lassen.[82] In der illustrierten

---

[79] Ebd., S. 8–9.
[80] Zur Historisierung des Trauma-Begriffs bzw. der Bezeichnung der „seelischen Schmerzen" vgl. Svenja Goltermann: Die Gesellschaft der Überlebenden. Deutsche Kriegsheimkehrer und ihre Gewalterfahrung im Zweiten Weltkrieg, München 2009, S. 165–191.
[81] Kamerad Frau 2.3, März 1944, S. 8.
[82] Dies setzte sich auch nach 1945 noch in der Annahme fort, dass nicht das Erlebte, sondern eine „anlagebedingte Schwäche" zu psychischen Leiden führten. Goltermann: Gesellschaft der Überlebenden (Anm. 79), S. 345–346.

Berichterstattung steht „Trauma" vielmehr für eine Phase allgemeinen Zweifelns und Verzweifelt-Seins nach der Verwundung, die bei den meisten Kriegsversehrten zunächst eintrete und die es so kurz wie möglich zu halten gelte. An oberster Stelle stünde damit für die Partnerin, dem Verletzten das verlorene Vertrauen in die eigene Stärke wiederzugeben. Dies gelänge am ehesten, wenn ihm das Gefühl gegeben werde, als Mann nach wie vor Herr der Lage zu sein. Falle es ihm beispielsweise schwer, Türen zu öffnen, so solle seine Frau darauf achten, dass die Türen zufällig immer offen stünden, ohne dies zu thematisieren.[83] Frauen als Partnerinnen von Kriegsversehrten werden also aufgefordert, sich zu deren Krankenschwestern zu machen und in diesem Sinne ihr eigenes Verhalten danach auszurichten, dass ihr Mann sich weiterhin als Mann, und das heißt, trotz seiner Einschränkungen, als selbstständig und ihr überlegen fühlen kann.

Zusammenfassung

Heroisierungen dokumentieren, blickt man auf die Repräsentation der Verwundeten und Versehrten in Fotoillustrierten, Aushandlungsprozesse der Männlichkeit in Abgrenzung zur gleichermaßen diskursiv verhandelten Weiblichkeit um den diskursiv verhandelten Platz der Soldaten in der Gesellschaft. Das Phänomen der Gewalt führt zunächst eine radikale Trennung zwischen idealer Männlichkeit und idealer Weiblichkeit ein, das Phänomen der Liebe verbindet die solcherart Getrennten wieder, und das Phänomen der Heroisierung schließlich gibt das Patriarchat als die ideale Verbindungsform vor. Die NS-Heldenpropaganda schuf Handlungsaufforderungen, welche den Wirkungsraum, der durch Heroisierungen in den Illustrierten entstehen kann, offenbaren: Der nette Nachbar, der Freund, Bruder oder Geliebte muss Gewalt ausüben und das Risiko auf sich nehmen, selbst Gewalt zu erleiden, will er die Anforderungen an seine Männlichkeit erfüllen. Kriegsverwundungen stellen somit ein soziales Konfliktpotential dar: Statt kämpfender Kamerad zu sein, braucht der Soldat plötzlich selbst einen; sein Körper weist ihn als leidendes Opfer statt als heroischen Täter aus; die körperliche sowie psychische Überlegenheit Frauen gegenüber ist ungewiss, und in Beziehungsfragen droht er zu verzweifeln. Findet er eine Frau und eine Arbeit, kann er als Mann seinen Platz in der Gesellschaft behaupten. Da der Selbstbehauptungsstatus durch die permanent präsente Folie der Männlichkeitsanforderungen zum Problem wird, kommt dem Verhalten der Frauen den Versehrten gegenüber eine große Bedeutung zu – welche, demonstrieren die Illustrierten in Form eines Versprechens an die männlichen Leser, das zeitgenössisch vielleicht höhere Bedeutung als Orden und Ehrabzeichen entwickeln konnte: Die Fotos der sich sorgenden Schwestern, die sich bei der Ausübung ihres Berufs in den Verletzten zu verlieben scheinen, sagen: Ist er durch den Gegensatz zu ihr ein Held, bleibt er

---

83 Kamerad Frau 2.3, März 1944, S. 8.

ein Mann.[84] Nicht zufällig verkündete der Reichsbund Deutsche Familie in Bezug auf die im Herbst 1943 neugegründete Briefzentrale, „die besonders den Wünschen der Soldaten angepaßt ist und ihnen behilflich sein soll, den richtigen Partner fürs Leben zu finden": „Kriegsversehrte können mit einer besonders sorgfältigen Vermittlung rechnen. Gerade sie sollen und werden nicht auf ein eheliches Lebensglück verzichten müssen."[85]

Die Fotografien demonstrieren, wie sehr (mit Judith Butler gesprochen) Körper sozialen Ordnungen unterliegen, und dass das Framing, innerhalb dessen sie repräsentiert werden, eine Aushandlung von Anerkennungsprozessen des jeweiligen Lebens darstellt.[86] Das Framing, das die Illustrierten in den Kriegsjahren den in den Fotos repräsentierten Männer- und Frauenkörpern geben, konstruiert letztlich nicht nur Verhaltensnormen und Handlungsaufforderungen, die Männer zur Probe ihrer Männlichkeit in den Kampf schicken, um die Frauen zum Erhalt ihrer Weiblichkeit vor der Gewalt zu beschützen. Die Grenzziehung zwischen dem heroischen Körper in dunkler Soldatenuniform als idealem Mann, angesichts dessen Frauen ihre Bringschuld erkennen sollen, und der idealen Frau mit (nicht allzu offensichtlichem, aber mindestens erahnbarem) erotischen Körper in weißer Schwesterntracht, die den Mann sich als Held fühlen lässt, verweist nicht nur auf die Verbindung von „Kitsch und Tod" (Friedländer) im Nationalsozialismus, sondern auch darauf, dass Männlichkeit als relationales Phänomen zu denken ist. Hier werden nicht nur Schwesterntracht und Soldatenuniform mit erotischem Kapital aufgeladen, sondern seine Gewalttat im Krieg wird letztlich auch sein Argument, die patriarchale Stellung in der Beziehung zu ihr zu sichern. Und dies ganz unhinterfragt – denn Illustrierte geben als gutes weibliches Verhalten an, ihm besser gar nichts von den eigenen Wünschen und Bedürfnissen zu erzählen, um ihn, der allein für sie und ihr Bestes so viel auf sich nahm, nicht zusätzlich und unnötig zu belasten.

Letztlich aber werden – in einer Verschiebung des Blicks Judith Butlers von der Darstellung der Kriegsgegner[87] zu den eigenen Soldaten – in den illustrierten Zeitschriften zur Zeit des Nationalsozialismus verstärkt die deutschen Frauen, weniger aber die männlichen deutschen Soldaten als zu beschützendes Leben vorgeführt; der Heldenstatus tröstet lediglich darüber hinweg, dass die Wahrscheinlichkeit zu sterben für wehrfähige Männer nicht nur vergleichsweise erhöht ist, sondern regelrecht eingefordert wird. Anders gesagt: Sich als Frau vom männlich-soldatischen Heldentum auszuschließen, sichert die Chance, zu überleben.

---

84 Damit gibt es in den Illustrierten entgegen der Analyse Kühnes, der die Frontidentitäten in die Wahl zwischen Außenseiter (die Männer, die nicht kämpfen können) und Helden (die Männer, die kämpfen können) aufteilt, durch die Frauen eine dritte Option (Männer, die zwar nicht mehr kämpfen können, aber dennoch Überlegenheit erfahren können). Kühne: Kameradschaft (Anm. 38), S. 144.

85 Kamerad Frau 1.8, 25. November 1943, S. 16.

86 Butler: Raster des Krieges (Anm. 2), S. 11–20.

87 Judith Butler: Krieg und Affekt, Zürich / Berlin 2009, S. 24–31.

Ihre Selbstverleugnung garantiert der Frau zudem ihren Platz innerhalb der nationalsozialistischen Gemeinschaft, denn ihre selbstlose Fürsorge, die sie dem Helden zuteil werden lässt, wird zur Eintrittskarte in den Kreis anerkannter und honorierter Weiblichkeit. Solcherart etabliert die binäre Geschlechterkonstruktion aber über die fotografische Repräsentation des verwundeten Männerkörpers eine letztlich lebensverachtende Gesellschaftsordnung: Der Mann opfert sein Leben der Frau, indem er das Leben der Kriegsgegner gewaltsam angreift, wofür sie wiederum ihr Leben ganz in seinen Dienst stellt. In diesem Kreislauf kann es am Ende keine Gewinner geben. Die eingeforderte Anerkennung einer männlichen Kriegsfront und einer weiblichen Heimatfront verwandelt sich über die Verknüpfung von Gewalt, Erotik und Heldentum innerhalb der nationalsozialistischen Fotoillustrierten in eine Weltanschauung, in der gerade die eigenen Verlusterfahrungen nicht betrauert werden können.

Abbildungsnachweise

Abb. 1: Berliner Illustrierte Zeitung 50.9, 27. Februar 1941, S. 225, Foto: PK Boecker / PBZ.

Abb. 2: (1) Berliner Illustrierte Zeitung 50.31, 31. Juli 1941, S. 809, Foto: PK von Estorff. (2) Ebd., S. 810–811, Foto: PK von Estorff.

Abb. 3: Berliner Illustrierte Zeitung 51.30, 30. Juli 1942, S. 423, Foto: SS-PK Augustin / PBZ.

Abb. 4: (1) Berliner Illustrierte Zeitung 50.45, 6. November 1941, S. 1108, Foto: Helmut Laux. (2) Kamerad Frau 1.4/5, Juli/August 1943, S. 15, Foto: DRK Bildarchiv, M. Stueber.

Abb. 5: Die junge Dame 9.19, 13. Mai 1941, S. 3, Foto: Presse Hoffmann.

Abb. 6: Die junge Dame 9.19, 13. Mai 1941, S. 2–3, Fotos: Presse Hoffmann.

Abb. 7: (1) Die junge Dame 9.26, 29. Juli 1941, S. 2, Foto: Urh. unbekannt. (2) Die junge Dame 9.19, 13. Mai 1941, S. 2, Foto: PK Fremke / Presse Hoffmann. (3) Der Durchbruch. Soldatenzeitung an der Westfront 10.12, o. S. / Ausschnitt aus dem Bestand BArch Berlin Lichterfelde, NS/18/206, Foto: Tobis.

Abb. 8: Kamerad Frau 2.3, März 1944, S. 8–9, Fotos: Schröder (2 Fotos) / DRK-Bildarchiv, Nordhausen / Piper (2 Fotos) / PBZ (1 Foto).

Die Schule des Prügelns

Gewalt und Heldentum in Jan Guillous Jugendroman *Ondskan*

Joachim Grage und Sotirios Mouzakis

Im Jahr 1979 wurde in Schweden als erstem Land der Welt körperliche Gewalt gegen Kinder per Gesetz verboten. Bis dahin waren Züchtigungsmaßnahmen wie Ohrfeigen oder das Prügeln mit Stock oder Rute noch weit verbreitete und allgemein akzeptierte familiäre Erziehungsmethoden. Ein Jahr zuvor hatte die schwedische Kinderbuchautorin Astrid Lindgren anlässlich der Verleihung des Friedenspreises des deutschen Buchhandels in der Frankfurter Paulskirche eine vielbeachtete und vieldiskutierte Rede gehalten, in der sie einen Zusammenhang zwischen der Ächtung von Gewalt gegen Kinder und dem Frieden herstellte, auch auf weltpolitischer Ebene. Um Frieden zu schaffen, so Lindgren, müsse man „von Grund auf beginnen. Bei den Kindern.“[1] Ihre Forderung ‚Niemals Gewalt' begründet sie aber auch mit der Menschenwürde der Kinder: „Ganz gewiß sollen Kinder Achtung vor ihren Eltern haben, aber ganz gewiß sollen auch Eltern Achtung vor ihren Kindern haben, und niemals dürfen sie ihre natürliche Überlegenheit mißbrauchen.“[2] Spiegelt man dies auf die politische Ebene zurück, so korrespondiert der Gewaltverzicht in der Erziehung mit einer Deheroisierung der Machthaber. Er ist verbunden mit der Einsicht, „daß die Männer, die die Geschicke der Völker und der Welt lenkten, keine höheren Wesen mit übernatürlichen Gaben und göttlicher Weisheit waren“.[3] Weder ist das Ausüben von Gewalt heroisch, noch kann man Kinder mit Gewalt zu Helden erziehen.

Was heute weithin als selbstverständlich gilt, war damals noch höchst umstritten. Wenngleich das Recht auf körperliche Züchtigung in Deutschland schon 1957 abgeschafft worden war, galt es gewohnheitsrechtlich weiter.[4] In den 1970er Jahren durften auch Lehrkräfte noch ihre Schülerinnen und Schüler züchtigen.[5]

---

1 Astrid Lindgren: Niemals Gewalt, in: Börsenverein des Deutschen Buchhandels (Hg.): Astrid Lindgren. Ansprachen anlässlich der Verleihung des Friedenspreises des Deutschen Buchhandels, Frankfurt am Main 1978, S. 31–40, hier S. 34.
2 Ebd., S. 38.
3 Ebd., S. 35.
4 Vgl. Brigitte Zypries: „Gesetz zur Ächtung von Gewalt in der Erziehung" als Beispiel für Bewusstseinswandel durch Recht, in: Österreichischer Kinderschutzbund: Kinderschutz aktiv, 23. November 2007. web.archive.org/web/20071123124701/http://www.kinderschutz.at/zeitung/zypries.htm, 14. Juni 2020.
5 Vgl. Rainer Dollase: Erziehung, in: Christian Gudehus u. a. (Hg.): Gewalt. Ein interdisziplinäres Handbuch, Stuttgart 2013, S. 17–24, hier S. 17. Vgl. dazu auch Torsten Gass-Bolm: Das Ende der Schulzucht, in: Ulrich Herbert (Hg.): Wandlungsprozesse in Westdeutschland. Belastung, Integration, Liberalisierung 1945–1980, Göttingen 2002, S. 436–466.

Angeblich soll Lindgren vom Börsenverein des deutschen Buchhandels im Vorfeld der Preisverleihung aufgefordert worden sein, ihre Rede abzuändern, was sie aber verweigert habe.[6] In Deutschland begann erst ein Jahr nach ihrem Auftritt in der Paulskirche die „Diskussion um ein ausdrückliches Gewaltverbot",[7] und es dauerte noch einmal mehr als zwei Jahrzehnte, bis im Jahr 2000 ein entsprechendes „Gesetz zur Ächtung von Gewalt in der Erziehung" vom Bundestag verabschiedet werden konnte, übrigens gegen die Stimmen der CDU/CSU-Fraktion.

Als der schwedische Schriftsteller Jan Guillou (geb. 1944) im Jahr 1981 mit dem Roman *Ondskan* ein Buch über Gewalt gegen Kinder und Jugendliche sowie unter Jugendlichen veröffentlichte, war die Gesetzesänderung in Schweden also bereits in Kraft getreten und hatte auch sehr schnell in der Bevölkerung, und vor allem unter den Jüngeren Akzeptanz erlangt.[8] Der Roman blieb jedoch aktuell, wie zwanzig Jahre später zwei Rezeptionsvorgänge eindrucksvoll belegen: Das Buch wurde 2003 in Schweden unter der Regie von Mikael Håfström verfilmt, was diesem eine Oscar-Nominierung in der Kategorie ‚Bester ausländischer Film' einbrachte. Zwei Jahre später erschien der Roman in der Übersetzung von Gabriele Haefs unter dem Titel *Evil – Das Böse* in Deutschland, auch hier also wenige Jahre nach der entsprechenden Gesetzesänderung. Jan Guillou war zu diesem Zeitpunkt hierzulande bereits als erfolgreicher Autor von Thrillern bekannt, die seit den späten 1980er Jahren erschienen waren. Sein Roman wurde 2006 für den Deutschen Jugendliteraturpreis nominiert, ohne dass er in Schweden explizit als Jugendbuch veröffentlicht worden war.

Im Folgenden soll zunächst der Darstellung von Gewalt auf der Handlungsebene des Textes nachgegangen und anschließend herausgearbeitet werden, wie der Roman die psychischen Ursachen und Folgen dieser Gewalt verhandelt. In einem nächsten Schritt geht es darum, welche Bedeutung der Text der Schule als öffentlicher Institution in Hinblick auf die gesellschaftliche Implementierung von Gewalt zuschreibt und ob der Roman einen Kreislauf der Gewalt propagiert, der Opfer zu Tätern werden lässt. Abschließend soll reflektiert werden, wie die Gewaltdarstellung in Heldendiskurse eingebunden ist und in welchem Verhältnis Gewalt hier zum Heroischen steht.

Ondskan spielt in Schweden Ende der 1950er Jahre. Hauptfigur ist der Jugendliche Erik, der seit seiner Kindheit von seinem Vater täglich und meist ohne den geringsten Anlass geprügelt wird. Schon die Anfangsszene des Buches zeigt ihn als Opfer von und – daraus resultierend – als Experten für Gewalt:

> Der Schlag traf ihn hoch am rechten Wangenknochen. Und genau das hatte er beabsichtigt, als er sein Gesicht um einige Zentimeter schräg nach oben gedreht hatte, wäh-

---

[6] Vgl. Christian Pfeiffer: Niemals Gewalt, in: Süddeutsche Zeitung Nr. 243, 22. Oktober 2018, S. 2.

[7] Zypries: Gesetz zur Ächtung von Gewalt (Anm. 4), n. p.

[8] Vgl. Joan. E. Durrant: Evaluating the Success of Sweden's Corporal Punishment Ban, in: Child Abuse & Neglect 5.22, 1999, S. 435–448, hier S. 439.

rend sein Vater zuschlug. Am Esstisch zielte der Vater meistens auf die Nase und versuchte, aus dem Handgelenk mit der Rückseite der Fingerspitzen zu treffen. Auf der
Wange tat so ein Schlag nicht weh. Es war nur ein stummes, weißes Gefühl, ihn zu be-
kommen. Lieber auf den Wangenknochen.[9]

Der Text macht deutlich, dass die Prügel am Esstisch Gewohnheit sind, so sehr,
dass der Junge, der zu diesem Zeitpunkt etwa 14 Jahre alt ist, schon gelernt hat,
mit den Schlägen umzugehen, das Verhalten seines Vaters vorauszusehen und die
Prügel mit bewusst eingesetzter Taktik entgegenzunehmen. Durch die lokale Be-
stimmung „Am Esstisch" wird bereits deutlich, dass dies nicht der einzige Ort ist,
an dem der Vater zuschlägt: Nach dem Essen nimmt er sich seinen Sohn regelmäßig im Schlafzimmer vor, unter Einsatz diverser Schlagwerkzeuge wie Schuh-
löffel oder Hundepeitsche, wobei die Gesamtzahl der Schläge vorher angekündigt
wird und sich je nach Verhalten des Jungen am Tisch steigert. Manchmal muss
Erik tagelang zuhause bleiben, weil sein Vater ihn so zugerichtet hat, dass er nicht
in die Schule gehen kann.

In der Schule wiederum ist Erik derjenige, der gezielt Gewalt einsetzt, um sich
die Position als Anführer seiner Clique zu sichern. Dabei vermeidet er es, sich
allzu häufig tatsächlich selbst zu prügeln; stattdessen delegiert er dies entweder an
andere, oder aber er versetzt seine Gegner durch Drohungen in Angst. Wenn es
zu einer Schlägerei kommt, kann sich Erik aufgrund seiner Kampftaktik auch
gegen mehrere und körperlich eigentlich überlegene Gegner durchsetzen. Er versteht sich sowohl auf gezielt gesetzte Schläge als auch auf eine psychologische
Kampfführung.

Als eines Tages auffliegt, dass Erik der Kopf einer wohlorganisierten kriminel-
len Jugendbande ist, und seine Kompagnons daraufhin alle Schuld auf ihn schie-
ben, wird er der Schule verwiesen. Der Rektor, der darüber mutmaßt, dass es Erik
„im Leben an einer gelegentlichen ordentlichen Tracht Prügel gefehlt"[10] habe,
entlässt ihn mit den Worten: *„Du bist das personifizierte Böse und als solches musst du
vernichtet werden!"*[11]

Da ihn nun keine andere öffentliche Schule aufnehmen würde, organisiert die
Mutter für ihn über einen Rechtsanwalt einen Platz auf dem Elite-Internat
Stjärnsberg, wo Erik glaubt, nicht nur seinen prügelnden Vater, sondern auch
seine eigene Gewalttätigkeit gegen Mitschüler hinter sich lassen zu können. Es

---

9   Jan Guillou: Evil – Das Böse, übers. von Gabriele Haefs, München 2012, S. 5.
     „Slaget träffade högt upp på höger kindben. Det var precis det han avsett när han vred
     huvudet några centimeter snett uppåt just som farsan slog. Här vid middagsbordet siktade
     farsan för det mesta på näsan och försökte träffa med en handledssnärt och baksidan av
     fingertopparna. Det gjorde inte ont när ett sånt slag träffade. Men det var en stum vit
     känsla att få det där retsamma slaget mitt på nosen. Hellre kindbenet." Jan Guillou: Onds-
     kan, Stockholm 2017 [1981], S. 5.
10 Guillou: Evil (Anm. 9), S. 78. „[…] ett rejält kok stryk vad han saknat här i livet." Ders.:
     Ondskan (Anm. 9), S. 49.
11 Ebd., S. 79. *„Du är ondskan själv och sådana som du måste förgöras!"* Ders.: Ondskan (Anm.
     9), S. 50, Hervorhebung im Original.

zeigt sich jedoch schnell, dass im Internat ein ausgeklügeltes, hochritualisiertes System von Gewalt das Miteinander der Schüler bestimmt, das euphemistisch als ‚Kameradenerziehung' bezeichnet wird. Die Gymnasiasten (d. h. die oberen Klassenstufen) herrschen als ‚Schülerrat' über die Mittelschüler, dürfen diese in ähnlicher Weise körperlich züchtigen und erniedrigen, wie Eriks Vater es mit seinem Sohn getan hat, und schlagen die Jüngeren von Zeit zu Zeit auch krankenhausreif.

Erik will sich diesem Terrorregime nicht unterwerfen und begehrt dagegen auf, womit er nach und nach ganz deutlich in die Rolle eines Widerstandshelden schlüpft: Er setzt seine besonderen körperlichen und geistigen Fähigkeiten ein, um die Macht des Schülerrats zu brechen und damit auch seine Mitschüler zu befreien. Sein Ziel ist es, die zwei Jahre bis zu seinem Mittelschulabschluss in Stjärnsberg zu überstehen, was ihm nach langem, erbittert geführtem Kampf gegen die gewalttätige Unterdrückung durch die Gymnasiasten auch gelingt. Bei der Rückkehr ins Elternhaus kommt es zu einer letzten Auseinandersetzung mit seinem Vater, der glaubt, die Gewalt gegen seinen Sohn wie gehabt fortsetzen zu können. Aber Erik dreht den Spieß um und konfrontiert den Vater mit den Worten, die einst sein Schulleiter zu ihm gesagt hat: „Du bist das personifizierte Böse und als solches musst du vernichtet werden."[12] Er droht dem Vater schwere Misshandlungen an und denkt: „Und jetzt muss es doch wohl das letzte Mal sein? Und dann nie mehr. Danach ist es vorbei, nie mehr."[13] Ob Erik aber wirklich zuschlägt und wie dieser Showdown ausgeht, wird nicht mehr explizit ausgeführt.

Ein Merkmal, das den gesamten Text durchzieht, ist die sachlich-kühle Beschreibung der Art und Weise, wie geprügelt wird, selbst wenn das Vorgehen noch viel brutaler und die Folgen weitaus massiver sind als in dem anfangs zitierten Beispiel. Mittels Erik als erzählerischer Fokalisierungsinstanz erleben die Leser*innen Gewalt sowohl aus der Perspektive eines Opfers wie eines Täters, wobei Erik in beiden Rollen äußerst kontrolliert (re)agiert. Während der Misshandlungen durch den Vater kapselt er sich von der Realität ab und zieht sich ins Innere zurück. Dieser „[innere] Widerstandskampf"[14] dient nicht nur dem Zweck, den Schlägen standzuhalten und die körperliche Versehrtheit möglichst gering zu halten, sondern ist auch dem Selbsterhaltungstrieb geschuldet.

> Zu viel Gezappel konnte zu zusätzlichen Schlägen und damit zu verzweifeltem, hemmungslosem Weinen führen, das den Vater so in Rage brachte, dass er die für die Schläge festgesetzte Grenze überschritt und Erik, der die Schläge zählte, aus purer Verzweiflung – oder aus einem Selbsterhaltungtrieb [sic] heraus – so sehr zappelte, dass der Vater vor Freude wild wurde und so oft zuschlug, dass jedes Zählen sinnlos wurde, dann wurde Erik geschlagen, bis seine Haut platzte und von der flachen Seite der Kleiderbürste

---

[12]   Ders.: Evil (Anm. 9), S. 444. „Du är ondskan själv och såna som du måste förgöras." Ders.: Ondskan (Anm. 9), S. 282.

[13]   Ders.: Evil (Anm. 9), S. 446. „Men nu måste det väl ändå vara sista gången? Sen aldrig mer. Efter det här är det slut, sen aldrig mer." Ders.: Ondskan (Anm. 9), S. 283.

[14]   Ders.: Evil (Anm. 9), S. 32. „inre motståndskampen", ders.: Ondskan (Anm. 9), S. 21.

Blut durchs Zimmer spritzte und erst das Weinen der Mutter vor der Schlafzimmertür den Vater allmählich wieder zur Besinnung brachte.[15]

Die chaotische Länge, die die Sätze bei der Beschreibung der Exzesse erreichen (hier 99 Wörter in der deutschen Übersetzung, 93 Wörter im schwedischen Original), kontrastiert die väterliche Ekstase mit der Wehrlosigkeit und Verzweiflung Eriks. Iterative Beschreibungen der Gewaltausübung wie diese sind meist sehr ausführlich und detailliert. Singuläre Episoden wie konkrete Erinnerungen an besonders schwerwiegende und traumatisierende Prügelstrafen schüren hingegen das Unbehagen durch Verdichtung, Leerstellen und Andeutungen. Sofern man den Roman nicht rein voyeuristisch liest – was der Text angesichts der expliziten Gewaltdarstellungen durchaus ermöglicht – wird man als Leser*in einerseits in die Rolle ohnmächtiger Zuschauer*innen gedrängt, andererseits aber auch auf die Wahrnehmung Eriks festgelegt. Bei einer identifikatorischen Lesart führt das dazu, dass die brutale Gewalt des Vaters als Übergriff auch auf die Leser*innen wahrgenommen werden kann, die die Augen nicht in gleicher Weise verschließen können, wie Eriks Umwelt dies in der Regel tut. Zudem erfolgt diese Gewaltdarstellung nicht innerhalb eines Genres wie Horror oder Splatter und kann so nicht als ästhetische Gattungskonvention verbucht werden, sondern muss durch das Genre des realistischen Coming-of-Age-Romans als Teil der eigenen Lebenswelt aufgefasst werden.

Der Roman lässt sich als eine äußerst drastische Ausformulierung der These lesen, die im Zentrum von Astrid Lindgrens Rede in der Paulskirche steht: dass ein Zusammenhang besteht zwischen Gewalt als Mittel der Erziehung und Gewalt in der Gesellschaft bis hin zu Kriegen zwischen Staaten. Insbesondere der Mikrokosmos Stjärnsberg mit seiner systematisierten Unterdrückung der Schwächeren ist dabei sowohl konkreter Ort, an dem sich das autoritäre und sozialdarwinistische Erbe der Vorkriegszeit in der Erziehung der ersten Nachkriegsgeneration niederschlägt, als auch eine Allegorie auf das Weltgeschehen: Erik und sein Zimmergenosse Pierre reflektieren ihre Reaktion auf die Gewalt, der sie ausgesetzt sind, immer wieder auch in Bezug auf die Weltpolitik, etwa auf Gandhis erfolgreichen Kampf gegen die Gewalt der britischen Kolonialherren. Doch neben dieser Lesart bietet der Roman noch eine zweite an, indem er die Gewalt auch in einen psychologischen Kontext stellt und ihre psychischen Ursachen und Folgen thematisiert. Dies soll im Folgenden zunächst am Beispiel des Vaters und Eriks herausgearbeitet werden, um dann zu analysieren, wie Erik innerhalb einer sozia-

---

[15] Ders.: Evil (Anm. 9), S. 31–32.
„För mycket sprattel kunde leda till extrarapp och den onda circeln kunde då leda till förtvivlad, oberhärskad gråt som hetsade upp farsan så att han slog över den stipulerade gränsan så att Erik, som hela tiden räknade slagen, började sprattla för mycket av förtvivlan – eller om det var självbevarelsedrift – så att farsan blev vild av glädje och slog så att all räkning blev meningslös så att han fick stryk tills huden sprack och det stänkte blod över rummet från kläderborstens flata sida tills moderns gråt utanför sovrumsdörren långsamt halade tillbaks farsan till medvetande." Ders.: Ondskan (Anm. 9), S. 21.

len Ordnung, in der Gewalt systematisch verankert und institutionalisiert ist, selbst zum Täter wird und zugleich versucht, der Gewalt zu widerstehen.

Die psychologische Kontextualisierung der Gewalt zeigt sich besonders in der Vaterfigur und der Situierung des Geschehens in den 1950er Jahren, da hier ein bestimmter psychohistorischer Zusammenhang aufgerissen wird: Galt der Mann in seiner Rolle als Familienoberhaupt vor den beispiellosen Grausamkeiten des Zweiten Weltkrieges noch gemeinhin als unanfechtbare Autorität, so büßt Männlichkeit als Legitimation privater und sozialer Machtpositionen nach 1945 erheblich an Gewicht ein. Der Ausbau des Wohlfahrtsstaates, der während der Kriegsjahre sehr viel langsamer, aber dennoch beständig voranschritt, wurde nach dem Zweiten Weltkrieg mit neuem Elan und großer Überzeugung weiter betrieben, sodass die Rolle des Mannes als alleiniger Beschützer, Verteidiger und Versorger immer mehr in den Hintergrund trat. Die Sorge, gesellschaftliche Relevanz und Macht zu verlieren, setzte sich in den Köpfen vieler Männer fest. Dass die bis dahin relativ stabile Vormachtstellung des Mannes in der Gesellschaft ins Wanken geriet, stürzte große Teile der männlichen Vor- bzw. Zwischenkriegsgeneration in eine schwerwiegende identitäre Krise.[16]

Wenngleich diese Entwicklungen in der Handlungszeit des Romans längst noch nicht so weit fortgeschritten sind wie zum Zeitpunkt seiner Entstehung und Veröffentlichung gut zwanzig Jahre später, sind sie darin dennoch deutlich erkennbar: Diese Krise der Männlichkeit manifestiert sich in *Ondskan* einerseits in den Lehrerfiguren, die durch überspitzte Schärfe der Lächerlichkeit preisgegeben werden, anderseits in der hyperautoritären Vaterfigur, die Erik in körperliche und die Leser*innen in psychische Geiselhaft nimmt. Der Umzug aus der reichen Vorstadt in ein Arbeiterviertel und sein prekäres Angestelltenverhältnis unterlaufen die soziale Rolle des Vaters als Familienversorger. Zwar arbeitet er als Oberkellner, „nannte sich aber lieber ‚Direktor‘",[17] was seine Minderwertigkeitsgefühle offenlegt. So dient die gegen seinen Sohn gerichtete Aggression dem Vater als Austragungsort und Rückversicherung seiner Machtfantasien. Die unmittelbar einsetzende Befriedigung wirkt seiner stetig erodierenden Autorität und der Relativierung seiner hegemonialen Männlichkeit entgegen, in der seine Egomanie wurzelt. Bereits in der Exposition des Romans kommentiert die Erzählinstanz die unterstellte Selbstwahrnehmung des Vaters und konstruiert einen schonungslosen

---

[16] Vgl. zu Männlichkeitskonstruktionen und Krisenerfahrungen nach 1945: John Beynon: Masculinities and Culture (Issues in Cultural and Media Studies), Philadelphia 2002 (v. a. Kapitel 4 und 5); Roger Horrocks: Masculinity in Crisis. Myths, Fantasies and Realities, London 1994 (v. a. Kapitel 3, 4 und 6); John MacInnes: The End of Masculinity. The Confusion of Sexual Genesis and Sexual Difference in Modern Society, Philadelphia 1998 (v. a. Kapitel 3 und 6); Sally Robinson: Marked Men. White Masculinity in Crisis, New York 2000 (v. a. Kapitel 4 und 5); für den schwedischen Kontext vgl. Marcus Priftis: Det otäcka könet. En bok om manlighet, Stockholm 2014.

[17] Guillou: Evil (Anm. 9), S. 10. „[...] även om han för det mesta kallade sig för direktör." Ders.: Ondskan (Anm. 9), S. 8.

Misanthropen: „Der Vater war stolz auf den Schlag, er bildete sich etwas darauf ein, schnell und überraschend zulangen zu können."[18]

Das geradezu zwanghafte Gewaltgebaren und die daraus resultierenden Folgen sind in der Akribie und Plastizität, in der sie erzählt werden, derart explizit, dass sie eine psychoanalytische Lesart regelrecht provozieren. Die erlebte Minderwertigkeit des Vaters deckt sich nicht mit seiner egomanischen Selbstwahrnehmung und wird in Konsequenz in Alkohol ertränkt oder durch Gewalt und Aggression in Überlegenheit zu übersetzen und zu (über)kompensieren versucht.[19] Die Notwendigkeit, sich seiner Überlegenheit permanent vergewissern zu müssen, verursacht im Zusammenspiel mit dem Alkoholismus einen Riss im Selbstwertgefühl des Vaters und feuert die Instabilität seines Charakters an. Gleichzeitig erfordert die Machthierarchie ständige Erneuerung und Aktualisierung; will der Vater seinen Platz behaupten, so muss er die Furcht vor sich konstant aufrechterhalten, um möglicher Gegenwehr vorzubeugen. Die willkürlichen Übergriffe gegen Erik garantieren dem Vater die uneingeschränkte Aufmerksamkeit aller Familienmitglieder, sie untermauern seinen Anspruch auf die Rolle des Familienoberhauptes und damit seine Männlichkeit. Dass diese Aufmerksamkeit negativ konnotiert ist, scheint den Vater dabei nicht zu stören, solange nur sein Herrschaftsanspruch in der Familie unangefochten bleibt.

Die Deutungs- und Verfügungsgewalt des Vaters manifestiert sich vor allem im sadistischen Exzess. Zur Beschreibung und (Psycho-)Analyse von Gewalt können insbesondere die Konzepte von Jacques Lacan als Instrumentarium fruchtbar gemacht und in Zusammenhang mit dem Heroischen gebracht werden.[20] Einerseits zeigen sich im ‚Nom-du-Père‘[21] die symbolische Macht und das destruktive Potential des Vaters, welche sich zwar vordergründig gegen Erik richten, subkutan allerdings einen Selbstzerstörungstrieb entlarven. Dieser kommt erst durch das Schluchzen der Mutter, dem einzigen, wenngleich zu vernachlässigenden Gegen-

---

[18] Ders.: Evil (Anm. 9), S. 5. „Farsan var stolt över slaget eftersom han inbillade sig att han kunde slå det snabbt och överraskande." Ders.: Ondskan (Anm. 9), S. 5.

[19] Bekanntermaßen sind Aggressivität, Alkoholkonsum und Arroganz insbesondere bei Männern gängige Kompensationssymptome. Vgl. Gretchen M. Reevy u. a.: Egomania, in: dies. (Hg.): Encyclopedia of Emotion, Bd. 1, Santa Barbara, CA u. a. 2010, S. 217–218; sowie ebenfalls Brad J. Bushman u. a.: Looking Again, and Harder, for a Link Between Low Self-Esteem and Aggression, in: Journal of Personality 77.2, 2009, S. 427–446, die eine Verbindung zwischen narzisstischer Persönlichkeitsstörung, Minderwertigkeitsgefühlen und gesteigertem Aggressionspotential bzw. Gewaltbereitschaft herstellen. Die Verbindung von Aggression, Alkoholismus und Narzissmus stellt James Graham her, vgl. ders.: Vessels of Rage, Engines of Power. The Secret History of Alcoholism, Lexington 1994, S. 10.

[20] Wir beziehen uns im Folgenden vor allem auf Jacques Lacan: Le Séminaire. Livre III: Les Psychoses, 1955–1956, hg. von Jacques-Alain Miller, Paris 1981; sowie Jacques Lacan: Des Noms-du-Père, Paris 2005.

[21] Lacan etabliert in seinem Werk die drei Homonyme ‚le Nom-du-Père‘ (der Name-des-Vaters), ‚le Non-du-Père‘ (das Nein-des-Vaters) und ‚les non-dupes errent‘ (die Nicht-Betrogenen irren), um damit verschiedene Stadien der Ordnungsherstellung durch den symbolischen Vater zu verdeutlichen.

pol zum Vater, vor der endgültigen Vernichtung des Sohnes – und in Erweiterung: des Selbst – zum Erliegen. Andererseits wird diese blinde Zerstörungswut gleichzeitig sexualisiert. Soll die Autorität des ‚Nom-du-Père' zunächst symbolische Ordnung stiften, so wird in der Ausführung des ‚Non-du-Père' (dem Verbot ödipalen Begehrens und der symbolischen Kastrationsdrohung) die Macht des Vaters uneingeschränkt auf die Spitze getrieben. Seine gnadenlose Aggressivität dringt in die sich entwickelnde Sexualität des pubertären Sohnes ein und erstickt diese im Keim oder stört sie auf lange Sicht zumindest nachhaltig. Die Etablierung der symbolischen Ordnung, so wie Jacques Lacan sie in seiner strukturalen Psychoanalyse beschreibt, verläuft aufgrund der Androhung und der ausbleibenden Ausführung eben nur so: symbolisch. Eriks Vater geht jedoch einen Schritt weiter, indem er die symbolische Ordnung pervertiert und ins Extreme steigert; er setzt die symbolische Drohung regelmäßig und erbarmungslos durch Schläge real um. Dass damit nicht dem Erhalt der Ordnung Rechnung getragen wird, sondern der eigenen sadistischen Leidenschaft gefrönt wird, zeigt sich im Rausch, dem sich der Vater nicht nur im Alkohol, sondern vor allem in der Züchtigung seines Sohnes hingibt. Machtfantasien werden so zur Bewältigung des Minderwertigkeitskomplexes sowie zur Befriedigung sexueller Lust im elterlichen Schlafzimmer auf Eriks nackter Haut zum täglichen Eskapismusritual. Die Erniedrigung Eriks ist ein weiteres Indiz für die Krise der väterlichen Männlichkeit, die durch das Heranreifen des Sohnes zum Mann einer weiteren, latenten Bedrohung ausgesetzt ist. Durch seine gestörte Sexualität kann der Vater folglich nicht als Autorität legitim Ordnung etablieren, sondern stiftet durch seine willkürlichen Gewaltakte Chaos und Terror, denen sich der Sohn nicht entziehen kann.

Dass Erik seinerseits gegenüber Gleichaltrigen gewalttätig ist, erscheint im Roman als Konsequenz der häuslich erfahrenen Brutalität, wenngleich er sie ganz anders einsetzt als sein Vater. Erik ist als Gruppenanführer bemüht, die Anwendung physischer Gewalt auf ein Minimum zu beschränken und stellt die Kraft der Angst in seinen Dienst. Prügel bringt er nur an, wo es sich seines Erachtens nicht vermeiden lässt und wo die soziale Ordnung durch sein Eingreifen stabilisiert werden muss.[22] Als symbolischer Vater artikuliert Erik den ‚Nom-du-Père' sehr viel rationaler – so will es der Roman die Leserschaft zumindest glauben machen – als sein jähzorniger Vater. Durch geschickte Leserlenkung gelingt es dem Erzähler, Erik als ethisch-moralischen Seismographen darzustellen und seine körperlichen Übergriffe durch eine mehr oder weniger ‚dichte Beschreibung' zu legitimieren. Erst als seine Bande auf- und er von der Schule fliegt, hinterfragt Erik die Sinnhaftigkeit der täglichen Prügel, die er vom Vater bezieht.

Spätestens hier wird deutlich, dass die Aggression und häusliche Gewalt des Vaters die Ursache für Eriks Gewalt gegenüber den Mitschülern darstellen. Der Roman konstruiert einen Kreislauf der Gewalt, wie er auch in der Erziehungswis-

---

[22] Vgl. Guillou: Evil (Anm. 9), S. 39 und ders.: Ondskan (Anm. 9), S. 25–26.

senschaft diskutiert wird: „Erziehung mit Gewalt ist häufig auch eine Erziehung zur Gewalt".[23] Aus diesem Kreislauf kann Erik nur ausbrechen, indem er von zuhause auszieht und so den Schlägen des Vaters nicht mehr ausgesetzt ist – und indem er selbst der Gewalt abschwört. Diese Absage währt jedoch nur kurz, weil er mit dem Eintritt in das Internat von Stjärnsberg einer neuen Form von systematischer, institutionalisierter Gewalt ausgesetzt ist: der Kameradenerziehung, mit der die älteren Schüler die jüngeren permanent erniedrigen und unterdrücken, vordergründig, um Ordnung aufrechtzuerhalten. Tatsächlich aber ist die Aufrechterhaltung der Kameradenerziehung wichtig, weil nur die Gewissheit, eines Tages selbst in die Machtposition der Älteren zu gelangen, dem Erleiden der brutalen Züchtigungsmaßnahmen der Oberschüler Sinn verleiht. Damit wird ein zweiter Kreislauf von erlittener und ausgeübter Gewalt konstituiert, nun in Gestalt eines institutionell verankerten Generationengesetzes.

Zunächst versucht Erik in Stjärnsberg, seinem Ideal einer gewaltfreien Zukunft zu folgen. Als er kurz nach seiner Ankunft von älteren Mitschülern zum Kampf herausgefordert wird, hofft er, durch einen einmaligen Akt der Brutalität künftige Auseinandersetzungen im Keim ersticken zu können. Doch setzt sich das Machtgefälle, das ähnlich der Herrschaft des Vaters auf Gewalt und Willkür basiert, in anderer Form fort. Da Erik sehr viel resistenter ist als bisher in der Schule üblich, legen die älteren Schüler eine gewisse Kreativität an den Tag, um seinen Widerstand zu brechen. So wird ein Eimer voller Fäkalien in seinem Zimmer ausgeschüttet,[24] ein glühender Zigarillostummel auf seiner Brust ausgedrückt[25] oder Erik in einer Winternacht draußen am Boden gefesselt und mit kochendem Wasser übergossen, bevor er die Nacht so angebunden im Freien verbringen muss.[26] Erik lässt all dies scheinbar unberührt über sich ergehen, ohne auch nur ein einziges Mal die Hand zu erheben.

Als Erik merkt, dass er sich dem Gewaltkreislauf nicht entziehen kann, setzt er auf die Kraft der Suggestion als Waffe: Er malt seinen Gegnern aus, was er mit ihnen anstellen könnte und versetzt sie damit in Angst. Gleichzeitig provoziert er die Oberstufenschüler permanent, um seine Mitschüler zur Gegenwehr zu bewegen und somit einen mikrogesellschaftlichen Wandel auf den Weg zu bringen. Seine Mobilisierungsversuche gleichen jedoch einem Kampf gegen Windmühlen und verlaufen im Sande. Während er im Dialog mit seinem Zimmergenossen Pierre Sinn und Unsinn von Gewalt diskutiert und in einem überzeitlichen weltpolitischen Kontext verortet, scheinen seine Mitschüler Gewalt völlig unkritisch lediglich als Werkzeug zur Herrschaftslegitimation und -durchsetzung zu begrei-

---

23 Dollase: Erziehung (Anm. 5), S. 18. Dollase spricht von „ein[em] oft geäußerte[n] und empirisch in etwa bestätigte[n] Zusammenhang" und verweist auf eine Studie von Hawkins u. a. aus dem Jahr 2000.
24 Vgl. Guillou: Evil (Anm. 9), S. 276–286 und ders.: Ondskan (Anm. 9), S. 174–180.
25 Vgl. ders.: Evil (Anm. 9), S. 353–356 und ders.: Ondskan (Anm. 9), S. 223–225.
26 Vgl. ders.: Evil (Anm. 9), S. 338–347 und ders.: Ondskan (Anm. 9), S. 213–219.

fen. Von der sozialdarwinistischen Schulideologie und dem Prinzip der Kameradenerziehung indoktriniert, sind sie für rationale Argumente unempfänglich. Die
bisweilen an Anarchie grenzenden Zustände im Eliteinternat werden außerdem
von der Teilnahmslosigkeit der Lehrer begünstigt und infolgedessen anerkannt.
„Während der Klosternacht [einer ritualisierten Strafaktion der Oberstufenschüler
an den Jüngeren] verzogen die Lehrer sich in ihre Wohnungen, stopften sich
Watte in die Ohren, legten Wagner auf oder taten sonst etwas, damit sie nichts
hören oder sehen mussten."[27] Somit gewinnt die Gewalt von Schülern gegen
Schüler nicht nur durch die jahrelange Tradition in Stjärnsberg an Brisanz, sondern auch durch das systematische Versagen der Institutionen: Die Lehrer sind
Komplizen des Systems, und auch die Ärzte reagieren nicht, selbst wenn Schüler
mit schweren Verletzungen ins Krankenhaus gebracht werden. Um den Fortbe-
stand des Gewaltregimes zu garantieren, sind die Verhaltensweisen stark regle-
mentiert und durch schulinterne Gesetze und straffe Rangordnungen institutionalisiert. Das schwedische Recht wird ausgehebelt und die Schule unter der Ägide
der sich verweigernden Lehrer zum rechtsfreien Raum in dauerhaftem Ausnahmezustand, in dem keine Gewalttat unmöglich erscheint.

Wenn es darum geht, einen Gewaltkreislauf zu unterbrechen oder in anderer
Weise Gewalt zu überwinden, werden unterschiedliche Konzeptionen von Heldentum ins Spiel gebracht. Auf die Frage nach dem Zusammenhang von Gewalt
und Heldentum bietet der Roman verschiedene Antworten an. Dies geschieht,
indem Erik in jeweils unterschiedlicher Weise als Held auftritt.

Erscheint Erik zu Beginn des Romans aufgrund seiner Hilflosigkeit angesichts der
häuslichen Prügel zunächst als Opfer[28] sinnentleerter Gewalt bar jeglicher Handlungsmacht, ist es auf den zweiten Blick doch seine stoische Haltung im Angesicht des väterlichen Sadismus, die ihm heroische Souveränität verleiht. Eriks
Durchhaltewillen wird insofern heroisierungsfähig, als er dadurch nicht nur ein
besonderes Maß an Agency, sondern auch „moralische und affektive Aufgeladenheit"[29] und Exzeptionalität demonstriert. Im Aus- und Durchhalten zeigt sich laut
Claudia Müller und Isabell Oberle Agency als eine „bewusst affirmative Positionierung gegenüber Entbehrung und Erschöpfung [...] [wodurch] das (Er-)Leiden
in ein souveränes, selbstmächtiges Handeln umgedeutet werden [kann]."[30] Au-
ßerordentlich wird Eriks Erdulden einerseits in der Verweigerung der Opferrolle,
andererseits in der Bewertung seiner Lage als Extremsituation, die ihm „außerge-

---

[27] Ders.: Evil (Anm. 9), S. 253. „Under Klosternatten gick lärarna in till sig och stoppade
     vadd i öronen eller Wagner på grammofonen eller vad dom än gjorde för att absolut inte
     höra eller se någonting." Ders.: Ondskan (Anm. 9), S. 159.
[28] Hier als Opfer im Sinne von ‚victim' (statt ‚sacrifice') verstanden.
[29] Tobias Schlechtriemen: Der Held als Effekt. *Boundary work* in Heroisierungsprozessen, in:
     Berliner Debatte Initial 29.1, 2018, S. 106–119, hier S. 108.
[30] Claudia Müller und Isabell Oberle: Durchhalten, in: Compendium heroicum, 2019, DOI:
     10.6094/heroicum/durd1.0.

wöhnliche körperliche, insbesondere aber mentale Stärke und Ausdauer [abverlangt und ihn] von der durchschnittlichen Masse [abhebt], die zu dieser Leistung üblicherweise nicht fähig ist."[31]

Während im singulären Erzählen die Gewalt des Vaters in ihren verschiedenen Facetten beleuchtet wird, lässt sich in den iterativen Episoden beobachten, welcher Strategien Erik sich bedient, um die Rage des Vaters zu ertragen und die entmachtenden Schmerzen zu überstehen. Die einzelnen Schläge, Hiebe und Stöße bilden den unausgesprochenen narrativen Hintergrund, vor dem sich Eriks Erdulden als heroische Haltung entfaltet. „So werden […] die innerlichen Vorgänge herausgehoben und gleichsam nach außen gekehrt, sodass sie für die Heroisierung nutzbar werden und die dargestellte Handlung zu einem Deutungsangebot heroischen Durchhaltens wird."[32] Sein Durchhalten wird nicht, wie es bei Superheld*innen oft der Fall ist, einer göttlichen Natur oder magischen Kraft zugeschrieben, sondern ist einzig und allein Attribut seiner außerordentlichen Willenskraft. Dieser Stoizismus wird jedoch gebrochen, indem Erik seine Frustration über die Erniedrigung durch den Vater zeitlich versetzt an seinen Mitschülern auslässt. So müssen die Leser*innen zum einen immer wieder aufs Neue mit Erik die eindringlich beschriebenen sadistischen Torturen durchleben, zum anderen werden sie dahingehend manipuliert, zu akzeptieren, dass Erik wiederum mit Gewalt auf die ihm zugefügten Qualen reagiert. Mit dieser Haltung entlässt der offene Schluss die Leser*innen.

Die vermeintliche Unantastbarkeit Eriks, für die sein Stoizismus den Grundstein legt, wird fortgeführt und ausgebaut, indem sein heroisches Erdulden durch deutliche Bezüge zur Figur des Märtyrers moralisch aufgewertet und sein Widerstand gegen den Vater bzw. seine Mitschüler narrativ als Heroisierungsstrategie funktionalisiert wird. Die hehren Ziele, in deren Dienst die Erzählstimme Erik stellt, könnten dabei edler nicht sein. Gegenüber seinem Vater zieht Erik anfänglich als Advokat der Wahrheit ins Feld; als dieser ihn für eine Tat bestrafen will, die er selbst begangen hat, konfrontiert Erik ihn mit der Realität: „Ich hab gesehen, dass du es warst, Vater."[33] Eriks Widerstand gegen die Verdrehung von Tatsachen, die sein Vater ihn als Wahrheit anzunehmen zwingt, kommt die Funktion eines Korrektivs zu, das die aus der Balance geratene soziale Ordnung wieder ins Gleichgewicht bringt. Dass Erik sich der Beugung der Wirklichkeit nicht unterwirft, erhebt ihn moralisch und macht aus ihm einen Märtyrer im Dienste der Wahrheit, der sich gegen den Machtanspruch des Vaters positioniert.[34] Innerhalb

---

31 Ebd.
32 Ebd.
33 Guillou: Evil (Anm. 9), S. 56. „Jag såg att det var du, far." Ders.: Ondskan (Anm. 9), S. 36.
34 Diese Resilienz erklärt Zlavoj Žižek mit Rückgriff auf Lacan, denn „the symbolic mask-mandate matters more than the direct reality of the individual who wears this mask and/or assumes this mandate. […] This paradox is what Lacan aims at with his *les non-dupes errent*: those who do not let themselves be caught in the symbolic deception/fiction and continue to believe their eyes are the ones who err most." Slavoj Žižek: With or Without Pas-

der erzählten Welt bleibt Erik als Märtyrer weitestgehend unsichtbar; er erscheint als solcher vielmehr erst in der Rezeption durch die Leser*innen. Die Tatsache, dass Erik nur extratextuell als Held bewertet werden kann, ist eine für seine Heroisierung profitable erzählerische Strategie, da die Figur somit nicht handelt, um als Held zu erscheinen, sondern vielmehr aus heroischer, selbstloser Gesinnung heraus und ohne Kompensationsgedanken das tut, was der Erzähler der Leserschaft als moralisch richtig vermittelt.

Als Rächer der Misshandelten und Unterdrückten schließlich kann Erik in Stjärnsberg, motiviert durch sein von der Erzählstimme als sehr ausgeprägt dargestelltes Gerechtigkeitsempfinden, für ein höheres Gut einstehen. Während die Mitschüler auf dem Internat seinem Beispiel die Gefolgschaft verweigern, findet die Bewertung seiner Handlungen als heroisch wieder lediglich auf der Rezeptionsebene statt, was seinem Heldentum einen die Diegese transzendierenden Charakter verleiht, der sein Potential umso eindrucksvoller bei den Leser*innen entfaltet.

Ausdrücklich als Held tituliert wird Erik dagegen in Hinblick auf seine herausragenden Erfolge im sportlichen Wettkampf, einem agonalen gesellschaftlichen System, in dem Gewalt entweder verboten ist oder strengen Regeln unterliegt, in jedem Fall aber schiedsrichterlicher Überwachung unterworfen ist. Kaum in Stjärnsberg angekommen, geht Erik in die Schwimmhalle und unterbietet bereits im ersten Training den Schulrekord über fünfzig Meter Freistil um eine halbe Sekunde.[35] Später tritt er für die Schule bei Leichtathletikmeisterschaften an und sichert Stjärnsberg einen Pokal. Sein Freund Pierre bezeichnet ihn explizit als „Sporthelden".[36] Dieser Status macht ihn eine Zeit lang unangreifbar, was dazu führt, dass er seitens des Schülerrats vom Sport ausgeschlossen wird. Seine sportlichen Erfolge beruhen auf derselben Eigenschaft, die ihn auch als Akteur im Kampf gegen die Gewalt in Stjärnsberg auszeichnet und seine Peiniger zur Verzweiflung treibt: seiner außerordentlichen körperlichen und mentalen Widerstands- und Leistungsfähigkeit. Diese heroische Exzeptionalität wird jedoch von Eriks gleichaltrigen Mitschülern, die von seinen Erfolgen profitieren könnten, als systemgefährdend betrachtet:

> Nun ja, es sei, wie gesagt, nicht gut für den Kameradengeist, was hier ablaufe. [...] Es sei unsolidarisch von Erik, sich so zu verhalten, er verhalte sich wie eine Art Übermensch, das könne man keinesfalls gutheißen. Kein anderer könne minutenlang dastehen und sich schlagen lassen, ohne auch nur eine Miene zu verziehen, niemand könne vor zwei Ratis [d. h. Mitgliedern des Schülerrats] weglaufen, wie Erik das aus Spaß bisweilen mache. Es sei undemokratisch und das Fach müsse selbstverständlich gegen solche Grillen einschreiten.[37]

---

sion. What's Wrong with Fundamentalism? Part 1, 2005. www.lacan.com/zizpassion.htm, 14. Mai 2020, Hervorhebung im Original.

[35] Vgl. Guillou: Evil (Anm. 9), S. 98 und ders.: Ondskan (Anm. 9), S. 61–62.

[36] Ders.: Evil (Anm. 9), S. 373. „idrottshjälte", ders.: Ondskan (Anm. 9), S. 236.

[37] Ders.: Evil (Anm. 9), S. 315. „Nåja, det var som sagt inte bra för kamratandan det här som pågick. [...] Det var osolidariskt av Erik att bete sig på det där viset, han uppträdde som en sorts övermänniskotyp och sånt måste man ju vara emot. Det fanns ingen annan som

Die Mitschüler sind offensichtlich indoktriniert von einer als demokratisch verstandenen Ideologie des gesellschaftsstabilisierenden Mittelmaßes, die der dänisch-norwegische Schriftsteller Aksel Sandemose bereits in den 1930er Jahren, zeitgleich mit der Etablierung des modernen skandinavischen Wohlfahrtsstaates also, im ‚Gesetz von Jante' (‚Janteloven') satirisch auf zehn Gebote heruntergebrochen hat, die alle um die zentrale Moral kreisen: Niemand habe das Recht, etwas Besonderes zu sein oder sich auch nur als solches zu fühlen.[38] Einen demokratischen Ausweg aus dieser als Egalität missverstandenen Ordnung scheint es allerdings auch nicht zu geben. Als Übermensch provoziert der Held demnach nicht nur diejenigen, gegen die er aufbegehrt, sondern auch jene, in deren Namen er antritt, weil sie außerstande sind, seinem Vorbild zu folgen.

Dass die Absage an den Kampf der Unterdrückten gegen ihre Peiniger gerade mit Begriffen wie „unsolidarisch" und „undemokratisch" begründet wird, zeigt die Kehrseiten einer postheroischen Gesellschaft, die auf Gewalt als Mittel der Auseinandersetzung und der Erziehung[39] sowie auf heroische Führerfiguren verzichten will, jedoch in eine Position der Indifferenz zu geraten droht, wenn es um die Bekämpfung von Gewalt geht. Die Möglichkeit einer postheroischen Reaktion auf Gewalt wird mit Eriks Eintreffen in Stjärnsberg durchgespielt. Sein Entschluss, auf Gewalt gänzlich zu verzichten und auch nicht die alte Anführerrolle wieder einnehmen zu wollen, ist eine Absage an ein gewaltbasiertes Heldentum. Doch Erik kommt damit nicht zum Ziel, ohne sich gänzlich erniedrigen und entmenschlichen zu lassen. Er wird in die heroischen Rollen des Märtyrers und des Widerstandshelden hineingedrängt.

Das Verhältnis von Gewalt und Heldentum, das der Roman darstellt, ist also in vielfacher Hinsicht ambivalent. Heroisches Verhalten ist kein probates Mittel gegen die körperliche Gewalt, die der Protagonist erleiden muss, weder in der Familie noch in der Schule. Mittels seines heroischen Stoizismus gelingt es Erik zwar, die Gewalt seines Vaters zu ertragen, doch nur die Flucht nach Stjärnsberg ermöglicht es ihm, sich ihr zu entziehen. Dort ist ein völliger Verzicht auf eigene Gewalt ebenso wenig erfolgreich wie der aktive heroische Kampf gegen die Un-

---

skulle kunna stå sådär i flera minuter och ta stryk utan att röra en min, det fanns ju ingen annan som bara kunde springa ifrån ett par rådisar sådär som Erik roade sig med att göra ibland. Det var odemokratiskt och Facket måste givetvis vända sig mot såna fasoner." Ders.: Ondskan (Anm. 9), S. 199.

38 Vgl. Aksel Sandemose: Ein Flüchtling kreuzt seine Spur. Aus dem Norwegischen von Gabriele Haefs, Berlin 2019 [1933/1955], S. 5, S. 87. Im norwegischen Original vgl. Aksel Sandemose: En flyktning krysser sitt spor. Fortelling om en morders barndom (Samlede Verker i 15 bind 4), Oslo 2000 [1933], S. 77, bzw. Aksel Sandemose: En flyktning krysser sitt spor. Espen Arnakkes kommentarer til Janteloven (Samlede Verker i 15 bind 9), Oslo 1999 [1955], S. 9, S. 80.

39 Vgl. Dollase: Erziehung (Anm. 5), S. 24: „Gewalt und Erziehung – für die Erziehung in einer westlichen Industriegesellschaft ist der zivilisierte Umgang mit unvermeidlichen Schädigungen, die Beherrschung emotionaler Erregungen und das Finden zivilisierter Reaktionen, die im sozialen Zusammenleben entstehen, die zentrale Aufgabe eines sozialen Aushandlungsprozesses."

terdrückung durch die älteren Schüler. Dass Erik kein zweiter Spartakus wird, der die Opfer im Kampf gegen die herrschenden Verhältnisse anführt, liegt daran, dass seine Leidensgenossen ihm die Gefolgschaft verweigern. Es erfordert Heroismus, um die Gewalt zu überstehen, aber mit Heroismus ist sie nicht zu besiegen, weil die Gegenwart den Helden misstraut. Auch wenn der Roman in einer Zeit spielt, in der die Angehörigen der Elterngeneration der frühen 1980er Jahre selbst noch Jugendliche waren, ist diese Botschaft auf seine Entstehungszeit übertragbar. Gerade weil der Roman einen Kreislauf der Gewalt propagiert, aus dem nur schwer auszubrechen ist, weil als Ursachen psychodynamische Konstellationen (wie die krisenhafte Männlichkeit des Vaters), institutionelle Verankerung (wie auf dem Internat Stjärnsberg) und ein postheroisches gesellschaftliches Klima ausgemacht werden, droht die Gewalt transgenerational weitergegeben zu werden. Am Ende wird der Gewaltdiskurs zurückgeführt auf die Gewalt durch den Vater. Frieden, so scheint es, wird es hier nur durch den (symbolischen?) Vatermord geben. Dies kann als Verzweiflungstat zu rechtfertigen sein, heroisch ist die bevorstehende Vernichtung des Vaters jedoch nicht.

Auch wenn der Gewalt also mit Heldentum nicht beizukommen zu sein scheint, setzt der Roman doch durch seine Erzählweise auf die Identifikation mit einem Helden. Erik ist mit zahlreichen heroischen Attributen wie Stärke, Mut, Tapferkeit und Gerechtigkeitssinn versehen, und zwar in einem Ausmaß, dass der Vorwurf des Übermenschentums, den seine Mitschüler gegen ihn erheben, nicht von der Hand zu weisen ist: Er lässt sich auch von extremer sadistischer Gewalt nicht brechen und bewahrt sich seine Würde. In Kampfsituationen kann er binnen Bruchteilen von Sekunden die Situation rational analysieren und entsprechend agieren. Selbst bei den größten Schmerzen zeigt er keine Regung. Er ist ein sportliches Wunderkind, das auch ältere Mitschüler in verschiedenen Disziplinen mühelos besiegt, und zugleich ein intelligenter Junge, der in allen Fächern sehr gute Leistungen erbringen kann, obwohl er von den älteren Mitschülern so sehr schikaniert wird. Und schließlich ist er ein soziales Chamäleon, das situationsadäquat sowohl das eloquente Mittelklassekind wie auch den vulgären Unterschichtsangehörigen spielen kann. Die Ambivalenz in Hinblick auf das Heroische zeigt sich auch darin, dass Eriks Übermenschentum durchaus als Folge der häuslichen Gewalt verstanden werden kann: Der Sohn wird vom Vater zum Helden geprügelt. Dennoch wird damit nicht Gewalt als Mittel der Erziehung legitimiert, denn erstens wird die väterliche Brutalität als zutiefst unmenschlich dargestellt, und zweitens scheitert Erik als Held, weil es ihm nicht gelingt, aus dem Kreislauf der Gewalt auszubrechen.

Indem so viele heroische Narrative für eine einzelne Figur bedient werden, unterstreicht der Roman nur mehr, dass für Helden alten Schlages weder in der Nachkriegsgesellschaft noch in der Gegenwart weiterhin Platz ist – zumindest nicht in der Realität, wohl aber in der erzählerischen Auseinandersetzung mit ihr. Um die Widersprüche und Unentschlossenheit einer postheroischen Gesellschaft zu zeigen, braucht es offenbar eine Identifikationsfigur, die als Sonde für die Leserschaft fungiert und aus deren Perspektive dargestellt wird, wie es wäre, wenn man angesichts der nach wie vor praktizierten Gewalt stärker, mutiger und entschlossener wäre. Die heroische Figur vermittelt indes die Einsicht, dass selbst Helden an der Gewalt scheitern müssen, die gesellschaftlich fest verankert ist. Dies muss bei den Leser*innen nicht zu Resignation führen, sondern kann Ansporn sein, die Strukturen der Gewalt kollektiv zu bekämpfen und nicht auf einen Helden zu vertrauen, der das für die Gemeinschaft übernimmt.

Der Heroismus der Revolutionsgarden im Iran-Irak-Krieg
Von der Gewaltgemeinschaft zur Avantgarde des Martyriums

Olmo Gölz

Einleitung

Heroismus ist der Vorwärtsdrang des Krieges. Er ist Mittel jener Verwandlung, die die Seele des Kämpfenden berühren und ihn an der Auseinandersetzung zwischen Recht und Unrecht, zwischen Gut und Böse, teilhaben lassen soll. Die französische Philosophin Simone Weil schreibt 1941 in ihrem Aufsatz *Die Ilias oder das Poem der Gewalt*, dass dies die Kunst des Krieges sei; die Kunst, die Verwandlung von Männern zu Kämpfern herbeizuführen, die auf die Stufe bloßer Passivität herabsinken, „oder auf die blinder Kräfte, die bloßer Vorwärtsdrang sind".[1] Gemeint ist hier, dass Schlachten nicht von Männern geschlagen werden, „die kalkulieren, nachdenken, Beschlüsse fassen und ausführen, sondern zwischen Männern, die dieser Fähigkeit beraubt sind".[2]

Weils Einschätzung zum Wesen des Krieges mag in Zeiten ferngesteuerter Drohnen und der technischen Substitution militärischen Heldentums[3] brüchig werden, in Bezug auf die konventionell geführten Kriege des 20. Jahrhunderts haben ihre Thesen zum Krieg – die nach den Erfahrungen des Ersten Weltkrieges und des Spanischen Bürgerkrieges formuliert wurden – jedoch weiter eine große Anziehungskraft. Heroismus ist der Vorwärtsdrang des Krieges, so meine ich also

---

[1] Simone Weil: Die Ilias oder das Poem der Gewalt [1940/41], in: Krieg und Gewalt. Essays und Aufzeichnungen, Zürich 2011, S. 161–191, hier S. 181: „Schlachten werden nicht zwischen Männern entschieden, die kalkulieren, nachdenken, Beschlüsse fassen und ausführen, sondern zwischen Männern, die dieser Fähigkeit beraubt sind, indem sie entweder auf die Stufe lebloser Materie herabsinken, die bloße Passivität ist, oder auf die blinder Kräfte, die bloßer Vorwärtsdrang sind. Das ist das letzte Geheimnis des Krieges, das die Ilias zum Ausdruck bringt, wenn sie die Krieger mit einer Feuersbrunst, einer Flut, einem Sturm, wilden Bestien oder einer anderen blinden Ursache der Katastrophe vergleicht, die über ängstliche Tiere, Bäume, das Wasser, den Sand und alles hereinstürzt, was von der Gewalt äußerer Kräfte ergriffen wird. [...] Die Kunst des Krieges ist nichts anderes als die Kunst, solche Verwandlungen zu bewirken, und das Material, die Methoden, ja selbst der dem Feind bereitete Tod sind nur Mittel zu diesem Zweck; ihr eigentliches Objekt ist die Seele der Kämpfenden."

[2] Ebd.

[3] Vgl. Ulrich Bröckling: Drohnen und Helden, in: Achim Aurnhammer / Ulrich Bröckling (Hg.): Vom Weihegefäß zur Drohne. Kulturen des Heroischen und ihre Objekte (Helden – Heroisierungen – Heroismen 4), Würzburg 2016, S. 291–301, hier S. 300.

vor dem Hintergrund von Simone Weils Essay zum Poem der Gewalt. Heroismus ist das Mittel der Verwandlung, die Menschen im Angesicht der Gewalt zu Dingen degradiert.[4] Zu Dingen, so mein Zusatz, deren vermeintlicher Wert für die Gemeinschaft sich erst in der Aufopferung zeigt.

Im Krieg zwischen Iran und Irak wird diese Verwandlung auf iranischer Seite über den Kult des Märtyrers erreicht, der bereits in der vorrevolutionären Phase entscheidend die Ereignisse in Iran prägte und wesentlich auch den Heroismus der Revolutionsgarden bestimmte. Um sie soll es in diesem Beitrag gehen. Am Ende dieser Verwandlung steht nicht der singuläre Held, sondern die Eingliederung des Einzelnen in eine Bewegung, die beansprucht, die Geschichte neu zu schreiben. Über das *heroische Kollektiv* der Revolutionsgarden, so soll im Folgenden gezeigt werden, entwickelte sich eine Ideologie des *kollektiven Heldentums,*[5] die sich auf die gesamte iranische Gesellschaft erstrecken sollte, und in welcher die Eigenständigkeit des Subjekts auf die Teilhabe an einer übergeordneten Sphäre verlagert wurde. Diese Ideologie beansprucht bis heute, einen historischen Prozess zu prägen, der die Zukunft verändern soll.

Wie verhält sich diese so konstruierte heroische Gesellschaft zur Gewalt? Wenn es heißt, dass „nicht das Blut, das an seinen Waffen klebt", den Krieger zum Helden mache, wie Herfried Münkler schreibt, sondern erst „seine Bereitschaft zum Selbstopfer, durch das andere gerettet werden",[6] bedeutet das auch, *dass* Blut an den Waffen klebt und *dies* gleichsam selbstverständlich scheint. Die Unterstellung ist daher, dass es die Heroismen selbst sind, die ein bestimmtes Gewalthandeln erlauben. Diese Legitimationen sind, so meine ich, in Diskurse zum Martyrium eingeschrieben, da das Martyrium einerseits das Paradigma der sinnhaft-symbolischen Aufladung des Todes im Kampf als Opfertod repräsentiert und Martyriumserzählungen andererseits nur über ihre asymmetrischen Logiken aufrechtzuerhalten sind, die letztlich auf eine Wahrnehmung eigener Schwäche oder Verwundbarkeit verweisen. Das Martyrium für eine allgemein durchgesetzte und anerkannte Position ist nicht denkbar.[7] Gesellschaften, die sich des Kultes um den

---

4 Weil: Poem der Gewalt (Anm. 1), S. 175: „So vernichtet die Gewalt alle, die mit ihr in Berührung kommen. Am Ende wird sie zu einer äußeren Macht ebenso für den, der sie ausübt, wie für den, der sie erleidet; so entsteht die Idee eines Schicksals, vor dem Täter und Opfer gleichermaßen unschuldig sind, Sieger und Besiegte Brüder im gleichen Elend. Der Besiegte verursacht das Unglück des Siegers ganz genauso wie der Sieger das des Besiegten."

5 Ich schlage an anderem Ort eine Typologie vor, die sich in ‚Held', ‚Heldenkollektiv', ‚heroisches Kollektiv' und ‚kollektives Heldentum' gliedert. Siehe zur begrifflichen Ausdifferenzierung des Verhältnisses von Helden und Vielen Olmo Gölz: Helden und Viele – Typologische Überlegungen zum kollektiven Sog des Heroischen. Implikationen aus der Analyse des revolutionären Iran, in: helden. heroes. héros, Special Issue 7: Heroische Kollektive, 2019, S. 7–20. DOI: 10.6094/helden.heroes.heros./2019/HK/02.

6 Herfried Münkler: Heroische und postheroische Gesellschaften, in: Merkur 61.8/9, 2007, S. 742–752, hier S. 742.

7 Vgl. Olmo Gölz: Martyrdom and the Struggle for Power. Interdisciplinary Perspectives on Martyrdom in the Modern Middle East, in: Behemoth 12.1, 2019, S. 2–13, hier S. 2–3;

Märtyrer bedienen, müssen deshalb über die Gewalt der Anderen reden. Sie müssen einen dauerhaften Notwehrzustand diskursiv errichten. Ein Nebeneffekt ist, dass gerade heroische Gesellschaften wohl ein ambivalentes Verhältnis zur eigenen Schwäche entwickeln können – oder gar müssen. So auch im Falle Irans: Die über den Krieg mit Irak sich durchsetzenden Diskurse zum Heroischen verschieben den Blick weg vom Handeln der eigenen Gewaltakteure hin zu den Gewalterfahrungen und damit der Gewalt der Anderen. Das Erdulden und Ertragen von Gewalt sowie die Bereitschaft zum Selbstopfer rücken in den Mittelpunkt der Rede, die zugleich und erst darüber zum als legitim verstandenen Aufruf zu eigenen Gewalthandlungen dient.

Im Folgenden werde ich am Beispiel der iranischen Revolutionsgarden zeigen, wie die Aufforderungen zum Selbstopfer in der iranischen Gesellschaft sich den Gegebenheiten von Revolution und Krieg anpassten. Die Geschichte der Revolutionsgarden, der *Sepah-e Pasdaran-e Enqelab-e Eslami*, oder kurz Pasdaran, ist eine der Erfolgsgeschichten der Islamischen Revolution in Iran.[8] Die Pasdaran repräsentieren paradigmatisch die Manifestation der Ideologie der Islamischen Revolution. Die Organisation versteht sich bis heute als revolutionäre, ideologische, politische und militärische Institution,[9] die den Status als Wächterin der revolutionären Idee und damit des Systems der Islamischen Republik Iran beansprucht.[10] Ihre ideologische Führungsrolle leiten die Pasdaran dabei aus ihrer vermeintlichen Position im ewigen Kampf des Guten gegen das Böse ab, über welche maßgeblich die Selbstbehauptung als heroisches Kollektiv konstruiert wird.[11] Dies ist jedoch nur vor dem Hintergrund der Gründungsphase als revolutionärer Gewaltgemeinschaft und ihrer Rolle im Iran-Irak-Krieg zu verstehen. Im Folgenden werde ich argumen-

---

Olmo Gölz: Martyrium, in: Compendium heroicum, 2019, DOI: 10.6094/heroicum/md1.1.20191023.

[8] Kenneth Katzman: The Pasdaran. Institutionalization of Revolutionary Armed Forces, in: Iranian Studies 26.3/4, 1993, S. 389–402, hier S. 389: „The Pasdaran (Islamic Revolutionary Guard Corps, IRGC) is arguably one of the most unique and successful institutions the Islamic revolution has produced."

[9] Bayram Sinkaya: The Revolutionary Guards in Iranian Politics. Elites and Shifting Relations, New York 2016, S. 63.

[10] Vgl. für die gegenwärtige Selbsteinschätzung der Revolutionsgarden Narges Bajoghli: Iran Reframed. Anxieties of Power in the Islamic Republic, Stanford 2019, S. 7: "The new stories they tell the citizens portray the Revolutionary Guard (and the Islamic Republic by extension) as the only entity that can keep Iran safe and prevent it from falling into bloody conflict, like its neighbors."

[11] Sinkaya: Revolutionary Guards (Anm. 9), S. 67: "The third principle of the IRGC's ideological and political viewpoint is the conviction in the perpetual fight between good and evil. According to this view, good and evil are in an eternal struggle until the return of the Imam Mahdi, who will establish divine authority over the whole earth prior to the Resurrection Day. The IRGC's conviction in the perpetual fight between good and evil has several images including *kufr* (infidelity) vs. Islam and oppressor vs. oppressed. In the view of IRGC leaders in the current period, the eternal battle of good and evil is embodied in the perpetual animosity, intrigue, and plots of the United States and Zionists against the Islamic Republic."

tieren, dass in der revolutionären Frühphase 1979 sowie im Zuge der Diskurse um die Landesverteidigung, welche die ersten beiden Kriegsjahre prägten, in lokalen Kontexten präsente Maskulinitätsdiskurse angerufen wurden, welche die persönliche Opferbereitschaft in Zusammenhang mit der Schutzverpflichtung gegenüber der eigenen Gemeinschaft in Verbindung brachten. Die Einforderung des Selbstopfers im Rahmen des Ausgreifens auf irakisches Territorium ab 1982, das über das Argument des Revolutionsexports in alle muslimisch geprägten Gemeinschaften und damit der Implementierung einer islamischen Ordnung, die nicht vor Landesgrenzen haltmacht, gerechtfertigt wurde, verlangte jedoch eine Verschiebung der Diskurse zum Heroischen. Diese sollten (oder mussten sogar) letztlich die ganze Gesellschaft erfassen. Die Revolutionsgarden stilisierten sich dabei als heroisches Kollektiv und als Avantgarde eines durch Notwehrdiskurse legitimierten und nun sogar gebotenen Einsatzes im Krieg. Ihr Vorbild definierte das kollektive Heldentum in Iran und propagierte in letzter Konsequenz das Selbstopfer jedes Mitglieds dieser Gesellschaft. Ich argumentiere daher, dass im revolutionären Iran zwischen 1979 und 1988 eine diskursive Verschiebung der Heroismen der Pasdaran zu verzeichnen ist, die sich von der Glorifizierung der männerbündlerischen Gewaltgemeinschaft, die zum Schutz ‚ihrer‘ Frauen, Kinder und Freunde einträten, löste und die Revolutionsgarden als Avantgarde des Martyriums propagierte. Der Schutzgedanke sollte sich folglich in einer transnationalen und transhistorischen Perspektive auf *alle* vermeintlich unterdrückten Muslime erstrecken.

In einer reziproken Logik befeuerte diese heroische Selbstwahrnehmung des Kollektivs der Revolutionsgarden den Krieg und hielt ihn gar am Laufen. Da es kein Zurück hinter jene sozialen Mauern geben kann, die über das Martyrium errichtet werden[12] (nicht nur aufgrund der dem Martyrium eigenen Polarisierung der Diskurse, sondern auch, weil eine Dekonstruktion zugleich den Sinnstiftungsprozess des Todes in Bezug auf all jene in Frage stellen würde, die postum als Märtyrer geehrt werden sollen), ist es auch der Krieg selbst, der sich letztlich über die Implementierung des Kultes um den Märtyrer und die Anrufung des Heroischen am Leben hält, verlängert wird, neue Ziele formuliert und vorwärtsdrängt.

---

[12] Ich habe an anderer Stelle das Martyrium als eine Radikalisierung des Boundary Work von Gemeinschaften bezeichnet (vgl. Olmo Gölz: Martyrdom and Masculinity in Warring Iran. The Karbala Paradigm, the Heroic, and the Personal Dimensions of War, in: Behemoth 12.1, 2019, S. 35–51, hier S. 38). Dies geht auf folgende Beobachtung zurück: „Diskurse über das Martyrium haben […] regelmäßig einen polarisierenden sozialen Effekt. Sie definieren nicht nur die Abgrenzung zwischen zwei Glaubenssystemen, sondern auch die Begriffe Gut und Böse auf paradigmatische Weise. Da das Martyrium voraussetzt, dass der Andere als das Übel der eigenen Gemeinschaft dargestellt wird, müssen die Märtyrer selbst so konstruiert sein, dass keine Zweifel an ihrer Reinheit und Unschuld aufkommen. Die Binarisierung der Diskurse wirkt also auch auf die Märtyrer selbst. Verkörpern ihre Gegenüber zwangsläufig das Böse in der Welt, müssen sie selbst im Gegenzug für die Verkörperung des Guten und Reinen herhalten." Gölz: Martyrium (Anm. 7).

Gründungsphase der Revolutionsgarden

Das Bild, das die Organisation der Revolutionsgarden in ihrer Selbst-Stilisierung als Elitetruppe und als „islamische Modell-Armee"[13] heute abgibt, steht diametral dem vernichtenden Urteil der CIA entgegen, die sich mit dem revolutionären Iran im historischen Moment beschäftigte. In einem Geheimdienstbericht vom Dezember 1979 wird konstatiert, dass die Revolutionsgarden als eine „ragtag organization"[14] zu betrachten seien, als ein bunt zusammengewürfelter Haufen, der vor allem den persönlichen Ambitionen einiger führender Protagonisten diene – und der aufgrund seines Auftretens eine ernsthafte Gefahr für die positive Wahrnehmung des jungen Regimes in der Bevölkerung darstelle.[15]

Die Bewertung der Revolutionsgarden als „ragtag organization" ist vor dem Hintergrund ihrer Gründungsgeschichte im Rahmen der iranischen Revolution von 1978/79 zu verstehen. Die Revolution selbst ist zunächst als eine breite, heterogene und bunte Bewegung zu betrachten, in der sich Individuen und Gruppierungen aller denkbaren sozialen und politischen Ausrichtungen engagierten. Nach der Flucht des Shahs ins Ausland am 16. Januar und der Rückkehr des exilierten Ayatollah Khomeini (1902–1989) nach Teheran am 1. Februar 1979 leitete die islamistische Fraktion unter Khomeini einen graduellen Prozess sowohl der Eliminierung konkurrierender Gruppen als auch der Auseinandersetzung mit der noch vom Shah eingesetzten Regierung ein, um die ‚zweite', *islamische* Etappe der Iranischen Revolution umzusetzen.[16] Trotz einiger Überläufer in die Reihen der Revolutionäre stellte dabei die reguläre, auf den Shah vereidigte und seiner Regierung verpflichtete Armee zunächst ein signifikantes Hindernis für die Durchsetzung der revolutionären Bewegung und ihren Weg in die Islamische Republik

---

[13] Afshon Ostovar: Vanguard of the Imam. Religion, Politics, and Iran's Revolutionary Guards, New York 2016, S. 122.

[14] National Foreign Assessment Center (CIA): The Iranian Revolutionary Guard Corps. A Research Paper, in: CIA Intelligence on the Middle East, 19 December 1979, 25X1; Top secret – approved for release 2004/07/08, S. 3: „The Iranian Revolutionary Guard has emerged over the past 10 months as a force controlled at all levels by clerics and designed to protect both the Islamic movement and its clerical leaders from all opponents. The Guard is closely tied to Ayatollah Khomeini and works in tandem with his Islamic Republican Party and Revolutionary Courts, with which it shares some of its top leaders. The Guard is intended to help deepen and perpetuate – by force and by proselytizing – the hold of Khomeini's clerical circle on the people. Still a ragtag organization nationally, the Guard's elite units in Tehran – called the ‚main force' in defense of the Islamic movement – outclass the armed leftist groups and the protesters that Khomeini's rivals could raise against him. The regular armed forces – demoralized, understrength, and divided [...] – are seen by Khomeini's entourage as a threat."

[15] Ebd.: „The Guard has not made a good impression on the Iranian people [...]. The brutality and lack of sympathy displayed by the Guard have instead created or exacerbated local disturbances, leading the demands for its withdrawal or reorganization."

[16] Roozbeh Safshekan / Farzan Sabet: The Ayatollah's Praetorians: The Islamic Revolutionary Guard Corps and the 2009 Election Crisis, in: Middle East Journal 64.4, 2010, S. 543–558, hier S. 545.

dar. Dies änderte sich jedoch am 9. Februar, als sich auf dem Luftwaffenstützpunkt Dowshan Teppeh in Teheran eine Gruppe von ca. 800 Technikern und Mechanikern bewaffnete und gegen die Armee rebellierte. Die Rebellen wurden von jenen kampferfahrenen, islamo-marxistischen Guerillagruppen unterstützt, die zuvor erheblich zur Destabilisierung des Shah-Regimes beigetragen hatten, sodass die Rebellen schließlich den Stützpunkt übernehmen und die Waffenlager plündern konnten.[17]

Die Auswirkungen dieser Episode sind kaum zu überschätzen. Einerseits konnten die beteiligten Guerillagruppen ihre Effektivität unter Beweis stellen und sich so für die anstehenden Kämpfe um die revolutionäre Neuordnung positionieren. Andererseits führte das erbeutete Waffenarsenal, das zum Teil an die lokalen Moscheenetzwerke in Teheran verteilt wurde, zu einer massiven Erhöhung der Schlagkraft der revolutionären Elemente. Wie sowohl die iranische Tageszeitung *Ettela'at*, die von blutigen Kriegsszenen in Teheran berichtete,[18] als auch die Rundfunk-Mitschriebe des Foreign Broadcast Information Service (FBIS) der CIA zeigen, griffen die nun bewaffneten Gruppen ohne zentrale Führung Polizeistationen, Armeeeinrichtungen und Waffenlager an und zwangen die verunsicherten Besatzungen der Kasernen zur Kapitulation,[19] sodass bald Munition und Waffen im Überfluss zirkulierten[20] und die Armee schließlich kollabierte.[21] Der FBIS übersetzte in diesem Zusammenhang eine Nachrichtensendung des Teheraner Radiosenders vom 11. Februar, welche das Ausmaß zum Teil exzessiver revolutionärer Gewalt sowie die Unübersichtlichkeit der Ereignisse veranschaulicht und hier nur exemplarisch für zahlreiche ähnliche Berichte stehen soll:

Tehran Domestic Service in Persian 0830 GMT 11 Feb 79 LD

[Excerpt] According to a report just received, armed people carrying machineguns, rifles and sidearms and a number of others armed with sticks and axes are taking to the streets

---

[17] Ostovar: Vanguard of the Imam (Anm. 13), S. 41.

[18] Ettela'at, 22. Bahman 1357 (11. Februar 1979).

[19] Vgl. FBIS-MEA-79-030 / 12. Feb. 1979: Heshmatiyeh Barracks Surrounded, in: Foreign Broadcast Information Service, hg. von Central Intelligence Agency, R18.

[20] Zur Eroberung von Waffenarsenalen durch revolutionäre Elemente siehe exemplarisch: FBIS-MEA-79-030 / 12. Feb. 1979: Tehran Police Headquarters Burned, in: Foreign Broadcast Information Service, hg. von Central Intelligence Agency, R13: „Tehran Domestic Service in Persian 0830 GMT 11 Feb 79 [Text] Following the demonstrations staged in Tehran for the past 2 nights, it is said that hundreds of people have been killed and a great many wounded. According to our correspondent, early this morning demonstrators attacked the main police headquarters in Sepah Square and set it on fire. The police eventually managed to remove a certain number of documents and arms after the attack, during which the attackers used arms. A few minutes after arriving at the station, the demonstrators set it on fire. As of now we have no confirmed report of clashes between the demonstrators and the police. However, it is said that many of the weapons at the police headquarters were seized by the demonstrators."

[21] Ostovar: Vanguard of the Imam (Anm. 13), S. 42. Sepehr Zabih: The Iranian Military in Revolution and War, London / New York 1988, S. 74–75.

right now. The report says some security forces have returned to their barracks to prevent any confrontation.

The armed demonstrators have fired into the air at several points. A number of cars have been set on fire. Our correspondent reports that during last night's demonstrations in Teheran, two policemen were cut to pieces and another burned alive. I also have an unconfirmed report which says that Eshratabad Garrison in Tehran has fallen into the hands of armed civilians.[22]

Als unmittelbare Folge der Ereignisse nach der Übernahme des Luftwaffenstützpunktes erklärte die Führung der regulären Armee noch am 11. Februar 1979 ihre Neutralität und beorderte alle Einheiten in die Kasernen zurück, um „Chaos und weiteres Blutvergießen zu verhindern".[23]

Wird die Geschichte der Islamischen Revolution häufig mit den ikonischen Bildern der Rückkehr Ayatollah Khomeinis aus dem Exil am 1. Februar 1979 verbunden, so ist es hingegen der 11. Februar, der heute in der Islamischen Republik als Tag der Revolution gefeiert wird und auch den Zeitgenossen als bedeutender Moment der Zerschlagung des Pahlavi-Regimes erschien, wie der Blick in die Tageszeitung *Ettela'at* vom 11. und 12. Februar 1979 verdeutlicht. Schildert die Zeitung vom 11. Februar Teheran noch als blutigen Kriegsschauplatz und betrachtet die Szenerie dabei aus der Sicht der Revolutionäre, wie auf dem Foto in der Seitenmitte des Titelblattes deutlich wird (Abb. 1), so kündigt die Titelseite vom 12. Februar an: „Das Regime ist zusammengebrochen!" (Abb. 2). Die letzten Bastionen der alten Ordnung seien beseitigt worden, heißt es in der rechten Spalte.

Bemerkenswert ist jedoch nicht nur, dass der Zusammenbruch des staatlichen Gewaltmonopols mit der Überwindung der alten Ordnung gleichgesetzt wird, sondern auch die zeitgleiche Heroisierung jener ungezähmten Kräfte, die diese Ordnung herausforderten – der revolutionären Gewalt also. Nicht nur durch die eingenommene Perspektive der Revolutionäre wird dies insinuiert, sondern auch wörtlich: Die Bildunterschrift links auf der Titelseite vom 12. Februar (Abb. 2) bestätigt unter dem Foto eines knienden und als irregulärer Kämpfer erkennbaren Schützen: „Heldenhaft haben sie gekämpft...", und das rechte Bild einer feiernden Gruppe bewaffneter junger Männer ist unterschrieben mit „Heldenhaft haben sie gewonnen...". Die hier vorgenommene Heroisierung des einfachen Mannes, der als Gewaltakteur das Schicksal selbst in die Hand nimmt und auch gegen eine Übermacht des Feindes die Interessen der Islamischen Revolution verteidigt, bildet die Basis der Heroismen der Revolutionsgarden, in welchen der Kampf von Gut gegen Böse auch als ein Aufbäumen der Unterdrückten gegen Tyrannei und Dekadenz verstanden wird – ein Kampf, in welchem dem „gequälten Individuum" eine besondere Rolle zugestanden wird. Das gequälte Individuum bleibt

---

[22] FBIS-MEA-79-030 / 12. Feb. 1979: Eshratabat Garrison Reportedly Captured, in: Foreign Broadcast Information Service, hg. von Central Intelligence Agency, R12–R13.

[23] FBIS-MEA-79-030 / 12. Feb. 1979: Army Units Ordered to Garrisons, in: Foreign Broadcast Information Service, hg. von Central Intelligence Agency, R14.

Abb. 1: Ettela'at, 22. Bahman 1357 (11. Februar 1979).

Abb. 2: Ettela'at, 23. Bahman 1357 (12. Februar 1979).

dabei allerdings anonym und ist eher als eine Figuration zu verstehen, die repräsentativ für das Kollektiv der Unterdrückten stehen soll. Der ,einfache Mann' soll ein ,einfacher Mann' bleiben und eben keinen Namen erhalten. Die Mechanismen der Heroisierung dieser Figuration deuten bereits auf die Versuche hin, ein kollektives Heldentum zu implementieren, das den einzelnen (lebenden) Helden nicht mehr kennt. Heroisierungsprozesse sind in diesem Zusammenhang zunächst als Prozesse der Selbstheroisierung als Mitglied dieses Kollektivs zu verstehen. Dieser Diskurs sollte in den Folgejahren fortlaufend affirmiert werden; er prägte den Heroismus der Revolutionsgarden bis zum Ende des Krieges maßgeblich.

Zunächst war die Durchsetzung der losen islamistischen Zusammenschlüsse ,einfacher Männer' als alternative Ordnungsmacht jedoch keinesfalls gesichert, da das über den Zusammenbruch des Militärs entstandene Machtvakuum alsbald von bewaffneten und kampferfahrenen Milizen aller politischer Couleur gefüllt wurde.[24] Diese waren zum Teil straff organisiert – so etwa die in Dowshan Teppe beteiligten Volksmojahedin oder die kommunistische Tudeh-Partei – und stellten ernsthafte Konkurrenten im Kampf um die Macht im sich neu ordnenden Iran dar. Dies führte einerseits zu einer hochpolitisierten Aufbruchsstimmung, in welcher die unterschiedlichsten Gruppierungen auf eine politische Teilhabe hofften, andererseits zu chaotischen Zuständen, da kein Akteur das Gewaltmonopol für sich beanspruchen und für die öffentliche Sicherheit sorgen konnte – ein Umstand, der in der späteren Rhetorik der Islamischen Republik aufgegriffen und retrospektiv zur Legitimierung der Gründung der Pasdaran angeführt wurde. Der spätere Präsident Akbar Hashemi Rafsanjani (1934–2017) behauptet etwa in einer Freitagspredigt im Jahr 1982 anlässlich des Jahrestages der Gründung der Pasdaran, dass die freiwilligen opferbereiten Männer „die Stadt zusammen hielten, als das vorige Regime die Gefängnisse öffnete und die Verbrecher auf die Straße strömten".[25]

Im historischen Moment wirkten die islamistischen Kader unter Führung Khomeinis dem Zusammenbruch der Ordnung jedoch von Anfang an entgegen. So ergingen zahlreiche Aufrufe, die (nach ihrer Neutralitätserklärung nun von der Revolution vereinnahmten) polizeilichen und militärischen Ordnungskräfte zu respektieren und vor allem deren Waffenbestände nicht weiterer unkontrollierter – das heißt vor allem, nicht über die Moscheen organisierter – Distribution freizu-

---

[24] Ali Alfoneh: Iran Unveiled. How the Revolutionary Guards is Turning Theocracy into Military Dictatorship, Washington, D.C. 2013, S. 6.

[25] Akbar Hashemi Rafsanjani: Die Pasdaran, die Opferbereiten der Revolution des Islams, Freitagspredigt, abgedruckt in: Jomhuri-ye Eslami 8. Khordad 1361 / 22. Mai 1982, S. 12. Siehe auch Mousavi Ardabili: Die Verrate der Übergangsregierung, Freitagspredigt, abgedruckt in: Jomhuri-ye Eslami 15. Aban 1361 / 6. November 1982, S. 8. Ardabil unterstellt in seiner Predigt, dass das Marionettenregime des Shahs absichtlich das Gewaltmonopol aufgab, um Chaos zu stiften.

geben,[26] da diese „das Eigentum der Muslime" seien, wie Khomeini selbst am 14. Februar verkündete.[27] Zudem konnte die Bewegung Khomeinis den straff organisierten Guerillagruppen sowohl ihre Erfahrungen im islamistischen Untergrund der vergangenen beiden Jahrzehnte und das darüber herausgebildete Kämpferideal[28] entgegensetzen als auch ihre hervorragende lokale Vernetzung innerhalb der unteren Schichten, die bereits jene männerbündlerischen Züge trug, welche in die Revolutionsgarden überführt wurden.

In dieser unübersichtlichen Gesamtlage gelang es Ayatollah Khomeini und dem von ihm gegründeten „Islamischen Revolutionsrat" (*Shura-ye Enqelab-e Eslami*), die neue Nation gleichsam von unten nach oben zu gestalten. Dies war von Beginn an ein entscheidender Bestandteil der Revolutionsrhetorik, die sich an die *mostazafin*, ,die Unterdrückten' also, und damit explizit an jene ,einfachen Männer' richtete, deren revolutionäre Gewalt die staatliche Ordnung in die Knie zwang. Die Institutionalisierung dieser Strategie erfolgte gleichsam über die Gründung der Revolutionsgarden, die recht zügig den frühen Versuchen folgte, Ordnung in die unübersichtlichen Strukturen des revolutionären Iran zu bringen. Die ersten Andeutungen, die auf die vermeintliche Notwendigkeit des bewaffneten Schutzes der Revolution hinwiesen, ergingen erneut in öffentlicher Form durch Khomeinis Aufruf an die regulären Soldaten – die nun mit der Sache der Nation verbunden seien und die er als „Wächter der Revolution" bezeichnete –, dass man sie jetzt für die Verteidigung und den Schutz der Revolution mehr denn

---

[26]   FBIS-MEA-79-030 / 12. Feb. 1979: Appeal for Order & Army Headquarters to be Guarded, in: Foreign Broadcast Information Service, hg. von Central Intelligence Agency, R34–R35.

[27]   FBIS-MEA-79-032 / 14. Feb. 1979: Khomeyni Statement on Arms, in: Foreign Broadcast Information Service, hg. von Central Intelligence Agency, R2–R3: „[Tehran Domestic Service – statement by Khomeini]
1. The arms which have fallen into the hands of the people are the property of Muslims; no one is entitled to sell or purchase them and any use of them without the permission of a responsible official is unlawful and punishable.
2. Arms and whatever government property which are in the hands of individuals should be handed over to the special committee assigned by the office of the prime minister directly or through the imams of the jam'at [local imams which lead local congregations in prayers], or the imams of one of the mosques, and obtain a receipt. Any violation of this is unlawful and subject to prosecution. [...]"

[28]   Walter Posch: Islamistische Gewalt in der Islamischen Republik Iran, in Jasmina Rupp / Walter Feichtlinger (Hg.): Der Ruf des Dschihad. Theorie, Fallstudien und Wege aus der Radikalität, Wien 2016, S. 267–318, hier S. 272–273: „In den Jahren des Untergrunds wurden die *Fedayan* zu Idolen der gewaltbereiten islamistischen Jugendszene, spielten aber nach der Revolution als Organisation keine zentrale Rolle mehr. Einzelne Mitglieder integrierten sich in anderen Organisationen, deren wichtigste die Revolutionsgarden und die revolutionären Komitees waren, in denen die Tradition der *Fedayan* bis heute fortlebt. Die Revolutionsgarden gingen aus einem Zusammenschluss mehrerer Khomeini-treuer Milizen hervor, die unter Federführung ehemaliger *Fedayan*-Mitglieder wie Mohsen Rafiqdust vereint wurden. Zeitzeugen erkannten in den Revolutionsgardisten und Komitees der ersten Stunde auch sofort den sozialen und ideologischen Zusammenhang mit den *Fedayan*."

je brauche.[29] Die Gründung der Pasdaran selbst wurde am 21. Februar, zehn Tage nach dem totalen Kollaps der vorrevolutionären Ordnung, angekündigt:

> Tehran Domestic Service in Persian 1030 GMT 21 Feb 79 LD
>
> [Text] Amir Entezam, deputy prime minister and head of the Prime Ministry Administrative Office, in a press, radio and television interview today, announced that in accordance with the government's decision, a guardian of the revolution corps will be formed and that the regulations concerning the formation of this corps have already been prepared.[30]

Dieses Statement sorgte dafür, dass die Mitglieder der zunächst lose zusammengeschlossenen Gewaltgemeinschaften mit der Regierung Khomeinis assoziiert wurden. Aus einem disparaten Zusammenschluss von Milizionären wurde eine bewaffnete Einheit, die beanspruchte, mit staatlicher Autorität vorzugehen – ein Umstand, der später erheblich zur organisationalen Legitimität der Revolutionsgarden beitrug.[31] So firmierten unter dem Titel *Sepah-e Pasdaran-e Enqelab-e Eslami* auf lokaler Ebene unabhängig voneinander agierende Gruppen, die Schritt für Schritt einen semi-offiziellen Status erhielten und organisatorisch zu einem einheitlichen Gefüge zusammenwuchsen.[32] Am 24. März 1979 wurde schließlich aus dem „Kommandohauptquartier der Islamischen Revolutionsgarden" das erste als offiziell zu bezeichnende Statement verbreitet.[33]

---

[29] FBIS-MEA-79-033 / 15. Feb. 1979: Khomeyni Calls on Soldiers, in: Foreign Broadcast Information Service, hg. von Central Intelligence Agency, R4–R5: „[Tehran Domestic Service in Persian 2030 GMT 14 Feb 79 LD]
Today Imam Khomeyni sent a message to the struggling soldiers who have joined the ranks of the nation [...].
The great Iranian revolution is more in need of defense and protection than at any other time. It is imperative that all army soldiers who have left the barracks in solidarity with the Islamic revolution movement and have joined the movement, return to their relevant garrisons and unite at the earliest opportunity and continue their sacred military service as the struggling soldiers of Islam, and should be prepared to guard the fruits of the revolution [...]. It is necessary that the soldiers in service – the guardians of the revolution and the fighting sons of Islam – report to their relevant garrisons as soon as this message reaches them."

[30] FBIS-MEA-79-036 / 21. Feb. 1979: Guardian Corps to be Established, in: Foreign Broadcast Information Service, hg. von Central Intelligence Agency, R32.

[31] Ostovar: Vanguard of the Imam (Anm. 13), S. 44.

[32] Vgl. Katzman: The Pasdaran (Anm. 8), S. 397: „The Pasdaran has become a more coherent organization since its inception. The Pasdaran formed from the ‚bottom up' at the time of the revolution; it initially consisted of local, independent militias that melded into one national organization. As such, it was highly factionalized initially, and several of its early commanders either lost their positions or [...] refused to take command of the Pasdaran because of its factionalism. The September 1981 appointment of Reza'i as commander, however, stabilized the leadership of the Pasdaran [...]."

[33] FBIS-MEA-79-060 / 27. Mrz. 1979: Revolutionary Guards' Announcement, in: Foreign Broadcast Information Service, hg. von Central Intelligence Agency, R4: „Tehran Domestic Service in Persian 1610 GMT 24 Mar 79 LD
[Text] The following announcement was made by command headquarters of the Islamic Revolutionary Guards:

Mit Khomeinis Grußwort anlässlich des iranischen Neujahrs vom 25. März 1979, in dem er sich an die „Wächter der Revolution" richtet und sich bei dem sich aufopfernden, mutigen und heldenhaften Nachwuchs des Islams dafür bedankt, dass er den Alptraum des Kolonialismus in die Knie gezwungen habe, erfolgte die konkludente Anerkennung der Gewaltgemeinschaft als Revolutionsgarden.[34] In Bezug auf den Heroismus innerhalb des heroischen Kollektivs der Revolutionsgarden ist der Diskurs für die Zukunft hier bereits gesetzt: Khomeini propagierte einerseits die Teilhabe an einem historisch entscheidenden Moment im Kampf des Guten gegen das Böse, in welchem man sich gegen innere und äußere Feinde zur Wehr zu setzen habe. Andererseits wurde das Selbstopfer um der Gemeinschaft und ihrer moralischen Ordnung willen in den Mittelpunkt der heroischen Wahrnehmung der Mitglieder der Pasdaran gerückt. Entscheidend ist hierbei, dass sich im Vorlauf der Islamischen Revolution in Iran das Verständnis des Martyriums im schiitischen Islam verschob: von einer passiven Konnotation, die sich auf eine rein soteriologische Interpretation der Gründungsmythen der Denomination stützte, hin zu einem aktiven Verständnis, in der das Martyrium als das Ergebnis eines Kampfes glorifiziert wird.[35] Der Aufruf und die Glorifizierung des Selbstopfers verweisen somit nicht nur auf die Heroisierung der Opferbereitschaft der Pasdaran, sondern auch auf ihren Status als Akteure der Gewalt und Gewaltgemeinschaft. In diesem Sinne verbirgt sich die Legitimierung der Anwendung physischer Gewalt in Diskursen zum Martyrium, sodass letztlich

---

Dear brothers and sisters, the command headquarters of the Islamic Revolutionary Guards expects all dear compatriots to cooperate, as in the past, with responsible officials and with the committees of the Islamic Revolutionary Guards in identifying counter-revolutionary elements for the purpose of advancing and attaining the objectives of the revolution, by discovering and neutralizing their plots and treacherous and anti-national acts.
The command headquarters of the Islamic Revolutionary Guards is prepared to render all types of cooperation and assistance. The dear brothers and sisters can contact this headquarters by telephone on No 234219, 234220, 234121 and 234141, so as to make their information available to the guard headquarters."

[34] FBIS-MEA-79-059 / 26. Mrz. 1979: Khomeyni Addresses Message to Revolution ,Guardians', in: Foreign Broadcast Information Service, hg. von Central Intelligence Agency, R13: „Tehran Domestic Service in Persian 1630 GMT 25 Mar 79 LD
[Text] Imam Khomeyni today issued a message addressed to the guardians of the revolution. The text of the message is as follows:
In the name of the Almighty: Dear offspring of Islam, sacrificing soldiers and guardians of Islam, let the Almighty's help be with them. On the occasion of this new year I commend you, the courageous and valiant young ones who brought the nightmare of colonialism to its knees. I thank you, the dear strugglers, who brought to fruition the sapling of freedom in this land and territory. I pray to Almighty God for your greater success in achieving ultimate victory. At this crucial moment when the remnants of our defeated enemy are lying in wait, maintain your unity and fraternity and do not allow the enemy an opportunity to renew his activity by your disunity and disputes. I do not neglect my good prayers for you, dear ones."

[35] Ich habe die Diskursgeschichte ausführlich an anderer Stelle ausgearbeitet: Gölz: Martyrdom and Masculinity (Anm. 7).

Konnotationen von Held, Täter und Opfer in der Überhöhung der einen Figur des Märtyrers zusammengeführt werden können.[36]

Landesverteidigung und Gottesdienst

Seit ihrer Gründungsphase waren die Revolutionsgarden lokal und hierarchisch flach organisiert. Ihr Habitus basierte stark auf Maskulinitätskonfigurationen, die konstitutiv für das islamistische Kämpferideal der Revolutionszeit waren. Diesen Charakter von männerbündlerischen Gewaltgemeinschaften behielten sie auch in der folgenden Zeit bis zum Ausbruch des Iran-Irak-Krieges im September 1980 bei, sodass letztlich trotz der Zusammenführung in eine gemeinsame Organisation starke lokale Unterschiede bezüglich des Aufbaus und der Kapazitäten der unterschiedlichen Gruppierungen zu verzeichnen waren.[37] Trotz der zentral formulierten Anerkennung durch die seit Dezember 1979 auf Grundlage einer Verfassung auch formal existierende Islamische Republik Iran wurde die Legitimität der Pasdaran vor dem Iran-Irak-Krieg vor allem durch diese heterogenen Bedingungen und das Fehlen einer effektiven und zentralen Kontrolle unterminiert,[38] was schließlich die oben zitierte vernichtende Beurteilung durch die CIA als „ragtag organization" begründete.

Mit dem Angriff Iraks auf Iran im September 1980 sollte sich dies mittelfristig jedoch signifikant ändern, ohne dass sich die lokalen und männerbündlerischen Strukturen der Pasdaran hier anfänglich als nachteilig erwiesen. Im Gegenteil ist Münkler zuzustimmen, der konstatiert, es sei für heroische Gemeinschaften bedrohlich, wenn die Dinge normal liefen: „Was sie rettet, ist der Einbruch des Außergewöhnlichen und Extremen. Das ist ihre große Stunde, die sie hernach wieder viele kleinere Stunden überstehen lässt."[39] Der Einbruch der außeralltäglichen Gewalt des Krieges und die damit einhergehende Transformation der Revolutionsgarden von einem Haufen Abenteurer zu wirklichen „Verteidigern der Revolution" scheint diese These paradigmatisch zu belegen. Der Angriff von außen bot dem heroischen Kollektiv der Pasdaran die Möglichkeit, ihre Daseinsberechtigung zu

---

[36] Vgl. zu den theoretischen Implikationen, die sich aus dieser Beobachtung ergeben, Olmo Gölz: The Imaginary Field of the Heroic. On the Contention between Heroes, Martyrs, Victims and Villains in Collective Memory, in: helden. heroes. héros, Special Issue 5: Analyzing Processes of Heroization. Theories, Methods, Histories, 2019, S. 27–38. DOI: 10.6094/helden.heroes.heros./2019/APH/04.

[37] Ostovar: Vanguard of the Imam (Anm. 13), S. 44: „In each location, IRGC units seemed to operate independently and in different capacities. The Guards of Mashhad, for example, underwent military training with advisors from the Palestinian Liberation Organization, and Guards in Abadan established a ‚naval unit' to patrol the area waterways and prevent political dissidents from leaving the country."

[38] Vgl. ebd., S. 48: „These issues highlighted the fact that the IRGC was still a new, struggling institution, which acted more like the hodgepodge collection of individual militias that it was and less like the government organ it was portrayed to be."

[39] Münkler: Heroische und postheroische Gesellschaften (Anm. 6), S. 748.

bestätigen und ihr Mandat, d. h. die Gemeinschaft derer, die sie vor Gewalt zu schützen gelobt hatten, sogar noch zu erweitern.

Der Iran-Irak-Krieg begann am 22. September 1980 mit dem Angriff Iraks auf Iran an drei Frontabschnitten entlang der gemeinsamen Grenze, wobei die Hauptstoßrichtung des irakischen Angriffs auf die iranische Region Khuzestan am Persischen Golf zielte. Bei der ersten Bewährungsprobe der Revolutionsgarden in der kleinen Stadt Khorramshahr, die erst nach einigen Wochen völlig unerwarteten Widerstands von den zahlenmäßig und waffentechnisch weit überlegenen irakischen Truppen eingenommen werden konnte, sollte sich die Organisationsstruktur der Pasdaran als dienlich erweisen, wie ein Strategiepapier der US-Streitkräfte zeigt, welches die Verteidigung der Stadt zum Gegenstand hat:

> At the local level, Pasdaran generally directed the resistance, including even the operations of the regular Iranian Army. That is, when conflicts between the two arose, Pasdaran's decisions were considered authoritative. Pasdaran, as an Islamic militia, was characterized by a high degree of commitment, at times bordering on fanaticism. Iraqi soldiers commented frequently that Pasdaran fought quite literally ‚to the death‘. Moreover, Pasdaran members were reported to have forced other fighters to stay at their positions by threatening to shoot them if they withdrew.[40]

Die Pasdaran trugen also die Hauptlast der Verteidigung „ihrer" Bezirke. Dies war allerdings hauptsächlich deshalb der Fall, weil sich das junge Regime nicht in der Lage sah, Truppen zur Verstärkung an die bedrohten Frontabschnitte zu verlegen. Nicht, weil es diese nicht gegeben hätte, sondern weil jede Verlagerung Khomeinitreuer Truppen die entsendende Region unter den Gegebenheiten des Kampfes um die Vorherrschaft in Iran destabilisiert hätte.[41] Der Ausbruch des Krieges konnte zunächst also nicht zu einer unmittelbaren Stabilisierung der militärischen Strukturen im Sinne des Wiederaufbaus der professionellen Armee führen, gegen die das Regime ein tiefes Misstrauen hegte,[42] sondern verstärkte im Gegen-

---

40 Ronald D. McLaurin: Military Operations in the Gulf War: The Battle of Khorramshahr. Technical Memorandum 13–82, in: U. S. Army Human Engineering Laboratory, July 1982, S. 25.

41 Ebd.: „While Iraq reinforced its attacking units, Iran, with a much larger population base and much less concern about other attackers (Iraqi leaders felt they had to keep several divisions along the hostile Syrian border), found itself unable to significantly redeploy. Opposition to central government has been endemic in Iran, particularly in Kurdistan, Baluchistan, and several other areas. [...] Given the high degree of political and ethno-religious unrest in Iran, the central government never felt able to remove large numbers of its troops from troubled areas to confront the Iraqis."

42 Ebd.: „The Iranian armed forces were, in any case, in shambles. Following and as a part of the revolution, virtually all senior and most middle-grade officers were executed, exiled, imprisoned, retired, or cashiered, and new military officers were therefore quite inexperienced. Yesterday's major was today's general officer. Notwithstanding the far-reaching personnel changeover, the Khomeini's government long felt that its greatest threat came from a military-sponsored coup. Thus, the armed forces were under close scrutiny, distrusted, and penetrated by individuals loyal to the regime. Morale was very low. The Iraqi attack changed the situation to some extent – ex-military returned to the service, the armed forces were sometimes portrayed as heroic, and nationalist fervor at least partially overcame

teil noch die Mechanismen der männerbündlerisch organisierten Verteidigung durch kommunale Entitäten, auf welche sich das junge Regime stützte und aus welchen es die Kräfte für die Landesverteidigung rekrutierte.[43]

Dieser Umstand zeigt einerseits, dass die Kämpfer gerade zu Beginn des Krieges noch persönliche Bindungen zu jenen Gebieten hatten, die sie verteidigten. Der auf die entsprechenden Notwehrdiskurse gründende Heroismus bezog sich so noch auf die Schutzverpflichtung der Männer gegenüber konkreten und ihnen bekannten Gemeinschaften, ohne dass er auf eine kosmologische Ebene gehoben werden musste. Andererseits zeigte sich am Beispiel der Stadt Khorramshahr bereits, wie dominant der Diskurs um das heroische Selbstopfer im Angesicht des militärisch überlegenen Gegners inzwischen geworden war. Die Zusammenführung dieser beiden heroischen Anrufungsformen wird insbesondere in den politischen Freitagspredigten der führenden Geistlichen des Landes sichtbar, etwa wenn Akbar Hashemi Rafsanjani am 18. Oktober 1980 in seiner unter dem Titel „Die Einwohner Khorramshahrs werden der Welt in Zukunft als Helden Irans und der Revolution bekannt sein" abgedruckten Predigt in der Stadt Ahvaz den heroischen Einsatz im Widerstand und die Tapferkeit der Einwohner der Stadt schildert, die zugleich „bis zum letzten Blutstropfen" von den Nachfahren Alis verteidigt werde.[44] Die symbolische Bedeutung des Kampfes um Khorramshahr ist für die Propagierung des Märtyrer-Ethos in den folgenden Kriegsjahren kaum zu überschätzen. Das veranschaulicht auch der Umstand, dass die Führungselite des Landes die Stadt seit Oktober 1980 als *Khuninshahr*, Stadt des Blutes, bezeichnete[45] und damit auf die im schiitisch-iranischen Kontext wichtige und auf das Martyrium verweisende Blutsymbolik rekurrierte.[46]

---

political divisions. In general, however, the military enjoyed only very limited political support from and trust of the government, which continued to place its fate in God and its hope in Pasdaran to protect Iran from the Iraqis. Even in sectors where the regular armed forces bore the brunt of fighting, Pasdaran tended to receive greater media attention and praise."

[43] Bajoghli: Iran Reframed (Anm. 10), S. 29.: „The establishment of the Islamic Republic relied upon the support of the mostaz'afin, members of the ‚dispossessed masses,' who had indigenous organizing networks in mosques and neighborhoods. These networks served as organizing centers both to oust the Shah and to recruit volunteer soldiers in the subsequent war effort. It was this segment of the population that answered Khomeini's call to defend the nation and nascent revolution when Iraq invaded in September 1980."

[44] Rafsanjani in: Jomhuri-ye Eslami, 26. Mehr 1359 / 18. Oktober 1980, S. 6.

[45] Vgl. nur die Freitagspredigt des heutigen Revolutionsführers Ali Khamenei am 24. Oktober 1980 in Teheran, abgedruckt in: Jomhuri-ye Eslami, 3. Aban 1359 / 25. Oktober 1980, S. 12. Er würdigt dort in Bezug auf „Khuninshahr" die hohe Bereitschaft zum Selbstopfer in dieser Stadt.

[46] Vgl. zur Bedeutung dieses Motivs Christiane Gruber: The Martyrs' Museum in Tehran: Visualizing Memory in Post-Revolutionary Iran, in: Visual Anthropology 25.1/2, 2012, S. 68–97, hier S. 81: „During the Iran–Iraq War blood was essentially understood within the context of the Prophet Mohammad's bloodline and the sacrifice of members of his family (the ahl al-bayt) at the Battle of Karbala. Their sacrificial acts – i.e., the blood they

Die Heroismen der frühen Phase des Krieges folgen dabei also auch in Bezug auf die religiös-ideologische Gemeinschaft der Pasdaran klassischen Notwehrdiskursen, die sich zunächst sowohl auf die Revolutionsdiskurse um die Verteidigung des Guten gegen das Böse oder des Glaubens gegen den Unglauben beziehen[47] als auch an den einzelnen Mann richten, seine Schutzversprechen im Angesicht der von außen einbrechenden Gewalt gegenüber seiner jeweiligen Community zu erfüllen. Die Notwehrlogik wird dabei durch Berichte über irakische Gräueltaten, Morde und Vergewaltigungen angeheizt[48] und appelliert ausdrücklich auch an das Ehrverständnis der Männer.[49] Damit folgt sie einem Muster, das insbesondere den Schutz der Frauen als Mobilisierungsdiskurs für Männer kennt und Frauen nicht nur als mögliche Opfer vorführt, sondern letztlich zu Verhandlungsobjekten im Krieg degradiert.[50]

Bis zu diesem Punkt trägt der Aufruf zum heroischen Selbstopfer im Sinne der Gemeinschaft und der Landesverteidigung. Hinzu kommt im Falle Irans die allgegenwärtige Präsenz von Referenzen zum Martyrium des dritten Imams al-Husayn b. Ali bei Kerbala 680, der als Gründungsmoment der schiitischen Denomination wirksam ist. So rahmte etwa Ayatollah Khomeini den Konflikt von Anfang an als einen Wettkampf zwischen den Kräften Gottes und jenen der ‚Apostaten'.[51] Als Korrektiv zum Bild einer fanatisierten und ideologisierten Masse, die das Martyrium für den Islam aktiv gesucht habe, sollte jedoch zumindest für diese frühe Phase des Krieges exemplarisch auf eine von zahlreichen Aussagen iranischer Kriegsgefangener verwiesen werden, die Ian Brown in *Khomeini's Forgotten Sons* dokumentiert hat:

> I am not very religious so I don't know much about the subject. It's true that martyrdom is important to Shi'ites – we all learn about the Emams and how they died – but I didn't go to war to die for Islam. I went to defend Iran and I think most of my friends went for the same reason.[52]

---

spilled – were seen as necessary for the continuation and re-vivification of the Shiite community."

[47] Ostovar: Vanguard of the Imam (Anm. 13), S. 62–63.

[48] Michael Axworthy: Revolutionary Iran. A History of the Islamic Republic, London 2013, S. 200. Siehe auch die Aussagen eines Veteranen im Interview mit Bajoghli (dies.: Iran Reframed [Anm. 10]), S. 33: „I kept seeing news reports of our women being raped and killed in Abadan by the Iraqis, and I couldn't have lived with myself if I sat and did nothing. It was insulting to our honor [*beh nāmus-emun bar mikhord*]."

[49] Vgl. Bajoghli: Iran Reframed (Anm. 10), S. 33.

[50] Vera Marstaller hat dies für das nationalsozialistische Deutschland im Zweiten Weltkrieg herausgearbeitet. Siehe ihren Beitrag in diesem Sammelband sowie ihre noch nicht publizierte Dissertationsschrift *Stillstand der Körper im Krieg. Helden, Verehrerinnen und Gefahren, oder: Die Pflichten des Heroischen und der Reiz des Alltags in der illustrierten Massenpresse des Nationalsozialismus (1939–1945)*, 2020.

[51] So in einer Nachricht an das iranische und irakische Volk am 26. September 1980. Zitiert in Ostovar: Vanguard of the Imam (Anm. 13), S. 62–63.

[52] Ian Brown: Khomeini's Forgotten Sons. The Story of Iran's Boy Soldiers, London 1990, S. 88.

Selbst jüngere regimenahe Zeugnisse bestätigen die Betonung der Verpflichtung zur Landesverteidigung gegenüber der religiösen Pflicht, wie etwa Narges Bajoghli über Interviews mit Veteranen der Revolutionsgarden jüngst belegt:

> I was fifteen years old when Iraqi bombs started to rain down on us. [...] I remember I was on my way to school when I felt the first explosion. I had no choice but to get involved in the war. It literally came to my doorstep, and I had to defend my home.[53]

Zugleich lassen sich jedoch bereits in der frühen Phase des Krieges Verschiebungen feststellen, welche die Logiken der Schutzerwartungen an den Mann gegenüber der unmittelbaren Gemeinschaft auf die gesamte iranische Gesellschaft übertragen – Verschiebungen, die im Angesicht des offensichtlichen Angriffs Iraks auf Iran bereits in den Bezeichnungen des Krieges angelegt sind, der in Iran wahlweise als der „Aufgezwungene Krieg" (*jang-e tahmili*) oder die „Heilige Verteidigung" (*defa'e moqaddas*) firmiert. Der damalige Freitagsprediger von Teheran, späterer Präsident, heutiger Revolutionsführer und somit das spirituelle und politische Oberhaupt der Islamischen Republik Iran, Ali Khamenei (geb. 1939), preist in diesem Sinne in seiner Freitagspredigt am 10. Oktober 1980 zunächst die stählerne und unbeugsame Haltung der iranischen Kämpfer, die, angeführt von den Pasdaran, ihre Heimat unter Einsatz ihres Lebens verteidigten und den Angreifern so erbitterten und unerwarteten Widerstand leisteten. Angereichert wird dies aber bereits mit sakralen Dimensionen, wenn Khamenei darauf insistiert, dass es sich bei den jungen Männern, die sich Panzern entgegenstellten und ungeschützt den Kugeln des Feindes entgegenträten, nicht lediglich um Vertreter eines heroischen Guerilla-Kampfes handle, sondern sich hier eine göttliche Bewegung manifestiere.[54] Gewaltlegitimierungen werden somit einerseits auf eine höhere Stufe gehoben und andererseits von jenen Maskulinitätsdiskursen gelöst, die den Schutzgedanken zunächst auf die unmittelbare Community des einzelnen Mannes beziehen. In einer reziproken Logik wird so bereits eine alternative Form idealer Männlichkeit propagiert, die nun die Gesellschaft als Ganzes in den Blick nimmt und sich weniger an der unmittelbaren Gemeinschaft orientieren soll.

Im weiteren Verlauf des Krieges, der ab Sommer 1981 auch vermehrt von offensiven Handlungen seitens Irans geprägt war, sollte sich diese Verschiebung des Notwehrdiskurses von der individuellen Pflicht des Mannes, Heim und Gemeinschaft zu schützen, hin zur kollektiven Pflicht, den Glauben gegen den Unglauben zu verteidigen, deutlich verstärken. In seiner Dankesbotschaft für die im Juli 1981 erfolgte Rückeroberung des grenznahen Ortes Nowsud in der kurdischen

---

[53] Bajoghli: Iran Reframed (Anm. 10), S. 22. Es heißt weiter a. a. O.: „Many veterans recalled the war with nostalgia, telling coming-of-age stories about the friendships they had made at the front in the face of danger. But for Mr. Hosseini, the war was much more than a rite of passage into adulthood. The war ravaged Abadan, and his family became internally displaced. His roots were violently torn out that ominous fall morning when Iraqi troops marched toward his home."

[54] Ali Khamenei zitiert in: Der westliche Imperialismus ist angesichts der Iran-Frage hilflos, in: Jomhuri-ye Eslami, 19. Mehr 1359 / 11. Oktober 1980, S. 7.

Provinz Kermanshah während des Monats Ramadan proklamiert etwa Ayatollah Khomeini: „Landesverteidigung ist Gottesdienst",[55] und begegnet so dem Vorwurf, dass die iranische Armee auch im Fastenmonat Ramadan kämpfte – und die Kampfhandlungen vermeidbar gewesen wären, da kurz zuvor ein Waffenstillstandsangebot Saddam Husseins ergangen war. Khomeini wies dieses jedoch als Trick zurück und insistierte hingegen, dass auch der Prophet im Ramadan Krieg gegen Ungläubige geführt habe.[56] Hier deutet sich bereits an, was für die kommenden Jahre instruktiv werden sollte: Der Notwehrdiskurs löst sich von der Faktizität militärischer Ereignisse selbst und wird auf eine Ebene gehoben, die nicht mehr nach Abwehr- oder Angriffshandlung fragen muss, sondern den Kampf der Gläubigen gegen die Ungläubigen per se als Akt der Notwehr begreift und so sowohl die Kriegsgewalt als auch das heroische Selbstopfer nicht nur legitimiert, sondern sogar zur Pflicht erhebt. Zusammenfassend ist somit insbesondere für die Frühphase des Krieges die Gleichzeitigkeit und gar Amalgamierung von Diskursen zum individuellen Heldentum, männlicher Ehre, iranischem Nationalismus und der Identifikation mit Khomeinis Interpretation des schiitischen Islams als ausschlaggebend für den Erfolg der Rekrutierung Freiwilliger für die Revolutionsgarden und die ihr untergeordneten Freiwilligenverbände der Basiji an der Front zu konstatieren.[57] Diese Amalgamierung verdeutlicht exemplarisch die Freitagspredigt Ali Khameneis am 14. November 1980, in der er die Opferbereitschaft als größte Tugend preist und insistiert, dass Eltern ihre Kinder nicht davon abhalten sollten, sich zum freiwilligen Einsatz zu melden, denn die Verteidigung des Landes und des Islams sei eines jeden Pflicht, das Martyrium aber die glückseligmachende Belohnung.[58] Da die Rede über das Martyrium eine Rede über die Gewalt der Anderen ist, schwingt hier – in der Präsentation des Krieges als *Möglichkeit* zum Martyrium – schon eine ambivalente Einstellung zur Gewalt des Gegners mit: Sie gewinnt einen positiven Aspekt.

Angriff als Heilige Verteidigung

Von Ayatollah Khomeini ist unter unklarer Datierung der Spruch überliefert, dass „unser Krieg ein ideologischer Krieg ist, der keine Limitierungen durch die Geografie oder Grenzlinien beachtet".[59] Diese ausdrückliche Pointierung der ideologischen Dimensionen unter gleichzeitiger Zurückweisung von Diskursen zur Verteidigung bestimmter regionaler Abschnitte hat bereits zu Beginn des Krieges

---

[55] Ayatollah Khomeini: Die iranische Nation weiß, dass unsere Streitkräfte gerade den größten Gottesdienst feiern, in: Jomhuri-ye Eslami, 20. Tir 1360 / 11. Juli 1981, S. 8.

[56] Ebd.

[57] Vgl. Bajoghli, Iran Reframed (Anm. 10), S. 33.

[58] Ali Khamenei: Freitagspredigt. Eine Strömung versucht die Geistlichkeit zu zertreten, in: Jomhuri-ye Eslami 24. Aban 1359 / 15. November 1980, S. 12.

[59] Pedram Khosronejad: Introduction. Unburied Memories, in: Visual Anthropology 25.1/2, 2012, S. 1–21, hier S. 6.

Khomeinis Perspektiven zu Krieg und Revolution bestimmt, wie Saskia Gieling herausgearbeitet hat. Sie betont, dass Khomeini selbst sich nie auf eine rein defensive, auf die Landesgrenzen bezogene Terminologie eingelassen habe. Khomeini habe den Krieg vielmehr als einen defensiven *jihad* bezeichnet, was einige theologische Konsequenzen bezüglich der Verpflichtung jedes Muslims zur Teilhabe am Krieg hat.[60] Die öffentliche Publikation dieses Gedankens wird jedoch erst in jenem Moment notwendig, in welchem sich das Kriegsglück wendet und die Abwehr des irakischen Überfalls in einen Angriffskrieg auf irakisches Territorium umschlägt.

Nach der Rückeroberung Khorramshahrs standen im Juli 1982 keine irakischen Soldaten mehr auf iranischem Boden, und die Islamische Republik ging nun unter dem Slogan „Von Kerbala nach Jerusalem" zum Angriff auf irakisches Gebiet über.[61] Nun brauchte es den Rückgriff auf Recht/Unrecht-, Gott/Satan-, Glaube/Unglaube-Dichotomien, um die von den Mitgliedern der eigenen Gemeinschaft und insbesondere den Revolutionsgarden (deren Gründung ja dezidiert im Angesicht inner-iranischer Gefahren für die Revolution erfolgt war) geforderten Selbstopfer zu einem Martyrium um des Schicksals der Menschheit willen zu überhöhen. Die schiitische Gründungserzählung der Schlacht bei Kerbala, in der beinahe die gesamte alidische Familie ihr Leben ließ – und zwar in dem Wissen, dass sie dies für den ewigen Kampf des Guten gegen das Böse tue –, bietet hier erneut die entsprechende Folie, vor der die Bereitschaft zum Martyrium eingefordert wird.[62] Einerseits geschieht dies über die Erzählung selbst, welche das (aktive)[63] Selbstopfer für das Gute im Angesicht des Bösen propagiert, andererseits wird nun doch wieder die geografische Tatsache, dass Kerbala im Irak liegt, unterstützend hinzugezogen. Den heiligen Ort zu erreichen – oder eben die *Verteidigung* dieses Ortes – wird zum logischen Teil der Islamischen Revolution, deren Ziel ja die Implementierung einer gottgerechten Ordnung im Diesseits ist. Konsequenterweise muss der Weg über das von Ungläubigen besetzte Kerbala weiter zum ebenfalls in der Hand Ungläubiger befindlichen Jerusalem führen.[64] Die iranischen Kämpfer werden in diesem Sinne, wie Ayatollah Shirazi (1928–2001) in einer Predigt anlässlich der Rückeroberung aller iranischen Gebiete im Juli 1982 konstatiert,

---

[60] Saskia Gieling: The Sacralization of War in the Islamic Republic of Iran, Nijmegen 1998, S. 47–48.

[61] Bajoghli: Iran Reframed (Anm. 10), S. 29–30.

[62] Vgl. Olmo Gölz: Kerbalaparadigma, in: Compendium heroicum, 2018, DOI: 10.6094/heroicum/kpd1.1.20200213.

[63] Dies ist das Ergebnis der oben bereits angedeuteten diskursiven Verschiebungen bei der Interpretation der Schlacht von Kerbala im vorrevolutionären Iran. Siehe Gölz: Martyrdom and Masculinity (Anm. 7).

[64] Gieling: Sacralization of War (Anm. 60), S. 120. „The fact that Kerbalâ' is situated in Iraq was used by Iranian leaders as a major incentive to mobilize people for the war effort. Slogans such as […] 'râh-i Quds as Kerbalâ' mīguzarad' (the road to Jerusalem passes through Kerbalâ') could be heard repeatedly. Road signs on the battlefield gave the remaining distance to Kerbalâ' and Jerusalem."

von Jerusalem gerufen, um „die heiligen Stätten vom Schmutz der unreinen Ungläubigen zu reinigen" und die islamische Heimat – die nun eigentlich keinen Unterschied zwischen Iranern und Irakern oder Persern und Arabern mehr kennt, sondern lediglich Gläubige und Ungläubige – vor den Unterdrückern zu retten.[65]

Der Rückgriff auf eine sakrale Dimension wird also erst notwendig, wenn der Diskurs über die Drohpotenziale der Gewalt aufrechterhalten werden muss, um den abstrakter werdenden Ruf nach dem heroischen Selbstopfer – oder nun explizit dem religiös definierten Martyrium – weiter zu legitimieren. Die Notwehr muss also als übergeordnetes Prinzip konstruiert werden, in welchem es letztlich nicht mehr um die Verteidigung bestimmter Entitäten geht, sondern um den Verlauf der Geschichte selbst – oder eben die Welt. In diesem Sinne wird in der Kriegsrhetorik der Weg nach Kerbala selbst als Ziel des Kampfes stilisiert, wenn etwa Schilder an der Front die verbleibende Entfernung nach Kerbala anzeigten oder der Spruch *„Rah-e Qods az Kerbala migozarad"* („Der Weg nach Jerusalem führt über Kerbala") geprägt wurde.[66] Die Kriegsdokumentationen des iranischen Filmemachers Seyyed Morteza Avini (1947–1993) *Revayat-e Fath* („Die Chroniken des Sieges") zeigen die scheinbar übliche Verabschiedung von Kämpfern der Revolutionsgarden, die ihren Gruß mit der Aussage enden lassen: *„Inshallah,* sehen wir uns in Kerbala!"[67] Kerbala ist „das Herz im Körper der Geschichte", sagt Avini an anderer Stelle.[68] Im Herzen der Geschichte steht also die Erzählung des Martyriums des dritten Imams der zwölferschiitischen Glaubenslehre, al-Husayn b. Ali, des Enkels des Propheten, dem „Fürsten der Märtyrer", der in Kerbala auf seine Freunde wartet, wie es heißt.[69] Die Frage, ob diesmal die Schlacht gewonnen werden oder ob das Martyrium der alidischen Familie das Vorbild sein soll, ist damit implizit beantwortet, denn der Imam wartet auf ‚seine Freunde', die Avantgarde des Martyriums also, nicht in Kerbala, sondern im Paradies, in welches die Märtyrer eingehen werden, wenn sie seinem Beispiel folgen dürfen. Es gilt daher, sich die Bandana anzulegen, die als Pathosformel auf die Bereitschaft zum Martyrium verweist, und den Weg zu wählen, der aus der Hölle des Diesseits ins Paradies führt.[70]

Die vermeintliche Entscheidung des Einzelnen, der in der Reihe seiner Kameraden das Stirnband mit der Aufschrift *„Allahu akbar"* (Abb. 3) umlegt und dann in Richtung Kerbala marschiert[71] (Abb. 4), wird in den „Chroniken des Sieges" von der Stimme Avinis begleitet, der sagt:

---

[65]   Ayatollah Shirazi: Die verehrten Jugendlichen sollen umso aktiver und breiter an den Fronten Präsenz zeigen, in: Jomhuri-ye Eslami, 26. Tir 1361 / 17. Juli 1982, S. 10.

[66]   Ebd.

[67]   Vgl. nur Yadi az aqa-ye Reza in der Reihe Revayat-e Fath, Episode 3, Folge 3, 00:00:50–00:01:54.

[68]   Seyyed Mortaza Avini: Hanabandan, in: Revayat-e Fath, Episode 2, Folge 2, 00:14:22.

[69]   Seyyed Mortaza Avini: Beh su-ye mashuq, in: Revayat-e Fath, Episode 2, Folge 1, 00:10:00, 00:14:00.

[70]   Ebd., 00:25:00.

[71]   Zur vergleichbaren Symbolik des Marschierens in der Kriegspropaganda des Nationalsozialismus siehe Vera Marstaller: Stillstand der Körper im Krieg, Dissertation, 2020.

Abb. 3: Film still. „Hanabandan" in der Reihe Revayat-e Fath, Episode 2, Folge 2, 00:25:20.

> Oh Bruder! Weißt du, dass der Weg, den du betreten hast, ein Pfad ist, der in der Hölle
> beginnt und ins Paradies führt? Es gibt die Wahl zwischen zwei Wegen im Diesseits.
> Und nach dem Tod wirst du nach dem Weg beurteilt, den du in der diesseitigen Welt
> betreten hast.[72]

Die zwei Wege, die aufgezeigt werden, sind der des Hedonismus und eines west-
lich geprägten Materialismus auf der einen Seite und jener steinige, „unter dem
selben Himmel" zu gehende Pfad der langen Geschichte der Familie des Propheten – der Pfad des Martyriums.

Das Vorbild des heroischen Kollektivs

Die Referenzgröße Kerbala stellte so nicht nur den zentralen Bezugspunkt der
Propaganda dar, um den nun zum Angriff umgeschlagenen Krieg zu rechtfertigen – mit dem klar formulierten Ziel, das Bath-Regime Saddam Husseins[73] zu
stürzen –, sie diente auch der Implementierung übergeordneter Heroismen, die

---

[72] Seyyed Mortaza Avini: Hanabandan, in: Revayat-e Fath, Episode 2, Folge 2, 00:25:28.

[73] In Iran wurde stets von ‚dem Feind' oder ‚Saddam-e kofar', dem ungläubigen Saddam,
gesprochen; nie wurden ‚die Iraker' als Feinde bezeichnet, sondern höchstens als die Sklaven des Regimes. Sklaven also, die Muslime sind und die es zu befreien gilt.

Abb. 4: Film still. „Hanabandan" in der Reihe Revayat-e Fath, Episode 2, Folge 2, 00:25:30.

den Kampf der Revolutionsgarden als Aktivität einer Avantgarde in der ewigen Auseinandersetzung zwischen Gut und Böse präsentierten. Eine Auseinandersetzung, die nun stellvertretend von dieser Avantgarde *von* den Unterdrückten *für* die Unterdrückten geführt wird und die Geschichte der Unterdrücker herausfordert. Die Geschichte wird also neu geschrieben und dies ist der eigentliche Zweck der Revolutionsgarden: Sie erschaffen eine bessere Zukunft, in der die gottgewollte Ordnung entstehen soll. Da diese Ordnung aber als von den Ungläubigen bedroht gilt, geht es eigentlich um die *Verteidigung* jener besseren Zukunft, die Gott kennt und will, sodass sich der Zirkel bezüglich der Notwehrdiskurse schließt, welche die Heroismen der Revolutionsgarden prägen.

Nun wandeln sich die Logiken des Martyriums, und die dialektische Wirkung der Heroismen entfaltet sich. Es geht nämlich nicht mehr nur um die Verteidigung von Individuen und Gemeinschaften; der Heroismus ist nicht mehr die, wie Simone Weil schreibt, „mit Prahlerei geschminkte theatralische Geste"[74] des einzelnen Kämpfers. Vielmehr geht es um die Teilhabe an einer kollektiven Transgression, um die Veränderung der Geschichte und die Hoffnung auf ein künftiges, wahrhaft egalitäres heroisches Kollektiv. Dass diese Rhetorik des Heroischen nicht nur frommer Wunsch der Propaganda war, sondern ihren Weg bis an die

---

[74] Weil: Poem der Gewalt (Anm. 1), S. 177.

Front und in die inneren Strukturen der Revolutionsgarden fand, zeigt etwa der Umstand, dass während des Krieges nahezu vollständig auf die Übernahme militärischer Rangordnungen verzichtet wurde. Selbstverständlich gab es Kommandeure, die de facto einen höheren Rang hatten als einfache Soldaten. Diese Ränge hatten aber weder eine Bezeichnung, noch gab es entsprechende Abzeichen oder sonstige Insignien. Stattdessen sprachen sich einfache Soldaten wie Kommandeure mit der Ehrenbezeichnung „Bruder" an, die einmal mehr den männerbündlerischen Ursprung als islamistische Bruderschaft betonte.[75]

Eindrücklich wird dieses Bild einer Bruderschaft, die repräsentativ für die gesamte iranische und auch islamische Gesellschaft gegen das Unrecht in der Welt eintritt, in den bereits erwähnten „Chroniken des Sieges" aufgerufen. In der Episode *Sepah, Mardom, Kerbala* (etwa „Revolutionsgarden, Volk, Kerbala") dokumentiert Mortaza Avini die Ausbildung von Rekruten der Revolutionsgarden und erklärt in einer bemerkenswerten Sequenz, in der keine heroischen Posen präsentiert werden, sondern lediglich durchschnittliche junge Männer in Uniformen, die sie von ihren Vorgesetzten optisch nicht unterscheiden:

> Die *Sepah-e Pasdaran-e Eslam* wurden aus dem Volk ausgewählt, um in Erinnerung an Hossein die Welle des revolutionären Enthusiasmus im Meer des Volkes zu bilden. Ich wünschte, ich wäre ein Pasdar... [...] Gott hat aus dem Volk eine Auswahl getroffen – unter den Bauern und Arbeitern, Bauarbeitern und Schmieden, Kraftfahrern und Ladenbesitzern – an jungen Männern mit Namen: Mohammad, Ali, Amir, Hassan, Hossein, Qasem, Akbar, Reza und Mahdi. Und hat sie in einer großen Armee zusammengeführt, um die Wurzeln der Ignoranz, Tyrannei und Arroganz von der Erde zu tilgen.[76]

Die Namen und Berufe sind nicht zufällig gewählt. Die Namen sind die prominenter schiitischer Imame und Persönlichkeiten und werden gerahmt von jenen, die an den Propheten und an den Erlöser, den 12. Imam Mohammad al-Mahdi, erinnern. Auf die Wiederkehr des 12. Imams warten die schiitische Muslime und seine Armee, die als Armee Gottes apostrophiert wird, wird angerufen. Dieser Anruf erfolgt nicht nur an dieser Stelle der propagandistischen Kriegsdokumentation, sondern auch in zahlreichen Liedern, in denen es heißt, dass die Armee des Herrn der Zeiten nun käme – verbunden mit dem Aufruf, dass man jetzt selbst

---

[75] Zur Überführung in die heutigen Strukturen gehört auch der Umstand, dass nach dem Krieg die militärisch üblichen Insignien eingeführt wurden. Vgl. Ostovar: Vanguard of the Imam (Anm. 13), S. 124–125. Siehe auch Narges Bajoghli, die über ihre Interviews mit Veteranen schreibt: „Both Revolutionary Guard and Basij members told me repeatedly how antihierarchical the warfront was; veterans remember fondly the sense of brotherhood and equality they felt at the front. Mr. Ahmadi recalled, ‚Sometimes our Guard commanders would wear the same khaki uniforms as us. They didn't want to differentiate themselves at all from us.‘ Mr. Hosseini added, ‚We all addressed each other as ‚Brother‘ [barādar]. I never recall addressing our commanding Guard officers in any other way.‘ The sense of religious and revolutionary brotherhood prevailed at the battlefront, and men strived to create a feeling of equality among all those there, regardless of age, education, rank, or socioeconomic status." Bajoghli: Iran Reframed (Anm. 10), S. 33.

[76] Seyyed Mortaza Avini: Sepah, Mardom, Kerbala, in: Revayat-e Fath, Episode 3, Folge 6, 00:07:15–00:08:33.

die Schuhe schnüren und teilhaben solle an der Bewegung, an dieser Armee, die auf ihren Befehlshaber warte.[77] Die Armee wird in *Sepah, Mardom, Kerbala* gleichgesetzt mit den jungen Männern Irans, die in den Revolutionsgarden zusammengeführt worden seien, um die Tyrannei von der Erde zu tilgen. Zugleich sind es nicht der Arzt oder Rechtsanwalt, die hier rhetorisch zusammengeführt werden, sondern eben jene ‚einfachen Männer‘, welche die Revolutionspropaganda von Anfang an angesprochen hatte und auf die sich erst recht der Blick richtet, als die Verteidigung der Heimat in den Angriff umschlägt und ihre Legitimation nur noch als eine Bewegung der Unterdrückten erfahren kann.

Der vorbildliche Heroismus der Revolutionsgarden als Avantgarde des Martyriums diente dabei als Aufruf an die gesamte iranische Gesellschaft, es dem Beispiel al-Husayns und seiner Avantgarde gleichzutun. Das veranschaulicht etwa der Film *Payam-e basiji* („Aufruf der Mobilisierung"), der sich 1987 mit der nur wenige Wochen dauernden Ausbildung von Freiwilligenverbänden der Basiji beschäftigt, der Mobilisierten, die dem Kommando der Pasdaran unterstellt waren. Erneut unter Bezugnahme auf Kerbala wird dort propagiert:

> Emam Hossein, der Fürst der Märtyrer, sagte am Abend vor der Schlacht von Kerbala nach einer langen Predigt: „Seid euch bewusst! Diejenigen, die ihr Blut für die gerechte Sache der Familie des Propheten spenden wollen und denen ein Platz im göttlichen Paradies gegeben wird, sollen nach Kerbala aufbrechen. Ich werde morgen früh, so Gott will, mich auf den Weg begeben." Nun wurde der Ruf zum Aufbruch erneut gehört und das Echo desselben Aufrufs hallt nun wider im weiten Lauf der Geschichte [wörtl.: *asman-e boland-e tarikh*, großer Himmel der Geschichte, OG].[78]

Diesen Aufruf – hier vorgetragen in der eindrücklichen und fesselnden Stimme Mortaza Avinis, die eine eigene Untersuchung verdiente – muss nun jeder hören und dem blutigen Pfad folgen, den nicht nur al-Husayn gegangen ist, sondern den auch die Pasdaran jederzeit bereit sind zu gehen. Jeder muss, so legt es der Aufruf nah, seine Seele bekämpfen und im Angesicht der Gewalt des Feindes in seinem Inneren eine heroische Transgression erfahren, wie der Freiwillige, der an der Front von der Gefangennahme seiner beiden Söhne durch den Feind erfährt (Abb. 5): „Er bekämpft seine Seele. Der wirkliche Krieg ist der Krieg, der nun in seinem inneren Selbst ausgebrochen ist."[79] Ein frommer Mann, so lässt sich die Botschaft verstehen, muss an zwei Fronten kämpfen: der inneren und der äußeren. Der ‚große *jihad*‘ ist der Kampf gegen sich selbst, um sich im Angesicht der Gewalt der Anderen ins Kollektiv einzuordnen und den ‚kleinen *jihad*‘ auszufechten – den Krieg, der mit Waffengewalt geführt wird.

Die heroische Pose ist hier nicht mehr mit der Darstellung der eigenen Wehrhaftigkeit und Stärke verbunden, sondern verweist auf das Ertragen von Gewalt. Die Pose des nachdenklich ins Gebet versunkenen Mannes, der seine Söhne her-

---

[77] Siehe hier die Einstiegshymne der gesamten 3. Episode von Revayat-e Fath.
[78] Payam-e basiji, in: Revayat-e Fath, Episode 2, Folge 3, 00:04:16–00:04:57.
[79] Seyyed Mortaza Avini in Payam-e basiji, in: Revayat-e Fath, Episode 2, Folge 3, 00:43:30.

Abb. 5: Film still. „Payam-e basiji" in der Reihe Revayat-e Fath, Episode 2, Folge 3, 00:43:25.

gibt und sich selbst zu opfern bereit ist, wird zur eigentlich heroischen Pose und ersetzt die mit Prahlerei geschminkte (männliche) Geste, die Simone Weil beschreibt. Die Pose des Mannes versinnbildlicht die Übertragung des Heroismus des heroischen Kollektivs der Revolutionsgarden in das kollektive Heldentum, das die iranische Kriegspropaganda entwarf. Nicht mehr die Interessen des Einzelnen sollten zählen, wie noch zu Beginn des Krieges, als die Maskulinitätskonfigurationen die Verteidigung bekannter Entitäten einforderten, sondern im Gegenteil, wie es am Ende der Dokumentation heißt: „Nein Bruder! Wir sorgen uns um *nichts anderes* als um Religion und Glauben. Um nichts! Nicht Familie, nichts Materielles, nichts!"[80]

Schluss

Im Ergebnis rückt für die Zeit des Krieges zwischen Iran und Irak in den Jahren 1980 bis 1988 das kollektive Heldentum an die Stelle, die zuvor der singuläre Held besetzt haben mag – dies kann die Transformation der Pasdaran als eine von indi-

---

[80] Seyyed Mortaza Avini in Payam-e basiji, in: Revayat-e Fath, Episode 2, Folge 3, 00:45:50–00:46:04.

viduellem Abenteurertum geprägte Gewaltgemeinschaft aus der Revolutionsphase um 1979 zu einem heroischen Kollektiv, das sich als Avantgarde einer Gesellschaftsordnung versteht, die Geschichte schreiben will, exemplarisch aufzeigen. Die Heroisierung des revolutionären Gewaltakteurs, die schon früh mit seiner Bereitschaft einherging, als Märtyrer das eigene Leben für eine höhere Sache zu geben, ist jedoch nicht einfach auf den Kriegskontext zu übertragen. Gerade weil das Konzept des Martyriums im schiitischen Kontext von zentraler Bedeutung ist und sich aus einem in asymmetrischen, weil stets auf den Minderheitenkontext und militärische Unterlegenheit verweisenden, Paradigmen erzählten Ur-Mythos herleiten lässt, ist für den Fall des revolutionären Iran militärische Stärke oder virtuose militärische Gewaltanwendung nicht mit Heldentum gleichzusetzen. Im Gegenteil: Der Kult des Märtyrers fordert eine Verschiebung der Rede auf die Gewalt der Anderen und damit auf die eigene Erfahrung als Gewaltrezipient. Der Kult des Märtyrers stellt so eine Gesellschaft in den Mittelpunkt, die sich in einem ambigen Verhältnis zwischen Stärke und Schwäche sieht: Einerseits begreift sie das Moment der Geschichte auf ihrer Seite, andererseits führt sie über die sinnhaft-symbolische Aufladung des Todes als Selbstopfer einen dauerhaften asymmetrischen Abwehrkampf gegen die Kulturen der Gewalt, welche die eigene Gesellschaft umringen. Es muss also die Geschichte der Schwachen und Unterdrückten erzählt werden, in der die Transgressionsleistung des Individuums nicht mehr in ein Verhältnis zur eigenen Gemeinschaft gesetzt wird, sondern dieses Individuum seine inneren Grenzen verschieben soll, um für die Gesellschaft die Einstellung zum Tod zu ändern und so als deren Teil mit seinem eigenen Sterben zu einem gemeinsamen heroischen Akt beizutragen, der eine bessere Zukunft errichtet – oder besser: schützt.

Das Vorbild des Märtyrers nimmt dabei *alle* Iraner in die Pflicht, wie der damalige Parlamentssprecher und spätere Präsident Akbar Hashemi Rafsanjani (1934–2017) in seiner Ansprache anlässlich des iranischen Neujahrsfestes bereits im März 1981 verdeutlicht: „Das Volk geht zusammen mit den Märtyrern und Helden der Front den heiligen Weg weiter bis zu Sieg und Gerechtigkeit für alle Unterdrückten." Jeder Einzelne habe „Verantwortung gegenüber den Märtyrern und deren Familien, dass ihr Blut nicht umsonst vergossen wurde".[81] Die Rede über das Martyrium ist also nicht nur die Rede über die ungerechte Gewalt der Anderen, der Stärkeren. Sie impliziert unter dem Verweis auf den Kampf Recht gegen Unrecht auch einen dauerhaften Notwehrzustand und legitimiert unzählige Formen des eigenen Grenzübertrittes – zugespitzt durch das physische Überschreiten der Landesgrenzen –, ohne dass über ihn geredet werden muss oder darf. Im Gegenteil: Die Fortführung der Auseinandersetzung wird zur Pflicht für alle. Der Heroismus der Revolutionsgarden begreift das heroische Kollektiv am Ende des Iran-Irak-Krieges nicht nur als Wächter der Revolution, sondern auch als Garant für eine

---

[81] Neujahrsansprachen: Rafsanjani, in: Jomhuri-ye Eslami, 8. Farvardin 1360 / 28. März 1981, S. 6.

bessere Zukunft. Das Individuum selbst ist in diesem Kollektiv eigentlich nicht wichtig – einzelne lebende Akteure haben zwar schon während des Krieges eine gewisse Verehrung erfahren, die breit angelegte Heroisierung von Kommandeuren der Pasdaran ist aber ein Phänomen der Nachkriegsordnung, jener Zeit also, die wegen der fehlenden Bewährungsmöglichkeiten für ein heroisches Kollektiv bedrohlich ist, um es mit Münkler zu halten.[82] Während des Krieges galt die individualisierte Heroisierung von Kämpfern beinahe ausschließlich den Märtyrern. Als Teil des heroischen Kollektivs der Pasdaran durfte sich dabei aber das einzelne Individuum nicht mehr lediglich als Mitglied einer Gewaltgemeinschaft, sondern als Teil der Avantgarde des Martyriums begreifen.

Mit diesem Selbstverständnis geht allerdings die Pflicht einher, das Martyrium aktiv zu suchen – ein Umstand, der letztlich zur Perpetuierung des Krieges beitragen kann. Die Rede über das Martyrium ist damit aber auch ein Katalysator des Krieges. Sie füttert ihn gleichsam.[83] Heroismus ist der Vorwärtsdrang des Krieges. Und über das Martyrium präsentiert er sich im Gewand der Notwehr. Es ist die Rede über das Martyrium, die den Ruf *Jang, jang ta piruzi!*[84] legitimiert: „Krieg, Krieg, bis zum Sieg!"

Abbildungsnachweise

Abb. 1: Ettela'at, 22. Bahman 1357 (11. Februar 1979).

Abb. 2: Ettela'at, 23. Bahman 1357 (12. Februar 1979).

Abb. 3: „Hanabandan" in der Reihe Revayat-e Fath, Episode 2, Folge 2, 00:25:20.

Abb. 4: „Hanabandan" in der Reihe Revayat-e Fath, Episode 2, Folge 2, 00:25:30.

Abb. 5: „Payam-e basiji" in der Reihe Revayat-e Fath, Episode 2, Folge 3, 00:43:25.

---

[82] Vgl. Münkler: Heroische und postheroische Gesellschaften (Anm. 6), S. 748.

[83] Bajoghli: Iran Reframed (Anm. 10), S. 31: "By publicly framing the war as a struggle for Islam and the revolution, Ayatollah Khomeini and his government were able to counter the advanced training and weapons of the Iraqi forces with a surge of soldiers and manpower, many of whom eventually joined the Revolutionary Guard."

[84] Dies ist ein populärer Ausruf während des Krieges. Vgl. nur Hanabandan, in: Revayat-e Fath, Episode 2, Folge 2, 00:16:40.

III.
Zur Vermeidung der Gewalt

Höhere Gewalt – neue Heldenideale für die Palastrevolution des Kaisers Theodosius (379–395)

Felix K. Maier

Der Kaiser als Held im Krieg

Im Jahr 321 hielt der Lobredner Nazarius vor dem römischen Senat eine Rede auf den Kaiser Constantin den Großen (306–337).[1] In allen Farben malte Nazarius ein für ihn heldenhaftes Bild des Kaisers in der Schlacht bei Verona gegen den Konkurrenten Maxentius neun Jahre zuvor:

> Unerschrocken schreitest du durch die Reihen des Feindes, durchbrichst gerade die dichtest gedrängten Massen, schlägst sie in die Flucht, zermalmst sie. ... Kaum war die Schlacht in tiefer Nacht beendet, eiltest du, erschöpft vom Blutbad, keuchend noch vom Kampf, mit Blut bespritzt – doch dem des Feindes – zurück, um bei der Belagerung Wache zu halten.[2]

In einer bereits 313 vorgetragenen Lobrede eines unbekannten Redners auf Constantin wird sogar geschildert, wie der Kaiser sich in der Schlacht bei Verona eine „Blutschneise" durch die Feinde gebahnt habe und nach dem Kampf mit blutbespritzten Händen (*cruenta manus*) von seinen Männern gesehen worden sei.[3]

---

[1] Zum Kontext der Rede siehe Brigitte Müller-Rettig: Panegyrici latini. Lobreden auf römische Kaiser, Darmstadt 2014, S. 188. Antike Lobredner (Panegyriker) hielten – meistens im Auftrag des Kaisers – Reden zu festlichen Anlässen, die danach oft auch als schriftliche Version veröffentlicht und verbreitet wurden. Die Sprechsituation ist dabei komplex: Panegyriken waren nicht in allen Fällen reine ‚Auftragswerke' der Kaiser; eher kann man davon ausgehen, dass die Lobredner tagesaktuelle Debatten und Streitfragen aufgriffen, sie kommentierten und bei den zumeist vor den zivilen und militärischen Eliten des Reiches gehaltenen Reden entweder als inoffizielles ‚Sprachrohr' des Kaisers agierten oder auch eigene, mehr unabhängige Gedanken äußerten, die jedoch nie selten den Charakter eines Fürstenspiegels annahmen. Die Qualität und Leistungsfähigkeit eines Redners in dem erbittert geführten Konkurrenzkampf am Hof des Kaisers zeigte sich eben gerade darin, ein feines Gespür für prekäre Diskussionsfragen zu entwickeln und durch die Reden mögliche Kritik am Handeln des jeweiligen Kaisers im Keim zu ersticken. Hans-Ulrich Wiemer: Libanios und Julian. Studien zum Verhältnis von Rhetorik und Politik im vierten Jahrhundert n. Chr., München 1995, S. 367; Rene Pfeilschifter: Der Kaiser und Konstantinopel. Kommunikation und Konfliktaustrag in einer spätantiken Metropole, Berlin 2013, S. 99; Johannes Wienand: Der Kaiser als Sieger. Metamorphosen triumphaler Herrschaft unter Constantin I., Berlin 2012, S. 40; Cliff Ando: Imperial Ideology and Provincial Loyalty in the Roman Empire, Berkeley 2000, S. 126–128. Aus diesem Grund ermöglichen jene Texte aufschlussreiche Einblicke in damalige Diskussionsthemen und in die Aushandlungsprozesse zwischen dem Kaiser und seinen wichtigsten Akzeptanzgruppen.

[2] Pan. Lat. 4(10), 25, 3–26, 5: „Per infestas acies interritus vadis, densissima quaeque perrumpis deicis proteris. [...] Proelio vix multa nocte confecto fessus caedibus, anhelus ex bello, cruore oblitus sed hostili, ad obsidionis vigilias recurrebas."

[3] Pan. Lat. 12(9), 17, 1.

Die Bildhaftigkeit dieser Formulierungen ist plastisch und überaus frappierend. Antike Zuhörer mögen an der Brutalität des Geschilderten jedoch weniger Anstoß genommen haben als moderne Leser,[4] weil das von Nazarius und seinem unbekannten Kollegen betonte Ideal des Kaisers als gewalttätiger Held, als *promachos* (Vorkämpfer), nur Höhepunkt einer Entwicklung war, welche seit dem ersten Jahrhundert n. Chr. die Legitimation des römischen Kaisers immer mehr mit dem Ideal eines sich im Krieg heroisch betätigenden Herrschers direkt verknüpfte.[5]

Einige Jahrzehnte nach Constantin dem Großen, gegen Ende des vierten Jahrhunderts, kam es aber zu einer Zäsur. Kaiser Theodosius (379–395) beendete im Osten des Reiches das mit dem traditionellen Ideal des *promachos* verbundene Feldkaisertum und zog sich in den Palast nach Constantinopel zurück. An militärischen Operationen gegen auswärtige Gegner nahm er nicht mehr teil, sondern übertrug diese Aufgabe den Generälen seines Heeres.[6] Die Auswirkungen dieses Rückzuges in den Palast sind nicht zu unterschätzen, denn die Folgen reichten bis weit in das siebte Jahrhundert hinein und etablierten eine völlig neue Herrschaftsform im Römischen Reich. Alle römischen Kaiser nach Theodosius stilisierten sich nicht mehr als Krieger im Feld, sie wurden zu Monarchen, die vom Palast aus regierten und sich nicht mehr persönlich an Feldzügen beteiligten. Auf diese Weise wurde die bisher wichtige Verknüpfung zwischen einer persönlichen Betätigung im Krieg als Held und der damit verbundenen Herrschaftslegitimation gekappt. Erst Kaiser Herakleios (610–641) sollte im siebten Jahrhundert wieder an frühere Traditionen anknüpfen und eine militärische Operation gegen auswärtige Gegner persönlich anführen.[7]

---

[4] Selbst wenn in der Spätantike ein Sieg im Bürgerkrieg für einen Kaiser immer noch höchst problematisch war, da dieser Sieg mit römischem Blut erkauft wurde. Matthias Haake: „Trophäen, die nicht vom äußeren Feind gewonnen wurden, Triumphe, die der Ruhm mit Blut befleckt davontrug…" Der Sieg im imperialen Bürgerkrieg im langen dritten Jahrhundert als ambivalentes Ereignis, in: Henning Börm u. a. (Hg.): Civil War in Ancient Greece and Rome. Contexts of Disintegration and Reintegration, Stuttgart, 2016, S. 237–301; Johannes Wienand: O tandem felix civili, Roma, victoria! Civil-War Triumphs from Honorius to Constantine and Back, in: Johannes Wienand (Hg.): Contested Monarchy. Integrating the Roman Empire in the Fourth Century AD, Oxford, 2015, S. 169–197.

[5] Felix K. Maier: Palastrevolution. Der Weg zum hauptstädtischen Kaisertum im Römischen Reich des vierten Jahrhunderts, Paderborn 2019, S. 24–28. Bei meinen Ausführungen gehe ich von einem empirischen Heldenbegriff aus, dessen individuelle Parameter direkt aus den antiken Quellen nachweisbar sind und die sich nicht aus einer anachronistischen Projektion von möglichen Idealen auf antike Kontexte ergeben.

[6] Theodosius' Aufenthalte in Italien von August 388 bis Juni 391 und von September 394 bis Januar 395 lassen sich dadurch erklären, dass Theodosius hier nicht gegen auswärtige, sondern gegen innere Feinde (Maximus, Eugenius) kämpfte, deren Aufstände sich – im Gegensatz zu einer Invasion beispielsweise der Alamannen – direkt gegen die Herrschaft des Theodosius wandten.

[7] Die Ausnahmen der beiden Kaiser Maiorian und Anthemius sind hierbei eher als bestätigende Ausnahmen der Regel zu betrachten. Mischa Meier: Der Monarch auf der Suche nach seinem Platz, in: Stefan Rebenich u. a. (Hg.): Monarchische Herrschaft im Altertum, Berlin 2017, S. 509–544; Hartmut Leppin: Das 4. Jahrhundert. Die christlichen Kaiser suchen ihren Ort, in: Stefan Rebenich u. a. (Hg.): Monarchische Herrschaft im Altertum,

Vor diesem Hintergrund wird mein Beitrag ein Problemfeld analysieren, mit dem Theodosius bei der Etablierung des Palastkaisertums konfrontiert war: Inwiefern wurde seine Rolle als Held auf dem Schlachtfeld in andere Heldenbilder umgewandelt und wie konnte eine Kompensation für die nun wegfallende Legitimation als militärischer Heros vorgenommen werden?

Ich möchte im Folgenden zeigen, dass der Wechsel zum Palastkaisertum unter Theodosius auch einen Paradigmenwechsel in der kaiserlichen Repräsentation notwendig machte, weil Theodosius nun nicht mehr das traditionelle Ideal des Kaisers als Vorkämpfer in der Schlacht erfüllen konnte. Theodosius brach die übliche Verbindung von Gewalt und Heldenideal sukzessive auf und schuf ein neues Heldenbild, das sich an einer andersartigen Leistungsbemessung orientierte und somit eine Transformation des Kaisertums auch auf der Ebene der kaiserlichen Selbstrepräsentation durchführte.

Die Abkehr vom Kriegskaiser

Die oben nur komprimiert skizzierte Entwicklung soll in ihrer Genese kurz erläutert werden, um die Brisanz des unter Theodosius eingetretenen Wechsels zum Palastkaisertum im historischen Kontext besser zu verdeutlichen. Seit Augustus (27 v. Chr. – 14 n. Chr.), dem Begründer des römischen Principats, spielte das Konzept des Kaisers als Feldherr in der Legitimation der römischen Kaiser eine essentielle Rolle. In den ersten beiden Jahrhunderten beschränkte sich dies zunächst auf eine abstrakte Variante: Von einem Kaiser wurde erwartet, dass er als Mehrer des Reiches die Reichsgrenze erweiterte, zumindest aber sie mit offensiven militärischen Aktionen gegen die Gegner schützte.[8] Das Ideal des Kaisers als militärischer Anführer konkretisierte und erweiterte sich allmählich im zweiten, vor allem aber dann im dritten Jahrhundert. Die relevanten Auswahlkriterien und der Aktionsradius der Kaiser veränderten sich dadurch signifikant, weil sich an den Grenzen des Reiches zunehmend gravierendere und kritischere Bedrohungslagen aufgrund von neu formierten, mächtigen und bestens ausgerüsteten Geg-

---

Berlin 2017, S. 485–507, hier S. 497; Walter Emil Kaegi: Heraclius, Emperor of Byzantium, Cambridge 2003, S. 88–89; Steffen Diefenbach: Zwischen Liturgie und civilitas. Konstantinopel im 5. Jahrhundert und die Etablierung eines städtischen Kaisertums, in: Rainer Warland (Hg.): Bildlichkeit und Bildorte von Liturgie. Schauplätze in Spätantike, Byzanz und Mittelalter, Wiesbaden, 2002, S. 21–45, hier S. 21; Michael McCormick: Eternal Victory. Triumphal Rulership in Late Antiquity, Byzantium, and the Early Medieval West, Cambridge 1987, S. 47. Dabei darf der Umstand, dass auf Theodosius mit Arcadius und Theodosius zwei Kindkaiser folgten, nicht als unausweichliche Voraussetzung für den Erfolg des Palastkaisertums angenommen werden. Meaghan McEvoy: Child Emperor Rule in the Late Roman West, AD 367–455, Oxford 2013; Felix K. Maier: Active Rulership Unrealized. Claudian's Panegyric on Honorius, in: N. Lenski u. a. (Hg.): Shifting Frontiers. The Fifth Century. The Age of Transformation, Bari 2019, 209–219.

8   Maier: Palastrevolution (Anm. 5), S. 16–25.

nern wie den Persern oder den Goten ergaben.[9] Die daraus resultierenden, oft parallel an unterschiedlichen Brennpunkten einsetzenden Gefahrenherde machten die unmittelbare Präsenz des Kaisers in den jeweiligen Bedrohungsregionen erforderlich; um den vielfachen Invasionen an den Grenzen schneller und effektiver begegnen zu können, regierten die Kaiser deshalb seit der zweiten Hälfte des zweiten Jahrhunderts häufiger nicht mehr von Rom aus, sondern koordinierten die Feldzüge als Oberbefehlshaber direkt an den Brandherden der Grenzverteidigung.[10] Aus dem Balkan stammende Kaiser wie Claudius Gothicus (268–270), Aurelianus (270–275) und Probus (276–282) standen dabei für den neuen Typus des sogenannten ‚Soldatenkaisers', der sich nicht mehr aus der stadtrömischen Adelsschicht rekrutierte, sondern sich zumeist aus ärmlichen Verhältnissen im Heer hochgedient hatte und schließlich aufgrund seiner militärischen Erfahrung zum Kaiser aufgestiegen war; die aktive Betätigung dieser Kaiser verschob sich an die Grenzen des Reiches, wo sie militärische Operationen an der Front als Vorkämpfer persönlich leiteten.[11] Das vormals hauptstädtische Kaisertum des ersten und beginnenden zweiten Jahrhunderts war in ein Feldkaisertum übergegangen.

Beide Faktoren – die militärische Eignung der Kaiser sowie ihre nun fast permanente Präsenz bei Feldzügen – bedingte eine immer stärkere Ausbildung von Motiven und Semantiken der Kaiser im Krieg und vor allem: gewaltsame Heldentaten.[12] Diese Entwicklung fand auf verschiedenen Medien, welche die Selbstre-

---

[9] Alan Douglas Lee: War in Late Antiquity. A Social Study, Oxford 2007, S. 23; Brian Campbell: Teach Yourself How to Be a General, in: Journal of Roman Studies 77, 1987, S. 13–29.

[10] In der Zeit von 193–235 (42 Jahre) verbrachten die Kaiser ungefähr die Hälfte ihrer Regierungszeit in Rom (22 Jahre), während im Zeitraum von 235–337 (102 Jahre) nur noch ein gutes Drittel der Zeit in der Hauptstadt residiert wurde (38 Jahre).

[11] Traditionelle Distinktionsmerkmale wie dynastische Verbindungen, aristokratische Herkunft oder politische Erfahrung im Senat traten in den Hintergrund. Mark Hebblewhite: The Emperor and the Army in the Later Roman Empire, AD 235–395. London 2017, S. 1; Yann Le Bohec: La guerre romaine. 58 av. J.-C. – 235 ap. J.-C., Paris 2014, S. 231–245; Klaus-Peter Johne u. a. (Hg.): Die Zeit der Soldatenkaiser. Krise und Transformation des Römischen Reiches im 3. Jh. n. Chr. (235–284), 2 Bd., Berlin 2011, S. 1027. Aurelius Victor, ein Geschichtsschreiber des vierten Jahrhunderts, urteilte aus der Retrospektive über die sogenannten Soldatenkaiser: „Sie eigneten sich, mit Bildung zwar wenig, mit den Drangsalen der Landwirtschaft und des Kriegsdienstes aber hinlänglich vertraut, vorzüglich für die Staatsverwaltung" („qui, quamquam humanitatis parum, ruris tamen ac militiae miseriis imbuti satis optimi rei publicae fuere"), Aur. Vict. Caes. 39.26. Zum gesamten Prozess vgl. Maier: Palastrevolution (Anm. 5), S. 15–24; Hebblewhite: The Emperor and the Army (Anm. 11), S. 1–20; Erika Manders: Coining Images of Power. Patterns in the Representation of Roman Emperors on Imperial Coinage, A.D. 193–284, Leiden 2012, S. 69; Michael Sommer: Römische Geschichte. Rom und sein Imperium in der Kaiserzeit, Stuttgart 2009, S. 251; Lee: War in Late Antiquity (Anm. 9); Susan P. Mattern: Rome and the Enemy. Imperial Strategy in the Principate, Berkeley 1999, S. 211; Christian Wendt: Sine fine. Die Entwicklung der römischen Außenpolitik von der späten Republik bis in den frühen Prinzipat, Berlin 2009; Marcelo Tilman Schmitt: Die römische Außenpolitik des 2. Jahrhunderts n. Chr. Friedenssicherung oder Expansion, Stuttgart 1997, S. 35.

[12] Hebblewhite: The Emperor and the Army (Anm. 11); Meaghan McEvoy: Rome and the Transformation of the Imperial Office in the Late Fourth-mid-Fifth Centuries AD, in: Pa-

präsentation des Kaisers widerspiegelten, ihren Niederschlag. Die Münzprägungen im zweiten und dritten Jahrhundert verzeichnen einen deutlichen Anstieg von textlichen und motivischen Hinweisen auf die militärischen Großtaten der Kaiser. Darüber hinaus lässt sich eine viel engere Verbindung dieser militärischen Leistungen mit einer gewaltdarstellenden Heldenprogrammatik beobachten.[13]

Auch in der monumentalen Ikonographie wurde das Bild des Kaisers als ‚embedded warrior' immer häufiger und vor allem immer drastischer betont.[14] Die Motivik eines Kaisers, der wie Caesar mit seinen Soldaten marschiert, mit ihnen gemeinsam Gefahren durchsteht und die Gegner des Reiches durch das eigene Mitkämpfen erbarmungslos in die Schranken weist, mutierte immer stärker zur Versinnbildlichung kaiserlicher Legitimation, beispielsweise auf dem Galeriusbogen in Thessaloniki.[15]

Zuletzt etablierte sich auch in der Panegyrik, also in den Lobschriften auf die Kaiser, das Konzept des Kaisers als gewaltsamer Krieger-Held. Die eingangs erwähnten Textstellen zu Constantin dem Großen dokumentieren, in welchem Ausmaß die Leistungsfähigkeit eines Kaisers anhand seiner persönlich durchgeführten, oftmals brutalen physischen Unterdrückung der Gegner bemessen wurde.[16] Die Etablierung des Feldkaisertums und die Entwicklung des Ideals vom Kaiser als Vorkämpfer und Kriegsheld gingen somit Hand in Hand, bedingten sich gegenseitig und waren aufgrund struktureller Aspekte untrennbar miteinander verknüpft.

---

pers of the British School at Rome 78, 2010, S. 151–192; C.R Whittaker: Rome and its Frontiers. The Dynamics of Empire, London 2004; Stephen Williams / Gerard Friell: Theodosius. The Empire at Bay, London 1994, S. 72–76.

[13] Manders: Coining Images of Power (Anm. 11); Olivier Hekster: Fighting for Rome. The Emperor as a Military Leader, in: Lukas de Blois u. a. (Hg.): The Impact of the Roman Army (200 BC – AD 476). Economic, Social, Political, Religious and Cultural Aspects, Leiden, 2007, S. 91–106.

[14] Raimund Schulz: Feldherren, Krieger und Strategen. Krieg in der Antike von Achill bis Attila, Stuttgart 2013, S. 336–339 hat in Bezug auf die Trajans- und die Marcussäule die nicht von der Hand zu weisende These aufgestellt: Je größer die Gefahren für Rom wurden und je weniger die römischen Kaiser diese Invasionen erfolgreich zurückschlagen konnten, desto höher war der Grad kaiserlicher Brutalität in der Ikonographie.

[15] Emmanuel Mayer: Rom ist dort, wo der Kaiser ist. Untersuchungen zu den Staatsdenkmälern des dezentralisierten Reiches von Diocletian bis zu Theodosius II., Mainz 2002, S. 57–64.

[16] Auf der anderen Seite stellte das Ideal, dass ein Kaiser sich in das Schlachtengetümmel stürzte, eine Extremposition dar, die in Wirklichkeit wohl kaum in dieser radikalen Form erwartet wurde. Viele pragmatische Gründe sprachen dagegen, dass ein Kaiser sich wie Alexander der Große in überaus risikoreiche Situationen brachte, vielleicht sogar bewusst den Tod in Kauf nahm, um potentielle Erwartungshaltungen zu befriedigen. Eine etwas gemäßigtere und realistischere Ausprägung könnte bei der mehr oder weniger unmittelbaren Präsenz des Kaisers bei einer Schlacht oder militärischen Operation gelegen haben, sei es in einem geschützten Rückzugsbereich oder auch in der näheren Umgebung des jeweiligen Schlachtgeschehens. Damit war der Vorstellung Genüge getan, dass der Kaiser persönlich den Kriegszug leitete und nicht den Oberbefehl an einen Stellvertreter abtrat.

Die Entscheidung von Theodosius, sich in den Palast zurückzuziehen, war vor diesem Hintergrund durchaus mit einigen Risikofaktoren behaftet, denn die Kritik am Palastkaisertum stellte keine Ausnahme dar, sondern war gerade unter den zivilen und militärischen Eliten weit verbreitet.[17] Noch im Jahr 398 – also drei Jahre nach dem Tod des Theodosius – schrieb beispielsweise Synesios, der griechische Philosoph, Dichter und spätere Bischof von Ptolemais, ein Pamphlet über den oströmischen Kaiser Arcadius (395–408), der 395 als Sohn die Nachfolge von Theodosius im Osten des Reiches angetreten hatte.[18] In diesem Text, der unter dem Titel *De regno* bekannt ist, beklagte Synesios den Umstand, dass Arcadius nur noch vom Palast aus regiere. Der Vorwurf wurde unmissverständlich mit dem Hinweis verknüpft, dass die traditionelle Verbindung von Regentschaft und aktiver militärischer Tätigkeit nicht mehr gegeben sei und das Ideal des Kaisers als aktiver Krieger (*basileus polemikos*) nicht mehr verwirklicht werde.[19] Ein richtiger Kaiser hingegen rage als militärischer Anführer[20] durch wilde Entschlossenheit auf dem Schlachtfeld hervor und erweise sich als *deinos aner* (,furchtbarer Mann'), als gnadenloser Feind, um die Gegner vor weiteren Angriffen gegen Rom abzuschrecken.[21] Auch Synesios koppelte somit untrennbar die Legitimation zum Kaiser an dessen militärische Aktivität und seine Heldenrolle auf dem Schlachtfeld.[22]

Als mögliche Beweggründe, die Theodosius im Laufe der Regierung zu dieser Entscheidung veranlassten – eine offizielle oder private Aussage von seiner Seite zu dem Entschluss liegt nicht vor –, können jedoch verschiedene Motive angeführt werden: Ein ganz wesentlicher Aspekt war sicherlich die bereits angesprochene Tatsache, dass sich der außenpolitische Handlungsspielraum der Kaiser

---

[17] Vor allem Mitglieder der senatorischen Schicht griffen das Palastkaisertum direkt an, die Kritik konzentrierte sich auf den *princeps clausus*. Vgl. SHA Aurel. 43, 2, SHA Sev. Alex. 66, 3, Eun. frg. 68 (Blockley), Sidon. carm. 5, 358.

[18] Allgemein dazu Timothy D. Barnes: Synesius in Constantinople, in: Papers of the British School at Rome 27, 1986, S. 93–112; Alan Cameron / Jaqueline Long: Barbarians and Politics at the Court of Arcadius. Berkeley 1993, S. 133–137; Maier: Palastrevolution (Anm. 5), S. 1–8.

[19] Synes. de regno 1100a: „Ein furchtbarer Mann, der sogar auch auf Unschuldige losginge. So soll er sein. Dies ist zweifellos die Ausbildung und Erziehung des Königs als Krieger." (δεινὸς ἀνήρ [deinos aner], τάχα κεν καὶ ἀναίτιον αἰτιόῳτο. εἰεν. αὕτη μέντοι τροφὴ καὶ παιδεία βασιλέως πολεμικοῦ [basileos polemikou]).

[20] Synes. de regno 1087b: „Der Name ,Alleinherrscher' ist die Bezeichnung für einen militärischen Anführer, der mit voller Macht ausgestattet ist" (ὁ δὲ αὐτοκράτωρ ὄνομα στρατηγίας ἐστὶ πάντα ποιεῖν ὑποστάσης).

[21] Das Homerzitat aus der Ilias (11, 654) bezieht sich passenderweise auf Achill; somit wird deutlich, dass auch Ende des vierten Jahrhunderts das Ideal eines Kaisers, der dafür bekannt war, wie eine grausame Tötungsmaschine eine Schneise durch die Feinde zu schlagen und – dieser Anachronismus sei erlaubt – der von Christa Wolfs Kassandra nicht zu Unrecht „das Vieh" genannt wurde, noch sehr prominent war.

[22] Synes. de regno 1100a: „Wenn der Kaiser nicht Krieg führt, wird Krieg gegen ihn geführt" (πολεμήσεται γὰρ εἰ μὴ πολεμήσει). Außerdem griffen auch Mitglieder der senatorischen Schicht das Palastkaisertum direkt an, die Kritik konzentrierte sich auf den *princeps clausus*, vgl. SHA Aurel. 43,2, SHA Sev. Alex. 66, 3, Eunap. frg. 68 (Blockley), Sidon. carm. 5, 358.

bereits ab dem dritten Jahrhundert, vor allem aber im vierten Jahrhundert immer stärker eingeengt hatte. Offensive Militäraktionen, bei denen das Reich territorial erweitert wurde und der Kaiser sich als ‚Mehrer des Reiches' inszenieren konnte, waren angesichts der oben genannten Vielzahl an externen wie auch internen Bedrohungslagen aus strategischen Gründen kaum mehr möglich.[23] Stattdessen musste Rom zu Mitteln greifen, die der Erwartungshaltung an den im Feld siegenden Kaiser im Grunde völlig widersprachen, die in der Realität jedoch oftmals die einzig wirkungsvolle Alternative waren: diplomatische Verhandlungen, Tributzahlungen oder strategische Rückzüge.[24]

Theodosius nun musste erkannt haben, dass er auf längere Sicht dieses Anspruchsdenken und die damit verbundenen Erwartungen nicht erfüllen konnte und er sich einer permanenten Leistungsbemessung ausgesetzt sah, deren Maßstab außerhalb seiner Reichweite lag.[25] Sein dauerhafter Rückzug hinter die Mauern von Constantinopel war deshalb ein risikomindernder Entschluss. Auf der anderen Seite war seine ‚Palastrevolution' aber auch riskant, weil sie mit fest etablierten Idealen brach, da die Erwartungshaltung an den Kaiser als gewalttätigen Kriegshelden immer noch präsent war und gerade in politischen Debatten als polemische Kritik eingesetzt werden konnte, um den Kaiser anzugreifen.

Neue Heldenbilder

Welche neuen Heldenbilder wurden aber nun für den Kaiser im Zuge dieser Palastrevolution entwickelt? Ein erster Befund ergibt sich bei der Lobrede, die der griechische Philosoph, Politiker und Redner Themistios zwischen dem 19. und 25. Januar 381 im Senat von Constantinopel auf Kaiser Theodosius in einer höchst angespannten Situation hielt: Nach der dramatischen Niederlage Roms gegen die Goten bei Adrianopel im Jahr 378 hatte Theodosius, der im Osten Kaiser Valens nachfolgte, die Goten mit den ihm zur Verfügung stehenden militärischen Mitteln nicht mehr aus der Balkanregion vertreiben können. Er musste nun nach neuen Wegen suchen, die prekäre Situation zu kontrollieren, wozu auch die bei den Römern höchst umstrittene Ansiedlung der Goten innerhalb des *imperium Romanum*

---

[23] Das Aufkommen der bereits erwähnten stärkeren Gegner (Goten, Alamannen, Perser) an den Rändern des Reiches im Laufe des zweiten und dritten Jahrhunderts führte dazu, dass Rom an die Grenze seiner militärischen Belastbarkeit geriet. Lee: War in Late Antiquity (Anm. 9), S. 23: „Warfare during the third century, and especially the second half of the century, was predominantly defensive in nature." Zusätzlich zu diesen Brandherden an den Grenzen des Römischen Reiches, in Britannien, am Rhein, an der Donau oder in Afrika trugen Usurpationen von Gegenkaisern zu einem Zustand dauernder Instabilität und eines fortwährenden strategischen Truppenmangels bei. H. Elton: Warfare in Roman Europe AD 350–425, Oxford 1996, S. 265–268.

[24] Maier: Palastrevolution (Anm. 5), S. 6–7.

[25] Zudem waren die Schicksale seiner Vorgänger Julian (361–363) und Valens (364–378) ein warnendes Beispiel: Beide Kaiser waren bei der persönlichen Teilnahme in der Schlacht umgekommen (363 und 378) und hatten damit das Reich in zwei prekäre Krisen gestürzt.

gehörte. Themistios überschrieb seine Rede, die er anschließend auch schriftlich veröffentlichte, mit dem Titel *Welche ist die königlichste der Tugenden?* – das bedeutet: Durch welche Eigenschaft zeichnet sich ein guter Herrscher aus? Schon der Titel macht klar, worüber am Hof, im Senat und unter den militärischen und zivilen Eliten zu dieser Zeit intensiv diskutiert wurde.[26]

Gleich zu Beginn der Rede wird offenbar, welchem aktuellen Thema Themistios die größte Brisanz beimisst. Auf die damit verbundenen Streitfragen kommt er immer wieder zu sprechen: Kann ein Kaiser, der als Oberbefehlshaber keine Kriege mehr persönlich anführt, dennoch ein guter und legitimer Herrscher sein? Kann ein Kaiser, der nicht von der Front, sondern vom Palast aus regiert, seine Herrschaft auf eine andere Weise als im Krieg rechtfertigen?

Für seine Argumentation greift Themistios zu einem Vergleichsbeispiel: Homer, so der Redner, habe an Agamemnon zwei Dinge gelobt, nämlich dass dieser ein „guter König und kräftiger Lanzenkämpfer" gewesen sei.[27] Wenn Homer in dieser Weise über den Helden urteile, dann unterscheide der Dichter die „königliche Kunst" (τὴν βασιλικὴν τέχνην) von der „kriegerischen" (τῆς πολεμικῆς). Für Homer – und das war nun der entscheidende Punkt bei Themistios – solle man „mit dem guten König nicht den kräftigen Lanzenkämpfer zusammenfassen" (μὴ ἐν τῷ ἀγαθῷ βασιλεῖ συλλαμβάνειν καὶ τὸν κρατερὸν αἰχμητήν), der selbst in die Schlacht ziehe.[28] Vielmehr sei der wahre König nicht jener, bei dem der Leser an „Helm, Speer oder Geschwindigkeit" erinnert werde, sondern ein ganz anderer: „Jenes [sc. der zivile Bereich] ist das dem König eigentümliche Werk (τὸ ἔργον οἰκεῖον), aufgrund dessen er von den Menschen als König bezeichnet wird, dies [sc. der Krieg] aber nicht etwas Erwünschtes, sondern etwas Zwanghaftes (ἀναγκαῖον)."[29] Für Themistios war somit die kriegerische Tätigkeit des Königs ein dem kaiserlichen Amt von seinem ursprünglichen Wesen her nicht zukommender Aspekt.

Zu einem weitaus wichtigeren Bereich stilisierte Themistios mit seiner Homer-Deutung den der umsichtigen Regierung und Gesetzgebung. Deshalb – so der Redner – sehe auch der göttliche Homer ein, „dass ein König sich eher darum bemühen solle, ein König der Themis zu sein als der Enyo".[30] Die Transgression zum Helden vollziehe sich nicht mehr über traditionelle Leistungen auf militärischem Gebiet, sondern in zivilen Wohltaten für das Römische Reich. Themistios dekonstruierte somit alte Herrscherattribute und verwies pointiert darauf, dass neue Titel wie „Retter, Städtebeschützer, Gastfreund, Empfänger von Schutzflehenden" erhabenere Bezeichnungen seien als die herkömmlichen Machtmanifes-

---

[26] Zur Veröffentlichung der verschriftlichten Reden siehe Peter J. Heather / David Moncur: Politics, Philosophy, and Empire in the Fourth Century. Selected Orations of Themistius, Liverpool 2001, S. 11.

[27] Vgl. Il. 3, 179.

[28] Them. or. 15, 187c.

[29] Them. or. 15, 187b–c.

[30] Them. or. 15, 187c. Die Göttin Themis war die Göttin der Gesetzgebung, Enyo die des Streites und des Nahkampfes.

tationen wie „Germanicus" oder „Sarmaticus", die als Siegestitel den römischen Kaisern nach erfolgreichen Schlachten verliehen wurden.[31]

In seiner nächsten Rede, gehalten um den 1. Januar 383, präzisierte Themistios sein Ideal des neuen Kaisers: „Als erster wagte er [sc. Theodosius] es, sich klar zu machen, dass die Stärke der Römer jetzt nicht im Schwert, in Panzern oder Schilden liege oder in zahllosen Leichen."[32] Dieser Satz knüpfte an die vorherige Rede an und betonte wiederum die im wahrsten Sinne des Wortes prototypische Neuakzentuierung des Kaisertums durch Theodosius, bei der alte Heldentaten durch neue, andersartige ersetzt werden. In einem anschließenden Vergleich unterstrich Themistios, dass Theodosius seinen besten Feldherrn, Saturninus, „wie Achill seinen Freund [Patroklos] entsandt" habe, um gegen die Goten mit „Verzeihung, Güte und Menschenliebe", d. h. mit einem Friedensvertrag, siegen zu können.[33] Zwei Aspekte waren bemerkenswert an dieser Formulierung: 1) Die Parallelisierung mit dem thessalischen Helden, welcher immer noch als der Inbegriff des brutalen, gewalttätigen Kämpfers galt, vermittelte das Bild, dass der Kaiser weiterhin ein kampfesfreudiger und dynamischer Herrscher sei, der seinen noch immer vorwärtsdrängenden und angriffslustigen Sinn an seinen wichtigsten General weitergebe. 2) Der richtige Umgang mit den Gegnern an der Grenze manifestierte sich nun nicht mehr in brutalen Kriegen, sondern in einer milden Verhaltensweise. Damit verbrämte Themistios natürlich das Faktum, dass Theodosius mit den Goten einen Friedensvertrag schließen musste, der vielen militärischen und zivilen Eliten ein Dorn im Auge war, nun hingegen als Sieg verkauft wurde.[34]

Themistios koppelte somit in seinen beiden Reden auf Theodosius die Rolle des traditionellen Helden im Sinne eines *deinos aner* von der kaiserlichen Legitimationsbemessung ab. Der ideale Kaiser konkretisiere sich nicht mehr in einem archaischen Vorkämpfertum und in Gewalt gegenüber den Gegnern; stattdessen wurde auf den zivilen Aspekt des Herrschertums verwiesen, das sich neben anderen Betätigungsfeldern wie der Gesetzgebung auch in einem humanen Umgang mit den Barbaren zeige.

Gleichzeitig deutete die Parallelisierung mit Achill an, dass eine radikale Umdeutung der Persona und der Rolle des Kaisers (noch) nicht durchzuführen war. Theodosius' Gleichsetzung mit Achill fungierte wohl zum einen als Zugeständnis an konservative Kreise, die den Kaiser als *deinos aner* sehen wollten; zum anderen könnte die Parallelisierung ins Spiel gebracht worden sein, um eine auf die Kontingenz zukünftiger Entwicklungen ausgerichtete ambivalente Stilisierung des Kai-

---

31 Them. or. 15, 194a.
32 Them. or. 16, 207b–c.
33 Them. or. 16, 208b–d. Flavius Saturninus handelte in seiner Funktion als Heermeister am 3. Oktober 382 einen Frieden mit den Goten aus, nachdem diese von den Römern militärisch nicht mehr hatten besiegt werden können.
34 Hartmut Leppin: Theodosius der Große, Darmstadt 2003, 45–53.

sers zu ermöglichen, die eine partielle Rückkehr zu traditionellen Idealen offen-
hielt.

Neben der Panegyrik des Themistios zeigen andere Quellen, die der kaiserlichen Selbstrepräsentation entstammen, wie die Transformation zum *princeps civilis* auf mehreren Kanälen vorangetrieben wurde und sich mit anderen Diskursen
und Debatten verschränkte: Wenn Themistios seinen Kaiser dafür lobte, sich
keine offiziellen Siegesbeinamen mehr zuzulegen, um seine militärische Macht zu
demonstrieren, war dies ein Rekurs auf den Umstand, dass sich Theodosius tatsächlich von dieser Tradition aller seiner Vorgänger absetzte. Die unmittelbar
zuvor regierenden Kaiser Constantius II. (337–361), Valentinian (363–375) und
Valens (364–378) führten in ihrem Namen noch fünf beziehungsweise vier Zusät-
ze, die dem Leser einer Inschrift ihre militärische Sieghaftigkeit vor Augen führen
sollten. Theodosius – wie die epigraphische Analyse zeigt – beschritt hier jedoch
ganz andere Pfade und verzichtete auf öffentlichen Denkmälern gänzlich auf die
traditionelle Betonung der eigenen Betätigung als Feldherr.[35]

Ein ähnlicher Befund ergibt sich bei der Münzprägung: Während die Vorgänger
des Theodosius auf Münzen oft direkte Darstellungen ihrer militärischen Tätigkeit
prägen ließen, welche den Kaiser als kämpfenden Sieger über fremde Völker und
Helden in der Schlacht abbildeten, verzichtete Theodosius im Zusammenhang mit
Kriegen gegen auswärtige Gegner zumeist auf eine illustrative Darstellung der eige-
nen physischen Teilnahme am Kampf. Stattdessen betonte der Kaiser auf hohen
Nominalen, also Gold- und Silbermünzen, die sich vor allem an die militärischen
und administrativen Eliten des Reiches wandten, die ‚zivilen‘ Tätigkeiten seiner
Regierung in vagen und abstrakten Herrschaftsdarstellungen.[36] Auch auf dem
Triumph-Obelisken in Konstantinopel war Theodosius nicht in einer kriegerischen
Aktion abgebildet wie beispielsweise Marc Aurel (161–180) auf seiner Säule in
Rom. Die jeweiligen Friese an der Basis zeigen den Kaiser vielmehr im Umkreis
seiner engsten Vertrauten bei nicht-kriegerischen Tätigkeiten wie der Beiwohnung
eines Umzuges oder der Verleihung eines Siegespreises. Theodosius war sieghaft,
ohne dass er in die Schlacht zog, ohne dass er seine Feinde – zumindest in der
Ikonographie – persönlich niederstreckte. Das Ideal des *deinos aner* war einer neuen
Vorstellung von einem Kaiser gewichen, der sich nicht mehr nur über persönliche
Heldentaten im Krieg definierte.[37]

Unabhängig von dieser wohl vom kaiserlichen Hof aus gesteuerten Lenkung
von Diskursen entwickelte sich in der christlichen Theologie eine Vorstellung, die

---

[35]   Peter Kneißl: Die Siegestitulatur der römischen Kaiser. Untersuchungen zu den Siegerbei-
       namen des 1. und 2. Jahrhunderts, Göttingen 1969, S. 241. Zu Theodosius siehe Maier: Pa-
       lastrevolution (Anm. 5), S. 398–404; Jörg Ernesti: Princeps christianus und Kaiser aller
       Römer. Theodosius der Große im Lichte zeitgenössischer Quellen, Paderborn 1998.
[36]   Siehe beispielsweise RIC 9, 34 (Mediolanum) nach dem Sieg im Bürgerkrieg gegen Euge-
       nius, oder RIC 9, 52/53 (Thessalonica), RIC 9, 34a (Thessalonica).
[37]   Mayer: Rom ist dort (Anm. 15), S. 115–127; Bente Kiilerich: The Obelisk Base in Con-
       stantinople. Court Art and Imperial Ideology, Rom 1998.

Theodosius bei seiner Abkehr vom *deinos aner* und seiner Machttransformation in den Palast unerwartet Schützenhilfe leistete. Das Konzept der *victoria incruenta* („unblutiger Sieg"), also eines Sieges, der errungen wurde, ohne dass der Kaiser sich mit Blut beschmutzte, d. h. an der Schlacht teilnehmen musste, bot die Möglichkeit, das eigene Mitkämpfen in der Schlacht vor allem gegenüber der christlichen Akzeptanzgruppe des Kaisers ideologisch nicht mehr als notwendig erscheinen zu lassen.[38] Wenn Bischof Ambrosius (374–397), der dieses Konzept maßgeblich entwickelte, in seiner Leichenrede auf Theodosius beispielsweise darauf verwies, dass der Kaiser mehr durch seinen Glauben als durch persönliches Kämpfen den Sieg seiner Truppen gegen die Usurpatoren Maximus und Eugenius gewährleistet habe, gab diese schon zuvor etablierte christliche Deutung von Geschichte Theodosius bereits während seiner Regierung die Möglichkeit, gegenüber der christlichen Akzeptanzgruppe die Abkehr vom alten Ideal eines ‚schrecklichen Kämpfers', des *deinos aner*, zu rechtfertigen.[39] Gleichwohl – und das muss im selben Atemzug betont werden – bedeutete das nicht, dass keine Kriege mehr geführt werden sollten; Ambrosius und andere Bischöfe forderten vom Kaiser weiterhin ein unnachgiebiges Verfolgen aller Gegner der Christen. Jedoch wurde die physische Gewalt in der Schlacht durch die höhere Gewalt des Betens substituiert.[40]

Fazit

Theodosius' Regierung hatte somit zu einer deutlichen Neuakzentuierung und Veränderung der kaiserlichen Legitimation geführt. Die unter seiner Herrschaft immer stärker vorangetriebene Abkehr vom Ideal des Kaisers, der sich als Held in der Schlacht erweist, war zum einen sicherlich mit den genannten längerfristigen Entwicklungen verknüpft; zum anderen spielten die spezifische Situation, in der Theodosius die Macht übernahm, sowie die daraus resultierenden problematischen Herausforderungen und eingeengten Handlungsspielräume eine wesentliche Rolle. Da das römische Heer kurz vor Theodosius' Regierungsantritt bei Adrianopel eine katastrophale Niederlage erlitten hatte, verfügte der neue Kaiser im

---

[38] Zum Konzept der *incruenta victoria* Giuseppe Zecchini: S. Ambrogio e la vittoria incruenta, in: Rivista di Storia della Chiesa in Italia 38, 1984, S. 391–404. Es ist nicht davon auszugehen, dass Ambrosius die *incruenta victoria* eigens für den Kaiser entwickelte. Es ging Ambrosius um das Primat der göttlichen Hilfe, wodurch er aber – eher unfreiwillig – auch Theodosius bei seinem Palastkaisertum Schützenhilfe bot.

[39] Ambros. obit. Theod. 7, 2–7, 8, 1 und 10, 1–12; dazu Maier: Palastrevolution (Anm. 5), S. 386–394. Ambros. fid. 2, 16, off. 1, 36, mit dem Beispiel, dass Moses' Töten der Ägypter nicht nur verzeihlich war, sondern auch ein Akt der Tugend. Ambrosius steht hier ganz in der Tradition von Eus. Dem. Ev. 1, 8, 3; siehe zudem Ambros. Tob. 15, 51 (PL 14.816–17).

[40] Grundlegend zu Ambrosius' Verhältnis von Christentum und Kriegsdienst noch immer Louis J. Swift: St. Ambrose on Violence and War, in: Transactions and Proceedings of the American Philological Association 101, 1970, S. 533. Siehe allgemein Karl Leo Noethlichs: Die Christianisierung des Krieges vom spätantiken bis zum frühmittelalterlichen und mittelbyzantinischen Reich, in: Jahrbuch für Antike und Christentum 44, 2001, S. 5–22.

Osten über weitaus weniger militärische Mittel, um die Goten aus dem oströmischen Reich zu vertreiben. Theodosius hatte sich somit – wie auch schon einige seiner Vorgänger – in einer prekären Situation befunden, weil er der weiterhin existierenden Erwartungshaltung als heroischer Kaiser, der das Reich an der Spitze seines Heeres gegen die Gegner verteidigt, nur schwer gerecht werden konnte.[41] Gerade die Vergangenheit hatte jedoch gezeigt, dass sich dieses Dilemma, mit dem schon Vorgänger von Theodosius konfrontiert gewesen waren, in zweifacher Hinsicht als fatal und destabilisierend ausgewirkt hatte: Entweder gab es anderen Potentaten im Reich die Möglichkeit, die scheinbare ‚Unfähigkeit‘ des Regenten im außenpolitischen Bereich als Vorwand für eine Usurpation zu instrumentalisieren; oder es führte dazu, dass sich ein Kaiser aufgrund des Drucks, sich heroisch im Krieg zu beweisen, zu höchst riskanten militärischen Unternehmungen gezwungen fühlte, die wie bei Julian oder Valens neben dem Tod des Kaisers auch eine heikle Krise des Gesamtreiches zur Folge hatten.

Analysiert man daher die Selbstrepräsentation von Theodosius, so wird deutlich, zu welch radikalem Mittel er griff. Mit seinem Rückzug in den Palast löste er die traditionelle Verbindung von Kaiserherrschaft und Promachie an den Grenzen auf. Auf diese Weise enthob er sich der konventionellen Leistungsbemessung und suchte Befreiung vom Dilemma des permanenten, unentrinnbaren Bewährungsdrucks sowie einer Erwartungshaltung, die längst nicht mehr zeitgemäß war und die sich nicht an der Realität des Möglichen und Machbaren orientierte. Die Dekonstruktion des Ideals vom *deinos aner* sollte die damit verbundenen Widerstände jedoch sukzessive entschärfen und eine neue Betrachtungsweise der kaiserlichen Herrschaftsform etablieren. Ein wichtiger Schritt war hierbei die Loslösung kaiserlicher Macht von demonstrativen Gewaltmanifestationen, die zuvor als zweifelhafter Nachweis effektiver Herrschaft und aufgrund oftmals ausbleibender außenpolitischer Erfolge als Kompensationslegitimation fungiert hatten. Das neue Ideal eines gerechten Gesetzgebers und eines allen kleinkarierten Beurteilungskategorien enthobenen Souveräns sublimierte archaische Tugendvorstellungen, die noch an physische Manifestationen von Machtausübung gekoppelt waren. Theodosius' Konzeption von einer ‚höheren‘ Gewalt, die sich in anderen, zivilen Bereichen konkretisierte, war somit der entscheidende Schritt hin zur Ausbildung des spätantiken Palastkaisertums. Der Kaiser blieb ein Held – ohne persönliche physische Gewaltausübung in militärischen Kontexten.

Hinter diesem längerfristigen Transformationsprozess stand jedoch nicht eine Vision des Theodosius, die er schon seit dem Beginn seiner Regierungszeit konsequent hatte verwirklichen wollen. Vielmehr ergab sich aufgrund der politischen Lage ein paar Jahre nach seinem Herrschaftsantritt eine Konstellation, die Theodosius gleichsam dazu zwang, neue Wege zu beschreiten – Wege, die nicht durch eine kohärente Programmatik gekennzeichnet waren. Man muss sicherlich davon

---

[41] Leppin: Theodosius der Große (Anm. 34), S. 35–54.

ausgehen, dass Theodosius und seine engsten Vertrauten auf bestimmte Ausgangsbedingungen reagierten, dabei den Entwurf der neuen Herrschaftsform des Palastkaisertums allmählich ausbildeten und dann immer weiter verfestigten. Gerade dieser Befund zeigt aber den bedeutsamen Entwicklungsprozess, bei dem der Kaiser neue Vorstellungen vorsichtig etablieren, komplementäre Ansichtsweisen ergänzen, heterogene Akzeptanzgruppen zufriedenstellen und schließlich immer wieder flexible Interpretationsmuster seiner Herrschaft entwerfen musste, die letztendlich in die Palastherrschaft mündeten.

Allerdings konnte sich Theodosius nicht unvermittelt und geräuschlos in den Palast zurückziehen. Aus verschiedenen Quellen lässt sich rekonstruieren, dass diese Maßnahme von manchen Eliten im Reich strikt abgelehnt und bekämpft wurde.[42] Die Rückkehr zum Palastkaisertum war somit keine ungefährliche Entscheidung. Dieses Risiko ging Theodosius jedoch bewusst ein. Wahrscheinlich betrachtete er eine Opposition gegen das Palastkaisertum als weitaus weniger kritisch als das ohnmächtige Ausgeliefertsein gegenüber dem Erfüllungsdruck, unter schwierigen politisch-militärischen Voraussetzungen ein erfolgreicher Kaiser im Feld zu sein.

Der weitere Verlauf der Geschichte zeigte, dass Theodosius' Palastrevolution sich durchsetzte. Im Westen des Reiches blieb sein jüngerer Sohn Honorius ebenso im Palast wie im Osten des Reiches der ältere Sohn Arcadius.[43] Die Nachfolger von beiden Herrschern übernahmen dieses neue Regierungsmodell und setzten neue Akzente auf anderen Gebieten als denen des Krieges, der vor allem den Generälen überlassen wurde.[44] Die kaiserliche Palastherrschaft war nach Theodosius vor allem im Osten des Reiches erstaunlicherweise auch ohne die Vorstellung von einem gewalttätigen Kaiser stabil.[45] Mit der Zeit setzte sich das Ideal einer ‚höheren', das heißt einer nicht mit einem militärischen Kontext verknüpften kaiserlichen Gewalt letztlich durch. Freilich blieb der Kaiser ein Held – nun jedoch in anderer Hinsicht.

---

[42] Siehe Anm 22.

[43] Obwohl Arcadius und Honorius noch sehr jung waren, als sie die Herrschaft übernahmen, kann dieser Umstand nicht dafür verantwortlich gemacht werden, dass dadurch erst ‚aus Not' das Palastkaisertum entstanden sei. Felix K. Maier: Rückzug aus Kalkül. Das Palastkaisertum im Weströmischen Reich unter Honorius, in: Historische Zeitschrift 312, 2021 (im Druck).

[44] Ein Beispiel wäre Theodosius II. (408–450), der nachfolgenden Generationen nicht aufgrund von zahlreichen Kriegen, sondern aufgrund der umfangreichen Gesetzessammlung, des berühmten *Codex Theodosianus*, den er in Auftrag gab, im Gedächtnis blieb.

[45] Pfeilschifter: Der Kaiser und Konstantinopel (Anm. 1), S. 19.

Pazifismus und Heroismus

Kriegsdienstverweigerung im 20. und 21. Jahrhundert

Ulrich Bröckling

Die folgenden Überlegungen beschäftigen sich nicht unmittelbar mit Gewaltereignissen, und sie fallen auch nicht in den engeren Bereich einer Soziologie der Gewalt. Es handelt sich vielmehr um einen Beitrag zur politischen Geschichte der Gewaltlosigkeit. Heroisierungen kommen dabei in dreifacher Hinsicht ins Spiel: Ich untersuche am Beispiel der Kriegsdienstverweigerung erstens, wie die pazifistische und antimilitaristische Delegitimierung des Krieges seit dem ausgehenden 19. Jahrhundert auch das Modell militärischen Heldentums herausforderte. Die Kriegs(dienst)gegner sahen sich selbst zweitens massiven Anfeindungen ausgesetzt. Man beschimpfte und verfolgte sie als zutiefst unheroische, feige, unmännliche Vaterlandsverräter, die Heldenmut und heroisches Opfer der Soldaten in den Schmutz zögen, weil sie selbst dazu weder willens noch in der Lage seien. In Reaktion auf Ausgrenzung und politische Verfolgung griffen die Kritiker militärischer Heldenmythen drittens selbst heroische Narrative auf und versuchten sie in ihrem Sinne umzudeuten. Propaganda und Praxis der Dienstverweigerung stellen den Anspruch des Staates in Frage, souverän über Leben und Tod seiner Bürger zu verfügen, und kollidieren deshalb mit den Anrufungen militärischen Heldentums. Als politisch-ethische Forderung und individuelle Entscheidung, die Leidensbereitschaft verlangt, ist die Kriegsdienstverweigerung umgekehrt für pazifistische Gegenheroisierungen besonders prädestiniert.

Auch wenn (oder vielleicht gerade weil) die Zahl der Verweigerer, gemessen an den Massenheeren des vergangenen Jahrhunderts, meist gering blieb, lassen sich anhand ihrer Geschichte exemplarisch die Verschmelzungen wie die Entkopplungsanstrengungen von Heldentum und Gewalt in der heroischen Moderne und über deren Ende hinaus aufzeigen. Kriegsdienstverweigerer wurden zunächst kriminalisiert und pathologisiert, bevor man ihren Gewissenskonflikt durch erleichterte gesetzliche Ausweichmöglichkeiten entschärfte. Nach dem Ende des Kalten Krieges setzten dann die meisten westlichen Staaten die Allgemeine Wehrpflicht ganz aus, nachdem die gesellschaftliche Ächtung der Kriegsdienstverweigerer schon seit den 1970er Jahren zu postheroischer Indifferenz verblasst war.

Figuren der Kriegsgegnerschaft

Um diese Geschichte von Deheroisierungen und Gegenheroisierungen nachzuzeichnen, sind einige begriffliche Klärungen notwendig: Kriegsdienstverweigerung ist zu unterscheiden von Desertion, Dienstentziehung und Militärstreik, Pazifismus von Antimilitarismus. Desertion bezieht sich auf den militärrechtlichen Straftatbestand der Fahnenflucht. Dieser kann zwar auch auf diejenigen angewendet werden, die sich prinzipiell weigern, Militärdienst abzuleisten, sofern sie rechtlich bereits als Soldaten gelten, das Delikt ist jedoch weiter gefasst: Als Deserteur bestraft wird, wer sich aus welchen Gründen auch immer unerlaubt dauerhaft von der Truppe entfernt (oder ihr trotz Einberufung von vornherein fernbleibt). Von denjenigen, die sich durch Untertauchen, Flucht ins Ausland, Selbstverletzung, medizinische Atteste oder andere Tricks der Wehrpflicht zu entziehen versuchen, unterscheiden sich Kriegsdienstverweigerer wiederum durch das meist öffentliche Bekenntnis zu ihrer Entscheidung sowie die Bereitschaft, deren Konsequenzen auf sich zu nehmen. Der Militärstreik schließlich ist ein Akt kollektiver Dienstverweigerung, durch den ein Krieg verhindert oder beendigt, ein politischer Regimewechsel erzwungen und/oder sinnlose Verluste vermieden werden sollen. Er kann von einer pazifistischen Stimmung genereller Gewaltablehnung getragen sein, aber ebenso in den Aufbau einer Revolutionsarmee münden, in der Kriegsdienstverweigerer nicht minder rücksichtslos verfolgt werden wie unter der alten Ordnung.

Der Begriff ‚Pazifismus' wurde zu Beginn des 20. Jahrhunderts von Vertretern der bürgerlich-liberalen Friedensbewegung geprägt, um

> die Gesamtheit individueller und kollektiver Bestrebungen [zu] bezeichnen, die eine Politik friedlicher, gewaltfreier zwischenstaatlicher Konfliktaustragung propagieren und den Endzustand einer friedlich organisierten, auf Recht gegründeten Staaten- und Völkergemeinschaft zum Ziel haben.[1]

Von der Forderung nach Kriegsdienstverweigerung wollten die organisierten Pazifisten vor dem Ersten Weltkrieg indes nichts wissen. „Wir wollen nicht die von der Regierung ausgehobenen Rekruten zur Verweigerung veranlassen", heißt es in einer Flugschrift der Deutschen Friedensgesellschaft aus dem Jahre 1906.

> Wir haben dahingehende Bestrebungen, wie sie z. B. von dem russischen Grafen Tolstoi und den französischen Antimilitaristen befürwortet wurden, stets energisch zurückgewiesen. Wir haben die Verpflichtung der Bürger, wenn der Krieg unvermeidlich geworden ist, für die Verteidigung des Vaterlandes das eigene Leben einzusetzen, stets rückhaltlos anerkannt.[2]

Statt auf Nonkooperation von unten setzte der organisierte Pazifismus auf Abrüstung von oben durch völkerrechtliche Vereinbarungen.

Auch die sozialistischen Parteien, die ihren Kampf gegen den Krieg in Abgrenzung von den liberalen Pazifisten unter der Fahne des Antimilitarismus führten,

---

[1] Karl Holl: Pazifismus, in: Otto Brunner u. a. (Hg.): Geschichtliche Grundbegriffe. Historisches Lexikon zur politisch-sozialen Sprache in Deutschland, Bd. 4, Stuttgart 1978, S. 767–785, hier S. 768.

[2] Was wollen die Friedensgesellschaften, in: Friedens-Blätter 7, 1906, S. 85–87. Zitiert nach Guido Grünewald (Hg.): Nieder die Waffen! Hundert Jahre Deutsche Friedensgesellschaft (1892–1992), Bremen 1992, S. 26.

taten sich schwer mit der Kriegsdienstverweigerung. Befürworter fand diese allein unter den anarchistischen und anarchosyndikalistischen Strömungen der Arbeiterbewegung. Selbst Karl Liebknecht, ohne Zweifel einer der radikalsten Kriegsgegner in der deutschen Sozialdemokratie vor 1914, polemisierte gegen die „individualistische und phantastische" Ausrichtung des anarchistischen Antimilitarismus, der „großes Gewicht auf die individuelle Verweigerung des Militärdienstes, die individuelle Weigerung des Waffengebrauchs, auf den individuellen Protest" lege. Die anarchistische Bewegung, die „alle derartigen Fälle triumphierend mit großer Sorgfalt und Genauigkeit" verzeichne, gehe „davon aus, dass solch heroische Beispiele zur Nachahmung anreizen, Sympathie und Begeisterung für die Bewegung, zu der sich die ‚Heroen' bekennen, erwecken."[3] Die moralisierende Menschentümelei ihrer Propaganda ignoriere allerdings „die Klassenkampfinteressen des Proletariats" und gleiche so „in sehr diskreditierender Weise den pathetischen Deklamationen der Tolstoianer und den ohnmächtigen Kriegsbeschwörungen jener Weltfriedensfreunde vom Schlage der Bertha von Suttner".[4]

Tolstoj und die Tolstojaner

Wo immer um 1900 das Thema Kriegsdienstverweigerung auftauchte, war der Hinweis auf den Autor von *Krieg und Frieden* nicht fern. Tolstoj hatte nach einer religiösen Krise Anfang der 1880er Jahre in einer Vielzahl von Schriften seine aus dem Liebesgebot der Bergpredigt abgeleitete Lehre vom „Nichtwiderstreben" verkündet. Die unverfälschte Botschaft des Christentums bestand demnach in einer Abkehr von jeder Gewalt:

> Widerstrebe nicht dem Übel will heißen: widerstrebe niemals dem Übel, d.h. übe nie Gewalt aus, d.h. begehe nie eine Handlung, die der Liebe widerspricht. Und wenn du dabei gekränkt wirst, so ertrage die Kränkung und thue dennoch nichts Gewaltsames gegen den Nebenmenschen.[5]

Dieser kategorische Imperativ implizierte keineswegs bloß passives Erdulden; Nichtwiderstreben dem Übel bedeutete vielmehr, sich aktiv zu verweigern, falls man zur Anwendung oder zur mittelbaren Unterstützung von Gewalt gezwungen werden sollte. Das betraf insbesondere die Ableistung des Militärdienstes.

Eine solche Forderung klang eher nach einer Anleitung zu christlichem Märtyrertum denn nach einem Heroismus der Gewaltlosigkeit, doch Tolstoj veranschaulichte sie mit eindringlichen Exempla, die alle Merkmale einer heroischen

---

[3] Karl Liebknecht: Militarismus und Antimilitarismus unter besonderer Berücksichtigung der internationalen Jugendbewegung (1907), in: ders.: Gesammelte Reden und Schriften, Bd. 1, Berlin 1958, S. 247–456, hier S. 434–435.

[4] Ebd., S. 434.

[5] Leo N. Tolstoj: Mein Glaube, Jena [2]1917 [1882/84], S. 28. Vgl. dazu Christian Bartolf: Ursprung der Lehre vom Nicht-Widerstehen. Über Sozialethik und Vergeltungskritik bei Leo Tolstoi, Berlin 2006.

Narration tragen. Die Passionserzählung wurde zur Heldenreise. Auch praktisch unterstützte er Kriegsdienstverweigerer in Russland und anderen europäischen Staaten. Unermüdlich klagte er als eine Art Ein-Mann-Amnesty International ihre unmenschliche Behandlung an, bemühte sich um ihre Freilassung, schrieb ihnen aufmunternde Briefe und dokumentierte ihr Schicksal in seinen Schriften.[6] So berichtete er von einem Verweigerer aus Moskau, der eine hiobsgleiche Leidensgeschichte durchmachen musste: Der junge Mann hatte sich mit Berufung auf das Evangelium geweigert, den Diensteid zu schwören. Die Militärbehörden vermuteten zunächst religiöses Sektierertum und ließen ihn zu den Priestern führen, denen es allerdings genauso wenig gelang, ihn von seinem Vorhaben abzubringen, wie der Geheimpolizei, der er im Anschluss unter dem Verdacht revolutionärer Bestrebungen überstellt wurde. Daraufhin kommandierte man ihn, ohne dass er den Eid geleistet hätte, zu einer Truppeneinheit in der Provinz ab, wo er abermals den Gehorsam verweigerte und in Gegenwart der anderen Soldaten seine Gründe erläuterte. Nach Rücksprache mit den oberen Militärbehörden brachte man ihn zur Beobachtung seines Geisteszustands in ein Irrenhaus. Da die Ärzte jedoch keine Anzeichen von Geisteskrankheit feststellen konnten, schickten sie ihn zur Armee zurück. Als er seinen soldatischen Pflichten weiterhin nicht nachkam, beschloss man, ihn zu einer Einheit zu versetzen, die in einer Grenzregion stationiert war, wo Kriegsrecht herrscht und man ihn deshalb wegen Gehorsamsverweigerung erschießen konnte. Trotz weiterer Drangsalierungen war er auch dort nicht bereit, eine Waffe in die Hand zu nehmen, wurde vors Militärgericht gestellt und zu zwei Jahren Haft verurteilt. Im Gefängnis quälte man ihn noch grausamer als zuvor. Doch auch das stimmte ihn nicht um. Schließlich wurde er kurz vor Ende der regulären Strafdauer entlassen, und man rechnete den Gefängnisaufenthalt auf seine Dienstzeit an, „da man den Wunsch hat, sich nur so schnell als möglich seiner zu entledigen".[7] Entscheidend ist dieses Ende des Berichts. Der junge Mann blieb standhaft, er legte Zeugnis ab, aber er wurde eben nicht zum Märtyrer.

Tolstojs Fazit: Die Regierungen fürchten die christlichen Verweigerer weit mehr als „die Sozialisten, Kommunisten und Anarchisten mit ihren Bomben, Aufständen und Revolutionen", gegen die sie sich mit Einschüchterung, Bestechung, Täuschung und Gewalt zu schützen wissen. Vor dem standhaften Erdulden versagt dagegen ihre Macht: Alles was die Regierungen

> zu ihrer Rettung thun können, ist, daß sie die Stunde ihres Untergangs aufschieben. Und das thun sie. [...] Aber es ist schon zu weit gekommen: die Regierungen fühlen schon ihre Wehrlosigkeit und Schwäche, und die aus dem Schlafe erwachenden Menschen der christlichen Erkenntnis beginnen schon ihre Kraft zu fühlen. ‚Ich bin ge-

---

[6] Vgl. dazu Peter Brock: Tolstoy and the Imprisonment of Conscientious Objectors in Imperial Russia, in: ders.: Against the Draft. Essays on Conscientious Objection from the Radical Reformation to the Second World War, Toronto 2006, S. 155–171.

[7] Leo N. Tolstoj: Das Reich Gottes ist inwendig in Euch oder das Christentum als eine neue Lebensauffassung, nicht als eine mystische Lehre, Bd. 2, Jena 1911, S. 99–104.

kommen, euch ein Feuer anzuzünden', hat Christus gesagt, ,was wollte ich lieber, denn es brennte schon?' Und dieses Feuer beginnt zu brennen.[8]

Die Praxis der allgemeinen Wehrpflicht gewann in Tolstojs Perspektive eine doppelte Bedeutung: Sie verkörperte einerseits die „grausamste Form staatlicher Selbstbehauptung, insofern sie die Unterdrückten gegen ihr sittliches Bewußtsein zur Gewalt gegen ihre Brüder und Leidensgenossen bis hin zum Mord" verpflichtete. Andererseits betrachtete er sie in einer dialektischen Volte als die historisch letzte Form staatlichen Zwangs, „weil sie den Menschen unweigerlich und in radikalster Form ihre widersprüchliche Lage in der staatlich organisierten Gesellschaft vor Augen führen und ihr Bewußtsein für einen grundlegenden Wandel der Gesellschaft im Sinne der Liebeslehre Christi schärfen" musste.[9] Die individuelle Gewissensentscheidung wurde, sofern auch unter Verfolgung konsequent durchgehalten, zum Fanal der auf Gewalt aufgebauten staatlichen Ordnung.

Die Kriegsdienstverweigerer, deren Schicksal Tolstoj öffentlich machte, waren meist Mitglieder christlicher Friedenskirchen und pazifistischer Sekten wie der Quäker, Mennoniten, Nazarener oder Duchoborzen, deren Glaubensüberzeugungen ihnen untersagten, Waffendienst zu leisten. Die Geschichte dieser Gruppen reicht zurück bis in die Zeit der Reformation. Um den wiederkehrenden Verfolgungen zu entgehen, hatten sie entweder mit ihren Landesherren entsprechende Sonderrechte – in der Regel die Möglichkeit eines waffenlosen Dienstes – ausgehandelt, oder sie waren als Siedler ausgewandert. Mitglieder, die dem Druck der weltlichen Macht nachgaben und die religiösen Gebote missachteten, wurden vermahnt und vom Abendmahl, bei schweren Vergehen auch dauerhaft aus der Gemeinde ausgeschlossen. In der religiösen Dienstverweigerung artikulierte sich kein Aufbegehren des Einzelnen gegen die Zumutungen der Obrigkeit, kein pazifistisches „Stell Dir vor, es ist Krieg und keiner geht hin", sondern vor allem die Bindung an die Gemeinde. Die soziale Kontrolle durch die Gruppe war wichtiger als die Berufung auf das individuelle Gewissen. Für Heldengeschichten blieb unter diesen Bedingungen kein Platz.

Tolstojs Botschaft vom Nichtwiderstreben war zwar ebenfalls christlich grundiert, aber sie verzichtete auf Jenseitsbezüge und hing auch nicht an der Mitgliedschaft in einer konfessionellen Gemeinschaft. Es handelte sich weniger um eine Glaubenslehre als um eine Sozialethik, welche die Entgegensetzung von Gewaltherrschaft (gleichbedeutend mit Staat, Patriotismus, Eigentum sowie staatstreuer Kirche) und Gewaltlosigkeit (im Sinne eines christlichen Anarchismus) radikalisierte. „Das Christentum in seiner wahren Bedeutung hebt den Staat auf", heißt es in seiner programmatischen Schrift *Das Reich Gottes liegt inwendig in Euch*, das die Überführung von Eschatologie in Ethik schon im Titel führt.[10] In dieser gleicher-

---

8   Ebd., S. 112–114.
9   Wolfgang Sandfuchs: Dichter – Moralist – Anarchist. Die deutsche Tolstojkritik 1880–1900, Stuttgart 1995, S. 221.
10   Tolstoj: Das Reich Gottes, Bd. 2 (Anm. 7), S. 114.

maßen antistaatlichen wie antikirchlichen Subjektivierung des Glaubens deuten sich bereits jene Dynamiken der Säkularisierung und Individualisierung an, welche die Geschichte der Kriegsdienstverweigerung im 20. Jahrhundert prägen sollten. Zugleich eröffnete sich damit die Möglichkeit, den übermächtigen nationalen und militärischen Heldenbildern der Zeit eine gewaltlose, aber nicht minder heroische Alternative entgegenzustellen. Wenn der Ausstieg aus dem Kreislauf der Gewalt vom standhaften Handeln einzelner abhing, die ihrem Gewissen folgten und sich dem Ruf zu den Waffen verweigerten, dann musste von ihnen erzählt werden, und wer wäre dazu berufener gewesen als der weltberühmte Schriftsteller.

Kriegsdienstverweigerung im Ersten Weltkrieg

Gemessen an der Zahl der Einberufenen verweigerte während des Ersten Weltkriegs nur ein winziger Bruchteil die Ableistung des Kriegsdienstes: In Russland, das zum Zeitpunkt der Generalmobilmachung 2.7 Millionen Männer unter Waffen hatte, wurden bis zum 1. April 1917 insgesamt 837 Verweigerer verzeichnet. Die meisten von ihnen gehörten einer der pazifistischen Sekten an, zu denen nun auch die Tolstojaner gezählt wurden, die sich schon zu Lebzeiten des Dichters, der 1910 verstorben war, in zumeist ländlichen Kommunen zusammengeschlossen hatten, um seinen Lehren zu folgen. Das zaristische Regime verfolgte die Dienstverweigerer mit großer Härte. Verurteilungen zu drei Jahren Strafbataillon, gefolgt von vier bis zwanzig Jahren Zuchthaus waren keine Seltenheit.[11] Ähnlich dem Schicksal der französischen Verweigerer, die wegen Desertion angeklagt und zu langjährigen Haftstrafen verurteilt wurden.[12]

In Deutschland verweigerten neben einer kleinen Gruppe von Siebenten-Tags-Adventisten rund fünfzig Ernste Bibelforscher (Zeugen Jehovas) den Kriegsdienst, hinzu kamen vereinzelte Verweigerer ohne Bindung an eine religiöse Gemeinschaft. Zu ihnen gehörte der Waldkircher Rechtsanwalt Erwin Cuntz, der sich im Frühjahr 1915 weigerte, der Einberufung Folge zu leisten. Cuntz, der bereits als Student Tolstoj auf dessen Gut in Russland aufgesucht hatte, wurde daraufhin vorübergehend in einer psychiatrischen Anstalt interniert. Als er nach seiner Entlassung abermals auf seine Diensttauglichkeit untersucht werden sollte, sandte er seinen Militärpass mit der Erklärung zurück, dass er jede Beteiligung am Weltkrieg ablehne, und wurde in der Folge erneut in eine Nervenheilanstalt eingewiesen.[13]

---

[11] Vgl. Peter Brock: Imperial Russia at War and the Conscientious Objectors, August 1914 – February 1917, in: ders.: Against the Draft (Anm. 6), S. 301–312, hier S. 305.

[12] Vgl. Charles C. Moskos / John Whiteclay Chambers II: The Secularization of Conscience, in: dies.: The New Conscientious Objection. From Sacred to Secular Resistance, Oxford 1993, S. 3–20, hier S. 12.

[13] Martha Steinitz u. a.: Kriegsdienstverweigerer in Deutschland und Österreich, Berlin-Nikolassee 1923, S. 11–16, mit Auszügen aus Briefen und Aufrufen von Cuntz.

Die Zwangspsychiatrisierung militärischer Devianz hatte im Deutschen Reich bereits Tradition[14] und kam während des Krieges in zahlreichen Fällen zur Anwendung.[15] Die Ärzte stuften die Verweigerer als „verschrobene Fanatiker"[16] oder von einer „übermäßigen, antisozial wirkenden Religiosität" angetriebene „Friedensschwärmer" ein, an deren „ethischer Minderwertigkeit" kein Zweifel bestehe, auch wenn nicht in allen Fällen von einer Geisteskrankheit auszugehen sei. Ihre Pathologisierung, an die sich oft genug noch eine militärgerichtliche Verurteilung anschloss, mochte ein schales Gefühl zurücklassen. So räumte ein Gutachter ein, „daß hier etwas zum Unrecht oder Verbrechen gestempelt wird, was es seiner Natur nach nicht ist, was sogar unter andern Gesichtspunkten, so bei den Christen der Verfolgungszeiten, als höchste Gesinnungstreue gepriesen wird". Solche Selbstzweifel mussten jedoch unterdrückt werden, und so rief derselbe Psychiater sich selbst denn auch gleich wieder zur patriotischen Ordnung: „Wer aus religiösen Gründen den Kriegsdienst verweigert, ist [...] abnorm, insofern er vom Durchschnitt seiner Mitmenschen in seinem Handeln abweicht, er ist aber auch [...] pathologisch, weil in ihm der soziale Trieb, der doch den Menschen erst zum Kulturmenschen gemacht hat, verkümmert ist."[17] – Wer partout kein Held werden wollte, der musste degeneriert sein.

Das größte Kontingent an Kriegsdienstverweigerern während des Ersten Weltkriegs stellte das Vereinigte Königreich, wo es eine lange Tradition im Umgang mit religiösen Minderheiten gab und anders als in den kontinentaleuropäischen Staaten bis 1916 keine Allgemeine Wehrpflicht herrschte. Gegen die Einführung der Konskription formierte sich schon seit Kriegsbeginn politischer Widerstand, an dem sich auch Abgeordnete der Labour Party und der Independent Labour Party beteiligten. Das umstrittene Wehrpflichtgesetz, das im Februar 1916 in Kraft trat, sah neben anderen Rückstellungsgründen auch eine Befreiung für diejenigen vor, denen ihr Gewissen die Ableistung des Kriegsdienstes verbot. Neben einer vollständigen Freistellung, die ausschließlich Mitgliedern der pazifistischen Friedenskirchen wie der Quäker oder Mennoniten vorbehalten war, konnten die bei den

---

14 Bereits vor 1914 waren die Militärbehörden auf diese Weise gegen Dienstflüchtige und -verweigerer vorgegangen. Vgl. dazu vom Verfasser: Psychopathische Minderwertigkeit? Moralischer Schwachsinn? Krankhafter Wandertrieb? Zur Pathologisierung von Deserteuren im Deutschen Kaiserreich vor 1914, in: ders. / Michael Sikora (Hg.): Armeen und ihre Deserteure. Vernachlässigte Kapitel einer Militärgeschichte der Neuzeit, Göttingen 1998, S. 161–186.

15 Vgl. Peter Brock: The Confinement of Conscientious Objectors as Psychiatric Patients in First-World-War Germany, in: ders.: Against the Draft (Anm. 6), S. 281–300.

16 Georg Stertz: Verschrobene Fanatiker, in: Berliner klinische Wochenschrift 56, 1919, S. 586–588.

17 Adolf Hoppe: Militärischer Ungehorsam aus religiöser Überzeugung, in: Zeitschrift für die gesamte Neurologie und Psychiatrie 45, 1919, S. 393–412, hier S. 394, S. 408, S. 411. Vgl. auch Robert Gaupp: Dienstverweigerung aus religiösen (und politischen) Gründen und ihre gerichtsärztliche Beurteilung, in: Medicinisches Correspondenz-Blatt des Württembergischen ärztlichen Landesvereins 88, 1918, S. 167–169, S. 175–177.

lokalen Einberufungsbehörden gebildeten Prüfungstribunale auch die Einberufung zu einem Zivildienst oder zum waffenlosen Dienst in der Armee verfügen. Von den rund eine Million Einsprüchen gegen die Einberufung nach Einführung der Wehrpflicht war indes nur ein Bruchteil pazifistisch motiviert. An die 16.500 Briten stellten einen Antrag auf Anerkennung als ‚conscientious objector‘; rund zehn Prozent von ihnen verweigerten aus politischen oder humanitären Gründen. Da die Kommissionen zahlreiche Anträge zurückwiesen und einige Verweigerer nicht bereit waren, sich der Gewissensprüfung zu unterziehen, kam es zu etwa 6.000 Anklagen. Sie trafen vor allem die sogenannten Absolutisten, die auch jeden Alternativdienst ablehnten, weil sie darin eine indirekte Unterstützung des Krieges sahen. Die Totalverweigerer wurden zu Zuchthausstrafen verurteilt, nach Verbüßung der Strafe erneut einberufen und bei fortgesetzter Verweigerung abermals inhaftiert. Vielfach waren sie entwürdigender Behandlung ausgesetzt, etwa siebzig Kriegsdienstverweigerer starben in der Haft oder an deren unmittelbaren Folgen.[18] Trotz dieser Einschränkungen markiert die britische Gesetzgebung einen Einschnitt, erkannte sie doch erstmals in der Geschichte moderner Staatlichkeit ein Recht auf Kriegsdienstverweigerung jenseits der Freistellungen für bestimmte religiöse Gruppen an.

Neu war auch die Politisierung der ‚conscientious objection‘. Organisationen wie die No Conscription Fellowship oder die Fellowship of Reconciliation protestierten gegen die Wehrpflicht und unterstützten nach deren Einführung Kriegsdienstverweigerer unabhängig von deren Beweggründen. Clifford Allen, Vorsitzender der No Conscription Fellowship und während des Krieges selbst dreimal zu Haftstrafen verurteilt, stellte rückblickend den Kampf gegen die Wehrpflicht in eine Linie mit „vielen anderen großen Freiheitskämpfen in der Geschichte" und konterte so das Klischee vom feigen Vaterlandsverräter mit einer heroischen Gegenerzählung. Das Buch über die britischen Kriegsdienstverweigerer, zu dem er ein Vorwort beisteuerte, trug in der deutschen Übersetzung bezeichnenderweise den Titel *Friedenshelden des Weltkriegs*. In der Öffnung für unterschiedliche politische und religiöse Überzeugungen sah Allen die wichtigste Konsequenz aus den Erfahrungen von 1914 bis 1918:

> Wie weit diese Menschen auch in ihren Ansichten auseinander gehen mögen, sie alle erdulden lieber Strafen, als daß sie sich zwingen lassen, Dinge zu tun, die sie für Unrecht halten. Wenn wir an der Bezeichnung ‚Dienstverweigerer aus Gewissensgründen' festhalten wollen, so sollte sie den Sinn haben, daß ein Mann sich durch die Tatsache seines Widerstands und nicht durch eine besondere Meinung über den Krieg als solcher

---

18 Vgl. Thomas C. Kennedy: The Hound of Conscience. A History of the No-Conscription Fellowship 1914–1918, Fayetteville 1981; Ralph James Q. Adams / Philipp P. Poirier: The Conscription Controversy in Great Britain, 1900–18, Basingstoke 1987; Christoph Jahr: Gewöhnliche Soldaten. Deserteure und Desertion im deutschen und britischen Heer 1914–1918, Göttingen 1998, S. 126–127; sowie die zeitgenössischen Dokumentationen aus pazifistischer Sicht: Martha Steinitz: Die englischen Kriegsdienstverweigerer, Berlin 1921; John W. Graham: Friedenshelden im Weltkrieg, Berlin-Biesdorf 1926.

erweist. Wenn er bereit ist, für seine Meinung zu leiden, so ist er ein Dienstverweigerer aus Gewissensgründen.[19]

Warum jemand den Kriegsdienst ablehnte, war weniger wichtig als die Konsequenz, mit der er für seine Überzeugung eintrat. Es war seine Duldungsbereitschaft, die den Verweigerer zum Friedenshelden machen – und ihn von den gemeinen Drückebergern abheben sollte. Die prekäre Selbstheroisierung der ‚conscientious objectors‘ ging einher mit einer Abwertung der ‚shirkers‘ und ‚slackers‘, die für ihre Dienstunwilligkeit und/oder ihre Kriegsablehnung nicht öffentlich einstanden und eine Bestrafung zu umgehen suchten. Mit ihnen wollten die Verweigerer auf keinen Fall in einen Topf geworfen werden, den Verdacht des Opportunismus nicht auf sich sitzen lassen. Deshalb betonten sie ihr diametral entgegengesetztes Motiv: „Nicht das Nicht-Sterben-Wollen ist es, das diese Menschen zum Protest, zum offenen mutigen Bekennen trieb, sondern umgekehrt, das Nicht-Töten-Wollen!"[20] Drückebergern mangelte es an Bereitschaft zum Selbstopfer (im Sinne von ‚sacrifice‘), Kriegsdienstverweigerer waren dagegen nicht gewillt, andere zum Opfer (im Sinne von ‚victim‘) zu machen.

In ihren Proklamationen begründeten die Verweigerer aus Gewissensgründen ihr Tun weniger mit der strategischen Absicht, die Kriegführungsfähigkeit durch Entzug von Personal zu schwächen, als mit dem unbedingten Willen, die eigene moralische Integrität zu wahren. Die Inthronisierung des individuellen Gewissens als maßgebliche Einspruchsinstanz gegen staatliche Ansprüche, die sich bereits in Tolstojs Lehre vom inwendigen Gottesreich abgezeichnet hatte, ließ sich zum Heldennarrativ einer Konfrontation zwischen dem Einzelnen und der gewaltgestützten Ordnung dramatisieren. Mit dem Oxymoron des kämpferischen Erleidens klang in den Selbstermächtigungsdiskursen der radikalen Kriegsgegner zugleich etwas von jener Grammatik der Härte an, welche die „heroische Moderne"[21] generell ihren Zeitgenossen zumutete. Dass Opfer gebracht werden müssen, stand auch für die Dienstverweigerer außer Frage; entscheidend war, sie für die richtigen Ziele zu bringen.

„Friedensheroismus" zwischen den Kriegen

Dem Ethos des „prinzipiellen ‚Nichtwiderstandes gegen die Gewalt'" zollte einige Jahre später der deutsche Philosoph und Soziologe Max Scheler seinen Respekt, auch wenn er selbst nicht an „die *reale* Erfolgskraft dieses Standpunktes" glauben

---

19 Clifford Allen: Vorrede, in: Graham: Friedenshelden (Anm. 18), S. 3–12, hier S. 6–7.
20 Johann Ohrtmann: Die Kriegsdienstgegnerbewegung. Vom schlichten Heldentum, Heide in Holstein 1932, S. 5.
21 Zum Konzept der „heroischen Moderne" vgl. Heinz-Dieter Kittsteiner: Die Stufen der Moderne, in: ders.: Wir werden gelebt. Formprobleme der Moderne, Hamburg 2006, S. 25–57, insbesondere S. 44–53; ders.: Die heroische Moderne. Skizze einer Epochengliederung, in: Neue Zürcher Zeitung, 10. November 2001; vgl. dazu außerdem vom Verfasser: Postheroische Helden. Ein Zeitbild, Berlin 2020, S. 77–119.

mochte. In einem postum veröffentlichten, zuerst Anfang 1927 im Reichswehrministerium gehaltenen Vortrag verteidigte Scheler die Kantsche Idee des Ewigen
Friedens und widersprach entschieden dem von einem Standesethos zum „Volksethos, besonders in höheren Schichten" aufgestiegenen „Gesinnungsmilitarismus", der den Krieg als Quell heroischer Tugenden und unverzichtbares Remedium gegen Verweichlichung verklärte.[22] Größer und tiefer als aller
„Kriegsheroismus" sei der „Friedensheroismus", hielt Scheler dagegen, der sich am
reinsten im „Pazifismus je individuell-persönlicher Kriegsdienstverweigerung"
zeige.[23] Dieser „heroische Pazifismus" verdiene „die höchste moralische Achtung,
nicht als Mittel, sondern als Gesinnung", während die übrigen pazifistischen
Strömungen – Scheler führte den „Halbpazifismus" der Katholischen Kirche und
den der Marxisten an, ferner den „ökonomisch-liberalen Pazifismus des Freihandelsgedankens", den „Rechtspazifismus", den „imperialistischen Weltreichspazifismus" der kapitalistischen Großbourgeoisie sowie den kosmopolitisch orientierten „kulturellen Pazifismus" – mit wenigen Ausnahmen „teils bewußte [...], teils
halb- oder viertelsbewußte ‚Interessenideologien'" seien.[24]

Scheler orientalisierte das Objekt seiner Bewunderung und situierte den „eigentliche[n] geistige[n] autochthone[n] Lebensraum" des heroischen Pazifismus
in der buddhistischen Welt. Ausdrücklich verwies er auf das Vorbild Gandhis (der
jedoch das Prinzip der ‚Non-Resistance' aus der hinduistischen Tradition begründete), führte von christlicher Seite allerdings ebenso „die Quäker, die älteren
Mennoniten, die Tolstoisekten" an.[25] Entscheidend war für Scheler wiederum die
durch Leidensbereitschaft bewiesene Reinheit der Gesinnung, und selbstverständlich rief auch er die antiheroische Gegenfigur des Drückebergers auf, mit dem der
ethisch-religiöse Kriegsdienstverweigerer nicht verwechselt werden dürfe: „Jener
flieht, macht sich unsichtbar – dieser stellt sich dem Staate und verweigert den
Dienst offen und sagt: macht mit mir, was ihr wollt. [...] Es ist keine besondere
Ehre für unser Land", fügte er hinzu, „daß es unter den nur allzu vielen, die gegen
ihren Willen in den Krieg gingen, so wenig ‚Verweigerer' gab und um so mehr
Drückeberger und widerwillige Herdentiere – im Gegensatz zu England und
Amerika."[26] Um das Idealbild des heroischen Pazifismus gegen politische Profanisierung zu schützen, pochte Scheler darauf, dass die Verweigerung ein individueller Akt bleiben müsse. Jeder Versuch einer Organisierung würde die Gesinnung
kontaminieren:

> Aber, fragt man, warum sollen die Kriegsdienstverweigerer aller Völker sich nicht zu ei
> nem umfassenden Orden zusammenschließen, um mit ebenso großem Heroismus, als
> ihn die edelsten Kriegshelden bewährten, gegen den Krieg zu wirken? [...] Ich antworte:

---

[22] Max Scheler: Die Idee des Friedens und der Pazifismus, Berlin 1931, S. 31, S. 37, S. 12–13.
[23] Ebd., S. 15, S. 31.
[24] Ebd., S. 33.
[25] Ebd., S. 33–34.
[26] Ebd., S. 34–34.

Weil im Augenblick, da die Kriegsdienstverweigerung ein ‚Programm' eines Bundes ist –
also herausgenommen aus den Tiefen des individuellen Gewissens und Gemütes –, der
Standpunkt selbst schon aufgegeben ist, eine Parteisache geworden ist, und dann selbstverständlich allen bloßen ‚Drückebergern' Unterschlupf gewährt. Nichts läßt sich leich-
ter unterzeichnen als ein Programm der Verweigerung.[27]

Nur in konsequenter „Lebens- und Weltabnegation"[28] sollten die pazifistischen
Heroen glaubwürdig ihr Ethos bezeugen können – und gerade dadurch einen
Beitrag zur Verhinderung kommender Katastrophen leisten. Um „Europa vor
einem neuen Krieg zu bewahren, der die totale Vernichtung, die ‚Götterdämme-
rung' der europäischen Kultur und all dessen bedeutet, was unsere Väter bis Homer zurück geliebt und verehrt haben", setzte Scheler auf die Verbindung von
„Gesinnungspazifismus und Instrumentalmilitarismus". Hier ein Ethos heroischer
Gewaltlosigkeit, dort ein pragmatisches Regieren, das „romantischen Kriegsideo-
logien" abschwört und „den Wert des Krieges und der militärischen Formen nicht
‚an sich', sondern als realpolitisches ‚Instrument' für politische Zwecke in begrenzten Zeitläuften der Geschichte bejaht".[29]

Scheler postulierte zwar ein Recht auf Kriegsdienstverweigerung – „Völlig be-
streiten muß ich, der Staat habe ein sittliches Recht, Menschen zum Kriegsdienst
zu zwingen gegen ihr Gewissen"[30] –, versagte den Verweigerern jedoch den Zutritt
zur Sphäre des Politischen. Der Preis für ihre Anerkennung als Gesinnungshelden
war die konsequente Depolitisierung des Gewissens. Heroisierung als Entschär-
fung: Als idealistische Mahner konnten die Kriegsdienstverweigerer durchgehen,
solange sie, weil auf ihr individuelles Bekenntnis beschränkt, die Geschäfte der
Militärs und Politiker nicht störten. Man wüsste gern, wie die Reichswehrgeneräle,
denen Scheler diese Überlegungen vortrug, darauf reagierten.

Entrückte der Philosoph die Kriegsdienstverweigerer in die quasi-sakrale Sphäre
eines weltabgewandten Erduldens, so zogen revolutionäre Pazifisten und Anti-
militaristen in der Zwischenkriegszeit die entgegengesetzte Konsequenz aus den
Erfahrungen des Weltkriegs. Auf die Programme totaler Mobilmachung für den
Zukunftskrieg antworteten sie mit Strategien einer Gegentotalisierung und propagierten eine alle gesellschaftlichen Bereiche umfassende kollektive Verweigerung –
wohl wissend, dass zwischen der Einsicht in das Notwendige und den eigenen
organisatorischen Möglichkeiten eine große Lücke klaffte. Ihren markantesten
Niederschlag fand diese Gegenmobilmachung in einem geradezu enzyklopädi-
schen „plan of campaign against all war and all preparation for war", den der
niederländische christliche Anarchist und Antimilitarist Bart de Ligt 1934 für die
aus der No Conscription Fellowship hervorgegangenen War Resisters' Inter-

---

[27] Ebd., S. 37.
[28] Ebd., S. 35.
[29] Ebd., S. 12.
[30] Ebd., S. 35.

national präsentierte.[31] De Ligt listete darin für sämtliche Berufsgruppen spezifische Möglichkeiten der antimilitaristischen Propaganda, der Verweigerung, des
Boykotts und der Sabotage in Friedenszeiten wie auch im Fall von Mobilmachung und Krieg auf und nahm damit vieles von dem vorweg, was – gekappt um
den sozialrevolutionären Impetus – seit den 1960er Jahren unter dem Schlagwort
der „Sozialen Verteidigung" proklamiert wurde.[32] Die Tonlage des Plans war
technisch nüchtern, heroisches Pathos und Verklärung von Leidensbereitschaft
sucht man darin vergebens.

Entfesselter militärischer Heroismus und Terror gegen die Unzuverlässigen

Wie schon zwischen 1914 und 1918 blieben die Kriegsdienstverweigerer auch im
Zweiten Weltkrieg im Verhältnis zu den Millionenheeren, die auf die Schlachtfel-
der geworfen wurden, eine verschwindende Minderheit. Eine Ausnahme unter den
europäischen Kriegsparteien bildete abermals Großbritannien, wo immerhin rund
60.000 Männer und etwa 1.000 Frauen den Militärdienst verweigerten. Circa
18.000 Anträge wurden von den Tribunalen erstinstanzlich als unbegründet abgelehnt, an die 3.000 Verweigerer erhielten eine völlige Freistellung, die übrigen wurden zur Ableistung eines zivilen Ersatzdienstes verpflichtet oder in nicht-
kämpfende Militäreinheiten einberufen.[33] Während das Vereinigte Königreich am,
wenn auch restriktiven, Recht auf Kriegsdienstverweigerung festhielt, kannte das
Militärstrafgesetzbuch des Deutschen Reichs nicht einmal den Begriff und bestraf-
te die Ablehnung der Wehrdienstleistung als Gehorsamsverweigerung und Fahnenflucht. Nach Wiedereinführung der Allgemeinen Wehrpflicht im März 1935
wurden vor allem Mitglieder der Zeugen Jehovas, die Fahneneid und Einberufung
verweigerten, zu Konzentrationslagerhaft verurteilt. Mit Kriegsbeginn verschärfte
sich die Situation. Die Militärgerichte wurden angehalten, bei hartnäckiger Kriegsdienstverweigerung grundsätzlich die Todesstrafe zu verhängen. „Der Führer hat

---

[31] Bart de Ligt: Plan of Campaign Against All War and All Preparation for War, Proposed to
the International Conference of the War Resisters' International, Held at Welwyn (Herts,
England), July 1934, in: ders.: The Conquest of Violence. An Essay on War and Revolution, London 1937, S. 269–285. Zum Entstehungshintergrund vgl. Gernot Jochheim:
Antimilitaristische Aktionstheorie, Soziale Revolution und Soziale Verteidigung, Frankfurt
am Main 1977, S. 306–317. In die gleiche Richtung wie De Ligts Aktionsplan ging bereits
die Prinzipienerklärung der War Resisters' International aus dem Jahre 1925: „we [...] are
determined not to support either directly by service of any kind in the army, navy, or air
forces, or indirectly by making or consciously handling munitions or other war material,
subscribing to war loans or using our labour for the purpose of setting others free for war
service, any kind of war." Zitiert nach Devi Prasad: War is a Crime Against Humanity. The
Story of War Resisters' International, London 2005, S. 99.

[32] Vgl. Theodor Ebert: Gewaltfreier Aufstand. Alternative zum Bürgerkrieg, Freiburg 1968;
ders.: Soziale Verteidigung, 2 Bde., Waldkirch 1981.

[33] Vgl. Rachel Barker: Conscience, Government and War. Conscientious Objection in Great
Britain 1939–45, Boston 1982.

entschieden", teilte der Chef des Oberkommandos der Wehrmacht Wilhelm Keitel am 1. Dezember 1939 mit:

> Allein in Polen seien mehr als zehntausend anständige Soldaten gefallen, viele tausend Soldaten seien schwer verwundet worden. Wenn er von jedem deutschen Mann, der wehrfähig ist, dieses Opfer fordern müsse, sehe er sich nicht in der Lage, bei ernsthafter Kriegsdienstverweigerung Gnade walten zu lassen. [...] Dabei könne kein Unterschied danach gemacht werden, aus welchen Beweggründen der einzelne den Wehrdienst verweigere. Auch Umstände, die sonst strafmildernd in Betracht gezogen würden oder die bei einer Gnadenentscheidung eine Rolle spielten, könnten hier keine Berücksichtigung finden. Wenn also der Wille des Mannes, der den Wehrdienst verweigere, nicht gebrochen werden könne, müsse das Urteil vollstreckt werden.[34]

Zwischen 250 und 300 Zeugen Jehovas und einige wenige andere Kriegsdienstverweigerer, die meisten von ihnen ebenfalls religiös motiviert, wurden nach der militärgerichtlichen Verurteilung guillotiniert. Wie viele der bis zu 1.500 in den Konzentrationslagern inhaftierten Zeugen Jehovas, die nach Kriegsbeginn der Aufforderung zur Ableistung des Militärdienstes nicht nachkamen, ebenfalls ermordet wurden, lässt sich nicht exakt ermitteln.[35]

Der entfesselte Heroismus, mit dem das nationalsozialistische Regime die Volksgemeinschaft als Kampf- und Opfergemeinschaft mobilmachte, benötigte Gegenfiguren, deren rücksichtslose Verfolgung alle übrigen einschüchtern, sie aber auch umso enger zusammenschweißen sollte. Aus „Drückebergern" wurden nun „Defaitisten" und „Wehrkraftzersetzer". Wenn der völkische Überlebenskampf von jedem und jeder einzelnen Heldentum, und das hieß letztlich die Bereitschaft zum Heldentod, verlangte, dann mussten diejenigen ausgemerzt werden, die sich den heroischen Anforderungen versagten. Der Führerstaat duldete keine Autoritäten neben oder über sich; wer statt den Imperativen des totalen Krieges seinem Gewissen oder religiösen Geboten gehorchte, beging ein todeswürdiges Verbrechen. Die Kriegsdienstverweigerer fanden sich in einem radikalen Sinne vereinzelt. Konnten die Zeugen Jehovas und die Angehörigen der Siebenten-Tags-Adventisten-Reformationsbewegung sich noch in der Gewissheit aufgehoben fühlen, den Glaubenslehren ihrer Gemeinschaften die Treue zu halten, so waren die wenigen protestantischen und katholischen Verweigerer völlig auf sich gestellt. „Bei ihren Kirchen fanden sie nicht nur keinen Beistand, vielmehr wurde ihr Entschluß von den Kirchenleitungen teilweise scharf verurteilt."[36] Diese versuchten mit allen Mitteln pastoraler Autorität, die schwarzen Schafe auf den Weg des vermeintlich gottgefälligen Gehorsams gegen die Obrigkeit zurückzuführen. Für pazifistische Gegenheroisierungen gaben die Leidenswege der verfolgten Verwei-

---

34 Zitiert nach Detlef Garbe: Zwischen Widerstand und Martyrium. Die Zeugen Jehovas im „Dritten Reich", München 1993, S. 363.

35 Vgl. ebd., S. 367–368, Fn. 211.

36 Ders.: ‚Du sollst nicht töten'. Kriegsdienstverweigerung 1939–1945, in: Norbert Haase / Gerhard Paul (Hg.): Die anderen Soldaten. Wehrkraftzersetzung, Gehorsamsverweigerung und Fahnenflucht im Zweiten Weltkrieg, Frankfurt am Main 1995, S. 85–104, hier S. 93.

gerer wenig her. Wenn, was in den meisten Fällen erst Jahrzehnte nach Ende des
Weltkriegs geschah, an ihr Schicksal erinnert wurde, dann gedachte man ihrer als
christliche Märtyrer. Franz Jägerstätter, ein 1943 hingerichteter katholischer
Kriegsdienstverweigerer, wurde 2007 sogar selig gesprochen.[37]

Postheroische Verweigerung

Unter dem Eindruck der nationalsozialistischen Gräuel wurde in der Bundesrepublik das Recht auf Kriegsdienstverweigerung im Grundgesetz verankert.[38] Artikel 4,3
bestimmt: „Niemand darf gegen sein Gewissen zum Kriegsdienst mit der Waffe
gezwungen werden." Dass man dieses Grundrecht im gleichen Artikel wie die
Glaubens- und Gewissensfreiheit und das Recht auf ungestörte Ausübung der Religion ansiedelte, deutet darauf hin, dass vor allem daran gedacht war, eine straf-
rechtliche Verfolgung religiöser Minderheiten zu vermeiden. Entsprechend baute
man nach Gründung der Bundeswehr und Wiedereinführung der Allgemeinen
Wehrpflicht 1956 zahlreiche Hürden auf: Die Anerkennung erfolgte nur auf
schriftlichen Antrag; die Verweigerer hatten sich einem staatlichen Prüfungsverfahren zu unterziehen, in dem nur diejenigen Gewissensgründe geltend machen
konnten, die aus religiösen oder ethischen Prinzipien grundsätzlich jede Beteiligung an einem Krieg ablehnten.

Die Legalisierung der Kriegsdienstverweigerung erwies sich indes als durchaus
kompatibel mit den Erfordernissen zeitgemäßer Militärorganisation. Schon in den
Verhandlungen des Parlamentarischen Rates hatte der spätere Bundespräsident
Theodor Heuss darauf hingewiesen, das Problem des Kampfes mit der Waffe und
damit auch das seiner Verweigerung sei „völlig obsolet geworden, weil das Herstellen von Bomben oder die Arbeit an Panzerwagen in viel höherem Maße eine
Kriegsdienstleistung ist, als wenn einer mit einer Knarre an der Brücke herum-
steht"[39]. Spätestens die Entwicklung der Atombombe und ihr Einsatz in Hiroshi-
ma und Nagasaki hatten gezeigt, dass ein totaler Krieg auch ohne totale Mobilmachung der Gesellschaft möglich war. Ein Minimum an Personal reichte seither aus,
um ein Maximum an tötender Gewalt zu erzeugen und ganze Gesellschaften,
wenn nicht die menschliche Gattung insgesamt auszulöschen. Die hochtechnisier-
te Kriegführung ersetzte menschliche durch maschinelle Destruktionskraft und
erlaubte nicht nur, sondern forderte geradezu den Abschied von personal-

---

[37] Vgl. dazu, mit hagiografischer Tendenz, Gordon C. Zahn: Er folgte seinem Gewissen. Das
     einsame Zeugnis des Franz Jägerstätter, Graz u. a. 1979; Erna Putz: Franz Jägerstätter –
     Märtyrer. Leuchtendes Beispiel in dunkler Zeit, Linz 2007; sowie aktuell die filmische Ver-
     arbeitung Ein verborgenes Leben (2019), Regie: Terrence Malick.

[38] Vgl. zum Folgenden vom Verfasser: Disziplin. Soziologie und Geschichte militärischer
     Gehorsamsproduktion, München 1997, S. 316–32; ders.: Sand im Getriebe? Kriegsdienst-
     verweigerung am Beginn des 21. Jahrhunderts, in: Leviathan 35.2, 2007, S. 135–142.

[39] Zitiert nach Dieter S. Lutz: Krieg und Frieden als Rechtsfrage im Parlamentarischen Rat
     1948/49, Baden-Baden 1982, S. 51.

intensiver Rüstung. Das Militär brauchte längst nicht mehr alle jungen Männer. Es erschien daher allemal opportuner, Dienstunwillige gar nicht erst in die Kasernen gelangen zu lassen, als aus ihnen mit großem disziplinarischem Aufwand und möglicherweise erfolglos effiziente Soldaten machen zu wollen. Das Grundrecht auf Kriegsdienstverweigerung fungierte so auch als ein Filter, der diejenigen fernhielt, die in der Bundeswehr zum ‚Sand im Getriebe' hätten werden können.

Erschien der Verzicht auf eine generelle Kriminalisierung der Dienstunwilligen schon aus militärischer Perspektive angezeigt, so entsprach das Grundrecht auf Kriegsdienstverweigerung aus Gewissensgründen erst recht den allgemeinen Integrationsanforderungen einer funktional-differenzierten Gesellschaft. Der Nutzen institutionalisierter Gewissensfreiheit bestehe, so Niklas Luhmann 1965, paradoxerweise nicht darin, dass sie dem Einzelnen „die Gewissensorientierung ermöglicht, sondern darin, daß sie sie erspart"[40]. Recht und Gewissensethos seien in der Moderne auseinandergetreten, ein verbindlicher, beide übergreifender Wahrheitskosmos existiere nicht mehr. Das Recht habe sich veräußerlicht, das Gewissen dagegen radikal subjektiviert. Es diene als identitätsstiftender und -sichernder Mechanismus normativer Selbststeuerung. Nur Persönlichkeiten, die sich nicht zuletzt über die Instanz des Gewissens in hohem Maße selbst identifizieren und dirigieren, seien in der Lage, die vielfältigen Rollenerwartungen zu koordinieren, die das soziale System ihnen abverlangt. Die Gesellschaft müsse sich deshalb gegen die Auswirkungen individueller Gewissensentscheidungen immunisieren, ohne jedoch die Persönlichkeitsfunktion des Gewissens als solche antasten zu dürfen. Das geschehe, indem sie die Anlässe für Gewissenskonflikte abbaue und dafür sorge, dass

> der Einzelne an seinem Gewissen normalerweise vorbeigeleitet wird, ohne daß ihm indes die *Möglichkeit* einer auf das Gewissen abstrahierten Persönlichkeitssteuerung genommen würde. Darin liegt eine brauchbare Koordination persönlicher und sozialer Systeminteressen. Der Mensch verfügt über eine Instanz der Besinnung für Krisenfälle, deren Gebrauch jedoch für ihn selbst und für seine Umwelt gefährlich ist. Ihre Benutzung wird ihm daher wegsuggeriert: Anlässe werden beiseitegeräumt, nicht zu verantwortende Folgen in den Rollenbeziehungen mit Warnfunktion sichtbar gemacht.[41]

In diesem Sinne sorge das Grundrecht auf Kriegsdienstverweigerung dafür, dass der Wehrpflichtige

> nicht in Situationen gepreßt [wird], in denen sein Gewissen sich gegen ihn selbst wendet und ihn zerstört. An die Stelle des Ringens um Selbstbestimmung tritt die Beweisführung im Gerichtssaal [bzw. vor dem Prüfungsausschuss für Kriegsdienstverweigerer, UB]. Damit wird aus der Darstellung vor sich selbst eine Darstellung vor anderen. Man

---

40 Niklas Luhmann: Die Gewissensfreiheit und das Gewissen, in: Archiv des öffentlichen Rechts 90.3, 1965, S. 257–286, hier S. 280.
41 Ebd., S. 279.

kann sich über die aussichtsreichen Argumente bei den dafür geschaffenen Organisationen unterrichten und die Begegnung mit dem eigenen Gewissen vermeiden.[42]

Indem der Grundgesetzartikel 4,3 ein Äquivalent für die Ableistung des Wehrdienstes bereitstellte, verhinderte er die Entstehung von Märtyrern und Dissidenten, deren Verfolgung die Gesellschaft mit unnützen Reibungsverlusten belastet und zudem erhebliche Kosten verursacht hätte, während die amtlich geprüften Kriegsdienstverweigerer dem Staat weiterhin als Zivildienstleistende zur Verfügung standen.

Mit dieser Normalisierung qua Verfahren verflüchtigte sich nach und nach sowohl die gesellschaftliche Stigmatisierung der Verweigerer als Drückeberger wie umgekehrt auch ihre Überhöhung zu Heroen der Gewaltlosigkeit. Die Dämonisierung der „Wehr-Verneinung"[43] hatte ebenso ausgedient wie Schelers „heroischer Pazifismus". Hatten bis Mitte der sechziger Jahre weniger als ein Prozent der Wehrpflichtigen die Anerkennung als Kriegsdienstverweigerer beantragt, so stieg die Zahl der Anträge seit 1968 an. Spätestens seit Ende des Kalten Kriegs war die Ableistung des Militärdienstes nicht mehr die Regel und die Verweigerung nicht mehr die Ausnahme. Bevor 2011 die Allgemeine Wehrpflicht in Deutschland ausgesetzt (nicht abgeschafft!) wurde, übertraf die Zahl der einberufenen Zivildienstleistenden die der Bundeswehrrekruten. Die schikanösen Prüfungsverfahren mit ihren inquisitorischen Befragungen hatte man zuvor schon weitgehend abgeschafft. Aus den entweder des politischen Radikalismus verdächtigten oder als empfindsame Seelen belächelten „Zivis" waren im öffentlichen Bild längst allseits anerkannte Sozialhelfer und Krankenpfleger auf Zeit geworden. Bisweilen veredelte man sie gar zu „Helden des Alltags".[44] Bei der Entscheidung zwischen Bundeswehr und Zivildienst spielten Gewissensgründe im herkömmlichen Sinne nur noch eine untergeordnete Rolle. Wer den Kriegsdienst verweigerte, wollte selbst kein Soldat werden, war aber nicht unbedingt ein prinzipieller Gegner des Militärs oder bundesdeutscher Militärpolitik. Mit Aussetzung der Wehrpflicht entfiel schließlich auch noch die Nötigung, sich zwischen militärischem und zivilem Dienst entscheiden zu müssen. Stattdessen etablierte sich eine widersprüchliche Gleichzeitigkeit: Die postheroische Gesellschaft verschont die allermeisten ihrer Mitglieder von militärischen Zumutungen, indem der Staat diese an eine heroische Gemeinschaft professioneller Gewaltakteure delegiert.

---

[42] Ebd., S. 276.

[43] Vgl. für einen Rettungsversuch des antipazifistischen Feindbilds die allerorten „Zersetzung" witternde Schrift von Gerhard Ludwig Binz: Wehr-Verneinung. Eine Studie über ihre Entstehung und ihre Erscheinungsformen, Beiheft 4 der Wehrwissenschaftlichen Rundschau, Berlin / Frankfurt am Main 1956.

[44] Vgl. dazu Patrick Bernhard: Zivildienst zwischen Reform und Revolte. Eine bundesdeutsche Institution im gesellschaftlichen Wandel 1961–1982, München 2005, S. 384–387; ders.: Von ‚Drückebergern' zu ‚Helden des Alltags' – Zur Geschichte der Wehrdienstverweigerer in der Bundesrepublik 1945–1990, in: Christian Th. Müller / Dierk Walter (Hg.): Ich dien' nicht! Wehrdienstverweigerung in der Geschichte, Berlin 2008, S. 127–147.

Ob die Ära der Kriegsdienstverweigerung damit an ihr Ende gekommen ist, das steht freilich noch dahin. Zahlreiche Staaten setzen weiterhin auf Wehrpflichtarmeen, und manche stellen die Dienstverweigerung noch immer unter Strafe oder gestalten zivile Ersatzdienste möglichst abschreckend. Auch in der Bundesrepublik melden sich Stimmen, die eine Wiedereinführung der Wehrpflicht respektive die Einführung einer allgemeinen Dienstpflicht fordern. Politisch gesehen bleibt die Figur des Verweigerers eine Provokation, schon weil er seine eigene Räson über die des Staates stellt. Trotz oder gerade wegen seiner Gewaltlosigkeit haftet ihm ein Zug ins Anarchische an.

Der Appell an bzw. die Berufung auf das individuelle Gewissen stand am Anfang moderner Kriegsdienstverweigerung und ihrer Heroisierung, wie sie, gekleidet in christliche Semantik, programmatisch zuerst Tolstojs Sozialethik ausbuchstabierte. Voraussetzungen dafür waren zum einen die Autonomisierung des Gewissens als moralische Instanz,[45] zum anderen die Konfrontation des Einzelnen mit der „gierigen Institution" des Militärs, die „totale Ansprüche an ihre Mitglieder" stellt und „die gesamte Persönlichkeit zu vereinnahmen" sucht.[46] Beide Voraussetzungen sind heute nicht mehr im gleichen Maße gegeben: Die Gewissensinstanz ist flexibilisiert, die „postheroischen Persönlichkeiten"[47] der Gegenwart vermeiden dramatische Konflikte zwischen inneren Überzeugungen und äußeren Anforderungen. An die Stelle von Zwangsrekrutierung für Massenheere wiederum sind professionalisierte Gewaltspezialisten getreten, die heroische Gemeinschaften in der postheroischen Gesellschaft bilden.

Ohne Allgemeine Wehrpflicht wird die Verweigerung des Kriegsdiensts nicht zum Problem, ohne die Vorstellung eines urteilsfähigen und deshalb für sein Handeln verantwortlichen Subjekts wäre sie kein moralischer Akt. Beide Voraussetzungen sind heute nicht mehr in gleichem Maße gegeben: Die Gier des Militärs nach Menschenmaterial hat sich abgeschwächt, die Instanz des Gewissens flexibilisiert. Als Strategie der Kriegsverhinderung durch Entzug personeller Ressourcen ist die Dienstverweigerung in Zeiten automatisierter Waffensysteme, privatisierter Söldnertrupen und fanatisierter Milizen obsolet geworden, wenn sie denn jenseits pazifistischer Aktionspläne irgendwann dazu taugte. Doch auch als moralischer Einspruch hat sie ihren Stachel eingebüßt – und damit auch ihr Heroisierungspotenzial. Gewissensentscheidungen lassen sich nur dann heroisch aufladen, wenn sie mit inneren Kämpfen und äußeren Widerständen verbunden sind, Standhaftigkeit erfordern und dem auf sich gestellten Einzelnen Außerordentliches abverlangen. Heldengeschichten brauchen dramatische Konflikte wie den zwischen

---

[45] Vgl. zur Vorgeschichte dieser Subjektivierung Heinz D. Kittsteiner: Die Entstehung des modernen Gewissens, Frankfurt am Main 1991.

[46] Lewis A. Coser: Gierige Institutionen. Soziologische Studien über totales Engagement, Berlin 2015, S. 14.

[47] Vgl. Martin Dornes: Die Modernisierung der Seele. Kind – Familie – Gesellschaft, Frankfurt am Main 2012, S. 293–352.

Gewaltstaat und Liebesgebot. Werden diese entschärft oder spitzen sich gar nicht erst zu, verliert der Nonkonformismus sein transgressives Moment. Zumindest für die Bundesrepublik gilt: Noch bevor in den 1980er Jahren die Rede vom Zeitalter postheroischer Kriegführung aufkam, war die Kriegsdienstverweigerung zu einer postheroischen Entscheidung geworden.

Gewalt ohne Heldentum

Zur Poetik und Politik des ent-heroisierten Todes in der arabischen Erzählliteratur des 21. Jahrhunderts

Friederike Pannewick

Auch in der arabischen Kulturgeschichte spielt Gewalt eine zentrale Rolle in der Heldenverehrung. Eine Besonderheit der arabischen Heldenverehrung ist ihr wohl wichtigster Typus, der heldenhafte Märtyrer: *al-baṭal aš-šahīd*. Schon in vorislamischer Zeit, aber besonders seit der Frühzeit des Islams im 7. Jahrhundert widmeten sich unzählige Gedichte, Erzählungen und theologische Traktate dem Umgang mit dem gewaltsamen Tod im Dienste der gemeinsamen Sache. Im Kontext des frühislamischen Jihads, aber ebenso auch in zeitgenössischen kriegerischen Auseinandersetzungen mit oft übermächtigen Feinden (z. B. im Nahostkonflikt) beschäftigten sich viele Autoren mit Fragen einer Legitimierung gewaltsamer Heldentaten. In der Figuration des kämpfenden Märtyrers führte dies zu einer facettenreichen Ästhetisierung des heroischen Opferstatus.

Als in den 1930er Jahren in Palästina die ersten blutigen Auseinandersetzungen mit der zionistischen Siedlerbewegung und dem britischen Mandat begannen, verfasste der palästinensische Dichter ʿAbd al-Raḥīm Maḥmūd ein Gedicht mit dem Titel *aš-Šahīd/Der Märtyrer* (1937). Dieses Gedicht sollte später, als sein Autor während der Kämpfe, die der israelischen Staatsgründung 1948 vorausgingen, selbst getötet wurde, traurige Berühmtheit erlangen:

> Ein Körper liegt da, hingeworfen zwischen Bergpfaden,
> Raubtiere streiten sich um ihn. [...]
> Blut überzieht die Erde mit Purpur und macht den Ostwind
> Schwer vom Duft des Moschus.
> Moschus bedeckt seine Stirn
> Und macht ihn noch schöner.
> Ein Lächeln umspielt seine Lippen, voll Spott
> Über dieses niedere Dasein.[1]

Ästhetisierung von Gewalt im Dienst der Nation

Die Verse thematisieren einen gewaltsamen Tod durch wilde Tiere, ein Mensch wird von Bestien in Stücke gerissen. Doch anstatt Grauen und Entsetzen vermit-

---

[1] Dīwān ʿAbd ar-Raḥīm Maḥmūd, Beirut 1987, S. 120–123. Dieses Zitat wurde bereits an anderem Ort verwendet, vgl. Friederike Pannewick: Sinnvoller oder sinnloser Tod? Zur Heroisierung des Opfers in nahöstlichen Kulturen, in: Stephan Conermann / Syrinx von Hees (Hg.): Islamwissenschaft als Kulturwissenschaft, Bd. 1: Historische Anthropologie. Ansätze und Möglichkeiten, Hamburg 2007, S. 291–314.

telt dieses Gedicht eine ruhige Festlichkeit – das vergossene Blut ist wie ein roter Teppich, der für Ehrengäste ausgerollt wird; es duftet – ein erotisierendes Parfum. Diese Leiche ist nicht erschreckend, sondern heldenhaft, der Tote lächelt – ganz Herr der Lage. Ein glorreicher Sieger.

In diesem Gedicht wird eine von wilden Tieren zerrissene Leiche ästhetisch transformiert zu einer heldenhaften Siegesfigur. Diese erstaunliche Umdeutung ist nicht etwa ein modernes Produkt palästinensischer Propagandisten, die den Schrecken des Todes zu leugnen versuchen. Diese Metaphorik lässt sich zurückverfolgen auf die vom Propheten überlieferte islamische Tradition, die besagt:

> Wer verletzt wird, während er für die Sache Gottes eintritt, und Gott weiß ganz genau, wer bei dieser Gelegenheit verletzt wird, dessen Verletzung wird am Tag des Gerichts die Farbe des Blutes haben und nach Moschus duften [...]. Niemand im Paradies möchte wieder auf die Erde zurückkehren, mit Ausnahme des Märtyrers, der im Kampf für die Sache Gottes gefallen ist. Er möchte auf die Erde zurückkehren, um noch zehnmal getötet zu werden, nach all den Ehrenbezeugungen, die ihm im Paradies zuteilwurden. [2]

Wie langlebig dieses ursprünglich religiöse Motiv ist, zeigt sich an einem Interview zu Beginn des 21. Jahrhunderts, in dem ein Hamas-Funktionär konstatierte: „Der Körper des explodierenden Märtyrers duftet nach Moschus.“[3]

Auffallend in diesen Medialisierungen von zum Helden stilisierten Märtyrerfiguren ist, dass es dabei oft um gewaltsame Auseinandersetzungen geht, in denen der Übergang von erlittener und ausgeübter Gewalt, also zwischen Opfer und Täter, fließend ist. Besonders augenfällig wird dies in dem Hamas-Zitat, in dem der nach Moschus duftende Körper des „explodierenden Märtyrers" gepriesen wird – also eines Attentäters, der sich in die Luft sprengt, um andere zu töten. Die Ästhetisierung von Gewalt soll bezeugen, wie Angriffe übermächtiger Gegner heroisch abgewehrt werden.

Martin Zimmermann weist in der Einleitung seines Sammelbands zu „Extreme[n] Formen der Gewalt in Bild und Text des Altertums" diesen Darstellungsmodus als „typische Gewaltrepräsentation" für viele Staaten des 20. und 21. Jahrhunderts aus:

> Der Gründungsmythos der Nation erinnert an die Abwehr brutaler Übergriffe. Abgebildet wird folglich nicht die Ausübung, sondern das Erleiden von Gewalt. [...] Nicht der Sieg im Blutrausch, sondern die legitime Selbstverteidigung steht im Zentrum der offiziösen Darstellung. Die Vorstellungen vom gerechten Krieg, den man für sich beansprucht, gestatten keine Bilder vom Töten des Gegners.[4]

---

2   Sahih al-Buchārī: Nachrichten von Taten und Aussprüchen des Propheten Muhammad, hg. und übers. von Dieter Ferchl, Stuttgart 1991, S. 301–302.

3   Zitiert nach Christoph Reuter: Mein Leben ist eine Waffe. Selbstmordattentäter – Psychogramm eines Phänomens, München 2002, S. 135.

4   Martin Zimmermann: Extreme Formen der Gewalt in Bild und Text des Altertums, München 2009, S. 8–9.

Heroisierungen des Selbstopfers und der legitimen gewaltsamen Selbstverteidigung waren im 20. Jahrhundert im Nahen Osten und in Nordafrika während der antikolonialen Befreiungskriege und im Nahostkonflikt mit Israel an der Tagesordnung. Bis heute entfalten sie eine nicht zu unterschätzende Wirkmacht in der Bevölkerung. Martin Zimmermann verweist auf einen Beitrag des Soziologen Karl Otto Hondrichs, der auch für meinen Zusammenhang sehr interessant erscheint: Die von Mitgliedern der eigenen Gruppe ausgeübte Gewalt werde totgeschwiegen, so Hondrichs in der Frankfurter Allgemeinen Zeitung, sie unterliege einem „Tabu-Prinzip". Tiefe Gefühle von Ekel und Abscheu verhinderten, „dass das Böse überhaupt benannt und berührt wird".[5] Dieses Tabu-Prinzip bezeichnet Hondrichs als moralischen Regulationsmechanismus, der „viel wirksamer [ist] als alle expliziten Verbotsgesetze."[6] Anstelle einer Auseinandersetzung mit der Gewalt erfolgt in der arabischen Literatur eine Ästhetisierung, die den Schrecken in einen transzendentalen Heilsrahmen setzt und damit neutralisiert.

Aber es gibt auch Gegenstimmen in der arabischen Welt, die den nationalen Konsens verlassen und sich mit der dunklen Seite der eigenen Gesellschaft auseinandersetzen. Dieser (selbst-)kritische Kontrapunkt in der arabischen Literatur geht letztlich zurück auf eine folgenschwere Krise, den Juni-Krieg 1967. Mit der verheerenden Niederlage der arabischen Militärs im sogenannten Sechs-Tage-Krieg gegen Israel markiert das Jahr 1967 einen Wendepunkt, der symbolisch für die einsetzende ideologische Selbstkritik und ästhetische Neuausrichtung der ‚Generation der 1960er Jahre' steht.

Diese Tradition einer gesellschafts- und herrschaftskritischen Gegenöffentlichkeit in der Kunst im Kontext autokratischer Regierungsformen erfuhr gegen Ende des 20. Jahrhunderts neuen Auftrieb im Zusammenhang mit der damals aufkommenden internationalen Forschung zur Vergangenheitspolitik bzw. zu ‚Transitional Justice'-Prozessen und globalen Menschenrechtsdiskursen.[7] Ebenso wie in diesen internationalen Kontexten fand auch in arabischen Debatten und in der Kunst eine Neuorientierung hin zur Anziehungskraft und Perspektive des Opfers statt. Anstelle einer in offiziösen Darstellungen arabischer Regierungen und Parteien vorherrschenden Legitimierung gewaltsamer Selbstverteidigung haben sich in kritischen arabischen Intellektuellen- und Künstlerkreisen mikrohistorische Perspektiven etabliert, die auf Augenzeugenberichten und Selbstzeugnissen der Akteure und Opfer beruhen, um Gewaltakte zu verstehen.

Mein Beitrag geht von der These aus, dass diese mikrohistorische Perspektive in der arabischen Kunst seit den 1990er Jahren und verstärkt seit dem frühen 21. Jahrhundert auf eine De-Legitimierung der Heroisierung von Selbstopfer und

---

5 „Wie sich Gesellschaft schafft", in: Frankfurter Allgemeine Zeitung Nr. 142, 23. Juni 2003, S. 7.

6 Vgl. ebd., S. 10.

7 Bonacker spricht von einem „Charisma des Opfers": Thorsten Bonacker: Globale Opferschaft. Zum Charisma des Opfers in Transitional Justice-Prozessen, in: Zeitschrift für Internationale Beziehungen 19.1, Juni 2012, S. 5–36.

Gewalt zielt. Damit greifen diese Werke nachdrücklich in das Spannungsfeld zwischen dem Heroischen und den Begriffen ‚Gewalt' und ‚Legitimität' ein.[8] Sie stellen die politischen Diskurse in Frage, die seit Mitte des 20. Jahrhunderts die öffentlichen Debatten, aber auch viele Kunstwerke und Medienproduktionen in der arabischen Welt dominieren.

In machtpolitischen und militärischen Auseinandersetzungen wie dem Nahostkonflikt seit 1948 oder dem Oktoberkrieg von 1973 wurden Literatur und Kunst von politischen Institutionen instrumentalisiert, um regierungsnahe Positionen zu stützen, Helden- und Märtyrerdiskurse zu implementieren und gegnerische Positionen gezielt zu de-legitimieren.[9] Im baʿthistischen Irak unter Saddam Hussein unterlagen Presseorgane und Literatur einerseits strikter Zensur, andererseits wurden sie als Instrumente zur Beeinflussung der öffentlichen Meinung dezidiert gefördert. Während des Iran-Irak Kriegs (1980–1988) publizierte die Presse Kurzgeschichten, Gedichte und Zeichnungen von irakischen Künstlern als Kriegspropaganda. Cooke spricht von einem neuen Genre der Kriegsliteratur im Irak, das offene Briefe, Gedichte und Kurzgeschichten über Heldentum und Martyrium ebenso wie über Liebe zu Zeiten des Krieges enthält.[10] Diese propagandistischen Werke wurden in großem Stil in der nationalen Presse publiziert, flankiert von Zeichnungen bekannter Künstler, die die Nation im Krieg ästhetisierten. Selbst Kinderliteratur wurde flächendeckend militarisiert und in den Dienst der Nation gestellt.[11] Die irakische Presse publizierte während der Kriegsjahre aber auch Zeugnisse von Soldaten, die über ihre Fronterfahrungen berichteten. Die Grenzen zwischen vom Regime gesponserter Massenkultur und einer der Zensur unterliegenden Volkskultur verschwammen dabei oft. Rohde[12] geht deswegen von mehr oder weniger dynamischen Interaktionen zwischen diesen beiden literarischen Feldern aus.[13]

Während acht langer Jahre des iranisch-irakischen Krieges sah sich das Regime gezwungen, die männliche Bevölkerung für den Fronteinsatz zu mobilisieren und die Zivilbevölkerung auf eine bedingungslose Unterstützung der Kämpfer einzuschwören. Die massive Stärkung des irakischen Nationalgefühls ging einher mit einer dezidierten Betonung des übergeordneten sozialen Prestiges von Soldaten und deren männlich konnotierten Heldentums. Werte wie Familiensolidarität

---

[8]   Siehe zu dem Spannungsfeld: Olmo Gölz / Cornelia Brink: Das Heroische und die Gewalt, in diesem Band.

[9]   Vgl. Birgit Embaló: Palästinenser im arabischen Roman. Syrien, Libanon, Jordanien, Palästina 1948–1988, Wiesbaden 2000; Ulrike Stehli: Die Darstellung des Oktoberkrieges in der syrischen Erzählliteratur, Wiesbaden 1988.

[10] Miriam Cooke: Women and the War Story, Berkeley 1996, S. 220–266.

[11] Achim Rohde: Opportunities for Masculinity and Love. Cultural Production in Ba'thist Iraq During the 1980s, in: Lahouzine Ouzgane (Hg.): Islamic Masculinities, London 2006, S. 184–201, hier S. 190–198.

[12] Vgl. ebd., S. 188.

[13] Vgl. zu literarischen Diskursen und Machtpolitik im Irak: Stephan Milich u.a. (Hg.): Conflicting Narratives. War, Trauma and Memory in Iraqi Culture, Wiesbaden 2012.

und Opferbereitschaft bis zum Tode wurden Teil eines perfekt durchkomponier-
ten, nationalen Wertesystems.[14] Zudem war diese Zeit gekennzeichnet von einer
staatlichen Monopolisierung des Gedenkens an die Opfer. Der Tod sollte „deper-
sonalisiert und routinisiert" werden.[15]

Vor diesem Hintergrund einer umfassenden und omnipräsenten Staatsdoktrin
des heroischen Selbstopfers im Dienste der Nation meldeten sich – gestärkt durch
zeitgleich international an Bedeutung gewinnende Menschenrechtsbewegungen –
couragierte Gegenstimmen in der irakischen Kunstszene zu Wort. An die Stelle
von Heldenlob und Legitimierung von Gewaltakten zur Selbstverteidigung trat
nun die Trauer und Empathie für die Toten, die einzelnen Opfer, das traumati-
sierte Individuum. Auf diese Weise rückte die Perspektive des Opfers in den Mittelpunkt und ersetzte das Lob des heldenhaften Märtyrers.

The Corpse Washer – Sinan Antoon (2010/2013)

Um diese These zu belegen, wurde für diesen Beitrag der Roman *The Corpse
Washer* des irakischen Autors Sinan Antoon [Sinān Anṭūn] ausgewählt, welcher
2010 zunächst auf Arabisch im Libanon erschien, drei Jahre später vom Autor
selbst in Englisch neu verfasst und in den USA publiziert wurde.[16] *The Corpse
Washer* spielt in den letzten beiden Jahrzehnten des 20. und den ersten Jahren des
21. Jahrhunderts, in einem historischen Kontext, der von extremen politischen
Unruhen und Gewalt im Irak geprägt ist.

Nach einer Phase relativer Stabilität in den 1970er Jahren, mit wirtschaftlichem
und sozialem Fortschritt zu Beginn der Herrschaft der Baʿth Partei, eröffnete
Saddam Husseins Machtergreifung im Jahr 1979 eine Phase beispielloser Unterdrückung in einem totalitären Staatssystem. Als Folge der irakischen Invasion
Kuweits 1990 wurde dem Land ein strenges Regime internationaler Sanktionen
auferlegt, die das gesamte Jahrzehnt und bis zur US-Invasion in den Irak 2003
bestehen blieben. Die Konsequenzen waren erheblich: die Erosion der Gesellschaft, eine Lähmung der Wirtschaft und Verarmung der Mittelschicht, ein im-
menser Exodus der Intellektuellen, Akademiker und Künstler sowie das Aufleben
konfessioneller und tribaler Identitäten und eine weitgehende internationale und
regionale Isolation. 2003 stürzte die von den Vereinten Nationen nicht autorisier-
te US-Invasion das Regime Saddam Husseins. Doch statt Freiheit und Demokra-
tie brachte diese Invasion den Irakern nur eine neue Besatzung und eine nicht
enden wollende Spirale von Gesetzlosigkeit und Gewalt.

---

[14] Vgl. Rohde: Masculinity (Anm. 11); Cooke: Women and the War Story (Anm. 10).
[15] Vgl. Dina R. Khoury: Iraq in Wartime. Soldiering, Martyrdom, and Remembrance, Cambridge 2013; Amir Moosavi: How to Write Death. Resignifying Martyrdom in Two Nov-
els of the Iran-Iraq War, in: Alif 3, 2015, S. 1–23.
[16] Sinān Anṭūn: Waḥdahā šajarat al-rummān, Beirut 2010; Sinan Antoon: The Corpse
Washer, New Haven / London 2013.

Vor dem Hintergrund dieser traumatischen Lage zeigt Antoons Roman einen jungen Iraker, der viel Zeit in einem Bagdader Hinterhof unter einem blühenden Granatapfelbaum verbringt. Jawad ist ein ehemaliger Student der Kunstakademie und spricht zu seinem „einzigen Freund in der Welt",[17] dem Baum. Er musste seine Pläne, aus dem Irak fortzugehen, aufgeben. Zunächst verließ seine erste Freundin, dann auch die zweite ihn und Bagdad für eine Zukunft in Europa. Ihm dagegen wurde, als er die jordanische Grenze erreicht hatte, die Einreise verwehrt, und er musste nach Bagdad zurückkehren. „Meine und des Granatapfelbaums Wurzeln sind hier in den Tiefen der Hölle,"[18] grübelt er verzweifelt und enttäuscht. Aber es gibt doch auch einen deutlichen Unterschied zwischen ihm und dem Baum, überlegt Jawad:

> I am like the pomegranate tree, but all my branches have been cut, broken, and buried with the dead. My heart has become a shriveled pomegranate beating with death and falling every second into a bottomless pit.[19]

Jawad ist der Protagonist von Antoons Roman *Waḥdahā šaǧarat al-rummān*, ein Titel, der wörtlich übersetzt lautet: *Nur der Granatapfelbaum*. Jawad studiert an der Kunstakademie in Bagdad in den späten 1980er Jahren während der mächtigsten Zeit Saddam Husseins und seines Kriegs gegen den Iran. Das Land schwelgt im staatlich verordneten Heldenmythos, eine Flut propagandistischer Medialisierungen des selbstlosen Opfers für die heilige Nation und die Baʿth Partei prägen den Alltag in den Schulen, Straßen und Institutionen. Nachdem sein älterer Bruder im Krieg gefallen ist und als Märtyrer der Nation der Familie zurückgebracht wurde, möchte sein Vater, dass Jawad ihm in der schiitischen Familientradition nachfolgt und ein Leichenwäscher wird. Der junge Student weigert sich entsetzt – er möchte das Leben feiern und nicht den Tod kultivieren – und beschließt, seinem innigsten Wunsch, ein Bildhauer zu werden, treu zu bleiben. Er möchte Statuen Leben einhauchen, statt toten Körpern im Waschhaus seines Vaters zu dienen.

Seine Freundin, die schöne Theaterstudentin Reem, verschwindet plötzlich nach ihrer Verlobung. Nach langen Wochen der vergeblichen Suche nach ihr bekommt er einen Brief aus Jordanien, der ihm mitteilt, dass sie Brustkrebs hat und die Vorstellung nicht aushalten konnte, dass ihr verwüsteter und verunstalteter Körper an den Mann verheiratet würde, den sie inniglich liebt. Jawad bleibt allein zurück in einem Land, in dem sich auch die ökonomische Situation während des Golfkriegs 1991 und unter dem Einfluss der Sanktionen von 1990– 2003 zusehends verschlechtert. Als aber auch sein Vater während eines amerikanischen Bombenangriffs auf Bagdad 2003 stirbt, bleibt Jawad keine andere Wahl mehr, als seine Mutter durch die Übernahme des Leichenwaschhauses zu unterstützen.

---

[17]   Ebd., S. 183: „my only companion in the world".
[18]   Ebd., S. 184: „Like me, this pomegranate's roots were here in the depths of hell."
[19]   Ebd., S. 184.

Anstatt schöne Körper als Bildhauer zu erschaffen, beginnt er nun, die Toten, die immer häufiger brutale Spuren von Gewalt, Folter und Zerstückelung tragen, zu waschen und einzuhüllen. Das Waschhaus wird so zu einem Spiegel der verheerenden täglichen Routine von Straßenbomben, Entführungen, Mord und konfessioneller Gewalt im Irak zu Beginn des 21. Jahrhunderts. Viele Jahre lang hatte das nun von den USA gestürzte Regime Saddam Husseins eine riesige Propaganda-Maschinerie betrieben, die der Ästhetisierung des heldenhaften und selbstlosen Märtyrertodes für die Nation diente. Trauer und Entsetzen über die Opfer sollten dadurch im Keim erstickt und durch ein Heroenlob ersetzt werden. Doch in Jawads Leichenwäscherei, diesem stillen Ort der Toten, deren Identität aufgrund der Verstümmelungen oder der verheerenden Kraft der Explosionen oft gar nicht mehr erkennbar ist, scheint das offizielle Heldenlob jegliche Berechtigung verloren zu haben. Die Leichenwäscherei ist ein stiller Ort des Grauens und der Trauer, an dem die milden Düfte der rituellen Wäsche und der Blüten des vom Waschwasser getränkten Granatapfelbaums die schrillen Töne der Staatspropaganda zu ersetzen und delegitimieren scheinen. Das schiitische Ritual der Leichenwäsche und die Schönheit des Granatapfelbaums bilden eine stille Gegenästhetik zur Staatspropaganda.

Die verstörende Vereinigung der Liebenden zwischen Tod und Leben

Jawad, der des Nachts von wiederkehrenden schrecklichen Alpträumen verfolgt wird, bleibt zurück und denkt über das komplexe Verhältnis von Tod und Leben nach, während er den täglich wachsenden Stapel an Leichen seines Landes wäscht. Seine Träume reflektieren die tägliche Grausamkeit in grotesk hyperrealistischen Zügen und zeigen dadurch die tragische Auflösung von Hoffnung, körperlicher Unversehrtheit und Gesundheit:

> I see Reem standing in an orchard full of blossoming pomegranate trees. (...) I see two pomegranates on her chest instead of her breasts. (...) I rush toward her, and when I reach her and hug her, the left pomegranate falls to the ground. When I bend down to pick it up, I see red stains bathing my arm. I turn back and see Reem crying as she tries to stop the fountain of blood gushing from the wound.[20]

So wie der Krebs zunehmend den Körper seiner Freundin zerstört, frisst sich die konfessionelle Gewalt durch seine Stadt. Die gescheiterte Liebesgeschichte spiegelt die traumatische Realität Bagdads wider, wo das Leben immer unausweichlicher mit dem Tod verbunden zu sein scheint. Diese enge Verflechtung von Tod und Leben zeigt sich bereits im ersten Kapitel des Romans, als Jawad von seiner Geliebten träumt, die zwischen Tod und Leben schwebt:

> She is lying naked on her back on a marble bench in an open place with no walls or ceilings. [...] I wonder whether she is asleep or dead. I am afraid to touch her. I look

---

[20] Ebd., S. 123.

into her face and whisper her name, "Reem". She smiles, her eyes still shut at first. [...] I
am about to hug and kiss her, but she warns me: "Don't kiss me. Wash me first so we
can be together and then…"
"What? You are still alive?"
"Wash me so we can be together. I missed you so much."
"But you are dead!"
"Wash me darling… Wash me so that we can be together."[21]

Diese verstörende Wiedervereinigung von Liebenden zwischen Tod und Leben
wird im Traum brutal unterbrochen von maskierten Männern, die Jawad töten
und dann seine Geliebte vergewaltigen und entführen. Während dieser Szene
extremer Gewalt wird Jawad enthauptet und nimmt aus der Sicht des zu Boden
gefallenen Kopfes die Szene wahr:

I feel a sharp pain, then the cold blade of the knife penetrating my neck. Hot blood
spills over my chest and back. My head falls to the ground and rolls like a ball on the
sand. I hear footsteps. One of the men takes off my blindfold and shoves it into his
pocket. He spits in my face and goes away. I see my body to the left of the bench, kneel-
ing in a puddle of blood.[22]

Diese schockierende und blutige Eröffnung des Romans führt den Leser direkt ins
Herz des zentralen Themas, nämlich extreme Gewalt und die beunruhigende
Verstrickung von Leben und Tod. Realistische Darstellungen werden mit Tag-
träumen und Alpträumen gleichsam übermalt. Darin spiegeln sich die unfassbaren und absurden Lebensumstände im Irak dieser Zeit wider, in denen die Grenze
zwischen Leben und Tod immer wieder fließend wird.

Die Träume des Protagonisten sind von besonderer Bedeutung in diesem Zusammenhang, denn sie deuten darauf hin, dass der Modus des Traums nötig ist in
Umständen, in denen menschliche Wahrnehmungen und Erfahrungen von Gewalt und Schmerz den Bereich des Unsagbaren, ja Unfassbaren erreichen.

In ihrer Analyse von Träumen in der Literatur des 20. Jahrhunderts, dem „Zeitalter der Träume", zeigt Barbara Hahn, dass etwas Unabdingbares im Traum-
modus dargestellt wird, etwas, das nicht in andere Modi übersetzt werden kann:

Das Zwanzigste war ein Jahrhundert des Traums. Und das heißt auch: ein Jahrhundert
der Nacht. [...] Es wollte nicht hell werden nach all diesen Nächten; niemand schien
aufzuwachen. Die alten Schwellen zwischen Tag und Nacht, Wachen und Schlafen,
Wirklichkeit und Phantasie – wie abgetreten, eingeebnet. ‚Traum' – in diesen vielen
Aufzeichnungen hat das Wort seinen Gegensatz verloren. Die Träumer sind wacher im
Traum. In der Traumwelt finden sie Szenen und Bilder, die auf das verweisen, was sich
jeder Darstellung entzieht. Das 20. Jahrhundert bot für Millionen von Menschen nichts
weiter als ein Leben im Alptraum. Es zwang sie in Wirklichkeiten, von denen sich vorher niemand hätte träumen lassen.[23]

---

21 Ebd., S. 1.
22 Ebd., S. 2.
23 Barbara Hahn: Endlose Nacht. Träume im Jahrhundert der Gewalt, Berlin 2016, S. 14.

In ihrer Studie über Traumaufzeichnungen als eigene literarische Gattung beschäftigt sich die Autorin mit Träumen, die eine Welt aus Not, Zwang, Verfolgung und Angst erschreckend direkt vorwegnehmen, beschreiben, bildlich wiedergeben. Viele Beispiele aus dieser Geschichte eines „Jahrhunderts der Gewalt" erinnern an arabische Fiktionalisierungen solcher Szenarien. Hier ist nichts mehr zu spüren vom ästhetischen Modus der 1930er bis 1960er Jahre, als das Blut des Märtyrers in Liedern und Gedichten noch nach Moschus duftete und der Tote ein Held und Vorbild war. Um die Veränderung des Darstellungsmodus von Leid und Tod innerhalb der arabischen Literatur im Laufe des 20. Jahrhunderts besser nachvollziehen zu können, lohnt sich daher ein Blick zurück in die Jahre der Begründung des Helden- und Märtyrertopos.

Gewalt und Heroismus zur Begründung von Gemeinschaft

Gerade in palästinensischen Gedichten wie dem eingangs zitierten Werk von ʿAbd al-Raḥīm Maḥmūd, aber auch in der Dichtung des berühmtesten palästinensischen Dichters Maḥmūd Darwīš (1942–2005) enden Szenen exzessiver Gewalt meist im Aufruf zur Geschlossenheit der eigenen Gemeinschaft und zum Angriff auf die Gegner.

Diese Gedichte, die einen maßgeblichen Anteil an der Schaffung eines Märtyrermythos in der palästinensischen Gesellschaft hatten, stehen symbolisch den traditionellen Trauerriten in der Region, dem Taʾbīn, nahe. Bei Kondolenzzeremonien vor dem Haus des Gefallenen singen junge Trauergäste eine Preisung des Gefährten im Widerstandskampf. Dieses traditionelle Lied endet mit den Versen: „Yā šahīd irtāḥ, irtāḥ. // Naḥnu nuwāṣil al-kifāḥ" (Du, Märtyrer ruhe aus // Wir werden den Kampf weiterführen).["24] So mündet ein berühmtes Trauergedicht von Darwīš von 1964, dem Jahr des Beginns des bewaffneten Widerstands gegen Israel, in einen Aufruf zur Wiederherstellung der Unversehrtheit der Gemeinschaft durch kämpferische Selbstbehauptung:

Man spricht so viel in unserem Land
Man spricht mit Trauer viel
Von dem Gefährten, der da ging
Und kehrt' zurück im Leichentuch. [...]
Oh Freunde Ihr des weit Gereisten
Fragt nicht, wann kehrt er heim
Fragt gar nicht viel
Doch fragt: Wann werden sich erheben unsere Männer?[25]

---

[24] Angelika Neuwirth: Das nie verhallte ‚Lied des Sängers ohne Hoffnung'. Gedanken zur Ghazal-Rezeption in der palästinensischen Widerstandsdichtung, in: dies. u. a. (Hg.): Ghazal as World Literature, Bd. 2, Istanbul / Würzburg 2006, S. 47–70.

[25] Ebd., S. 53, S. 58.

Diese im Kontext des Nahostkonflikts meist vorherrschende Wende ins Kämpferische findet sich in der irakischen Dichtung der 1950er Jahre als Motiv der Auferstehung und Wiedergeburt im Zyklus der Jahreszeiten, als Phönix aus der Asche und in siegreichen Christusimaginationen.[26] Zugleich lassen sich im Irak aber schon in den 1950er Jahren vereinzelt kritische Stimmen von Dichtern wie ʿAbd al-Wahhāb al-Bayyātī (1926–1999) vernehmen, die aufgrund ihrer Erfahrungen von politischem Exil, Verfolgung und Entzug der Staatsbürgerschaft im eigenen Land die Idee des heilbringenden Opfertodes des heldenhaften Märtyrers in Frage stellen. So beginnt al-Bayyātīs Gedicht *Lied für mein Volk* (1956) mit den verzweifelten Worten eines gekreuzigten Opfers, dessen Heldenhaftigkeit verloren ging:

Hier bin ich, allein, am Kreuz,
mein Fleisch fressen Wegelagerer, Ungeheuer und Hyänen
O Schöpfer der Flammen
O mein geliebtes Volk.[27]

Im Irak nach der US-Invasion 2003 – nach mehr als einem Jahrzehnt des Embargos, zerstörter Infrastruktur und dem Niedergang der Mittelschicht bei gleichzeitigem Anstieg konfessioneller Gewalt und der Abwicklung eines grausamen Herrschaftssystems, gefolgt von einer ausländischen Besatzung – ist die allgegenwärtige Präsenz von Gewalt ein heikles Thema, welches unweigerlich in ideologisierte Kontroversen und rhetorische Machtkämpfe führt.

In einem Essay über irakische Gedichte, die Gewalt und Folter in Abu Ghraib behandeln, dem vom US-Militär in Irak nach 2003 errichteten Gefängnis, fragt Sinan Antoon, ob derartige literarische Texte irgendeine Art von potentiell politischen Ansprüchen stellen würden, bewusst oder unbewusst, während sie über und im Namen von Gewaltopfern sprechen. Antoon verallgemeinert diesen Aspekt und fragt in diesem Text, „[…]whether it is at all possible for a poet to write a poem about torture and restore or attempt to restore the voice of the victims yet still guard it against any ideological appropriation?"[28] Antoon endet mit einer eher skeptischen Schlussfolgerung, die das Dilemma reflektiert: „How can one do so, but without appropriating the suffering or memory of the victims of torture for this or that political agenda whether explicitly or in more subtle ways?"[29]

---

[26] Vgl. zum Beispiel das Gedicht des irakischen Dichters Badr Šākir as-Sayyāb *Christus nach der Kreuzigung*, von 1957, siehe Friederike Pannewick: Opfer, Tod und Liebe. Visionen des Martyriums in der arabischen Literatur, München 2012, S. 142. Zur Figuration von Christus am Kreuz als Widerstandskämpfer und stolzer Reiter vgl. dies.: Kreuz, Eros und Gewalt. Zur Choreogrphie des Opfers in der arabischen Kunst, in: Andreas Kraß / Thomas Frank (Hg.): Tinte und Blut. Politik, Erotik und Poetik des Märytrertums, S. 195–216.

[27] Zitiert nach ebd., S. 139.

[28] Sinan Antoon: What did the Corpse Want? Reading Torture Poems, in: Elisabeth Weber (Hg.): Assault on Truth: Torture and the Humanities, New York 2012, S. 134–149, hier S. 141.

[29] Ebd.

Dieses Dilemma wird in literaturwissenschaftlichen Studien zum Irak verschiedentlich behandelt. In einer Situation, in der es keine politische, legale oder historische Verlässlichkeit gibt, intervenieren – so der irakische Literaturwissenschaftler Haytham Bahoora[30] – irakische literarische Narrative, um die unaussprechbaren, verlorenen, unterdrückten oder vorsätzlich zum Schweigen gebrachten historischen Narrative von Opfern struktureller Gewalt zu artikulieren. Bahoora analysiert Romane der irakischen Autoren Aḥmad Saʿdāwī, Ḥassān Blāsim und Luʾay Ḥamza ʿAbbās und zeigt, wie diese stilistischen und thematischen Repräsentationen der post-2003-Erfahrung im Irak eine Horrorliteratur entwerfen, die in mancherlei Hinsicht eine Art „postcolonial gothic fiction" darstellt:

> a literary genre expressly concerned with questions of history and the return of the repressed through dark narratives that stage spectacles of horror through use of the supernatural, the uncanny, and the monstrous.[31]

Laut dem *Dictionary of Literary Terms and Literary Theory*[32] stammt das Wort ‚Horror' vom lateinischen Verb ‚horrere' für „die Haare hochstehen lassen, zittern, (sich) schütteln", wonach die Horrorgeschichte eine Geschichte ist, die den Leser schockt oder ängstigt und eventuell sogar Gefühle des Abscheus oder des Hasses bei ihm auslöst. Das „postcolonial gothic" taucht, so Bahoora, in Momenten nationaler Krise auf, „mobilizing the supernatural to interrupt the status quo, to give voice to silenced or buried historical narratives, and to expose the historical genealogies of the present."[33]

Im Gegensatz zu Romanen anderer irakischer Autoren konstruiert Sinan Antoon keine fantastischen Horrorgeschichten wie zum Beispiel Aḥmad Saʿdāwī in seinem Roman *Frankenstein in Baghdad*[34], wo eine Art irakisches Monster aus den auseinandergerissenen Kadavern von Irakern zusammengebastelt und dann zum Leben erweckt wird. Frankenstein steht hier als Symbol für die mörderische Vergangenheit, die aufersteht, um in die irakische Gegenwart zu intervenieren.[35]

In Antoons *The Corpse Washer* reinigt stattdessen ein junger Künstler in einem mildtätigen religiösen Ritual die Leichname von den entsetzlichen Spuren der erlittenen Gewalt. Selbst ein Kopf, das einzige verbliebende Körperteil nach einer Enthauptung, wird vor seiner Beerdigung mit aller gebotenen Pietät behandelt.

Jawad würde liebend gerne aufbrechen und im Ausland Kunst studieren. Aber er muss in seinem Heimatland bleiben, heimgesucht von dessen gewaltsamer Ver-

---

[30] Haytham Bahoora: Writing the Dismembered Nation. The Aesthetics of Horror in Iraqi Narratives of War, in: Arab Studies Journal 23.1, Herbst 2015, S. 84–209, hier S. 185.

[31] Ebd., S. 188.

[32] John A. Cuddon u. a.: A Dictionary of Literary Terms and Literary Theory, London 1977.

[33] Bahoora: Writing the Dismembered Nation, S. 205 (Anm. 28).

[34] Ahmed Saadawi: Frankenstein in Baghdad, übers. von Jonathan Wright, New York 2018; arabische Originalfassung Beirut 2013.

[35] Vgl. Bahoora: Writing the Dismembered Nation, S. 188 (Anm. 28).

gangenheit und Gegenwart. Obwohl er frustriert und melancholisch ist, fühlt er sich dennoch für die Toten verantwortlich und fragt sich: „Who would wash them now?"[36] Romane wie Saʿdāwi's *Frankenstein in Baghdad* sind nicht einfach Abbilder des Terrors; sie sind darauf aus, die Leser mit grauenhaften Beschreibungen zu schockieren und dadurch Erfahrungen des Schreckens im Leser zu reproduzieren. In Antoons Erzählung dagegen ist der Schrecken der willkürlichen Gewalt des irakischen Alltags allgegenwärtig. Aber die Art der Darstellung dieses Grauens ist ganz anders als in anderen, oft bewusst verstörenden post-2003-Romanen aus dem Irak.

Bei Antoon gibt es eine Art Gegensymbol, das sich dem Grauen entgegenstellt: der Granatapfelbaum. Er wird genährt von demselben Wasser, das zur Wäsche der Leichname verwendet wird, und lebt dadurch von dem reinigenden Akt der Leichenwäsche:

> I looked at its dark soil, wet with the washing water it had just drunk. It's a wondrous tree, I thought. Drinking the water of death for decades now, but always budding, blossoming, and bearing fruit every spring. Is that why my father loved it so much? He used to tell me that the Prophet Muhammad said there is a seed from paradise in every pomegranate fruit. But paradise is always somewhere else. And hell, all of it, is here and grows bigger every day. Like me, this pomegranate's roots were here in the depths of hell.[37]

Jawad pflegt und wäscht die Toten und teilt mit dem Granatapfelbaum ein beredtes Schweigen. In stummer Verzweiflung ergibt er sich der Einsicht in den ewigen und unausweichlichen Kreislauf von Leben und Tod. Er gibt seine Zukunftspläne in der Kunst auf und bleibt bei den Toten zurück.

Der junge Künstler und Leichenwäscher muss jeden Tag aufs Neue grauenhafte Bilder der Gewalt aushalten, während er die Opfer der entfesselten Brutalität in seiner Stadt wäscht. Aber was er begreift, während er neben seinem Baum sitzt, ist die unvermeidbare Realität von Schmerz und Tod und die Untrennbarkeit von Leben und Tod:

> The living die or depart, and the dead always come. I had thought that life and death were two separate worlds with clearly marked boundaries. But now I know they are conjoined, sculpting each other. My father knew that, and the pomegranate tree knows it as well.[38]

Dieser Roman vermag es in solchen Passagen, mit einfühlsamem Respekt und großer poetischer Kraft im Sinne der Opfer zu sprechen. Die Erzählung verzichtet darauf, das Leiden oder die Erinnerung an die Toten für welche ideologische Richtung auch immer nutzbar zu machen. Und damit unterscheidet sie sich ganz deutlich von weiten Teilen offizieller arabischer Erinnerungsdiskurse und Medialisierungen heldenhafter Märtyrer.

---

[36] Antoon: Corpse Washer, S. 179 (Anm. 15).
[37] Ebd., S. 183–184.
[38] Ebd., S. 184.

Resümee

Der vorliegende Sammelband beschäftigt sich mit dem Spannungsfeld zwischen dem Heroischen, Gewalt und Legitimität. Meinem Beitrag liegt die Beobachtung zugrunde, dass Gewalt in den großen Narrationen der postkolonialen arabischen Massenideologien allgegenwärtig ist und geradezu als notwendige Voraussetzung und konstitutives Element arabischer Helden erscheint. In politischer Rhetorik ebenso wie in der Kunst und in Alltagsriten wird die gewaltsame Heldentat legitimiert und gerechtfertigt.[39]

Zentral ist dabei die Etablierung eines heroischen Opferstatus: Die Gewalt des arabischen Helden erscheint als Akt der Selbstverteidigung, als heroische und selbstlose Aufopferung des Einzelnen gegenüber übermächtigen Feinden. Die Inkaufnahme des eigenen Todes gerade in aussichtslosen Auseinandersetzungen erscheint hier als Kulmination im heroischen Selbstopfer, dem *istišhād*. Im Kontext der Gewalt wird die Heldenfigur mit der Opfer- bzw. Märtyrerfigur in Verbindung gebracht. Das Opfer (im Sinne des englischen Wortes ‚victim') wird als Märtyrer gepriesen und dadurch dem Helden an die Seite gestellt, es wird gleichsam gewaltsam in diesen Sinnzusammenhang transponiert.

Seit dem ausgehenden 20. Jahrhundert und verstärkt seit Beginn des 21. Jahrhunderts gibt es in der arabischen Welt jedoch kritische Gegenstimmen, die die Legitimationsrhetorik arabischer Parteien, regionaler Interessenvertreter und konfessioneller Milizen in Frage stellen.[40] Sie richten sich gegen eine Rhetorik, die die Ausübung und das Erleiden von Gewalt als unvermeidbaren Bestandteil der Verteidigung der bedrohten Gemeinschaft stilisiert und damit zur Perpetuierung ebendieser Gewalt beiträgt.[41] Für die Generation der in den 1960er und 1970er Jahren geborenen arabischen Autoren waren der zweite Golfkrieg 1990/91 und

---

[39] Für die Usurpation politischer Diskurse über Gewalt und Tod durch die Militärregierung im Kontext der Umbrüche in Ägypten nach 2011 vgl. Daniel J. Gilman: The Martyr Pop Moment. Depoliticizing Martyrdom, in: Ethnos 80.5, 2015, S. 692–709.

[40] Dies zeigt sich auch im Kontext der arabischen Umbrüche seit 2011. Ein Beispiel wäre, dass eine zunächst vorherrschende Stilisierung der Opfer dieser Proteste als heilige Helden in der ägyptischen Straßenkunst im zweiten Revolutionsjahr angesichts fortdauernder Staatsgewalt gegen Zivilisten umschlug in großformatige Graffiti auf der Basis von Polizei- und Pressefotos, die auf jede Idealisierung verzichten und stattdessen die grauenhaft entstellten Gewalt- und Folteropfer zeigen. Menschenrechtsdiskurse überspielen hier Heroisierungstendenzen (vgl. Friederike Pannewick: Grenzgänger des Umbruchs. Der symbolische Kampf um das Gedenken an Helden und Märtyrer des ‚Arabischen Frühlings', in: Felix Heinzer u. a. (Hg.): Sakralität und Heldentum (Helden – Heroisierungen – Heroismen 6), Würzburg 2017, S. 263–286, hier S. 284. Für Beispiele aus der arabischen Romanliteratur siehe Friederike Pannewick: Opfer, Tod und Liebe. Visionen des Martyriums in der arabischen Literatur, München 2012, Kapitel „Kritik und Dekonstruktion des Märtyrertums", S. 167–186).

[41] Zur Implementierung einer solchen Rhetorik auf Seiten des Gegners im iranisch-irakischen Krieg siehe Olmo Gölz: Der Heroismus der Revolutionsgarden im Iran-Irak-Krieg. Von der Gewaltgemeinschaft zur Avantgarde des Martyriums, in diesem Band.

die US-Invasion von 2003 markante Wendepunkte in ihrer politischen und ethischen Selbstverortung. Diese Generation hinterfragte immer wieder die bisherigen Verehrer-Gemeinschaften des Heroischen, welche an der symbolischen Etablierung eines heroischen Opferstatus jahrzehntelang durch unzählige Lieder, Bilder und literarische Texte mitgewirkt hatten.

Sinan Antoon's Roman *The Corpse Washer* ist diesem Umfeld zuzuordnen und vor diesem Kontext zu verstehen. Der Protagonist dieses Romans, der still bei seinem Granatapfelbaum in Bagdad sitzt, hilft uns, die komplexe Geschichte des Irak zu verstehen. *The Corpse Washer* würdigt die politische und symbolische Macht von muslimischen Trauerritualen, die die Würde von irakischen Frauen und Männern wiederherstellen, deren Körper und Seelen im Zuge der barbarischen Exzesse der Gewalt gefoltert, zerbrochen und entmenschlicht wurden. Indem der Roman den Heldengesängen der ideologischen Massenbewegungen des 20. Jahrhunderts den Rücken zukehrt und sie so delegitimiert, stellt er zugleich auch die Würde der Gewaltopfer wieder her.

Epilog

Das „mörderische Zwielicht" des Heroischen: Gewalt und Heldentum

Ronald G. Asch

Nicht jede Form des Heroischen hat etwas mit Gewalt zu tun, erst recht nicht mit einer Gewalt, die der Held selber ausübt und nicht etwa erleidet. Dennoch ist ‚Gewalt und Heldentum' ein zentrales Thema, wenn man sich mit heroischen Figuren auseinandersetzt. Der klassische kriegerische Held übt Gewalt aus, erleidet allerdings auch oft einen gewaltsamen Tod, der für manche Heldenkarrieren fast notwendig zu sein scheint, um sie zu einem glorreichen Ende zu führen. So dachte man jedenfalls lange in den Adelsgesellschaften Alteuropas. Das heroische Charisma des Helden, sein Glanz, kann dazu dienen, selbst den brutalsten Taten eine gewisse Legitimation zu verleihen – umgekehrt kann sich in der vollständigen Vernichtung des Gegners auch die wirkliche Überlegenheit des Helden manifestieren. Dieses Motiv findet man auf römischen Triumphbögen ebenso wie in späteren Bildern, die heroische Schlachtensieger darstellen. Andererseits existierte schon immer die Vorstellung, der wahre Held kämpfe gegen ebenbürtige Gegner, die er auch als Besiegte respektiert und nicht einfach vernichtet. Diese Haltung hat zum Beispiel Velazquez in seinem berühmten Gemälde *Las Lanzas* verewigt, das die Kriegswirklichkeit zwar idealisiert, zum Teil aber auch den tatsächlichen Wandel in der spanischen Kriegführung von den Zeiten Albas zur Epoche Spinolas in den 1620er Jahren markierte. Die Gegner, jedenfalls die Offiziere, waren jetzt keine Rebellen mehr, die man am nächsten Baum aufknüpfte, wie das Alba Jahrzehnte früher durchaus getan hatte, sondern Mitglieder derselben Adelsgesellschaft wie man selber.[1] Zunehmend setzte sich der Gedanke durch, dass auch im Krieg die Gewaltanwendung gewissen Regeln gehorchen sollte. Wer sich an diese nicht hielt, war auch kein wirklicher Held, sondern nur ein ‚Gewaltunternehmer' oder ein bloßer Handwerker des Tötens.

Unterschiedliche Formen kriegerischen Heldentums standen also immer in Konkurrenz zueinander. Ihr gemeinsamer Nenner ist aber die Gewaltaffinität eines dominanten Typus von heroischer Männlichkeit über die Jahrhunderte hinweg. Es ist gerade diese Gewaltaffinität, die uns in der Gegenwart meist jede Form traditionellen kriegerischen Heldentums eher kritisch sehen lässt. Das gilt zumindest für weite Teile Europas und der westlichen Welt, wo ein postheroisches Zeitalter begonnen zu haben scheint.[2] Unabhängig davon, ob man eine solche Gegenwartsbe-

---

1 Zum Wandel der Kriegführung in den Niederlanden Fernando González de León: The Road to Rocroi. Class, Culture and Command in the Spanish Army of Flanders, 1567–1659, Leiden 2009.

2 Herfried Münkler: Heroische und postheroische Gesellschaften, in: Merkur 61.8/9, 2007, S. 742–752.

schreibung vollständig akzeptiert – dass sich unser Verhältnis zu heroischer Gewalt in den letzten siebzig Jahren grundlegend verändert hat, ist kaum zweifelhaft.

2003 publizierte der französische Literaturwissenschaftler Jean-Marie Apostolidès ein Werk mit dem Titel *Héroisme et victimisation*.[3] Es ging hier schon um das auch in deutschen und internationalen Debatten sehr präsente Thema des postheroischen Zeitalters. Nach Apostolidès frönt der Westen einer Kultur des Opfers. Die unterschiedlichsten Gruppen und Individuen kämpfen um den Ehrenplatz als herausragendes Opfer, weil man nur damit soziale und politische Statusansprüche und *entitlements* rechtfertigen könne. Die Verehrung von Heroen, jedenfalls dann, wenn diese Heroen Kämpfer sind und Gewalt anwenden, sei hingegen tabuisiert worden. Diese Analyse müsste sicherlich differenziert werden. Sie gilt für die USA oder England nicht in der gleichen Weise wie für Länder wie Deutschland oder Schweden, aber dass wir uns in unserer Epoche oft unwohl fühlen beim Gedanken an militärisches Heldentum, selbst wenn die Helden für die scheinbar richtige Sache kämpfen, dürfte doch richtig sein.

Am ehesten lassen sich heute vielleicht noch heroische Rückzüge wie bei Dünkirchen oder das Standhalten gegenüber einem übermächtigen und verbrecherischen Gegner wie in der Luftschlacht um England, vielleicht auch bei der Belagerung von Leningrad verherrlichen. Allerdings, dies könnte man wohl konstatieren, bleibt das Gefühl eines Verlustes, denn die gewaltaffinen Helden der Vergangenheit haben doch ein schwer auszumessendes Vakuum hinterlassen, das durch rein fiktive Figuren wie die Helden aus Comics oder ähnlichen Medien nicht ganz gefüllt werden kann. George Orwell hat das damit verbundene Problem in einer Buchbesprechung der englischen Ausgabe von Hitlers *Mein Kampf* zu Beginn des 2. Weltkriegs zur Sprache gebracht: „The Socialist who finds his children playing with soldiers is usually upset, but he is never able to think of a substitute for the tin soldiers; tin pacifists somehow won't do."[4]

Vergangene Epochen standen dem Thema der kriegerischen Gewalt natürlich ganz anders, wenn man so will, oft sehr viel naiver und unreflektierter gegenüber. Man denke an die Monarchen der Frühen Neuzeit, etwa an Ludwig XIV., der Zeit seines Lebens ein Kriegsfürst blieb.[5] Nach der endgültigen und vollständigen Zerstörung Heidelbergs 1693 – bei der ersten Zerstörung 1689 war eben leider doch noch manches stehen geblieben – ließ er eine Gedenkmedaille auf diesen großen Sieg prägen: „Heidelberga deleta" lautet die triumphierende und wohl auf die Zerstörung Karthagos durch die Römer anspielende Inschrift. Die Medaille

---

3   Jean-Marie Apostolidès: Héroïsme et victimisation. Une histoire de la sensibilité, Paris 2011 [2003].

4   George Orwell: Review: Mein Kampf by Adolf Hitler, in: ders.: The Collected Essays, Journalism and Letters, hg. von Sonia Orwell / Ian Angus, Bd. 2, Harmondsworth 1970, S. 27–29, hier S. 29.

5   Martin Wrede: Ludwig XIV. Der Kriegsherr aus Versailles, Darmstadt 2015; Joël Cornette: Le roi de guerre. Essai sur la souveraineté dans la France du Grand Siècle, Paris 2000.

zeigt die weinende Stadtgöttin zwischen den Trümmern der Stadt sitzend.[6] Ludwig XIV. wollte sich damit einmal mehr – darauf war ja fast seine gesamte Selbstinszenierung seit den 1660er Jahren ausgerichtet – als *roi de guerre*, als Kriegsherr, inszenieren, der seine Gegner nicht nur besiegte, sondern auch erbarmungslos demütigte und in den Staub drückte. Die Denkmäler für den König hatten solche Themen schon vor dem Ausbruch des Pfälzischen Erbfolgekrieges oft mit brutaler Eindringlichkeit und wenig subtil hervorgehoben, wenn etwa zu Füßen einer Siegessäule in Paris die Repräsentanten der anderen europäischen Völker als gefesselte Sklaven kauerten.[7]

Das kam freilich schon im späten 17. Jahrhundert nicht wirklich gut an, jedenfalls außerhalb Frankreichs, und trug wesentlich dazu bei, dass Frankreich außenpolitisch zunehmend isoliert wurde.[8] Im nächsten Krieg, der sich an den Pfälzischen Erbfolgekrieg anschloss, im Spanischen Erbfolgekrieg ab 1701, war die französische Propaganda, die nicht mehr allzu viele große Siege zu feiern hatte, deutlich vorsichtiger; zum Teil wurde Ludwig XIV. schon fast als eine Art Märtyrer dargestellt, der sich für die Ehre seines Landes und seiner Dynastie opferte. Aber obwohl der Sonnenkönig es mit seiner Selbstverherrlichung und seiner Liebe zum Krieg übertrieben hatte, was ihm selbst kritische Geister in Frankreich wie der große Bischof Fénelon vorhielten, das kriegerische Ethos, das hinter dieser Selbstverherrlichung stand, war so ungewöhnlich nicht.

Der wahre Held war ein Krieger und dieser Krieger besaß den Willen und die Fähigkeit zu brutaler Gewaltanwendung, wenn sich dies als notwendig und militärisch sinnvoll erwies – und Terror konnte militärisch ja durchaus sinnvoll sein. Dass der Held der einen Seite für die Kriegsgegner, namentlich die Besiegten, das Gegenteil war, ein Mordbrenner und Schlächter, gehörte allerdings auch dazu. Solche kontroversen Bewertungen waren in der Frühen Neuzeit besonders ausgeprägt bei militärischen Auseinandersetzungen, in denen konfessionelle Gegensätze eine große Rolle spielten, oder auch in Bürgerkriegen respektive dort, wo der Konflikt auch ein ethnisch-kultureller und nicht nur ein politischer war, wie etwa in Irland oder an der Grenze zum Osmanischen Reich. Hier gab es kein gemeinsames Wertesystem, mit dessen Hilfe legitime von nicht-legitimer Gewaltanwendung ansatzweise hätte unterschieden werden können.

---

[6]   Zur Münze mit der Inschrift „Heidelberga Deleta" siehe: Kunstwerk des Monats, Kurpfälzisches Museum Heidelberg, Januar 2007, www.zum.de/Faecher/G/BW/Landeskunde/rhein/hd/km/kdm/07/01a.htm, 3. Juni 2020. Vgl. Peter Burke: The Fabrication of Louis XIV, New Haven, CT 1992, S. 98–102.

[7]   Hendrik Ziegler: Der Sonnenkönig und seine Feinde. Die Bildpropaganda Ludwigs XIV in der Kritik, Petersberg 2010, S. 77–111.

[8]   Isaure Boitel: L'image noire de Louis XIV. Provinces-Unies, Angleterre (1668–1715), Ceyzérieu 2016; vgl. Ronald G. Asch: Ludwig XIV. und Frankreich als Feindbilder in der englischen Politik und Publizistik des späten 17. Jahrhunderts, in: Isabelle Deflers / Christian Kühner (Hg.): Ludwig XIV. Vorbild und Feindbild, Berlin 2018, S. 181–200.

Allerdings spitzte sich im 18. Jahrhundert die Kritik am traditionellen Kult der
Gewalt, der mit der Feier militärischer Helden verbunden war, deutlich zu.[9] Ob
der Krieg im 18. Jahrhundert wirklich gezähmt wurde, wie manche Zeitgenossen
es behaupteten, und wie man es noch heute in Handbüchern lesen kann, darüber
kann man durchaus streiten. Aber wenn man jetzt eine Stadt mit Artilleriege-
schossen bombardierte und partiell in Trümmer legte, wie Friedrich der Große es
mit Dresden während des Siebenjährigen Krieges tat, dann sah man in der Regel
doch davon ab, dafür auch noch Gedenkmünzen zu prägen. Anders mochte das
bei Kolonialkriegen sein, in denen der Gegner grundsätzlich nicht als ebenbürtig
galt. Hier war eher noch ein unbefangener Triumphalismus denkbar, der auch die
Vernichtung des Gegners durch brutale Gewalt als heroischen Sieg feierte,[10] man
denke etwa – ein Jahrhundert später – an die Niederschlagung der ‚Great Mutiny'
in Indien 1856/57 und die anschließenden zahlreichen, oft extrem brutalen Hin-
richtungen. Mit Blick auf europäische Kriegsschauplätze war man vorsichtiger
geworden, obwohl die Epoche der Revolutions- und Napoleonischen Kriege erneut eine gewisse Enthemmung und Brutalisierung bei allen Beteiligten mit sich
gebracht hatte. Nationalhymnen, die wie die französische auf diese Zeit zurück-
gehen, lassen das zum Teil noch erkennen.

Letztendlich waren es erst die totalitären Ideologien des 20. Jahrhunderts, Faschismus und Bolschewismus, die die brutale und blutrünstige Vernichtung des
Gegners geradezu als Kennzeichen heroischer Kraftentfaltung feierten, statt nur
den Sieg zu zelebrieren. Es ist sicherlich dieser Umstand, der in Europa oder besser in Westeuropa – für Russland und andere Länder gilt das eher nicht – so viel
zur Diskreditierung eines kriegerischen Ideals des heroischen Kampfes nach 1945
beigetragen hat.

Man verabschiedete sich damit von einer langen Tradition, die in Europa trotz
ihrer zeitweiligen Einhegung und Überformung durch das Christentum bis weit
in die Antike zurückreicht. Die Mehrheit aller Gesellschaften der Vergangenheit,
so hat es Jean Marie Apostolidès zusammengefasst, hätten eine Kultur der Gewalt
favorisiert. Eine solche Kultur habe man für notwendig gehalten, damit die Gesellschaft überhaupt überlebe. Besonders für die Männer sei es darum gegangen,
sich wie ein Held zu verhalten: „Pour les mâles en particulier, il s'agissait de se
conduire en héros."[11]

Das mag zwar vereinfacht sein, trifft die enorme Bedeutung des kriegerischen
Ethos mit seiner deutlichen Gewaltaffinität für viele Gesellschaften der Vergan-

---

[9]   Dazu Ronald G. Asch: Herbst des Helden. Modelle des Heroischen und heroische Le-
       bensentwürfe in England und Frankreich von den Religionskriegen bis zum Zeitalter der
       Aufklärung (Helden – Heroisierungen – Heroismen 3), Würzburg 2016, S. 107–134.
[10]   Ebd., S. 118.
[11]   Apostolidès: Héroisme (Anm. 3), S. 17: „La plupart des sociétés ont favorisé une culture
       de la violence. Celle-ci etait vue comme nécessaire à la survie collective. Pour les mâles en
       particulier, il s'agissait de se conduire en héros."

genheit aber ganz gut. Man wird freilich hinzufügen müssen, dass dieses kriegerische Ethos vor dem Zeitalter des modernen Nationalstaates in der Regel gruppenspezifisch war. Es gab heroische Gemeinschaften wie den Militäradel in Frankreich, aber dessen Standesethos und daher auch dessen Gewaltaffinität, die sich im Duell genauso manifestierte wie im Krieg, entsprachen nicht unbedingt dem Ethos der gesamten Gesellschaft.[12]

Auch gab es zum kriegerischen Helden immer schon wichtige Gegenmodelle, etwa den Weisen, der zum Opfer der Masse oder eines ungerechten Regimes wird, wie Sokrates in Platons Apologie oder vielleicht auch Seneca, der von Nero in den Selbstmord getrieben wurde und der um 1600 zur entscheidenden Identifikationsfigur des Neustoizismus avancierte. Im christlichen Kontext war der Märtyrer von zentraler Bedeutung, der zwar Opfer von Gewalt wird, aber nicht selber Gewalt ausübt. Darüber hinaus stellte weibliches Heldentum, das sich ebenfalls eher in der Bereitschaft zum Selbstopfer und im Ertragen von Leid zeigte als im gewaltsamen Kampf, immer schon einen gewissen Kontrast zum kämpfenden heroischen Krieger dar. Aber es bleibt dennoch richtig, hier wird man Apostolidès nicht widersprechen können, dass zumindest für das in der Nachfolge der klassischen Antike stehende Europa der kriegerische oder mit Gewalt gegen eine Übermacht – und sei es auch eine Übermacht von Naturgewalten oder Bestien – kämpfende Held der Archetyp des Helden schlechthin ist. Andere Heldenfiguren sind eher von diesem Typus abgeleitet, vom Athleten bis hin zum Märtyrer, der in der vorchristlichen Antike noch am ehesten als politischer oder eben intellektueller Blutzeuge einer höheren Wahrheit denkbar ist – man denke an den jüngeren Cato in Utica oder die schon genannten Beispiele wie Seneca.

Das bedeutet auch, dass die Figur des Helden durch eine starke Ambivalenz gekennzeichnet ist; die Gewalt, die der Held gegen Feinde, die das Gemeinwesen oder die Kultur gefährden, ausübt, kann sich leicht auch gegen Unschuldige oder gar gegen die eigene Umgebung richten; die Gefahr der Transgression, der nicht mehr gebremsten Aggression ist immer gegeben. Diese Ambivalenz wurde schon in der Antike lange vor dem Sieg des Christentums thematisiert. Ein Beispiel ist der *Herakles Mainomenos*, Euripides' Tragödie des rasenden Herkules, uraufgeführt 416 vor Christus, in der Hera den Helden wahnsinnig werden lässt, sodass er seine eigene Frau und seine Kinder ermordet. Dieses Drama hat in den 70er Jahren des vergangenen Jahrhunderts der Religionswissenschaftler Klaus Heinrich zum Ausgangspunkt seiner Vorlesung über die Figur des Herkules, *Arbeiten mit Herakles. Zur Figur und zum Problem des Heros* genommen.[13] Heinrich hielt seine Vorlesung noch unter dem unmittelbaren Eindruck des nationalsozialistischen Heldenkultes, der

---

12 Münkler: Heroische und postheroische Gesellschaften (Anm. 2).
13 Klaus Heinrich: Arbeiten mit Herakles. Zur Figur und zum Problem des Heros. Antike und moderne Formen seiner Interpretation und Instrumentalisierung (Dahlemer Vorlesungen 9), Frankfurt am Main 2006.

die brutale Gewalt wie nie zuvor verherrlicht und entfesselt hatte. Offenbar ging es ihm darum, die Figur des Helden vor ihrem Missbrauch durch einen solchen Gewaltkult zu schützen und sich doch dessen bewusst zu bleiben, dass jedes Heldentum, jedenfalls wenn es ein Heldentum der Tat und des Kampfes und nicht nur des Erleidens ist, ambivalent bleibt; es sei sein Ziel gewesen, so Heinrich, dem Helden „sein mörderisches Zwielicht" zurückzugeben.[14] Herkules, der Archetypus des Helden oder zumindest eine sehr lange präsente und zentrale Heldenfigur, sei eben nicht nur Kulturbringer, sondern auch Zerstörer gewesen. Er bringe einen „selbstzerstörerischen Schrecken" und den Tod.[15] Man mag sich natürlich fragen, ob es sich überhaupt lohnt, sich mit einer so ambivalenten Figur zu beschäftigen. Warum sollte man traditionelle Helden wie Herkules nicht einfach beiseiteschieben? Der Heldenkult mag dann noch ein Gegenstand der historischen oder ethnologischen Forschung sein, aber ohne jede wirkliche Relevanz für die Kultur der Gegenwart.

So einfach wollte es sich Heinrich in den 1970er Jahren nicht machen. Wenn man die Naturgewalten zu sehr spiritualisiere, wie es tendenziell schon das Christentum getan habe,[16] dann beraube man sich auch des Zugriffs auf diese Naturgewalten und überlasse die Welt der Natur und der zerstörerischen Leidenschaften sich selber, so schrieb er. Für Heinrich steht der Heros für eine Zivilisation, die sich jederzeit durch die gleichen Veranstaltungen, die sie aufgebaut habe, auch selber zerstören könne; der Heros könne die Monster, die er besiegt, nur überwinden, weil er selbst ein Stück weit zur Welt der Monster gehöre. „Ungeheuer und Heros befördern einander auf dem Weg zu einer haltbaren Verfassung der Natur", heißt es in Anlehnung an Giambattista Vico.[17] Die Aufgabe müsse daher sein, im Bündnis mit der Natur, die mit sich selber kämpfe, diesen Prozess zu stabilisieren, einen Prozess, der jederzeit in den Untergang führen könne, wie Euripides ihn schildere, aber eben nicht müsse. Die eigentliche Gefahr sei, diesen Untergang in einer Orgie von Gewalt als unvermeidlich anzusehen und womöglich noch zu feiern, und die heroische Selbstzerstörung anzustreben, wie es in bestimmten politischen Ideologien geschehen sei.

Offenbar wollte Heinrich damit sagen, dass es nicht gelingen könne, aus dem Menschen ein Wesen ganz ohne potenziell zerstörerische Leidenschaften zu machen, einen postheroischen und vielleicht auch nicht mehr auf irgendein biologi-

---

[14] Ebd., S. 8 (Anamnetisches Vorwort). Heinrich bemerkt hier, Herakles (und damit der Held an sich) sei immer auch ein „Ankömmling aus dem Totenreich", und er fährt fort: „Überraschen kann das nicht, waren doch die Heroen, wie schon die antike Aufklärung wußte, die verehrten Ahnen, deren Wiederkehr – denn sie waren stärker als die Lebenden und unbarmherziger als sie – ebenso erhofft wie gefürchtet wurde" (S. 9).

[15] Ebd., S. 8.

[16] Vgl. ebd., S. 319.

[17] Ebd., S. 307–308.

sches Geschlecht festgelegten, engelgleichen Idealmenschen.[18] Es mag gute Gründe dafür geben, dass wir heute dem Opfer größere Würde zuerkennen als dem heroischen Täter, aber zum einen kann das Opfer von gestern auch leicht der Täter von morgen werden, jedenfalls dann, wenn ganze Völker oder religiöse Gemeinschaften diesen Opferstatus für sich beanspruchen, dafür gibt es historisch genug Beispiele. Zum anderen wird eine Zivilisation, der es nicht mehr gelingt, mit dem „mörderischen Zwielicht" des Helden zu leben und die nur noch das Opfer verehrt, am Ende vielleicht noch weniger dazu in der Lage sein, zerstörerische Leidenschaften wie Hass und Grausamkeit – die in den großen Heldenfiguren der Mythologie, der Epen und der Geschichtsschreibung auch fast immer präsent sind – zu sublimieren und zu zähmen. Das mag dann doch einer Zivilisation besser gelingen, für die die Figur des Helden den Gegensatz zwischen zerstörerischen Naturgewalten und Kultur zugleich verkörpert und lebbar macht, indem sie die eigentlich unvereinbaren Gegensätze aushält. Blickt man auf die heutige Gesellschaft, scheint uns dieser Blick auf die Ambivalenzen des Heroischen oder zumindest die Fähigkeit, sie zu ertragen, freilich oft verloren gegangen zu sein. So zumindest könnte es auf den ersten Blick erscheinen, wenn man etwa die Denkmalstürme der Gegenwart und ihren moralischen Reinheitsfuror betrachtet

Freilich könnte man auch darauf verweisen, dass Helden immer schon schwer in eine bestehende gesellschaftliche Ordnung zu integrieren waren. Ihr Anspruch darauf, Konventionen oder sogar ethische Prinzipien ungestraft ignorieren zu können, ihre transgressiven Tendenzen, ihr zerstörerisches Potential ließ sie leicht zu Außenseitern werden – ein Punkt, auf den zu Beginn der Tagung, aus der dieser Band hervorgegangen ist, auch Jan Philipp Reemtsma nicht ohne Ironie hinwies. Auch ist die Klage über den Verfall heroischer Tugenden, über das Unheroische der eigenen Epoche, so alt wie die Idee des Helden selbst. Entsprechende Dekadenzdiskurse reichen von der späten römischen Republik und der anschließenden Kaiserzeit bis zu Carlyle und Nietzsche im 19. Jahrhundert. Auch fehlt es heute nicht an Gegenstimmen und Gegenkräften, die das Heroische in dieser oder jener Form rehabilitieren wollen.

Unter diesen Gegenstimmen könnte man etwa den kanadischen Psychologen Jordan Peterson nennen, der es sich unter anderem zur Aufgabe gemacht hat, herkömmliche Vorstellungen von Männlichkeit wiederzubeleben, die durchaus Anknüpfungspunkte zu heroischen Lebensentwürfen bieten können. Für Peterson ist ein Held ein „Monster", das dazu in der Lage ist, seine eigenen zerstörerischen Kräfte unter Kontrolle zu halten. Wer umgekehrt völlig unfähig ist, Gewalt anzuwenden, sei eigentlich nur schwach, wie ein Kaninchen. Seine Friedfertigkeit sei im Grunde nur Wehrlosigkeit, keine Tugend. Dass Männer, so zumindest sieht es Peterson, eine stärkere Neigung dazu haben als Frauen, Konflikte gewaltsam auszutragen, ist in dieser Perspektive nicht unbedingt ein Defizit, auch wenn Peter-

---

[18] Bérénice Levet: La théorie du genre ou Le monde rêvé des anges, Paris 2014.

son sicherlich kein Apologet von Gewalt ist. Er ist sich jedoch der transgressiven Tendenzen, die mit jeder Art von Heldentum verbunden sind, sehr bewusst, vertritt aber die Position, dass man diesen Preis zahlen müsse, wolle man nicht Werte wie Mut und Tatkraft ganz verwerfen.[19]

Was immer man von Petersons Angriffen auf den ‚liberalen‘ (im amerikanischen Sinne des Wortes) Mainstream halten mag, zumindest konnte er ein großes und vermutlich überwiegend männliches Publikum begeistern und zum Medienstar werden. Das Phänomen Peterson, wenn man es so nennen will, zeigt eines: dass sich in der Gegenwart in der Bewertung eines Lebensentwurfes, der sich im weitesten Sinne des Wortes an heroischen Idealen orientiert, sehr unterschiedliche Positionen gegenüberstehen und der Triumph des Postheroischen nicht so eindeutig ist, wie man oft meint. Die einen befürchten die unvermeidliche Enthemmung der Gewalt, zu der eine Rehabilitierung des Heroischen in seiner agonalen, spezifisch männlichen und potenziell gewaltaffinen Form führen kann. Für sie besitzen nur die Opfer einerseits und die Täter, die sich ihrer Schuld bewusst sind und tätige Reue üben andererseits, moralische Legitimität.

Die anderen, und einer ihrer Sprecher ist sicherlich Peterson, neigen eher zu einer tragischen Sicht der Existenz des Menschen, die wenig Raum für ein bewusstes Streben nach Glück lässt, oder wie Peterson in einem Interview einmal bemerkte: „Happiness is like cotton candy. It's just not going to do the job."[20] Genauso sehr ist jedoch die moralische Reinheit, nach der die Anwälte der ‚victimhood culture‘ heute mit ihrer Kritik an allen Tätern der Vergangenheit und der Gegenwart streben,[21] eine bloße Illusion. Peterson nähert sich hier der Position von Nietzsche an, wie er selbst andeutet: „Nietzsche pointed out that most morality is cowardice. There's absolutely no doubt that that is the case. The problem with ‚nice people‘ is that they've never been in any situation that would turn

---

[19] Da Peterson seine Botschaft wesentlich über Vorträge, die oft über YouTube zugänglich sind, verbreitet, weniger in schriftlicher Form, sind seine Positionen nicht ganz einfach zu belegen. Siehe jedoch: Jordan Peterson: Twelve Rules for Life. An Antidote to Chaos, London 2018; vgl. die Besprechung von Jordan Peterson's Gospel of Masculinity: Kelefa Sanneh: Jordan Peterson's Gospel of Masculinity. How Did a Once Obscure Academic Become the Internet's Most Revered – and Reviled – Intellectual?, in: The New Yorker, 5. März 2018, www.newyorker.com/magazine/2018/03/05/jordan-petersons-gospel-of-mascu linity, 3. Juni 2020, und die Kritik von Jennifer Baker: Jordan Peterson on „Being a Monster", Psychology Today, 7. Dezember 2018, www.psychologytoday.com/intl/blog/the-love wisdom/201812/jordan-peterson-being-monster, 3. Juni 2020. Vergl. auch Jordan Peterson: The Hero Has To Be A Monster – DON'T BE HARMLESS!, www.youtube.com/watch ?v=1HwHbIjW7_s, 4. August. 2020.

[20] Hier zitiert nach einem Interview mit dem englischen Guardian (Tim Lott), Jordan Peterson: The Pursuit of Happiness is a Pointless Goal, in: The Guardian, 21. Januar 2018, www.theguardian.com/global/2018/jan/21/jordan-peterson-self-help-author-12-steps-inter view, 3. Juni 2020.

[21] Aus einer Fülle von Literatur sei hier nur genannt: Bradley Campbell / Jason Manning: The Rise of Victimhood Culture. Microaggression, Safe Spaces and the New Culture Wars, New York 2018.

them into the monsters they're capable of being."[22] Eine solche Weltsicht muss man nicht zwangsläufig als heroisch bezeichnen, aber sie kann zumindest das Fundament für eine Orientierung an heroischen Leitbildern in all ihrer moralischen Ambivalenz bieten und hat das in der Vergangenheit auch oft genug getan, nicht zuletzt bei Nietzsche selbst. Von daher scheint unserer Epoche das Verständnis für das „mörderische Zwielicht" des Helden und des Heroischen doch noch nicht vollständig abhandengekommen zu sein, auch wenn dies nicht jeder begrüßen wird und viele darin sogar eine erhebliche Gefahr für die Gesellschaft sehen mögen.

---

[22] Jordan Peterson: The Pursuit of Happiness (Anm. 20).

Verzeichnis der Autorinnen und Autoren

Ronald G. Asch, Prof. Dr., war von 2012 bis 2018 einer der beiden stellvertretenden Sprecher des SFB 948. Er hat vor allem zur britischen und europäischen Geschichte des 16. und 17. Jahrhunderts publiziert, u. a. zu den Themen Hof, Monarchie und Adel, hat aber auch zur Geschichte des Dreißigjährigen Krieges und seiner Ursachen geforscht.

Cornelia Brink, Prof. Dr., forscht und lehrt zur Zeitgeschichte, Geschichte der Psychiatrie, Visual History und zur Historischen Anthropologie an der Albert-Ludwigs-Universität Freiburg. Seit 2012 Leiterin des M.A.-Studiengangs Interdisziplinäre Anthropologie. 2016–2020 Teilprojektleiterin im SFB 948 „Helden – Heroisierungen – Heroismen" mit einem Projekt zur Kriegsfotografie.

Ulrich Bröckling, Prof. Dr., ist Professor für Kultursoziologie an der Albert-Ludwigs-Universität Freiburg. Er ist seit 2012 Teilprojektleiter und seit 2018 stellvertretender Sprecher des SFB 948 „Helden – Heroisierungen – Heroismen". 2020 erschien im Suhrkamp Verlag sein Essay *Postheroische Helden. Ein Zeitbild.*

Olmo Gölz, Dr., ist Islamwissenschaftler und Iranist am Orientalischen Seminar der Universität Freiburg und forscht zum schiitischen Islam, Martyriumskonzeptionen in muslimisch geprägten Gesellschaften sowie zu den Dynamiken des Heroischen im Iran-Irak-Krieg. 2020–2024 Teilprojektleiter im SFB 948 „Helden – Heroisierungen – Heroismen" im Teilprojekt „Maskulinität(en)".

Joachim Grage, Prof. Dr., seit 2008 Professor für Nordgermanische Philologie (Neuere Literatur- und Kulturwissenschaft) an der Albert-Ludwigs-Universität Freiburg. Forscht und lehrt zu den skandinavischen Literaturen des 17. bis 21. Jahrhunderts und deren Beziehungen zur deutschen Literatur, zur musikalisch-literarischen Intermedialität und zu Geschlechterkonstellationen. 2016–2020 Teilprojektleiter im SFB 948 mit einem Projekt zur skandinavischen Jugendliteratur.

Felix K. Maier, Prof. Dr., studierte Geschichte, Latein und Griechisch auf Lehramt in Eichstätt, Freiburg und Oxford. Er wurde mit einer Arbeit zum griechischen Historiker Polybios promoviert und habilitierte sich mit einer Untersuchung zu den Repräsentationsstrategien der Kaiser im 4. Jahrhundert n. Chr. Seit dem 1. April 2018 bekleidet Felix K. Maier eine Heisenberg-Stelle an der Universität Würzburg.

Vera Marstaller forscht zu Kriegsfotografie, Nationalsozialismus, Heroismus, Maskulinität(en), der transkulturellen Rezeption lateinamerikanischer/karibischer Heldinnen sowie der Geschichte internationaler Gedenktage in der Neueren und Neuesten Geschichte an der Albert-Ludwigs-Universität Freiburg. 2016 bis 2020 Mitarbeiterin im SFB 948 „Helden – Heroisierungen – Heroismen" in einem Teilprojekt zur Kriegsfotografie.

Christoph Mauntel, Dr., forscht und lehrt zur mittelalterlichen Geschichte an der Eberhard Karls Universität Tübingen. Seine Dissertation zur Praktiken und Narrativen mittelalterlicher Gewalt entstand 2010–2013 an der Ruprecht-Karls-Universität Heidelberg. Seitdem arbeitet er an einer Monographie über das Konzept der Erdteile und seine Bedeutung für die geographische Weltordnung des Mittelalters.

Sotirios Mouzakis forscht und lehrt als Skandinavist und Literatur- und Kulturwissenschaftler zu Migration, Gender und Queer Studies, Intersektionalität sowie zur Geschichte und Ästhetik der skandinavischen Wohlfahrtssysteme an der Albert-Ludwigs-Universität Freiburg. Von 2016 bis 2020 war er im SFB 948 „Helden – Heroisierungen – Heroismen" in einem Projekt zu skandinavischer Jugendliteratur als akademischer Mitarbeiter angestellt.

Friederike Pannewick, Prof. Dr., forscht und lehrt zur modernen arabischen Literatur, Kultur und Ideengeschichte an der Philipps-Universität Marburg. Seit 2012 Leiterin der Leibniz-Preis-Forschungsgruppe „Denkfiguren | Wendepunkte. Kulturelle Praktiken und sozialer Wandel in der arabischen Welt". Seit 2020 Vorstandsmitglied im Merian Centre for Advanced Studies in the Maghreb (MECAM) – "Imagining Futures: Dealing with Disparity" in Tunis.

Jan Philipp Reemtsma, Prof. Dr., Arbeitsschwerpunkte Literatur des 18. und 20. Jahrhunderts, Zivilisationstheorie und Geschichte der menschlichen Destruktivität, Gründer und Vorstand der Hamburger Stiftung zur Förderung von Wissenschaft und Kultur und der Arno Schmidt Stiftung, Gründer und bis März 2015 Leiter des Hamburger Instituts für Sozialforschung.

Sven Reichardt, Prof. Dr., ist seit 2014 Inhaber des Lehrstuhls für Zeitgeschichte an der Universität Konstanz. Er forscht zur Geschichte des Faschismus und moderner Diktaturen im 20. Jahrhundert, zur Geschichte der Gewalt im 19. und 20. Jahrhundert, zur Geschichte sozialer Bewegungen sowie linker Gegen- und Alternativkulturen und zur Praxeologie.

Cornel Zwierlein, PD Dr. habil., forscht und lehrt auf einer Heisenberg-Stelle der DFG im Bereich der frühneuzeitlichen Geschichte am Friedrich-Meinecke-Institut, FU Berlin.